ALIAS OF ANTI PICTURE

정준호의 비주얼 일러스트레이션 제작노트
Photoshop & Painter

2009. 4. 17. 1판 1쇄 발행
2016. 8. 25. 1판 10쇄 발행

지은이 | 정준호
펴낸이 | 이종춘
펴낸곳 | BM 주식회사 성안당
주소 | 04032 서울시 마포구 양화로 127 첨단빌딩 5층(출판기획 R&D 센터)
      10881 경기도 파주시 문발로 112(제작 및 물류)
전화 | 02) 3142-0036
     031) 950-6300
팩스 | 031) 955-0510
등록 | 1973. 2. 1. 제406-2005-000046호
출판사 홈페이지 | www.cyber.co.kr
ISBN | 978-89-315-5459-5 (13000)
정가 | 29,000원

이 책을 만든 사람들
책임 | 최옥현
기획 | 비엘플래너스
편집 | 비엘플래너스
교정 | 비엘플래너스
표지 | 비엘플래너스
홍보 | 박연주
국제부 | 이선민, 조혜란, 고운채, 김해영, 김필호
마케팅 | 구본철, 차정욱, 나진호, 이동후, 강호묵
제작 | 김유석

본 책에 사용된 Photoshop은 Adobo 사의 등록상표입니다.
본 책에 사용된 Painter는 Corel 사의 등록상표입니다.

Copyright © 2009~2016 by 정준호 & Sung An Dang, Inc. All rights reserved.
First edition Printed in Korea.

이 책의 어느 부분도 저작권자나 BM 주식회사 성안당 발행인의 승인 문서 없이 일부 또는 전부를 사진 복사나 디스크 복사 및 기타 정보 재생 시스템을 비롯하여 현재 알려지거나 향후 발명될 어떤 전기적, 기계적 또는 다른 수단을 통해 복사하거나 재생하거나 이용할 수 없음.

※ 잘못된 책은 바꾸어 드립니다.

시작하며

2003년~2004년 무렵, (주)엔씨소프트에 재직하며 캐릭터 제작을 리딩했던 〈리니지 2〉의 홍보용 일러스트들이 대중적으로 알려지면서 몇몇 출판사로부터 튜토리얼 책의 제작 의뢰를 받았으나 정중히 거절할 수밖에 없었습니다.

그 이유는 본인 스스로 많이 부족하다고 느끼고 있었고, 아직은 미술을 익혀가는 입장이라 생각했기 때문에 감히 누군가에게 방법을 제시한다거나 어눌한 자신의 제작 방법을 공개하기가 부담스러웠기 때문입니다.

시간이 흘러 이렇게나마 부족한 책을 집필할 수 있게 된 동기는 2가지였습니다.

하나는 근래에 이르러 1인 블로그 시대의 안착과 함께 각종 고급 사양의 디지털 기기가 널리 보급되었고 그에 따른 전문 솔루션들이 일반화되기 시작했다는 것을 들 수 있습니다. 이제는 누구나 디지털을 통한 편집이나 소스 제작에 관심을 가지게 되었고, 그 환경을 접하기도 무척 쉬워졌다는 것을 실감할 수 있습니다.

다른 하나는 10년 이상 동종 업계에 매진하다 보니 어느새 개발 공정 안에서 매니지먼트와 디렉팅 업무를 맡게 되었고, 사학 재단이나 학회, 대학 등에서 그래픽 강의 및 세미나를 주관하면서 경험과 기술을 공유하며 발생되는 유대(紐帶)의 가치를 크게 깨닫게 되었습니다.

이러한 흐름 안에서 어도비(Adobe)사의 포토샵(Photoshop)이나 일러스트레이터(Illustrator), 코렐(Corel)사의 페인터(Painter)와 코렐 드로우(Corel Draw) 등의 2D 그래픽 툴이 많이 알려져 오고 있었습니다. 특히 포토샵은 보다 범용적이며 강력한 기능으로 관련 분야의 종사자 뿐만 아니라 그래픽에 취미를 가진 일반인들에게도 대표적인 이미지 편집 프로그램으로 사랑받고 있습니다.

이 책은 어떤 의미로는 포토샵에 비중을 두고 집필을 했습니다만 자유로운 드로잉과 다양한 페인팅 도구로 많은 사랑을 받고 있는 페인터와 비교, 병행하는 구성을 취하고 있습니다.

이미지 보정, 편집, 제작, 관리 등의 다양한 기능적인 역할 중에서도 일러스트레이션 제작을 위한 드로잉과 페인팅 기능의 운용 방법에 대해서 초점을 맞추려고 했습니다. 따라서 3D 작업 지원 기능, 영상 편집과 출판(출력) 편집, 그리고 웹 소스 제작에 관련된 부분은 일괄적으로 배제했습니다.

책의 전반부에서는 디지털 일러스트레이션 작업을 위한 필수적인 제반 지식과 해당 프로그램의 핵심 기능을 먼저 짚어 보았고, 본편에서는 튜토리얼을 중심으로 필자의 프로그램 운영방법과 노하우에 대해서 소개를 했습니다. 마지막 후반 챕터에서는 좀 더 복잡한 툴의 응용기법에 대해서 다루면서 포토샵과 페인터의 초·중급자 분들도 쉽게 이해될 수 있도록 노력했습니다.

무언가를 만들어 내는 행위는 인간의 원초적인 본능일 뿐 아니라 삶의 즐거움과 동기 부여에 있어서 큰 부분을 차지하는 것 같습니다. '그림을 그린다는 것'이 그 어떤 창작 행위에도 뒤지지 않을 감동적인 가치가 있음을 의심해본 적이 없습니다. 그리고 지금. 그 어느 때 보다도 많은 사람들이 그 행위의 즐거움과 창조의 가능성을 함께 느끼고 있다고 생각합니다.

끝으로 빠듯했던 집필 기간과 필자의 편향된 시각에서 올 수 있는 소소한 오류나 실수, 용어 활용 등에 있어서 일반적인 표현에 어긋난 부분이 있다면 독자 분들의 따뜻한 양해를 구합니다.

꽤 많이 망설이기도 하며 조심스럽게 시작했던 본 기획을 믿고 기회로 이어주신 비엘플래너스의 김종원 대표님, 윤영진 실장님 그리고 성안당의 관계자 분들께 감사의 뜻을 전합니다. 무엇보다도 이 책을 보시는 독자 분들이 작게나마 진정한 도움과 동기 유발이 되었으면 하는 바람을 가져 봅니다.

감사합니다.

2009년 봄
정 준 호 드림

디지털 작업 환경과의 만남

1998년 포토샵과 페인터를 처음 접해보면서 느꼈던 큰 감동은 지금도 생생하게 기억이 납니다. 만화가를 지망하던 1990년대 중반, 소위 컬러 원고라고 불리던 풀 컬러 일러스트레이션에 대한 동경은 그 화려한 가치와 함께 절망감도 동시에 갖고 있었습니다. 수작업 도구를 활용한 풀 컬러 일러스트레이션 작업은 만만한 것이 아니었습니다. 작업 공간과 재료 확보, 도구에 대한 전문적인 정보에 한계가 있었던 당시를 떠올려 봅니다.

필자는 일반 미술용 수성 아크릴과 다루기 편한 수성 마커 펜을 주로 사용하였습니다. 에어브러시 잉크로 유명한 홀베인사의 수성 컬러 잉크도 가끔 사용하였는데, 고급스러운 색감은 매력적이었지만 만만치 않은 가격이 문제였습니다.

작업을 시작하기 위해서는 먼저 도료에 알맞은 일러스트용 캔버스 지를 구매해야 했고(일반 스케치북이나 캔트지는 금방 울어 버려서 곤란한 경우도 많았습니다), 워낙 다양한 가격대와 종류 때문에 선택하는 것도 적잖은 스트레스였습니다. 비싼 재료들을 아끼기 위하여 알뜰한 화면 구성(레이아웃)을 고민해야 했으며, Undo가 허락되지 않는 환경에서 팽팽한 긴장감에 시달려야 했습니다. 작업 중인 캔버스가 헤여 오염되거나 물이라도 쏟게 될까봐 항상 노심초사했습니다. 제법 규모 있는 작업을 하려면 수일에서 수주, 몇 달이 걸리는 동안 전쟁터가 되어 버리는 작업 환경도 지금에 와서는 그리운 풍경이 되었습니다.

새삼스레 아날로그 작업에 대한 이야기를 꺼낸 것은 디지털 페인팅 툴을 배우기에 앞서 우선적으로 꼭 짚어 보고 싶은 이야기가 있기 때문입니다.

아직도 흔히들 디지털을 통한 작업물은 어딘가 차갑고 딱딱하다고들 합니다. 모니터 안에 갇혀 있는 픽셀 이미지는 왠지 현실감이 떨어지고, 작업 행위에 있어서도 어딘가 보람이 부족한 감이 있다는 것입니다.

악기를 예로 들면 과거에도 신디사이저가 있었고, 현대에는 복합적인 디지털 샘플링으로 실제 악기 소리가 무색할 정도로 아름다운 소리를 흉내 내지만, 역시 오리지널 소스로 필요한 음원만큼은 오케스트라의 합주나 사람의 육성, 그리고 장인의 감성(Feel)이 받쳐주지 않으면 그 한계가 명백히 드러나게 됩니다.

그래픽에 있어서도 별반 다르지 않을 것입니다. 드로잉 툴은 사람의 그리는 행위와 그 재료의 특성을 흉내 내어 설계되었습니다. 결국 만드는 사람도 사용하는 사람도 그 근본에는 실제의 수작업으로 개척되어 온 행위들이 기반이 되는 것입니다.

디지털 툴이 제공하는 기능들에만 의존하여 보여 주기에 급급한 완성물은 틀림없이 금방 한계를 만나게 될 것입니다. 화려하기만 한 편법인가, 훌륭한 디지털 마스터링인가는 사용자의 근본적인 내공에 달려 있습니다. 따라서 그림 공부에 있어서는 항상 손 그림을 같이 병행하기를 권하며 또한 기초 미술에 대해서도 지속적인 관심을 열어 두길 바랍니다.

기법으로 만들어 낸 기법, 목적을 위한 목적이라는 함정에 항상 주의해야 할 것입니다.
무엇보다도 성취만을 위하여 순수했던 행위의 가치를 잃어버린다면 그 사람은 너무도 불행한 선택을 한 것은 아닐런지요.

Alias of Anti Picture

추천사

컴퓨터 그래픽 혹은 디지털 일러스트레이션이라는 분야를 접한 지 어느덧 18년 가까이 되었습니다. 그동안 컴퓨터로 일러스트레이션 작업을 해 오면서 기술서는 물론이고 작법과 관련된 책들을 그리 자주 접하지는 못했습니다. 왜냐하면 대부분 기본적인 설명 또는 툴 분석만으로 채워져 있거나, 실제 작업과는 거리가 먼 그림의 표현법을 제시하고 있기 때문입니다. 사실, 이러한 교재들로 인하여 초창기에 디지털 일러스트레이션을 시작할 때는 일러스트 자체를 그리는 시간보다 툴을 숙지하고 분석하는 데 더 많은 시간이 걸리기도 했습니다. 만약 그림과 컴퓨터라는 접점에 익숙하지 않은 사람들에게는 그 자체가 상당히 큰 벽으로 다가올 수 있기 때문에 좀 더 실용적인 작법서의 부재에 대한 아쉬움이 클 수밖에 없었습니다.

이 책은 기존의 책들과는 달리, 기술서로서도 작화의 가이드로서도 충분한 역할을 하고 있습니다. 저자의 다양한 실무 경험을 바탕으로 한 노하우를 공유하기에는 너무 아까울 만큼 꼼꼼히 소개되고 있습니다. 충분한 작례와 쉬운 툴의 분석 그리고 CG의 기본 개념에 대한 정의와 해설까지 잘 설명되어 있어 저 부터라도 책상 가장 가까운 곳에 두고 보고 싶다는 생각이 듭니다. CG를 처음 접하시는 분들부터 현재 관련업에 종사하시는 분들까지, 자신에게 맞는 디지털 일러스트레이션의 스타일을 찾고 싶어 하는 많은 분이라면 이 책과 함께할 것을 권하며, 반드시 원하는 길을 발견할 수 있을 것이라 확신합니다.

이 책을 통하여 다양한 스타일의 멋진 일러스트레이터들을 만날 수 있게 되기를 기대합니다.

김형태
〈창세기전 3〉, 〈마그나카르타〉(PC/PS2)에 이어 현재 엔씨소프트에서 그래픽 총괄로서 차세대 프로젝트 〈블레이드 & 소울〉을 개발 중에 있다.

게임에서의 캐릭터 디자인과 일러스트라는 것은 대중성을 떠나서는 이야기하기 어려운 분야입니다. 수많은 사람이 몰입하고 공감하는 디자인을 그려내기란 생각보다 쉽지 않으며, 그것은 마치 한 사람의 첫인상을 좌우하는 얼굴을 만들어 내는 것과 같은 일입니다.

이 책의 저자는 사람들이 갖고 싶어 하고 원하는 것을 담아내는 능력이 있으며 그 능력으로 그림 하나하나에 가치와 생각을 담아내는 일러스트 작가입니다. 자신이 원하는 그림을 그린다는 것은 결국 스스로 만들어 가야 할 것입니다. 하지만 그 길을 가는 과정에서 이런 선구자들의 지식과 생각, 노하우를 조금이라도 배울 기회가 있다면 언젠가는 그것이 자신의 능력을 몇 배로 키울 수 있는 기술적, 정신적 원동력이 될 수 있을 것입니다. 따라서 저자와 같은 훌륭한 작가의 테크닉과 능력, 그리고 그로 인한 가능성 등을 접할 수 있다는 것만으로도 매우 소중한 가치가 있는 특별한 혜택이라고 생각합니다.

저자의 느낌과 생각들이 고스란히 녹아든 이 책의 그림과 이론들로 인해 멋진 작품을 목표로 하는 분들에게 큰 도움이 될 것입니다.

박정식
〈킹덤 언더 파이어〉 시리즈, 〈N3〉(XBOX 360)의 아트디렉팅에 이어 현재는 아이덴티티게임즈의 개발이사로서 〈드래곤 네스트〉를 개발 중에 있다.

디지털 작화를 시도하는 크리에이터들은 그래픽 툴의 일반적인 기능들을 익히게 됩니다. 그러나 자신이 원하는 표현을 위해서 어떤 기능을 선택하는 것이 최선의 방법인지에 대해 해답을 구하기 쉽지 않기 때문에 원하는 결과(데이터)를 만들어내지 못하는 경우가 많다고 생각합니다.

저 스스로도 독학을 시작했을 무렵, 많은 시행착오를 거쳐야 했던 부분이고, 이러한 고민을 하고 계시는 분들께 이 책을 추천해 드리고 싶습니다. 프로페셔널한 최고의 비주얼 크리에이터이자 멋쟁이인 정준호씨의 오랜 실무 경험과 연구를 토대로 한 훌륭한 매뉴얼 책입니다. 저자의 구체적이고 디테일한 작품에 대하여 주제별 워크플로우와 실제 제작에 접목시키는 노하우를 공개한 이 책을 접한다면 매우 효율적으로 디지털 작화의 구조를 이해할 수 있습니다.

吉田明彦 (요시다 아키히코)
〈전설의 오우거배틀〉 시리즈, 〈베이그란트 스토리(PS1)〉, 〈파이널 판타지 12(PS2)〉의 총괄 아트 디렉터, 현재 스퀘어 에닉스 일본 본사의 개발팀 총괄 아트디렉터로 있다.

이 책을 보는 방법

이 책은 Photoshop과 Painter를 중심으로 컨셉디자인 및 일러스트를 제작하는 방법에 대하여 설명하고 있습니다. 내용상의 혼동을 막기 위하여 매 페이지 마다 설명하는 프로그램의 해당 탭을 삽입하여 보다 쉽게 볼 수 있도록 편의를 도모하였습니다.

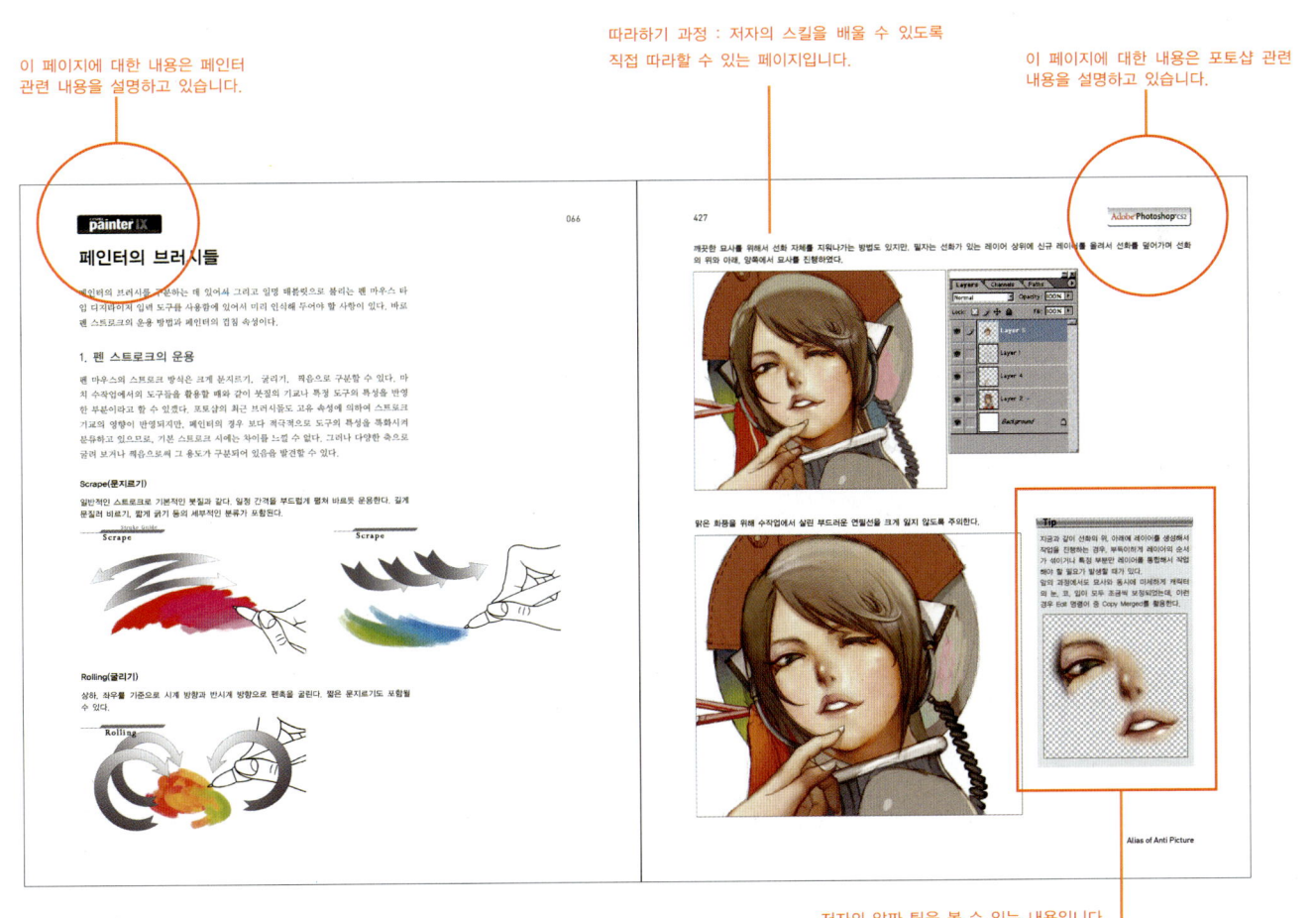

Alias of Anti Picture

Contents

Chapter_01 ELEMENTS OF TOOLS 10

Intro | 뜨거운 라이벌 Photoshop과 Painter 12
포토샵의 역사 14
페인터의 역사 15
포토샵의 메뉴구성 16
페인터의 메뉴 구성 17
프로그램의 Preference 관리 및 Interface 설정(환경 설정) 18

Prime | 기본 지식 篇 24
캔버스(이미지)의 생성과 저장(Pixel과 해상도) 26
Pixel/DPI / Resolution(해상도)Format
비트맵(Bitmap)과 벡터(Vector) 30
비트맵 / 벡터

채널(Channel)과 마스크(Mask) 32
채널/32 / 마스크/36

Application of the Programs | 기본 운용 篇 40
단축키 활용 42
기본 주요 단축키
브러시 찾기 44
붓 두드림과 브러시 스트로크
포토샵과 페인터의 브러시 이해 45
포토샵의 브러시 커스텀 48
Brush Tip Shape / Shape Dynamics / Scattering / Texture / Dual Brush / Color Dynamics / Other Dynamics / Others
포토샵 커스텀 브러시 활용 56
페인터의 브러시 커스텀 활용 65
페인터의 브러시들 66
펜 스트로크의 운용 / 페인터의 겹침 속성 / 브러시 컨트롤 윈도우(Brush Control)
페인터 브러시의 속성 대분류 82
페인터 브러시의 속성 84

Chapter_02 TUTORIAL | How to work of JUNO .. 130

Basic Class | 스케치와 색상 팔레트 132
페인터로 스케치 하기 134
포토샵으로 스케치 얻기(채널을 이용한 선화 추출) 146
선화(線畵) 스케치 / 스캐닝
색(色) : 컬러 팔레트 운용 가이드 156
페인터의 컬러 팔레트 / 포토샵의 컬러 팔레트

Painting Works | 프로그램의 기본 툴을 사용한 컬러링 작업 168
페인터를 이용한 컬러링 작업
(심플 커버 브러시의 활용과 페인터 레이어) 170
심플 커버 브러시(Simple Cover Brush) / 페인터의 레이어 관리 / 컬러링의 시작 / 쇠, 가죽 등 특정 질감의 표현 / 하일라이트 표현(피부 질감 마무리)
포토샵을 이용한 컬러링 작업
(포토샵의 브러시 운용과 레이어 관리) 198
브러시 커스텀 / 포토샵의 레이어 다루기 / 스케치와 선화 추출 / 색 계획(Color Plan) 1차 기초 페인팅 / 색 계획(Color Plan) 2차 – Color Variation / 레이어 블랜드 모드를 활용한 양감 더하기 / 묘사 진행 / 마무리 디테일(이펙트 추가)

Correction Works | 프로그램의 각종 보정 기능 및 텍스처 제작 236
이미지의 명도 보정 기능 활용 238
Brightness / Contrast(명도 / 대비)/ 레벨(Level) / Curve(커브, 곡선으로 보정) / Shadow / Highlight(암부/명부) / Threshold(고대비) / Brightness / Contrast (명도 / 대비) | 페인터 / Equalizer(균등 조정) | 페인터 / Color Correction (색 교정) | 페인터
이미지의 색상 보정 기능 250
Hue / Saturation(색조 / 채도) / Color Balance(색상 균형) / Variations(색상 변경) / Posterize(포스터화) / Desaturate(무채도) / Adjust Color(색상 조절) | 페인터 / Adjust Selected Colors(선택 색상 조절) | 페인터 / Posterize(포스터화) | 페인터 / Posterize Using Color Set(컬러 세트를 사용한 포스터화)

Texture Works | 일러스트레이션 작업을 위한 텍스처 제작 및 활용 260
텍스처 소스의 제작과 활용 262
오브젝트 표면 질감 표현(웨더링) / 이미지 왜곡(Shear, Pinch, Free Transform) / 텍스처의 Lighting Effect 활용 / Emboss 필터와 Lighting Effect의 활용 / 그려서 만드는 기초 질감 / 포토샵의 패턴(Pattern)을 이용한 텍스처 제작 / 포토샵의 패턴 메이커 활용법
비주얼 이펙트 및 파티클 효과의 제작 279
발광 효과 표현하기 / 임팩트 효과 / 폭발하는 화염 이펙트의 제작 / 파티클 효과 만들기
페인터의 텍스처 활용 298
페인터의 파티클 브러시 / 페인터의 노즐 소스 만들기 / 페인터의 Depth(깊

정준호의 비주얼 일러스트레이션 제작노트

이) 개념을 활용한 캔버스의 표면 질감 반영 / 스캐닝 텍스처를 활용하여 질감과 무드 연출하기

Chapter_03 TUTORIAL | How to Painting 320

페인팅 기법 〈화구의 운용〉 322
- 면(Surface)의 이해 324
- 면 묘사를 위한 스트로크 기법들 331

포토샵의 페인팅 기법 332
- 포토샵의 스트로크 운용(겹쳐 칠하기) 334
- 포토샵의 디폴트(기본 속성) 브러시를 활용한 인물 묘사의 과정 336
- 지터(Jitter) 수치가 강한 브러시로 회화적인 느낌 내기 ... 338
- 흑백으로 그린 이미지를 후(後) 컬러링하는 글레이징 기법 ... 342
- 포토샵의 Quick Mask 활용 기법 351

페인터의 페인팅 기법 358
- 페인터의 스트로크 운용 360
- 불투명(Cover) 속성 화구(커버 속성의 뉴트럴 브러시) ... 364
- 불투명(Cover) 속성 화구(파스텔 계열) 371
- Build Up 속성 화구의 활용(마커, 컬러 잉크 등의 느낌) ... 377
- Impasto 속성 화구의 활용(텍스처 유화) 382
- Wet 속성 화구(수채화) – 중첩 기법 (Water, Digital Water의 차이) 388

Chapter_04 TUTORIAL | Synthesis 404

투명한 일러스트레이션 컬러링 406
- 〈크리스마스 축전〉 일러스트 408
- 〈Space China〉 일러스트 424

애니메이션 셀 풍의 일러스트레이션 436
- 펜 선 작업 438
  패스(Path)를 활용한 드로잉 / 패스(Path)의 연결선 / 벡터 이미지 제작을 위한 프로그램 기능 알기 / 패스 선택 도구(Path Selection Tool) / 패스 관리 창 (Path Palette)
- 〈Carol & Ash〉 일러스트 451
- 〈War of the MAKAI〉 일러스트 460
- 애니메이션 작풍의 솔리드 페인팅의 예 474
- 애니메이션 작업에 사용된 작화 480

두텁고 단단한 느낌의 일러스트레이션 482
- 〈Apple Tres〉 일러스트 484

EXTRA | Equipment for painting 505
- 장비에 대하여 505
- Epilogue 510
- Index 511

Alias of Anti Picture

CHAPTER 01

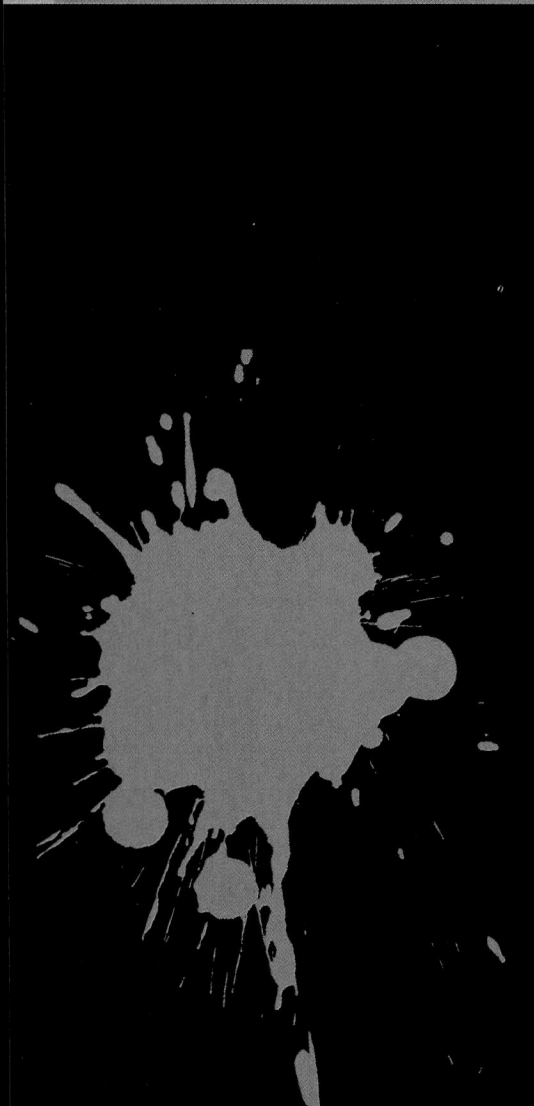

ELEMENTS OF TOOLS

Intro | 뜨거운 라이벌 Photoshop과 Painter 12
Prime | 기본 지식 篇 24
Application of the Programs | 기본 운용 篇 40

STEP 01

ELEMENTS OF TOOLS
Intro
뜨거운 라이벌 Photoshop과 Painter

포토샵의 역사
14
페인터의 역사
15
포토샵의 메뉴구성
16
페인터의 메뉴 구성
17
프로그램의 Preference 관리 및 Interface 설정(환경 설정)
18

과거 디지털 일러스트레이터들이 흔히 벌이던 논쟁 중 하나가 툴(프로그램)의 우월성 여부였다. 특히 페인터 유저와 포토샵 유저로 나뉘어져 각 취향과 기능에 따른 호불호를 놓고 신경전을 벌이곤 했다. 최근에 이르러 이 두 프로그램의 단점이 보완되면서 혼용(用)하는 트렌트가 일반화되었지만 두 프로그램의 기반 개념이 틀리듯이 명백한 정체성의 차이는 아직도 남아 있다고 볼 수 있다.

페인터는 태생 자체가 철저하게 버추얼 아트(Virtual Art)를 표명하며 설계되었고 핵심 알고리즘은 브러시(스트로크)의 프랙탈 연산에 기초하고 있다. 마치 수작업을 보는 듯한 복잡하고 회화적인 페인터만의 스트로크 감칠맛이 여기에서 비롯된다.

반면 포토샵은 보다 범용적인 의미에서 이미지 생산, 보정 및 편집에 기인하며 만능에 가까운 이미지 편집 기능들이 포토샵의 장점이라 할 수 있다.

페인터가 회화를 위한 툴로서는 비교할 수가 없을 만큼 우월하겠지만(기능적으로), 번거롭고 복잡한 보정 기능과 부가 확장 기능들은 상대적으로 초라했다. 그러나 페인터 6.1 이후에는 Meta Creation(원 제작사) 사(社)가 상대적으로 큰 규모의 Corel 사(社)에 인수되면서 보다 안정적이고 향상된 편의성이 눈에 띄게 보강되었다(향후에는 UI 자체도 부분적으로 포토샵과 흡사해졌다).

통합 이미지 제작 툴로서 포토샵은 여러 분야의 디자이너들에게 널리 애용되면서 꾸준히 발전해 왔다. 웹 개발 시대에 발 맞춰 버전 5.5에서 Image Ready 프로그램을 통합하여 6.0에서 웹 전용 이미지 제작에 관련된 기능들을 크게 강화하였다. 본 서적에서 무엇보다 의미가 있을 부분은 하위 버전까지는 단조로운 기능만으로 일관되어 오던 브러시의 알고리즘이 7.0에 이르러서는 드로잉 기능이 크게 개선되었다는 점이다.

서로 닮았지만 다른 태생을 가지고 다른 길을 가는 듯 같은 곳을 보고 있는 양대 그래픽 툴, 페인터와 포토샵!

그럼 이제부터 두 프로그램을 조금씩 알아보도록 한다.

집필 기간인 2007~2008년 상반기를 기준으로 포토샵은 CS2, 페인터는 IX 버전을 기반으로 작업했다.

포토샵의 역사

포토샵은 1988년 존 놀(John Knoll)과 토마스 놀(Thomas Knoll) 형제가 이미지 파일들의 다양한 컨버팅을 위한 솔루션으로 개발한 〈이미지 프로 (Image Pro)〉라는 이름에서부터 시작되었다. 그후 뛰어난 상용성이 주목되어 수정 보완을 거친 후 단순한 이미지 컨버터(Image Converter)를 벗어나고자 스폰서를 찾게 되었고 마침내 Barneyscn이라는 스캐너 회사의 번들 제품으로 세상에 등장하게 된다. 번들제품의 한계를 벗어나기 위해 여러 업체와 접촉 끝에 Adobe사와 만나서 후일 포토샵의 큰 전도자가 된 A.D 러셀 브라운과 Adobe사의 스텝들과 체계를 갖춘 끝에 〈포토샵(Photoshop)〉이라는 이름으로 그 대망의 첫 버전(Photoshop 1.0)을 발표한다.

이듬해 2.0이 발표되면서 프로그램의 근간이 되는 Path 등의 도구 툴들과 수십 개의 필터들로 무장하며 일러스트 파일의 레스터화, plus, crucially, CMYK 등이 추가 정립되었다.

이 시기에 매킨토시 기반으로 출범했던 포토샵은 그래픽용 PC는 Mac이라는 환경을 조성했으나 1993년 버전 2.5부터 IBM 호환 윈도우용 제품도 출시하게 된다.

1994년 여러 의미로 중요한 기점이었던 3.0에 이르러 알파 채널(Alpha Channel)과 레이어(Layer)가 탑재되면서 큰 호응을 받으며 시장에서의 굳건한 위치를 점하게 된다.

그 뒤로 5.0에서는 스토리 기능과 컬러 매니지먼트, 비선형 히스토리 액션 등과 같은 기능이 소개되고, 5.5에서는 이미지 레디(ImageReady)의 번들 통합을 통하여 웹 기반에 특화된 기능들을 제공하였다. 6.0에서는 레이어의 스타일과 텍스처 핸들링의 기능 개선을, 7.0에서는 브러시 기능의 변화 등을 이루어 오면서 Adobe는 시장을 선도하는 위치를 차지하게 되었다. 2009년 현재 포토샵은 CS 4 까지 발표되어 디자이너들의 많은 사랑을 받고 있다.

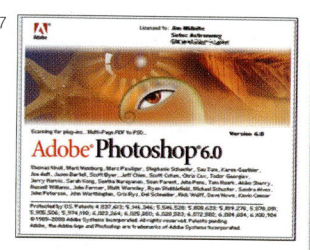

1. 1990 Adobe Photoshop 1.0
2. 1993 Adobe Photoshop 2.5
3. 1995 Adobe Photoshop 3.0 (1995년 필자가 처음으로 접했던 포토샵 버전)
4. 1996 Adobe Photoshop 4.0
5. 1998 Adobe Photoshop 5.0
6. 1998 Adobe Photoshop 5.5
7. 2000 Adobe Photoshop 6.0
8. 2002 Adobe Photoshop 7.0
9. 2003 Adobe Photoshop CS
10. 2005 Adobe Photoshop CS2

정준호의 비주얼 일러스트레이션 제작노트

페인터의 역사

1991년 페인터는 프랙탈 디자인(Fractal Design)이라는 회사 이름으로 처음 등장하였다. 페인터의 역사도 포토샵처럼 유구한 셈이다. 몇 차례의 수정을 거쳐 버전 4.0에 이른 후 프랙탈 디자인의 메타 툴(Mata Tools)에 의해 흡수되어 1998년 메타크리에이션으로 탄생되었고, 카이 크라우제(Kai Krause) 사단의 뒷받침을 업고 버전 5.0까지 발표하였다. 이후에는 3D 매쉬의 텍스처링을 위한 천연 매체 도구를 집중적으로 지원한 페인터 3D와 포토샵 레이어와의 호환성을 추가하였다.

페인터는 프랙탈 디자인 코퍼레이션(Fractal Design Corporation)에서 만든 페인트(Paint) 타입의 그래픽 프로그램이다. 후에 미국의 소프트웨어 전문 제조 업체인 코렐(Corel)에서 인수하면서 지금의 코렐 페인터(Corel Painter)라는 정식 명칭이 붙는다. 이 시기가 버전 6.1의 패치 이후이며 버전 7.X 이후부터 지금에 이르고 있다.

파란만장한 성장을 해 온 페인터는 6.0에 이르러 디지털 아티스트들에게 본격적으로 인정받기 시작했지만 게임이나 웹 기반의 영상 또는 산업 관련 콘텐츠에 적응하지 못하였다. 그러나 보다 메이저 기업인 코렐사에서 자리를 잡으면서 보다 향상된 기능과 호환성을 갖추고 무엇보다도 프로그램을 상대적으로 가볍게 안정화하면서 다시금 착실히 그 포지션을 유지해 나가고 있으며, 최근 11번째 버전인 Painter 11에 이르고 있다.

Alias of Anti Picture

포토샵의 메뉴 구성

먼저 포토샵의 메뉴 구성이다. 프로그램을 구성하는 UI의 팝업 윈도우들을 살펴보겠다.
메뉴 윈도우들의 위치 설정이나 On/Off는 프로그램 종료 시 정보가 저장되므로 사용자 모니터의 해상도 크기나 취향을 고려해서 편하게 편성해 놓는 것이 중요하다. 윈도우의 기능들을 다양하게 활용해서 팝업이 많은 경우는 자신의 동선에 맞는 배치 선정이 작업의 효율을 높여 줄 것이다.

여기서는 기본 메뉴 구성이나 윈도우 용어들을 익혀 두는 정도로 하며, 포토샵과 페인터는 버전을 거듭하며 서로를 벤치마킹한 결과 큰 맥락에서의 운용에 있어 서로 유사한 부분이 많아졌다는 부분을 참고하도록 하자.

- ① 메인 메뉴 바(Main Menu Bar) : 인터페이스의 최상위 메뉴들로 구성되어 있다.
- ② 속성 표시 바(Property Bar) : 브러시나 편집 툴에 따른 속성 옵션값을 조정하는 메뉴이다.
- ③ 툴 박스(Tool Box) : 이미지의 생성 및 에디팅(편집)에 필요한 각종 도구들로 구성되어 있다.
- ④ 브러시 제어 창(Brush Control) : 브러시의 선택 및 고급 설정/제어 기능들이 모여 있는 윈도우이다.
- ⑤ 정보 관련 창(Navigator) : 작업물의 좌표 정보 및 영역 정보를 보여 준다.
- ⑥ 색상 선택 및 정보(Color Palette & Swatches/Style) : 색상 팔레트와 색상 견본 및 색 자체에 텍스처를 적용하는 기능이다.
- ⑦ 히스토리와 액션(History & Action) : 히스토리 메뉴를 통하여 Undo와 Redo를 제어하며 액션을 통하여 작업의 공정을 저장해 두는 것이 가능하다(반복 작업에 용이).
- ⑧ 문자 편집(Text Edit) : 문자 편집에 관련된 기능들을 다루는 윈도우이다.
- ⑨ 레이어와 채널/패스(Layer & Channels/Path) : 레이어 및 채널과 패스의 정보를 관리하는 윈도우이다(제어 윈도우).

정준호의 비주얼 일러스트레이션 제작노트

페인터의 메뉴 구성

다음은 페인터의 메뉴 구성이다.

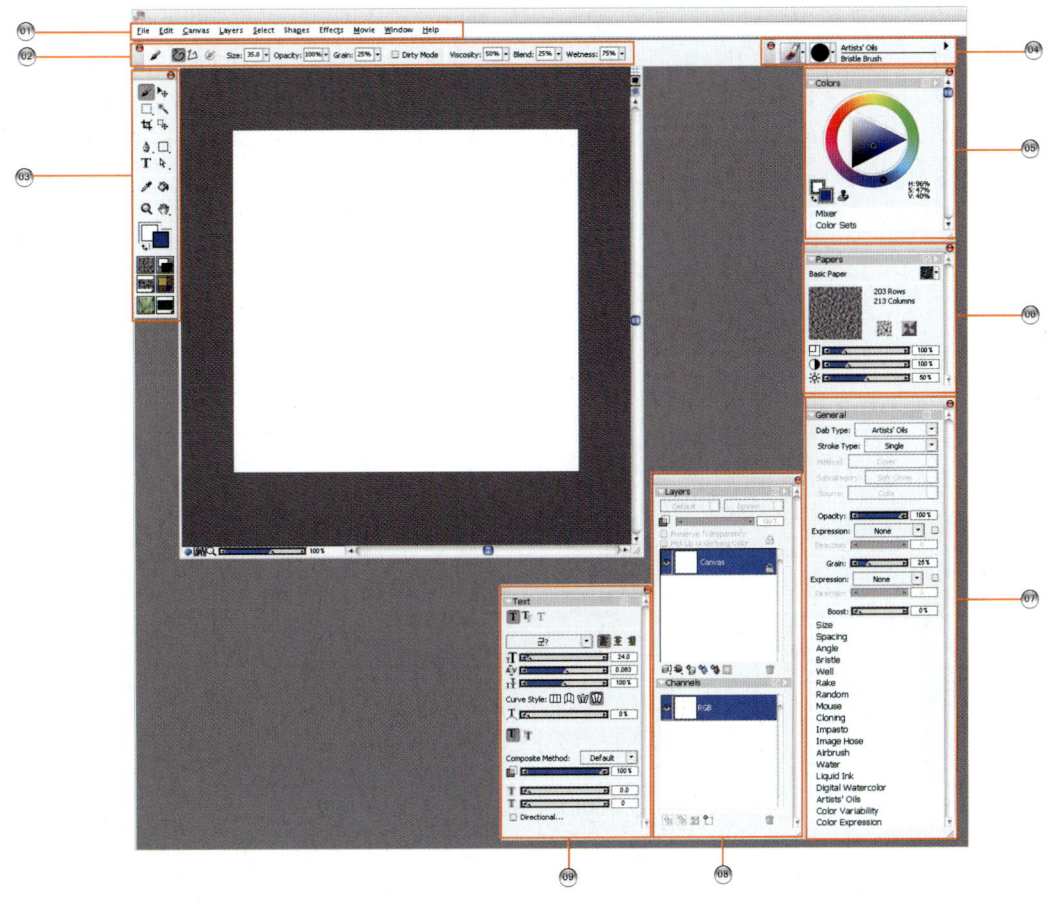

일러스트 제작에 활용되지 않는 기능들은 축소/생략됨을 다시 한 번 알리며 각 윈도우의 세부 메뉴의 활용은 본편의 튜토리얼에서 해당 주제와 함께 소개하기로 한다.

- ① 메인 메뉴 바(Main Menu Bar) : 인터페이스의 최상위 메뉴들로 구성되어 있다.
- ② 속성 표시 바(Property Bar) : 브러시나 편집 툴에 따른 속성 옵션값을 조정하는 메뉴이다.
- ③ 툴 박스(Tool Box) : 이미지의 에디팅(편집)에 필요한 각종 도구들로 구성되어 있다.
- ④ 브러시 선택 창(Brush Selection) : 프로그램이 제공하는 미술 도구를 선택하는 메뉴이다.
- ⑤ 컬러 팔레트(Color Palette) : 컬러 선택에 관련된 기능들이 모여 있는 윈도우이다.
- ⑥ 종이 설정 창(Paper Palette) : 캔버스의 종이 질감(페이퍼 텍스처)을 설정하는 윈도우이다.
- ⑦ 브러시 제어 창(Brush Controls) : 브러시를 비롯한 여러 미술 도구들과 페인팅 속성에 관련된 고급 설정 및 제어 기능들이 모여 있는 윈도우이다(브러시 에디팅에서 세부 기능 소개).
- ⑧ 레이어와 채널(Layer & Channels) : 레이어 및 채널을 관리하는 윈도우이다(제어 윈도우).
- ⑨ 문자 편집(Text Edit) : 문자 편집에 관련된 기능들을 다루는 윈도우이다.

Alias of Anti Picture

프로그램의 Preference 관리 및 Interface 설정(환경 설정)

이제 디지털 일러스트 작업을 위한 몇 가지 제반 지식에 대하여 이야기하겠다.

최근에는 PC의 일반 사양이 월등히 좋아지면서 그 필요성이 줄어들기도 했지만 프로그램의 메모리 할당이나 취향에 맞는 인터페이스를 커스텀해 두면 훨씬 안정적이고 쾌적하게 사용할 수 있다. 인쇄물의 출력 기법이나 작업물의 사용 용도에 따라 10,000픽셀에 가까운 고해상도 작업이 되거나, 다단(多段)의 레이어 작업, 무거운 필터의 운용이 병행될 때는 프로그램 운용이 상당히 무거워질 것이다. 그리고 작업자의 편의에 맞춘 직관적인 환경의 구축에서 발생하는 작업 효율의 향상도 무시할 수 없는 부분이므로 필수 항목에 한하여 리뷰를 통해 숙지하도록 하자.

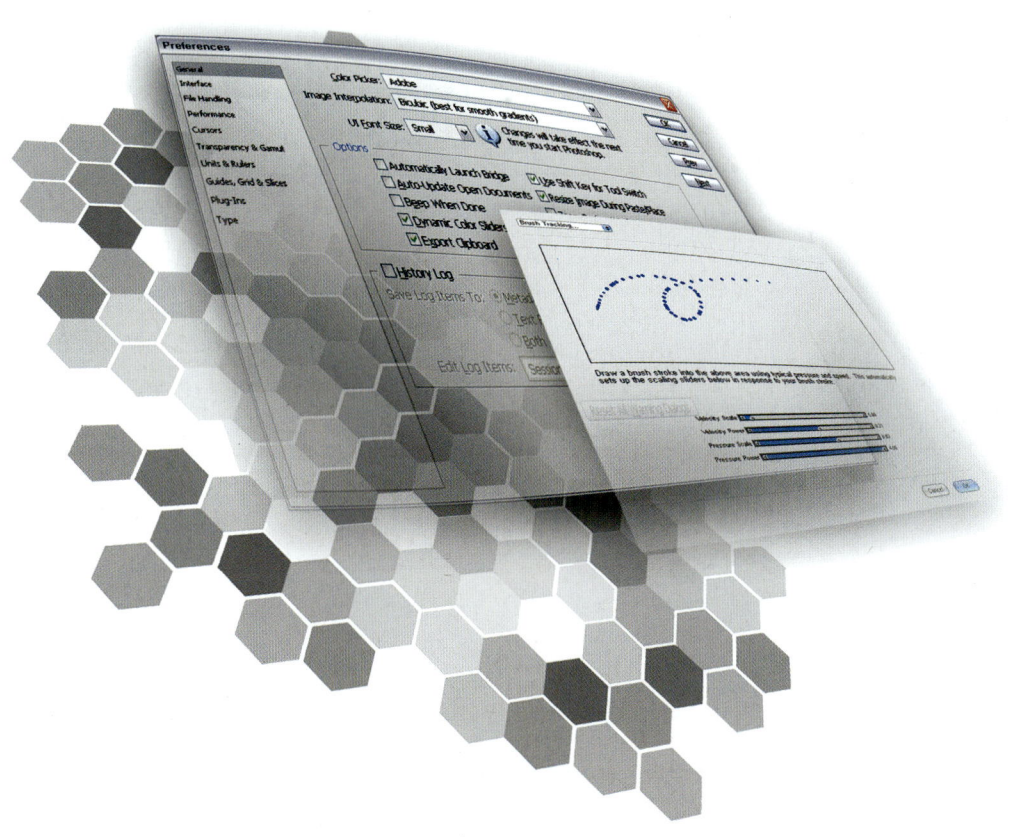

먼저 포토샵의 Preference 메뉴를 살펴보자.
포토샵에서는 메인 메뉴의 Edit 항목 최하단에 위치한다.

General : 대부분 디폴트가 최적 선택이다.

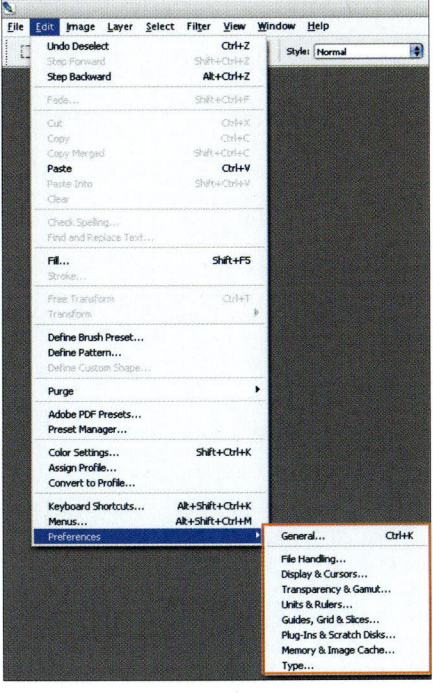

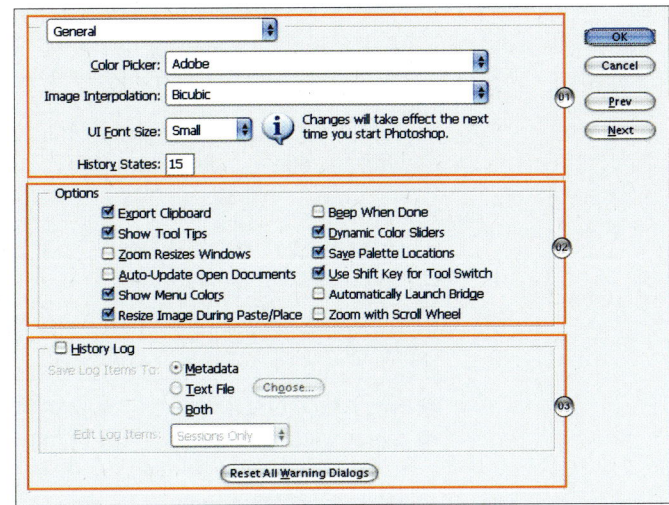

① 팔레트를 OS 기초 색상으로 전환한다(Color Picker). 이미지의 크기 변환 시 처리 방식을 정하거나(Image Interpolation) UI의 폰트 사이즈 등을 지정한다. 이 영역에서 가장 중요한 것은 프로그램 운용에 큰 부담을 끼치는 History States로, 페인터의 Undo 설정과 비슷하다고 보면 된다. 포토샵에서는 History 윈도우를 통하여 과정이 로그로 관리되는데, 그 과정의 저장 단계를 지정해 줄 수 있다. 10~20 정도를 추천한다.

② 일반 UI에 관련된 메뉴이다. 정보 표시의 유무, 상황에 따른 경고음 유무 등으로서 디폴트를 추천한다.

③ 앞서 언급한 히스토리에 관련된 속성 메뉴이며 디폴트로 둔다. 참고로 Metadata란 데이터에 관한 구조화된 데이터로, 다른 데이터를 설명해 주는 데이터이다. 속성 정보라고도 한다.

Display & Cursors

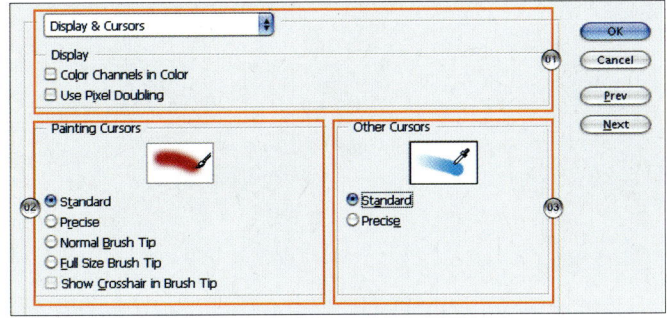

① Color Channels in Color는 채널 관련 메뉴로 R, G, B의 해당 채널을 음영이 아닌 고유 컬러를 반영하여 표시할 것인가를 지정한다. Use Pixel Doubling은 큰 이미지의 캔버스 영역을 이동시키는 등의 작업을 할 때, 커서보다 이미지가 느리게 반응하는 것을 보완하는 기능이나, 스트로크 시 주변 이미지가 깨져 보일 수 있으므로 일러스트 작업 시에는 추천하지 않는다.

Alias of Anti Picture

② 스트로크 커서의 모양 표시를 붓 모양이나 크로스 커서, 혹은 붓 크기에 비례하는 라운딩 커서 등으로 전환한다.
③ 각종 툴들을 기능 커서로 보여 줄 것인지 도구 아이콘으로 보여 줄 것인지를 지정한다.

Transparency & Gamut

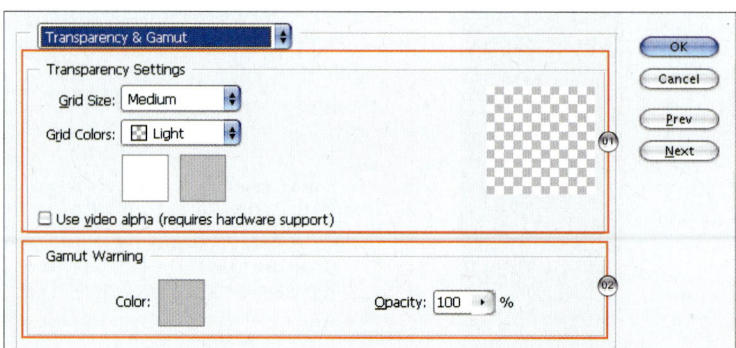

① 투명 영역(데이터가 비어 있는 부분)을 편집한다. 격자의 크기나 색을 바꿀 수 있다.
② Gamut Warning은 출판과 출력에 관련된 부분이다. RGB 컬러 작업물이 인쇄에 흔히 쓰이는 CMYK로 전환되었을 시 유실되는 색상을 보여 준다. 그 유실되는 색 영역을 표시하는 색과 투명도를 설정할 수 있다.

| Tip

뒤에 출력에 관한 부분을 다루겠지만 일단 여기서 언급이 되었으니 다음 세 개의 그림으로 간단히 설명하겠다.

① 은 일반 모니터에서 RGB로 표시된 상태이다. ② 는 CMYK 컬러 적용 표시로 채도가 조금 떨어진 느낌을 볼 수가 있다. (Ctrl + Y)
③ 은 Gamut Warning이 적용되어 유실 컬러가 회색(기본 지정)으로 보이는 상태이다. Gamut Warning은 메인 메뉴의 View 항목에 있다.

출력을 위한 보다 전문적인 기능을 수행하려면 메인 메뉴의 Edit에서 Color Settings의 설정을 통하여 모니터와 잉크의 색상 매치(캘리브레이션)가 이루어져야 한다.

Units & Rulers

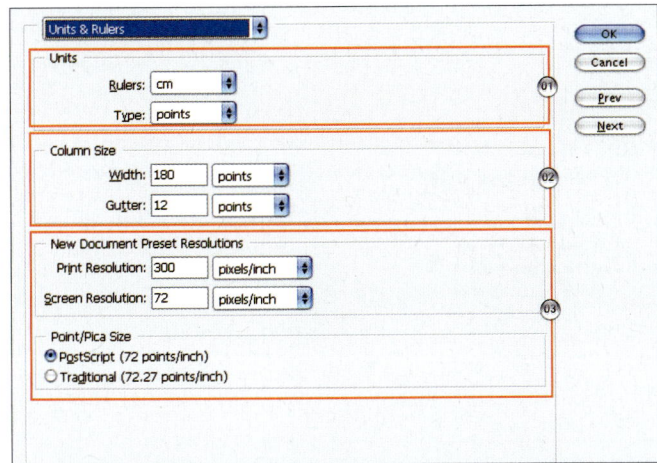

① Rulers : 눈금자의 단위를 지정하고 Type은 텍스트의 기본 단위를 지정한다.

② Column Size : 편집 전문 프로그램으로 가져가는 경우 포토샵으로 이미지를 제작할 때 폭과 간격을 조절하여 원하는 크기로 맞출 수 있다.

③ Point/Pica Size로 포스트스크립트 프린트와 일반 프린트에서 사용하는 Pica 단위의 크기가 다른데 적절한 사양을 선택하여 프린트한다(6pica → 72 point인 1 inch).

Guides, Grid & Slices

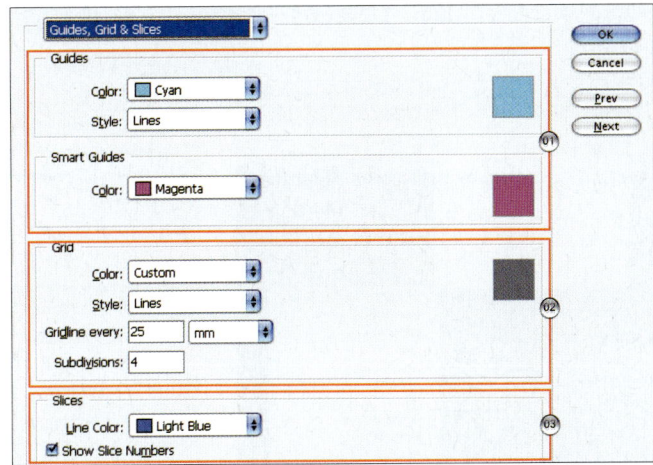

① Guides : 가이드 선의 색상과 형태를 지정한다.

② Grid : 그리드 선의 색상과 형태, 격자 선의 간격과 각격자의 분할 개수를 지정한다.

③ Slices : 슬라이스 선의 색상과 형태를 지정한다.

Plug-Ins & Scratch Disks

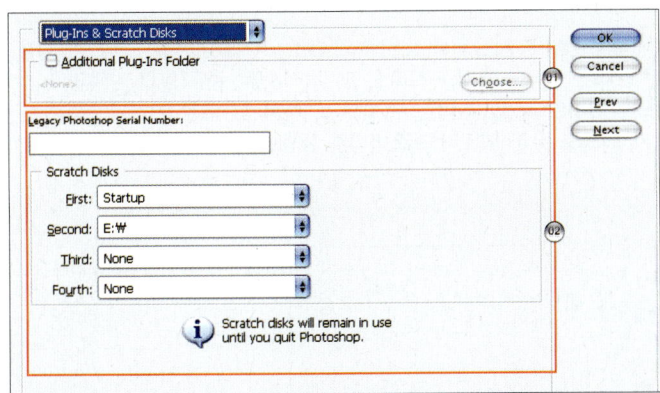

① Additional Plug-Ins Folder : 포토샵 외부 필터의 설치 위치를 지정한다.

Additional Plug-Ins Directory : 필터가 있는 폴더를 지정한다. 여기에서 폴더를 지정하면 포토샵의 기능을 확장시킬 수 있다.

② Scratch Disks는 포토샵 프로그램의 가상 메모리 공간을 설정한다. 페인터의 메모리 설정과 마찬가지로 하드 디스크의 공간을 가상 메모리로 사용할 수 있도록 스크래치 디스크를 지정해 준다. 당연히 여유가 많은 하드를 설정하는 것이 좋으나 너무 많은 할당은 OS를 느리게 만들 수 있으니 주의한다.

Memory & Image Cache

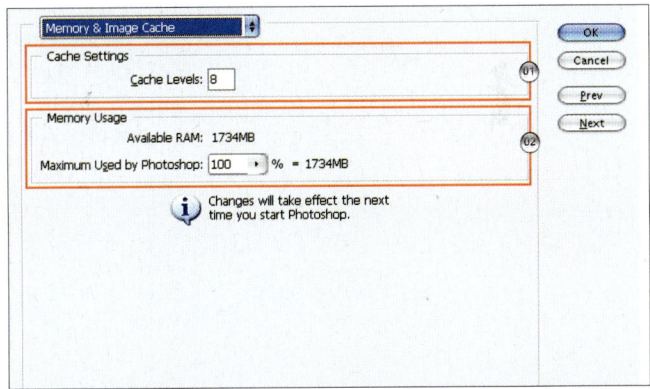

① Cache Settings : 최대 8까지 설정할 수 있다. 당연히 메모리의 캐시가 커지면 프로그램은 좀 더 쾌적해지지만, OS 구동 효율은 떨어진다.

② Memory Usage : 사용자의 장비를 기준으로 시스템에 설치된 전체 RAM 중에서 포토샵에 할당될 RAM 용량을 %로 지정하는 옵션이다. 수치가 높을수록 포토샵의 실행 속도가 향상된다.

페인터의 Preference (환경 설정)을 살펴보자. Preference는 Edit 메뉴의 최하단에 위치한다.

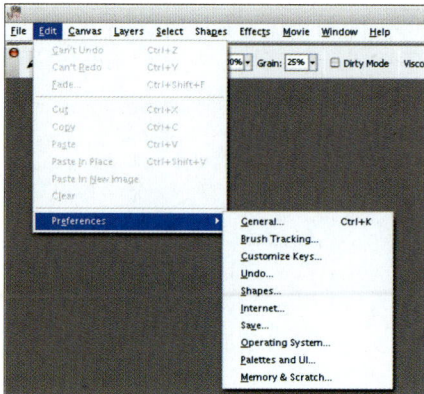

General

커서의 모양을 설정한다.

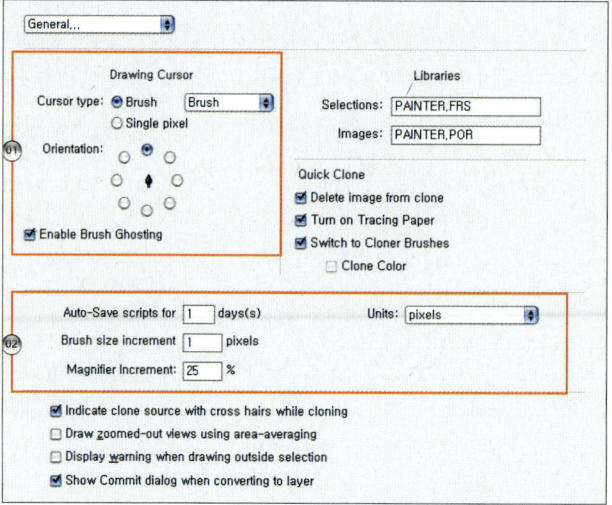

① Cursor type에서 커서 모양을 고르고 커서의 각도를 커스텀할 수 있다. 하단의 Enable Brush Ghosting을 언체크하게 되면 캔버스 위에서 브러시의 크기 조절을 보여 주는 원형 커서가 보이지 않게 된다. 취향에 맞게 보기 편한 인터페이스를 설정하도록 한다.

② 오토세이브 스크립트 기간이나 브러시의 확대/축소 시의 최소 픽셀 단위, 캔버스 확대/축소의 퍼센트 비율을 조정한다. Units는 단위 표시를 설정한다.

Brush Tracking

선택 영역에 브러시를 스트로크 시키면 자동으로 필압에 관련된 수치들이(하위 그래프) 적용된다. 여기서 설정된 값을 확정하면 캔버스에 스트로크할 때 브러시를 누른 힘의 강약이나 스트로크의 속도에 따라 감도가 변화한다. 필압 대응 펜 마우스 사용 시 해당 기기가 제공하는 소프트웨어를 통해서 제어가 되므로 굳이 페인터 프로퍼티를 통해 설정하지 않아도 무방하다.

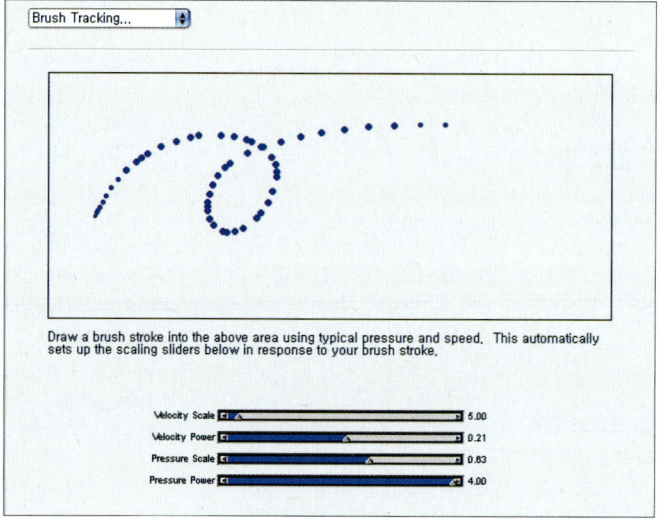

Customize Keys

메뉴 그대로 단축키나 기능키들을 유저의 편의에 맞춰 커스텀하는 기능이다.

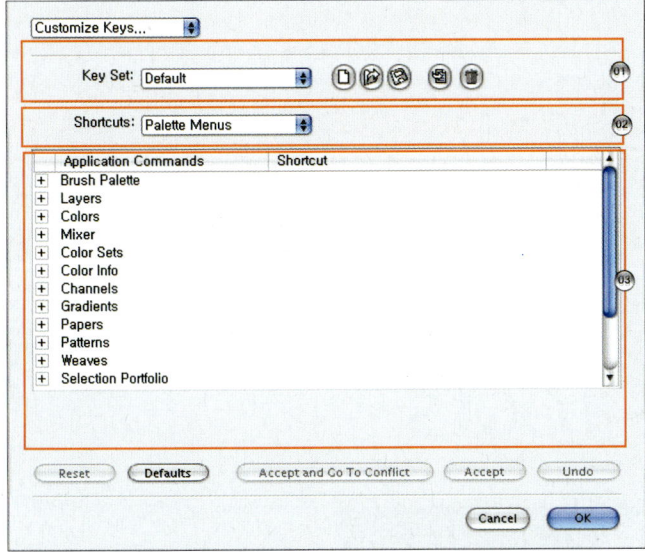

Undo

수정의 횟수를 지정한다. 최대 32회 수치로 기본 지정되어 있다. 10~20 정도를 추천한다.

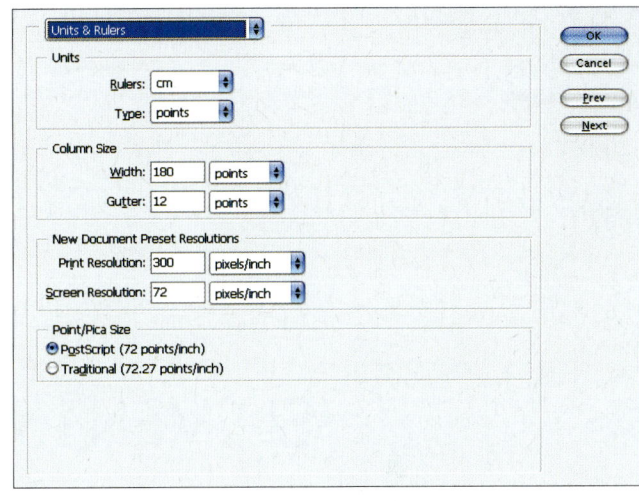

⑴ 커스텀 정보를 디폴트로 되돌리거나 저장 또는 불러온다.
⑵ 해당 기능들이 카테고리에 대분류되어 있다.
⑶ 하위 세부 메뉴들을 열면 Shortcuts 영역에 커스텀 키를 지정할 수 있도록 활성화된다.

Memory & Scratch

CPU와 RAM의 부하가 큰 작업 시 하드디스크 스크래치를 지정해 준다. 본인의 하드에 Swap 전용 디스크 공간이 확보되어 있거나 공간 여유가 큰 디스크로 할당해 두면 좋다.

상단 메모리 활용 비율은 OS에서의 연산 우선 점유율로 디폴트 80% 정도가 무난하나 페인터만을 단독으로 띄우고 OS의 부가 기능이나 기타 프로그램을 병행하지 않는 경우라면 점유 수치가 더 커져도 무방하다.

Preference에는 이외에도 Shape, Internet, Save 항목들이 있으나 특별한 조정이 필요하지 않거나 일러스트 운용에 영향이 없는 메뉴들은 생략했다.

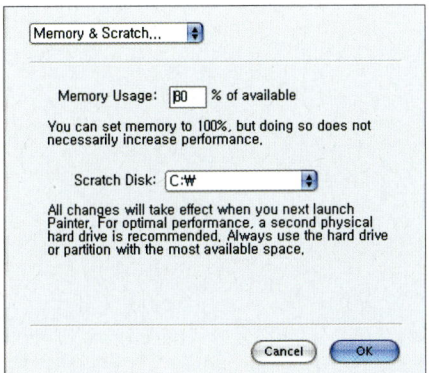

Alias of Anti Picture

STEP 02

ELEMENTS OF TOOLS
Prime
기본 지식 篇

캔버스(이미지)의 생성과 저장(Pixel과 해상도)
26

비트맵(Bitmap)과 벡터(Vector)
30

채널(Channel)과 마스크(Mask)
32

먼저 이미지를 제작하기 위해서는 캔버스를 만들 줄 알아야 한다. 또 만일의 사태에 대비하여 작업 중간 중간에 저장도 해야 하며, 용도에 맞는 포맷으로 저장해서 결과물을 보관해야 한다. 이를 위한 사전 지식을 간단히 살펴보도록 하자.

캔버스(이미지)의 생성과 저장(Pixel과 해상도)

포토샵과 페인터를 같이 비교하면서 우선 새 캔버스를 만들어 보겠다. 포토샵과 페인터 모두 똑같이 메인 메뉴의 File > New를 클릭한다.

어차피 전문적인 설정은 사전 지식이 충분하지 않으면 더 혼란스러울 수 있으니 필요한 항목 위주로 살펴보자.

⑴ 영역에서는 캔버스와 해상도를 설정한다. 상단의 Preset은 포토샵에서 제공하는 편의 기능으로, 각 규격화된 종이 비율의 가로 세로 비율을 선택할 수 있다.
⑵ 영역에서 Background Contents로 배경색을 지정하거나 아예 아무 베이스(데이터)도 없는 투명으로 지정할 수도 있다.

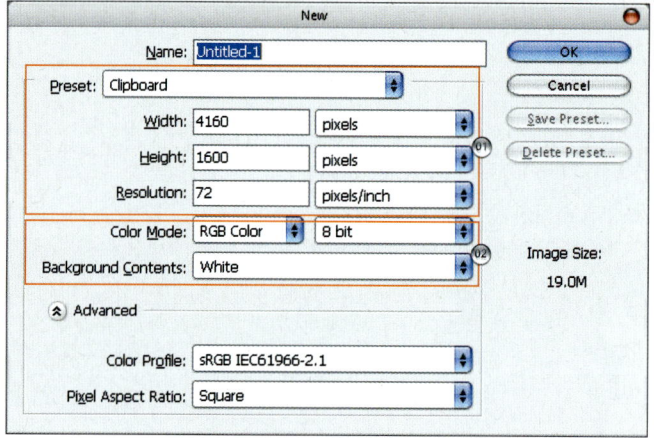

페인터의 New 생성은 메뉴가 심플하다.
⑴ 영역에서 캔버스의 색깔을 정하고, ⑵영역에서 캔버스의 크기와 해상도를 설정한다. Picture Type은 일러스트를 제작하게 될 것이므로 당연히 Image Type으로 한다.

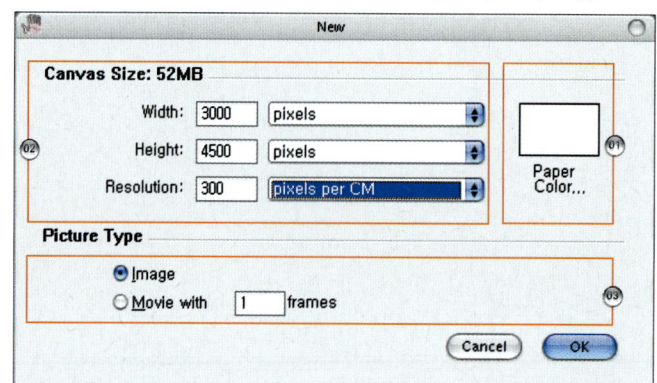

새로운 캔버스를 만들 때 가장 필요한 것은 기능이나 설정 문제가 아니라 무엇보다도 적절한 사이즈의 수치일 것이다.

정준호의 비주얼 일러스트레이션 제작노트

디지털 작업의 이해를 위하여 필요한 몇 가지 용어들을 환기해 보자.

1. Pixel

픽셀(Pixel)이란 Picture Element의 줄임말이다. 컴퓨터가 모니터를 통하여 보여 주는 이미지(화면)는 수많은 점들로 찍혀 하나의 영상으로 보이게 된다. 우리가 여기서 사용하고 있는 픽셀에 대한 일반적 개념은 디지털 이미지를 구성하는 최소 단위로서 이 점들을 부르는 말이 바로 픽셀이다.

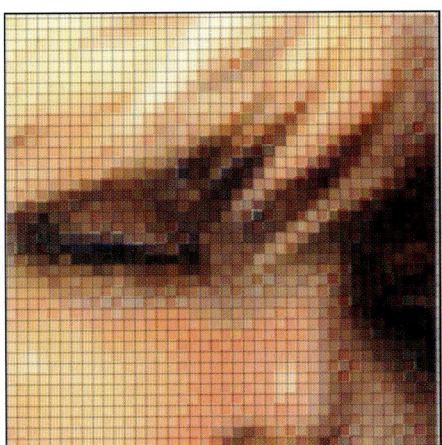

2006 / 〈Dragoneer's Aria〉 Poster (NIS Japan) / Photoshop

2. DPI

DPI란 Dots Per Inch의 줄임말로, 모니터 등의 디스플레이나 프린터의 해상도 단위이다. 화면 1인치당 몇 개의 도트(점)가 들어가는지를 뜻한다.

Tip

픽셀(Pixel) 해상도와 비트맵

픽셀은 이진법에 의하여 비트로 표현되며 비트맵 이미지는 한 개의 픽셀이 얼마만큼의 색 정보를 가질 수 있느냐로 구분된다.
픽셀의 해상도가 1비트라면 2가지 색상을 가지게 되며, 해상도 8비트 모드일 경우 256컬러, 24비트일 경우 1,700만 컬러로 표현된다.
1,700만 컬러라면 사실상 인간이 인지할 수 있는 물리적 한계 수치라고 한다. 일러스트레이션 제작을 위해서는 24비트 이상의 픽셀 해상도가 일반적인 기준이 된다.

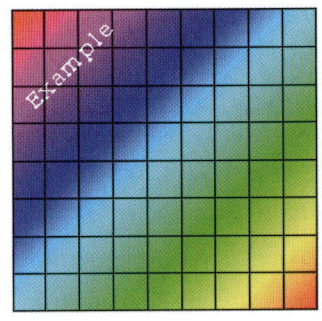
72dpi Image

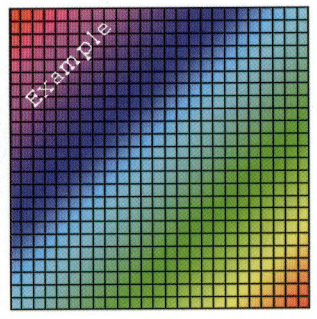
600dpi Image

Alias of Anti Picture

3. Resolution (해상도)

해상도를 의미하며, 이미지를 몇 개의 픽셀(Pixel) 또는 도트로 표현하였는지에 대한 정도를 나타내는 말이다. 참고로 본편에서는 2,560×1,600, 30"디스플레이를 사용하였다.

보통 이미지의 크기를 이야기할 때, 컴퓨터 데이터로는 픽셀(Pixel)로 표현하고 출력물(프린트물) 등은 인치(Inch)나 센티미터(Centimeter) 단위로 표현한다. 주의할 점은 컴퓨터 모니터는 인치나 센티미터 등 실제적 단위를 사용하여 이미지를 보여 주지 않는다는 점이다. 디지털상에서는 오직 픽셀 단위로 계산된다. 작업자에게 필요한 것은 원하는 출력물의 크기와 해상도를 얻기 위하여 모니터상의 이미지와 출력물들의 상호 차이의 개념을 잡아야 한다는 것이다.

보통 컴퓨터 모니터의 해상도를 말할 때 〈640×480〉, 〈800×600〉라고 표현한다. 이는 모니터에서 화면에 찍을 수 있는 픽셀의 크기를 나타내며, 따라서 모니터의 해상도가 640×480으로 설정되면 가로로 640개의 픽셀과 세로로 480개의 픽셀을 화면 내에 나열할 수 있게 되는 것이다.

그렇다면 1픽셀이라는 것은 실제 출력물에서 얼마의 크기로 대응되는가? 여기에 대한 해답은 없다. 이는 픽셀 단위가 상대적이기 때문이다. 640×480(표준 해상도)에서는 모니터 해상도가 72ppi이며 800×600의 해상도에서는 96ppi가 된다(ppi=Pixel Per Inch). 따라서 표준 해상도에서는 720×360의 픽셀로 표시되는 이미지는 가로 10인치 세로 5인치의 크기라고 볼 수 있는 것이다.

그러나 이 고정된 해상도의 72ppi, 96ppi 정도의 출력물은 그 질이 너무 떨어진다. 잡지 정도의 이미지 출력물이 모니터 해상도로 계산하면 225ppi에서 300ppi 정도의 해상도를 갖는 것을 고려한다면 이미지의 작업은 72ppi로 맞춰서는 안 된다. 즉, 같은 크기의 이미지라 할지라도 해상도가 각각 다를 수 있다는 것이다.

최종적으로 필자의 경우를 제시하자면 300dpi 작업이 인쇄 환경에서의 기본이지만, 다양한 출력 방식의 등장으로 제약이 무색해졌다. PC의 사양도 월등히 높아진 만큼 일반 A4~A3 정도에 사용될 크기라면 대략 4,000~5,000 픽셀을 맞춘다. 여기서 A3 이상 또는 A0(전지) 정도까지 고려한다면 8,000픽셀 정도로 한다. 마케팅용 이미지 작업들은 행사나 대형 광고물에 쓰일 수 있으므로 기본적으로 8,000~10,000픽셀 정도로 제작하였으며, 10,000픽셀 이상의 수치는 어느 용도로 활용되어도 사실상 효과적인 의미가 없다고 본다. 보편적인 경우라면 아래 출력 해상도 수치를 참고하도록 하자.

	사이즈(cm)	dpi	해상도	픽셀 해상도
A4(국배판)	21×29.7	300	2,480×3,508	870만 픽셀 (24bit)
A3	29.7×42	300	3,508×4,961	1,700만 픽셀 (24bit)
B4(타블로이드)	25.4×37.4	300	3,000×4,417	1,300만 픽셀 (24bit)

출판용 출력 해상도의 참고 수치

Tip
비트맵으로 표현된 이미지에 몇 개의 픽셀이 모여 있는지를 의미하는데, 비트맵은 사각형의 최소 단위를 기준으로 하여 가로×세로의 픽셀이 이미지의 해상도를 의미하게 된다. 예를 들어 1,600×1,200이라면 192만 픽셀로 약 200만 픽셀이 된다.

Tip
출판, 출력을 전제로 한다면 일반 해상도의 개념보다는 출력 해상도의 수치가 중요하며, 이는 바로 인쇄 시의 밀도를 의미하게 된다. 우리가 흔히 들어본 DPI가 바로 그 기준 단위이며, 1 inch(2.54cm) 블록 안의 도트의 숫자를 나타낸다.

4. Format

확장자 형식(파일 포맷)에 대하여 알아보자.

새로운 캔버스(New)를 생성하여 작업을 진행할 때는 중간 과정이나 종료 후 저장을 해야 한다. 파일의 포맷에 대한 제반 지식이 필요한 이유는, 작업물을 단순히 저장하여 보관하는 것에 그치는 것이 아니라 작업 간에 포토샵과 페인터를 오가면서 병행하는 경우나 최근의 각종 웹 전용 압축 이미지 포맷들, 그리고 출판물이나 3D 프로그램과의 호환 정보에 적응해야 하기 때문이다.

파일 포맷 형식	내용
RIF	페인터의 고유 파일 포맷 방식이다. Wet이나 Impasto, 이펙트 등 페인터 프로그램만의 고유 기능을 보존하기 위한 파일 포맷으로, 다른 일반적인 2D 프로그램에서는 호환이 되지 않으므로 주의한다.
PSD, PDD	포토샵의 고유 파일 포맷 방식이다. 포토샵 전용의 레이어, 특수 이펙트 레이어, 채널 관련 패스 정보 등을 저장할 수 있다. 역시 포토샵 외의 다른 프로그램에서는 호환이 되지 않는다. 페인터와는 부분적 호환이 가능하여 페터에서 PSD가 읽히기는 하지만 공용의 레이어와 채널 정보 이외에는 유실된다.
BMP	(Microsoft Windows Device Independent Bitmap) 마이크로소프트의 OS, 윈도우에서 이미지들에 사용되는 확장자이다. 무손실 압축 기법을 사용하여 기타 그래픽 파일에 비해 크기가 큰 편이며 전문 작업에 많이 사용되지 않는다.
GIF	(Graphics Interchange Format) 원래 통신상에서 이미지 파일의 전송을 위하여 만들어진 규약으로 제창된 파일 형식이다. 높은 수준의 호환성을 가지고 있어 PC나 운영 체제에 널리 사용되나, 사용 색상 수가 256으로 제한되며 최대 문서 파일의 크기가 화소로 제한되는 등 고급 그래픽 작업에는 적합하지 못하다. 그러나 이미지 사이의 출력 지연 시간을 둘 수 있으며, 순환 반복이 가능하여 웹 브라우저에서 흔히 접할 수 있는 GIF Animation이라는 이미지 반복형 애니메이션을 지원한다. 인터넷에서의 이미지 형식에 있어서는 사실상 표준 포맷이다.
EPS	(Encapsulated Postscript Files) 포스트스크립트 이미지를 문서에 포함시킬 때 이미지를 에디트하거나 외부 환경으로 프로그래밍 스크립트를 전송 또는 받을 수 있도록 작성된 파일 포맷이다. 일반 포스트스크립트 파일은 그림을 출력하기 위한 명령어만을 가지고 있어 주로 1,200dpi 이상의 고해상도 출력 기기에서 프린트할 때 사용한다. 그리고 비트맵 데이터를 EPS 포맷으로 저장하면 CMYK 분판 출력이 가능하며, 비트맵 모드에서는 투명 화이트 베이스(Transparency White)가 지원한다.
EPS (Photoshop DCS)	편집 프로그램인 Quark에서 사용하는 EPS 포맷 형식으로, 파일을 저장하면 C, M, Y, K의 색상 분판 용도로 사용된다.
PDF	포스트스크립트의 한 종류로, 어도비 아크로밧(Acrobat)에 사용되는 문서 형식이다. 용량 대비 효용이 좋으며, 파일로 제작된 매뉴얼이나 가이드 문서 작성에 많이 사용된다.
PICT	(Macintosh pictureFile Format) 맥 OS의 표준 파일 포맷으로 비트맵 이미지와 포스트스크립트를 동시에 가지며, JPEG 압축을 지원한다.
PNG	(Portable Network Graphics) 압축 그래픽 이미지 파일 형식으로, GIF 포맷의 저작권 해방과 성능 개선을 위하여 만들어졌다. 장점으로는 품질 손상 없이 GIF에 비해 10~30%가량 압축률이 향상되었으며, 투명도 지원과 인터레이싱 이미지 기능이 지원되고 속도가 빠르다. 또 감마 교정 기능이 있어 디스플레이의 가이드에 따른 이미지 보정이 가능하다. 그러나 다중 이미지를 포함할 수 없기 때문에 동영상을 지원할 수는 없다.
RAW	(Raw File Format) 범용 시스템 사용을 위하여 개발된 그래픽 파일 포맷으로, 메인 스트림 시스템이나 일반 포맷을 지원하지 않는 출력 장치로 전송시킬 경우 사용된다.
SCT	(Scitex CT File Format) Scitex 원색 분해용 워크스테이션에 사용될 수 있도록 그레이 스케일 이미지나 32bit CMYK 이미지에 사용되는 포맷이다.
TGA	(Truevision Targa) 트루비전이라는 그래픽 전용 장비 회사가 자사의 하드웨어를 위하여 개발한 이미지 처리 형식이다. 24bit 컬러 이상으로 저장이 가능하며, RGB를 디지털로 변환한 포맷으로 용량 제한이나 색상 제한이 없어 IBM이나 맥 등에 널리 사용되고 있다. Targa와 Vista Video Board 기반의 DOS 응용 프로그램에서는 표준 파일 포맷으로 사용된다.
PCX	(PC Exchange) IBM PC에서 일반적으로 사용되는 포맷 중 하나로, 전문 그래픽 용도보다는 작은 그래픽 문서 등을 다룰 때 주로 사용된다.
JPG	(Joint Photographic Experts Group) GIF 포맷과 함께 웹 프로토콜에서 지원되는 이미지 형식 중 하나이다. 근래 웹 등에서 흔히 접할 수 있는 대표적인 손실 압축 형식으로, 압축률의 범위를 사용자가 사용 목적에 따라 직접 지정할 수 있는 특징이 있다. 따라서 일반적으로도 프리뷰를 위한 섬네일이나 이미지 보관 등 넓은 용도로 사용된다. 그러나 이미지의 퀄리티가 고화질이 될수록 파일의 크기도 커지므로 용도에 맞는 적절한 선택이 필요하다.
TIF	(Tag Image File Format) 대표적인 비트맵 이미지 처리 파일 형식이다. 맥과 PC뿐 아니라 유닉스 기반의 워크스테이션에 이르는 범용성을 가지고 있으며, 단색 데이터부터 24bit 색상까지 어우르는 폭넓은 저장 능력을 가지고 있다. 비트맵 이미지의 저장을 위해 개발되어 디지털 데이터의 교환에 적용하는 기능이 그 목적이다. 특별한 전용 편집 툴을 거치지 않은 일반적인 출력을 위해서라면 전용 출력소에서나 인쇄 시 유용하다.

Alias of Anti Picture

이제 파일 포맷들에 대한 설명에서도 지속적으로 언급되었듯이 디지털 이미지의 구성을 이해하기 위한 기초 중 하나인 비트맵 이미지와 벡터 이미지를 짚어 보도록 하자.

비트맵(Bitmap)과 벡터(Vector)

1. 비트맵

그래픽 장치에서 그림을 표현하는 방법 중 하나이며, 보다 일반적으로는 래스터(raster) 방식(점 방식)이라고 한다. 화면상의 각 점들을 직교좌표계를 사용하여 픽셀 단위로 나타낸다. 색상 정보를 가진 Pixel의 격자로, 각 화소는 자체적인 데이터를 가지고 응집되어 하나의 이미지로 이루어진다. 이 비트맵 방식은 주로 페인팅 프로그램에 사용되고 있으며 우리가 다루고 있는 페인터와 포토샵도 그 하나이다.

2004 / Private work / Photoshop, Painter

그림을 확대하면 각 점이 그대로 커져 화소가 드러나며 경계선 부분이 오돌토돌하게 보이는 계단 현상(Jagged Line)이 나타난다. 이를 좀 더 부드럽게 처리하기 위한 알고리즘들(Bicubic filtering, Bilinear filtering 등)이 있으며 포토샵에 자주 등장하는 옵션 중에 이를 보완하는 것으로 안티 알리아싱(Anti Aliasing)이 있다. 다시 말해 회화적인 분위기나 사진 같은 정교한 이미지의 구성에 적합한 처리 방식이다.
가로×세로만큼의 픽셀 정보를 다 저장해야 하기 때문에 벡터 방식의 이미지나 텍스트 자료에 비해 상대적으로 용량이 크고 처리 속도가 느리다. 이를 개선하기 위하여 JPEG, GIF, PNG 등의 다양한 파일 형식이 개발되었다(포맷 설명 참고).

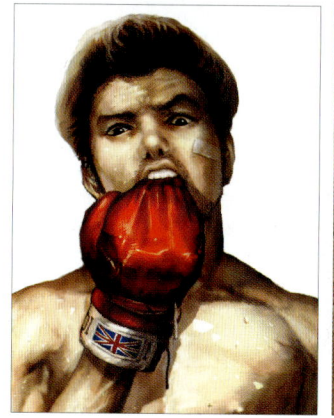 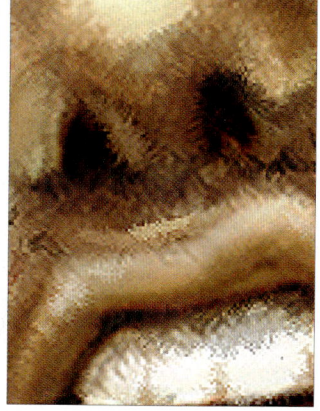

정준호의 비주얼 일러스트레이션 제작노트

2. 벡터

벡터 그래픽스(Vector graphics)는 컴퓨터 이미지를 보여 줄 때 수학 방정식을 기반으로 하는 점, 직선, 곡선, 다각형과 같은 물체를 사용하는 것을 말한다. 객체 지향 그래픽스라고도 한다. 풀어 설명하면 벡터는 시작점과 끝점, 채워진 색상, 선의 모양과 종류, 굵기 그리고 다른 속성의 집합 등 도형으로 기술되는 수학적 등식의 집합으로 이미지 데이터를 형성하고 기억하여 보여 준다.

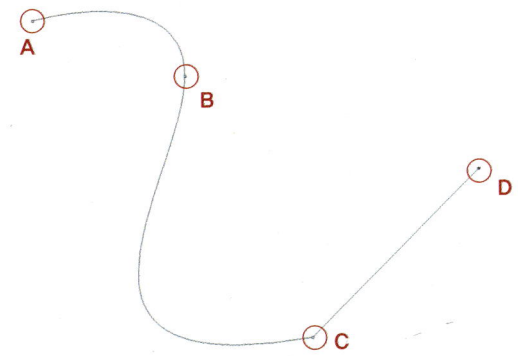

위의 이미지를 참고해 보자. 포인트 A에서 B 사이는 좌표의 위치값과 그 사이의 곡률 파이값을 가지는 구간이다. 포인트 C와 D 사이 구간은 점과 점 사이를 직선으로 전개한 경우이다. 이렇게 곡선과 직선을 활용하여 도형이 만들어지고 도형을 모아 형태를 만든다.

벡터 방식

비트맵 방식

벡터 이미지는 그림의 크기에 영향을 받지 않고 단지 좌표 정보만을 가지고 있으므로 용량에 있어서도 매우 가볍다. 깨끗한 경계면을 유지하면서도 제약 없이 스케일을 확대할 수 있어 현수막 같은 대형 이미지의 출력이나 여러 디지털 애니메이션 관련 업종등에 활용되고 있다. 그러나 반대로 부드러운 경계면이나 풍부한 색 단계, 그라데이션 등에는 취약하여 단단하고 완결성을 가진 이미지 쪽에 한정되어 있다.

> **Tip**
> **이미지의 확대 시 벡터와 비트맵의 차이 비교**
> 벡터와는 달리 비트맵의 경우는 해상도보다 크게 확대 시 거칠게 깨진 픽셀이 드러난다.

Alias of Anti Picture

채널(Channel)과 마스크(Mask)

지금까지 디지털 일러스트를 위한 기초 지식으로 디지털 이미지의 파일 종류(파일 포맷)와 구성 방법〈래스터(비트맵)와 벡터〉을 이해하였다.

이제 기초 지식의 마지막으로 채널과 마스크를 알아보자.

채널과 마스크를 기초 지식으로 다루는 이유는 이렇다. 아무래도 생소한 용어와 개념들은 시작하기도 전에 거리를 두게 되므로 일러스트레이션의 제작과는 동떨어져 있다고 생각하기 쉬우며, 향후 고급 기법들을 익히는 데 있어 반드시 필요하기 때문이다.

1. 채널(Channel)

먼저 채널을 알아보자. 그에 앞서 색을 구성하는 삼원색의 개념을 이해할 필요가 있다.

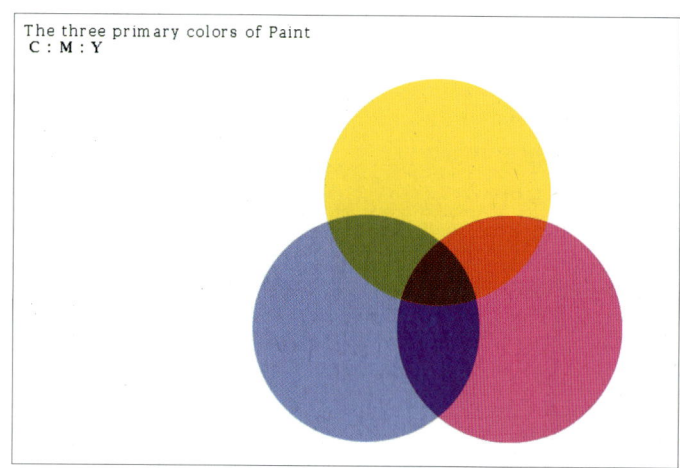
물감(색료)의 삼원색

빛의 삼원색

이 개념의 이해가 중요한 것은, 아날로그 작업 환경에서는 CMY 방식만이 기준이었지만 현재 디지털 환경에서는 RGB로 표현되는 디스플레이(모니터)를 통하여 CMY의 페인트를 표현해야 하기 때문이다.

따라서 RGB와 CMY는 그 절대값이 서로 반비례하지만 시각적으로 같은 색을 기준으로 할 때 개념적으로는 다음과 같이 표현된다.

- Black(검정) : 100%(CMY) = 0, 0, 0(RGB)
- White(흰색) : 0%(CMY) = 255, 255, 255(RGB)
- Gray(회색) : 50%(CMY) = 128, 128, 128(RGB)

> **Tip**
> 색의 표현은 이렇듯 물감의 삼원색인 CMY와 빛을 구성하는 RGB로 나뉜다. 익히 알고 있듯이 물감의 CMY는 섞을수록 어두워지는 감산 혼합이며 디지털에서는 겹칠수록 어두워지는 이치로 단위는 %의 백분율로 표현된다. 빛의 삼원색인 RGB는 섞을수록 밝아지는 속성을 가져 가산 혼합이라 하며 디지털에서는 Grayscale의 256 단계를 단위 기준으로 한다.

RGB와 CMY는 그래픽 분야에서의 오랜 노력에도 불구하고 아직은 정확하게 대응되지 않는다.

앞의 출력 시 RGB를 CMYK로 바꾸어 보여 주는 뷰어(Viewer) 기능에서도 언급했지만 RGB와 CMY는 근본적인 물질의 속성이 다르기 때문에 컬러 영역대(Gamut)가 일치하는 부분과 그렇지 못한 부분이 구분된다. 그 일치가 불가능한 Out of Gamut 영역은 가장 유사한 컬러를 추적하여 CMY로 바뀐다.

일러스트 제작 시 참고할 부분이 있다면 채도가 높은 원색이나 밝은 부분의 추적은 시각적으로 위화감이 크고 상대적으로 어두운 부분은 그 차이가 덜 드러난다는 것이다. 이 개념의 인지는 중반에 다루게 되는 레이어 블랜딩(레이어 속성 부여 > 혼합 모드)의 이해에도 큰 도움이 될 것이다.

> **Tip**
> **색을 구성하는 삼원색(The Three Primary Colors)**
> 적색(Red), 녹색(Green), 청색(Blue)으로 구성되어 R, G, B이다. 대기 중의 수많은 주파수 대역의 전자 기파 중 우리는 약 380~780nm 사이만을 눈으로 인지할 수 있으며, 이 파장대의 3가지 분류가 Red, Green, Blue의 삼원색이다. 이것이 가법 혼합이 되어 여러 가지 색으로 표현되어 보이는 것이다.
> 우리 눈은 빛이 어떤 사물에 닿아 특정 색의 파장을 흡수하고 반사시키는 광량에 의하여 색을 인지하게 된다. 보색 대비로, Red 파장대를 흡수하면 Cyan이라는 청색 계열로, Green 파장대를 흡수하면 Magenta라는 적색 계열로, Blue는 Yellow라는 황색 계열로 인지된다. 이것이 바로 청록색(Cyan), 보라색(Magenta), 황색(Yellow)으로 구분되어 감법 혼합으로 표현되는 C, M, Y이다. 인쇄에서는 이 CMY에 Black이 추가되어 CMYK이다.

Channel은 이 색상 정보의 파장대 구분을 의미하는 것이다.

즉, RGB 모드일 경우 Red, Green, Blue의 3개의 채널을 가지게 되며, CMYK 모드일 경우 Cyan, Magenta, Yellow, Black의 4개의 채널을 가지게 된다. 프로그램에서의 이 채널의 관리를 통하여 작업자는 이미지를 색상의 채널로 구분해서 인지하고 작업할 수 있다.

Alias of Anti Picture

2004 / ICE Comix 〈MEGA CITY〉 USA / Photoshop

이미지의 원본, 채널 관리 윈도우를 통해서 보면 Red, Green, Blue의 3가지 채널이 구분되어 있음을 알 수 있다.

본 이미지의 채널 분해도를 보자.

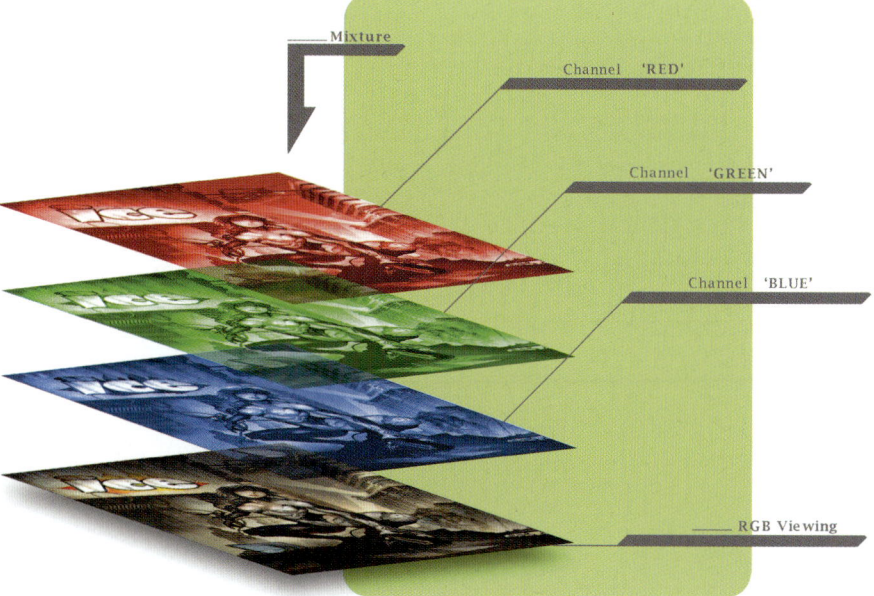

정준호의 비주얼 일러스트레이션 제작노트

풀어서 해석하면 이런 개념이 되겠지만, 실제 채널 창에서 단독으로 클릭해 보면 해당 채널이 앞의 그림처럼 색상이 반영되어 보이진 않는다. 그 이유는 해당 채널(파장대)의 음영(陰影)을 데이터값으로 추출해 내기 때문이다. 잘 살펴보면 해당 색 파장대의 이미지의 음영 톤이 서로 다른 것을 볼 수 있다.

Tip
Channel View에서 중요한 것은 흑백 음영 톤으로 보이는 부분에서 어두운 부분일수록 데이터가 비어 있고 밝은 부분일수록 데이터가 차 있다는 의미임을 알아야 한다는 점이다.

그림을 통하여 풀어서 설명하겠다. 붉은색(Red) 색 파장의 채널 부분은 다른 채널보다 밝은 부분이 많다. 이 그림이 전체적으로 붉은색을 많이 포함하고 있다는 의미이다. 가령 상단 로고 뒤의 붉은 색으로 그려진 그림은 Red 채널에서는 하얗게 보이지만 Blue 채널에서는 새까맣게 보인다. 이것은 Red 채널에서 붉은색의 값을 많이 가지고 있다는 의미이며 반대로 푸른 계통의 색값은 거의 가지고 있지 않다는 뜻이다.

그렇다면 색을 데이터값으로 추출해 내는 것은 어떤 의미가 있는가? 채널을 관리하는 윈도우에서는 새로운 임의의 채널, 바로 알파 채널을 생성시킬 수 있다. 이 알파 채널의 응용은 능숙한 툴의 운용을 위하여 향후 아주 중요한 부분이다. 각종 고급 이미지 에디팅이나 필터의 블렌딩 응용 등 그 활용 범위도 넓다.

물론 포토샵의 최근 버전들은 레이어 자체에 각종 이펙트 기능 지원이 더해져 그 직접적 활용도가 많이 줄어들기는 했으나 채널의 개념은 가볍게라도 인지하고 넘어가는 것이 필요하다.

CMYK나 Grayscale 등의 다른 이미지 모드의 경우도 대응하여 보이며 관리된다(알파 채널의 응용 사용법은 본편 튜토리얼에서 추가로 다루도록 한다).

Alias of Anti Picture

2. 마스크

미술에서 말하는 마스킹과 동일한 개념으로 이해하면 쉬울 것이다. 영상 편집이나 일러스트레이션에서 마스킹은 작업자가 원하는 영역에만 작업할 수 있도록 그 외 다른 영역은 보이지 않게 하거나 손댈 수 없게 만드는 것으로, 이 부분을 보다 수월하게 수행할 수 있도록 프로그램에서 지원하고 있다.

그림에서 가슴 부분이나 선글라스 부분만 좀 더 수정을 하고 싶으나 레이어 분할이 되어 있지 않을 경우 영역을 선택해 주어야 할 필요가 생긴다.

도구 상자에 있는 라쏘 툴이나, 마술봉 같은 영역 선택 툴들은 회화적이고 세밀한 경계 지정에 한계가 있고, 시간이 더 많이 소요될 수 있으므로 이런 경우에 마스킹을 하게 되는 것이다.

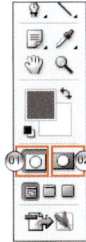
포토샵의 도구 상자 하단에서 편리하게 마스킹을 쓸 수 있는 퀵 마스크 모드 전환이 가능하다(02).
마스크 모드로 전환되면 원하는 브러시나 선택 툴로 이미지 위를 그려 나간다.
반투명의 붉은색으로 일관되게 칠해지며, 오직 마스킹 영역을 정해 주는 것이므로 컬러를 선택하는 것은 의미가 없으나 칠해지는 부분의 투명도(Opacity)는 적용이 된다 (앞의 채널에서도 잠시 언급했던 데이터값의 크기 = 페인팅의 진하기가 적용된다).

작가 전용의 브러시 고유의 엣지를 반영하여 마스킹하는 것도 가능하다. 마스킹이 완료되었다면 Quick Mask 버튼의 바로 옆에 위치한 버튼을 클릭하여 Standard 모드로 돌아간다(01).

Alias of Anti Picture

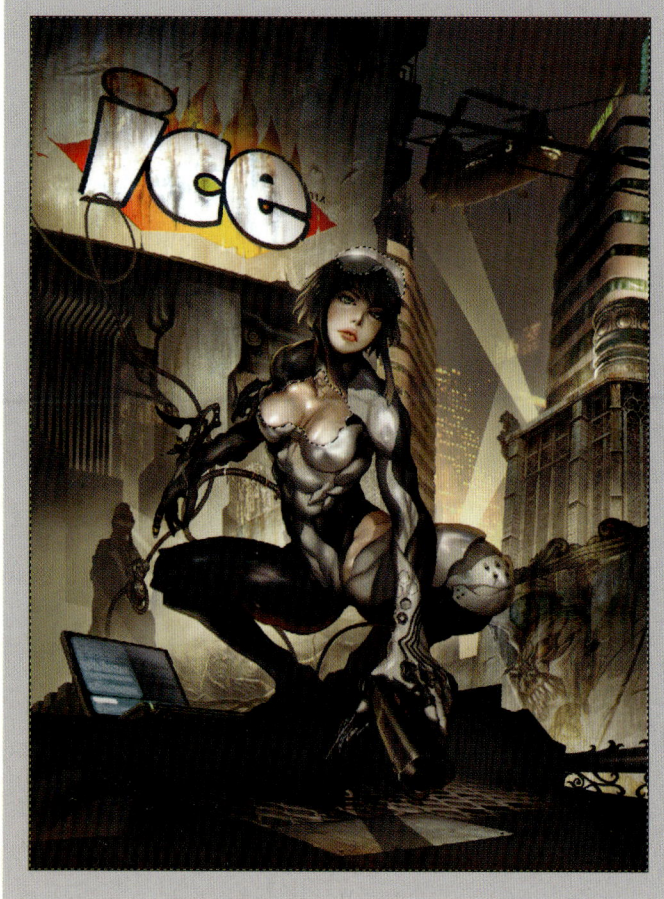

붉은색으로 그려졌던 영역 밖의 외부 영역이 점선으로 활성화되었다. 따라서 영역을 반전시킨다.

Tip

선택 영역 반전
메인 메뉴 select 〉 Inverse
[단축키] Shift + Ctrl + I

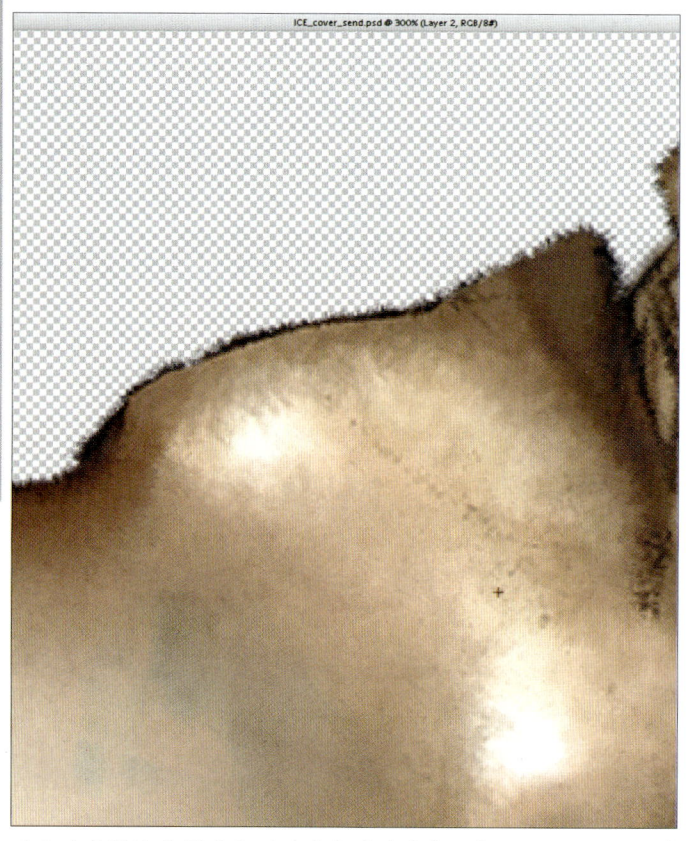

마스킹된 부분이 얼마나 정교하게 분리되었는지 Copy & Paste로 확인해 보도록 한다. 보다시피 도구 툴의 영역 선택 툴로는 불가능한 섬세한 외곽선 분리가 이루어졌다.

이렇듯 마스킹도 응용 방법에 따라 여러모로 효과적이고 효율적인 요령을 가질 수 있으나 앞의 채널의 경우처럼 레이어 관리 창이나 부가적인 편의 장치의 발전으로 인하여 활용 빈도가 많이 줄어들었다.

정준호의 비주얼 일러스트레이션 제작노트

MEGA CITY

2004 / Comix Cover Illustration (ICE Comix USA) / Photoshop 7.0 / 4500*6195 Pixel

STEP 03

ELEMENTS OF TOOLS
How To Painting 페인팅 기법

Application of the Programs / 기본 운용 篇

단축키 활용
42

브러시 찾기
44

포토샵과 페인터의 브러시 이해
45

포토샵의 브러시 커스텀
48

포토샵 커스텀 브러시 활용
56

페인터의 브러시 커스텀 활용
65

페인터의 브러시들
66

페인터 브러시의 속성 대분류
82

페인터 브러시의 속성
84

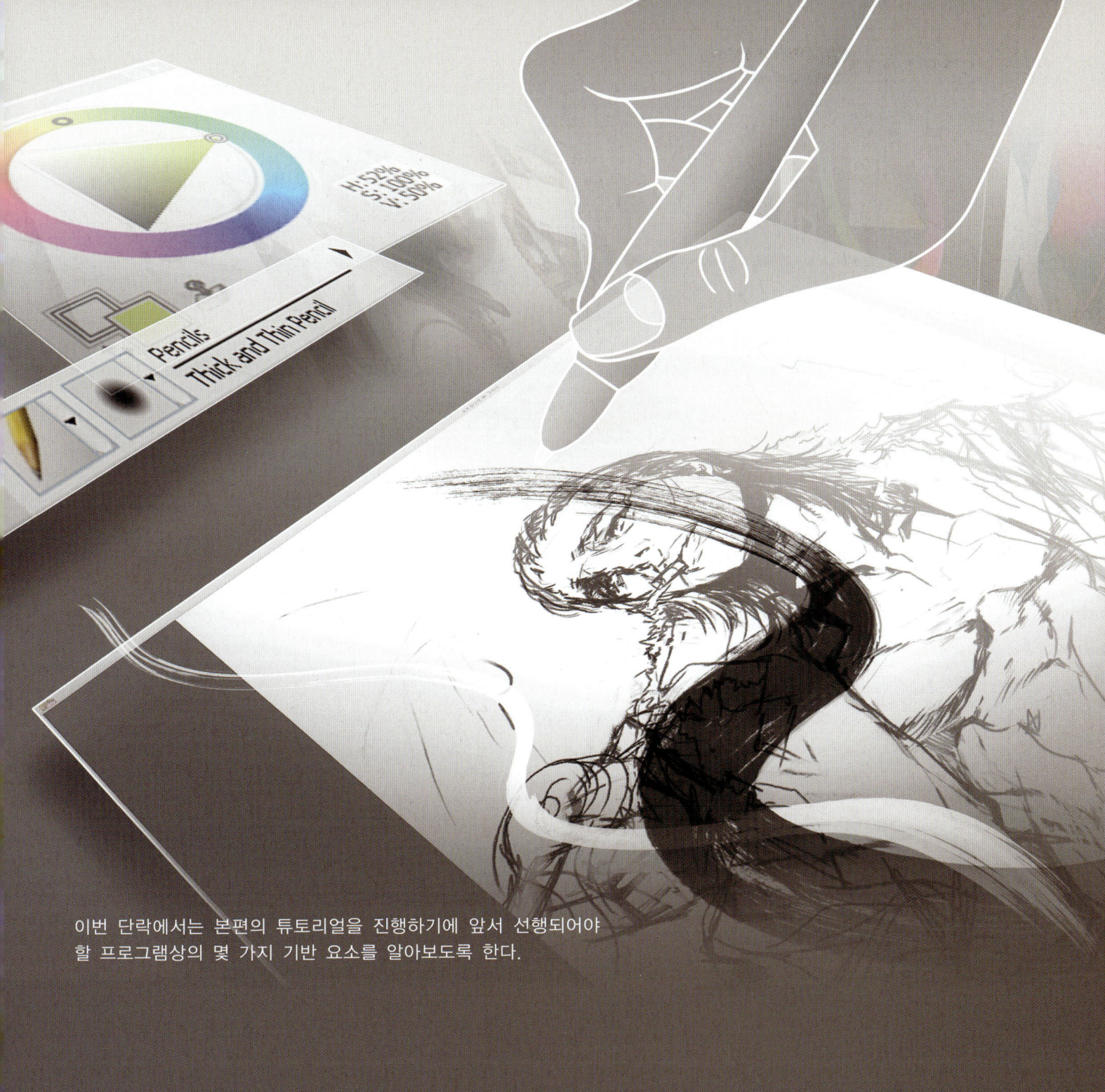

이번 단락에서는 본편의 튜토리얼을 진행하기에 앞서 선행되어야
할 프로그램상의 몇 가지 기반 요소를 알아보도록 한다.

단축키 활용

페인터나 포토샵 어느 쪽이든 프로그램을 능숙하게 이용하기 위해서 뿐만 아니라 작업 시간의 단축 및 효과적인 활용을 위해서도 단축키의 숙지를 필히 권하고 싶다. 위에 언급한 요소들은 비단 조직에 소속되어 납품 기한에 빠듯하게 작업하는 디자이너뿐만 아니라 프리랜서나 작품의 스타일에 관계없이 통용되는 부분일 것이다. 그런 의미에서 주요 단축키를 잠시 소개하고, 이후 튜토리얼 진행 간에도 필요한 단축키들은 지속적으로 추가하여 언급하도록 하겠다.

1. 기본 주요 단축키(페인터와 포토샵 공용 단축키)

■은 페인터, ■은 포토샵 전용 숏키, □은 공용 숏키

단축키	메뉴명	내용
Ctrl + O	Open	기존의 작업 파일을 연다.
Ctrl + S	Save	작업물을 저장한다.
Ctrl + Shift + S	Save As	새로운 파일명으로 저장한다.
Ctrl + N	New	새로운 이미지 캔버스를 생성한다.
Ctrl + A / D	Select All / Deselect	캔버스의 전체 영역 선택 / 영역 선택 해제를 한다.
Ctrl + C / V	Copy / Paste	선택된 데이터의 복사 / 붙여넣기를 한다.
Ctrl + Z / Ctrl + Shift + Z	Undo / Redo	연속해서 Undo를 실행 / 과정을 되돌린다.
Ctrl + Y	Redo	연속해서 Undo를 실행한다.
Ctrl + W	Close	이미지 캔버스를 닫는다.
Ctrl + P	Print	출력을 한다.
Ctrl + Shift + P	Print Setup	프린트 설정을 연다.
Ctrl + I	Invert	이미지의 색상을 반전시킨다.
Ctrl + Shift + I	Inverse Selection	선택된 영역을 반전시킨다.
Ctrl + F	Fill	영역 전체를 채운다.
Ctrl + R	Rulers	캔버스의 프레임에 눈금자를 생성한다.
Ctrl + K	Preferences	프로그램의 프리퍼런스(설정 관리) 창을 연다.
Spacebar	Hand	캔버스의 위치를 도큐먼트 안에서 임의로 이동시킨다.
E / Shift + Alt + Spacebar	Rotate Page	캔버스를 임의의 각도로 회전시킨다. 캔버스를 더블 클릭하면 정방향으로 다시 되돌아온다.
E	Eraser	지우개를 선택한다.
Alt	Spoid = Eye Dropper	캔버스상의 색을 추출하여 선택한다(스포이드).
B	Brush	붓을 선택한다.
V	Straight Line	직선으로 스트로크를 긋는다.
L	Lasso	라쏘 툴로, 임의의 영역을 자유롭게 선택한다.
W	Magic Wand	일명 마술봉 툴로, 색이나 데이터값을 추적하여 근사 영역을 자동으로 선택한다.
Z(포토샵) / V(페인터)	Zoom	돋보기이다.
Ctrl + Alt	Brush Scale	함께 누르면서 포인터를 드래그함으로써 브러시 크기의 임의 조정이 가능하다.
[/]	Brush Scale	[키로 축소,] 키로 확대하며, 단위 비율은 크기에 비례하여 달라진다.
T	Text	문자 입력 도구이다.
Ctrl + T	Free Transform	자유 변형으로, 이미지의 형태를 변화시키는 도구이다.

정준호의 비주얼 일러스트레이션 제작노트

단축키	메뉴명	내용
Ctrl + H (포토샵) / Ctrl + Shift + H (페인터)	Hide	점선으로 점멸하는 선택 영역이나 룰러 라인, 그리드 등을 보이지 않게 숨긴다.
Tab	Hide UI	캔버스 외의 관리 창들을 보이지 않게 숨긴다.
Ctrl + + / -	Zoom In/Out	캔버스를 확대/축소한다.
F	Screen Mode Select	캔버스 모드를 Standard/Full로 선택한다(기본 모드/스크린 전체 모드).
P	Path	패스 툴을 선택한다(벡터 드로잉).
Q	Quick Mask	포토샵에서 퀵 마스크 모드로 전환한다.
M (포토샵) / R / O (페인터)	Marquee	마퀴 툴로, 사각형이나 원형으로 영역을 선택한다. Shift + M 으로 직면체 모드, 원형체 모드로 전환한다. 페인터는 R 키로 직면체, O 키로 원형체를 선택한다.
V (포토샵) / F (페인터)	Move, Adjuster	레이어상의 혹은 영역이 선택된 이미지 데이터의 위치를 임의로 이동한다.
D	Default Fore/Back Color	전경색과 배경색을 흑색과 백색으로 기본 세팅시킨다.
X	Switch Fore/Back Color	전경색과 배경색의 위치를 바꾼다.
Ctrl + '	Show Grid	그리드(격자 유도선)를 표시/숨긴다.
Ctrl + X	Cut	영역이 선택된 대상 부분을 잘라낸다(삭제한다).
Ctrl + Shift + C	Copy Merged	영역이 선택된 대상 부분을 작업 분할된 레이어 구분과 상관없이 모조리 복사한다.
Ctrl + Shift + V	Paste Into	영역이 선택된 부분 안에 붙여 넣는다.

포토샵과 페인터에서 사용되는 기본적인 단축키들을 우선적으로 살펴보았다. 그 밖의 단축키들은 해당 기능의 관리 윈도우를 다룰 때 추가적으로 언급하도록 하겠다. 단축키의 기본 조합에 익숙해지고 나면 2중, 3중의 하위 메뉴들도 키보드만으로 관리할 수 있게 된다.

Tip
페인터의 경우는 프로퍼티 관리 메뉴를 통하여, 포토샵은 메뉴 Edit의 부항목에서 Keyboard Shortcuts를 통하여 사용자가 임의로 단축키를 설정할 수 있는 기능을 지원하고 있다.

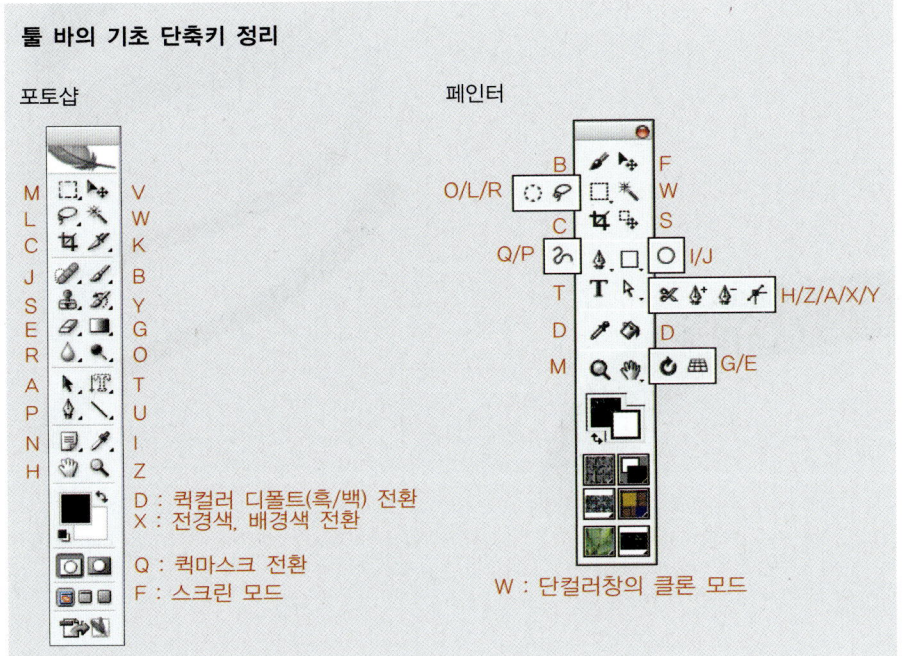

툴 바의 기초 단축키 정리

Alias of Anti Picture

브러시 찾기

1. 붓 두드림과 브러시 스트로크

우리가 브러시 에디트를 이해하기 위하여 사전에 통일해야 할 용어가 바로 이 '붓 두드림'과 '스트로크'이다.

'붓 두드림'은 바로 브러시의 '붓결의 단면'을 구성하는 기본 형태(텍스처)를 말한다. 브러시를 드래그 하지 않고 수직으로 한 점을 찍어보면, 해당 브러시의 '결 단면'을 볼 수 있다.
쉽게 붓 획의 단면이라고 이해해도 좋을 것이다.

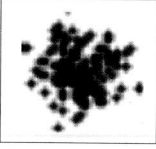
붓 두드림

브러시 스트로크라 함은 기본 형태의 획을 이루는 움직임을 말한다.

페인터든 포토샵이든 커스텀에 의하여 표면적인 변화를 주는 가장 큰 구성 요소는 바로 이 두드림 형태의 모양 변화와 스트로크 시의 성질 설정에 따라 좌우된다.

최근 버전의 프로그램들은 유저의 브러시 커스텀 범위를 상당히 넓게 제공하고 있음에도 불구하고 프로그램에서 기초로 제공되는 브러시들의 본질적인 성격을 다루기까지는 UI에서의 일반 메뉴만으로는 한계가 있음을 알고, 먼저 충분히 시간을 들여 차분히 여러 기본 브러시들의 성격을 파악해두어야 한다.

본인의 사용 의도와 가장 가까운 성질의 브러시를 찾아내어 기반으로 두고 커스텀을 해나가는 것이 요령일 것이다.

포토샵의 여러 브러시의 기본형을 이루는 브러시 텍스처의 샘플들이다.
이것을 본 편에서 '붓 두드림'으로 부른다.

유사한 형태의 '두드림'을 가진 붓도 스트로크의 성질 설정에 따라 그림과 같이 천차만별로 달라질 수 있다. 여기에 색의 섞임 방식 또는 보다 디테일한 설정들의 조정을 통하여 지정해 주게 된다.

위의 단면(붓 두드림)이 선으로 그어진 상태이다.

정준호의 비주얼 일러스트레이션 제작노트

포토샵과 페인터의 브러시 이해

지금까지 수차례 언급했듯이 포토샵과 페인터의 브러시는 그 태생의 다름에서 오는 기본 성격 차이가 크다.

페인터의 브러시의 경우는 애당초 수작업의 회화성을 디지털 환경으로 옮겨 오겠다는 취지에서 만들어진 도구인 만큼 브러시의 구현 설계 자체가 실제 재료들의 특성을 추적한 물리 스크립트를 기반으로 하고 있다.

반대로 포토샵은 사실상 이미지 보정의 편의를 위한 도구의 일환으로 존재했던 만큼 단지 투명도를 가지고 브러시로서 최소한의 기능만을 가진 채 태어났으나 포토샵을 활용하는 디자이너들의 수요가 다양해지면서, 버전 7.0 시점에서 브러시의 구현 스크립트 자체가 업그레이드되어 이전과 비교해 대폭 기능이 향상되었다.

그러나 회화적으로 거듭났다고는 하지만 여전히 페인터와는 그 성질을 달리하고 있으며, 개인적으로 페인터의 방향이 여전히 실제 도구들의 시뮬레이션에 가깝다고 한다면 포토샵이야 말로 디지털 감성에 기반을 두고 만들어진 것이 아닐까 하는 생각을 해 본다.

당장 두 프로그램을 켜 놓고 스트로크를 해 본다면 바로 그 차이에서 오는 위화감을 느낄 수 있겠지만 글로써 전달하는 데는 다소 난해한 부분이 있다.

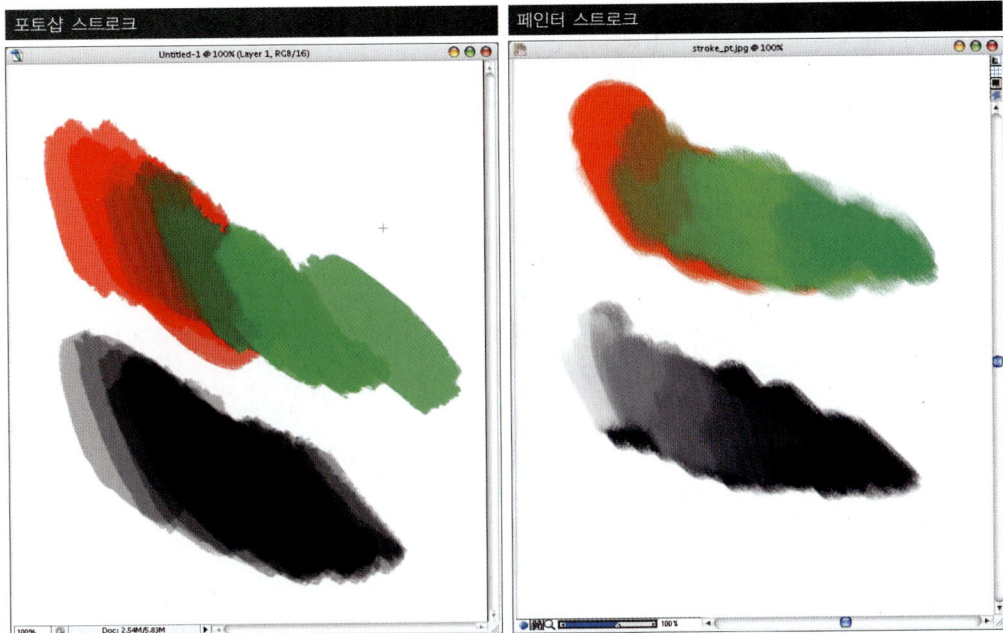

옆의 두 스트로크는 각각 포토샵과 페인터의 디폴트 브러시인 오일 파스텔의 '붓 겹침'이다.
브러시의 텍스처(두드림 단면) 자체는 유사함에도 불구하고 섞임의 느낌은 눈에 띄게 차이를 느낄 수 있다.

Alias of Anti Picture

그 기본 성질을 비교해 보자. 먼저 포토샵의 스트로크와 색 섞임 방식을 보면 다음과 같다.

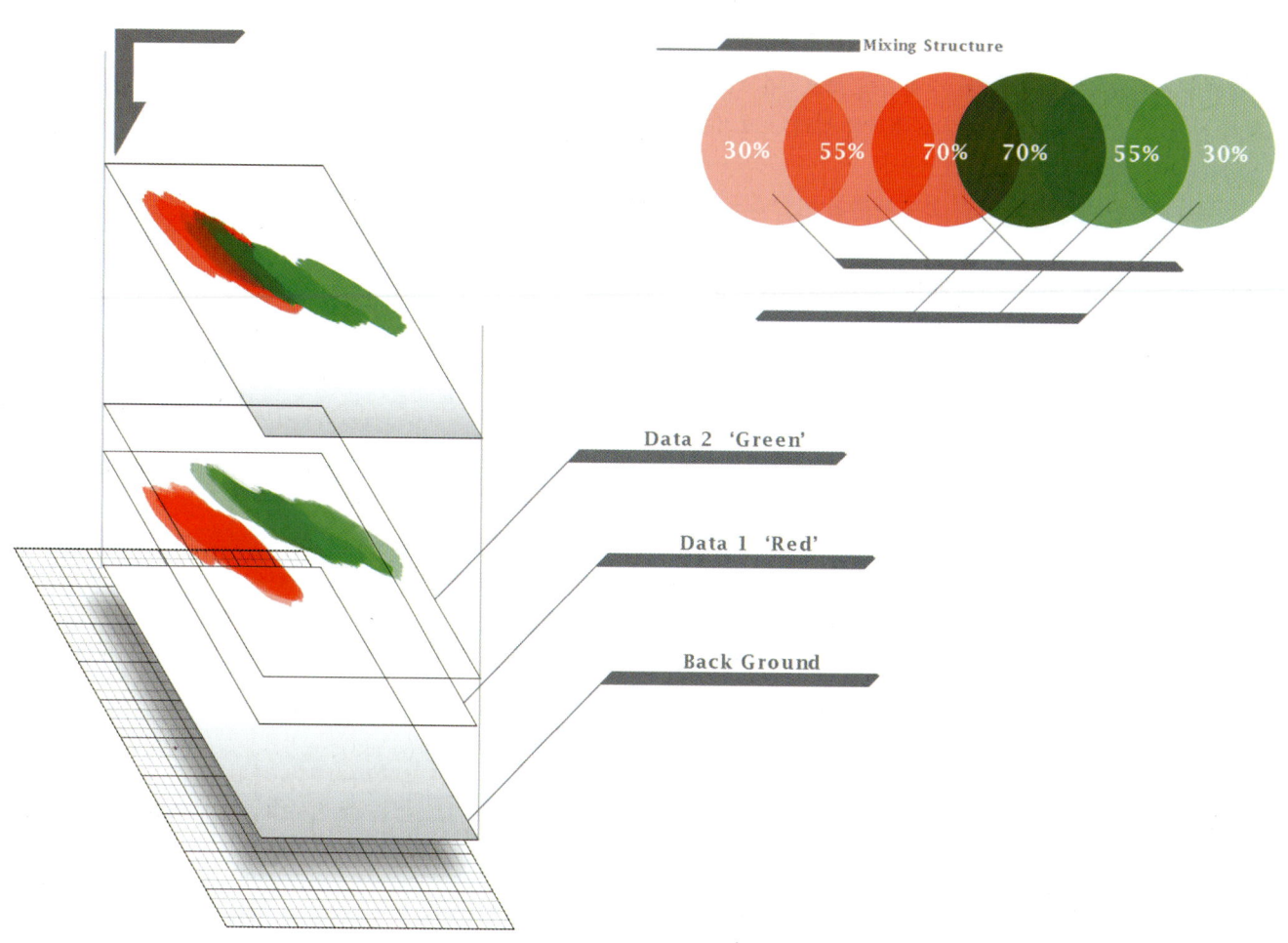

데이터가 비어 있는 레이어상에 그려진 색은 프로그램의 관점에서 보자면 일종의 값을 가진 데이터이다.

붉은색 40~80%의 데이터와 녹색 40~80%의 데이터가 셀로판이 겹쳐지듯 겹쳐져서, 최종적으로는 스트로크로 만들어진 그라데이션으로 보이는 것이다.

이를테면 지금 캔버스상의 적색, 녹색이 각각 3단계로 스트로크 믹스되어 있다면, 포토샵의 경우는 흰 여백(빈 캔버스) 위에 검은색 데이터가 대략 30%, 55%, 70% 투명도로 셀로판처럼 겹쳐 쌓여져 있다고 보면 된다.

반면 페인터는 그 색 데이터 자체가 이미 흰색과 검은색의 X : Y로 조합되어 그려진다.

정준호의 비주얼 일러스트레이션 제작노트

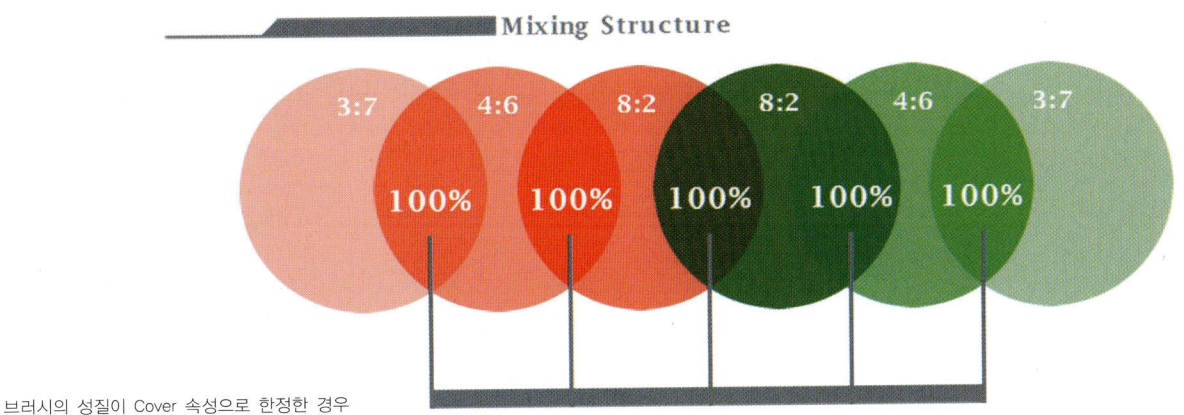

브러시의 성질이 Cover 속성으로 한정한 경우

지정된 색과 색의 특정한 조합값이 연산되어 보이고 있는 것이다(화이트+적색 계열 〉 화이트+적색+녹색 〉 적색+녹색+화이트 〉 녹색+화이트).

물론 브러시 설정의 커스텀을 통하여 극단적인 성질의 차이는 어느 정도 극복할 수 있으며, 바로 다음에 소개되겠지만 포토샵의 경우 색상 간에 Jitter라고 하는 복합적인 믹스 알고리즘 옵션을 가진 브러시가 추가되었고, 페인터의 경우 Cover라는 불투명 속성에 한해서 설명되었지만 수채화나 마커 등, Buildup이나 Wet처럼 포토샵보다 훨씬 투명하고 복잡하게 겹쳐지는 믹스 알고리즘도 기본적으로 탑재되어 있다.

디지털 일러스트레이션 프로그램이 확산되기 시작했던 90년대 말에서 2000년대 초반을 보면, 국내에서는 몇몇 유명 작가들의 영향으로 아무래도 페인터 쪽이 일반적 강세였다면, 일본이나 미국에서는 일러스트레이션 제작 툴로서 포토샵도 꾸준히 애용되어 왔었다.

다시 한 번 강조하지만 절대적으로 어떤 것이 우월하다는 평가의 기준은 없다. 다만 작업자의 화풍과 지향점에 어떤 것이 더 적절한가에 그 그 가치 기준이 있을 것이다. 우선은 2가지 프로그램을 골고루 접해 보고 자신만의 기법을 찾아가기를 바란다.

그럼, 이제 본격적으로 브러시 편집 요령에 대해 알아보도록 하자.

포토샵의 브러시 커스텀

포토샵 프로그램의 최상단 프로퍼티 정보 창 우측 옆을 보면 브러시 관리 창이 버튼으로 축소되어 있을 것이다.

브러시 창을 클릭한 상태에서 드래그하여 스크린 쪽으로 끌어내면 브러시 관리 창이 팝업되어 따로 떨어져 나올 것이다.

각 세부 메뉴들의 역할을 하나씩 알아보자.

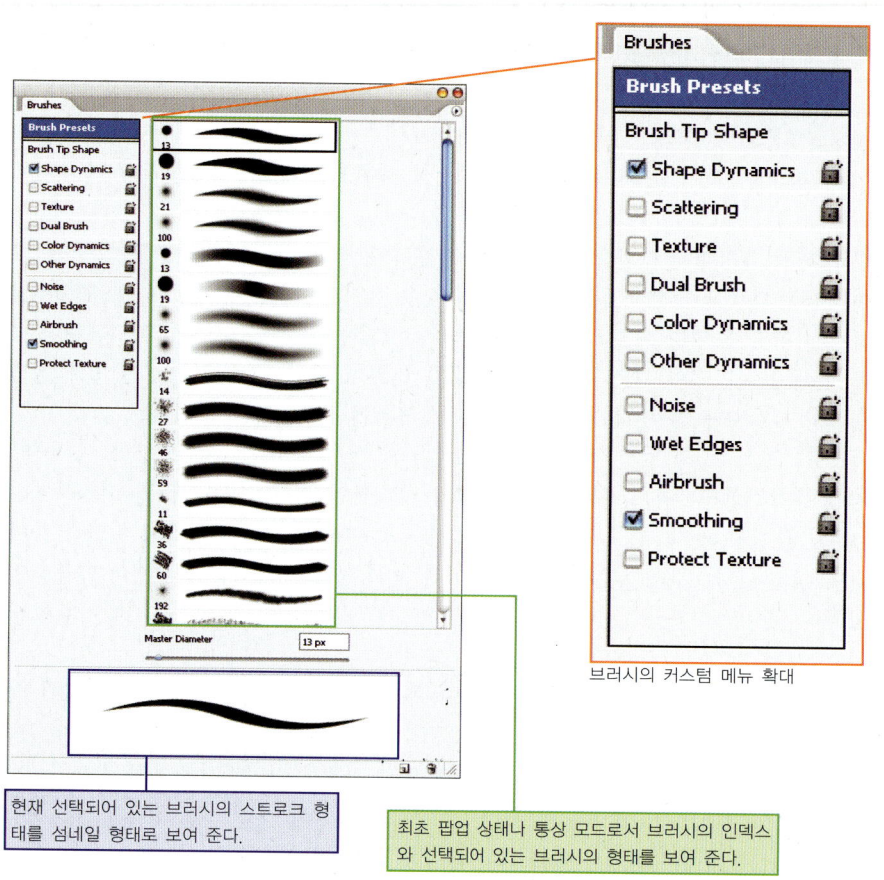

브러시의 커스텀 메뉴 확대

현재 선택되어 있는 브러시의 스트로크 형태를 섬네일 형태로 보여 준다.

최초 팝업 상태나 통상 모드로서 브러시의 인덱스와 선택되어 있는 브러시의 형태를 보여 준다.

정준호의 비주얼 일러스트레이션 제작노트

1. Brush Tip Shape

이 항목을 클릭하여 활성화하면 활성화된 브러시의 기본적인 형태에 관련된 속성들을 제어하는 윈도우가 나타난다.

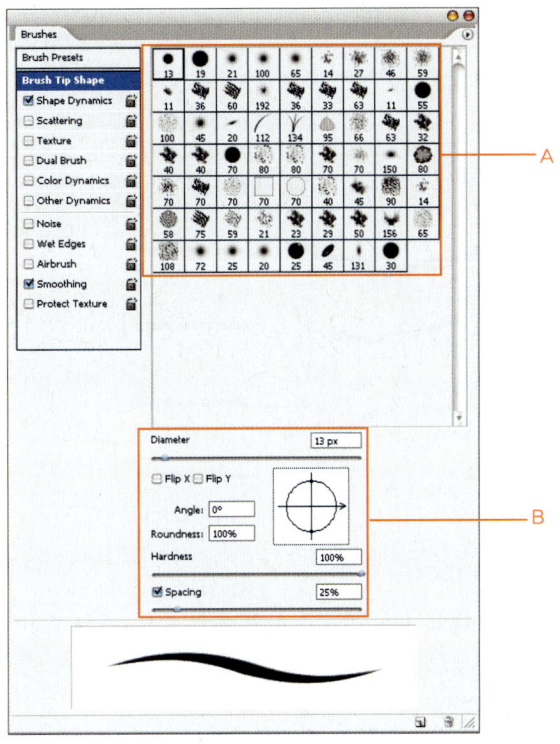

A 영역

브러시의 텍스처, 그러니까 두드림의 형태를 볼 수 있고, 또 바꾸어 정할 수 있다.

B 영역

① Diameter : 스트로크 시 직경의 폭을 설정해 준다.

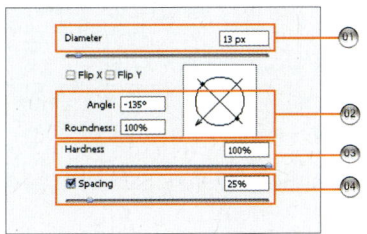

② Angle & Roundness : 선택된 붓 텍스처의 모양의 셰이프를 변형시킨다. 원형을 임의의 수치만큼 눌러 찌그러뜨리거나 회전축의 각도를 정해 줄 수 있다.

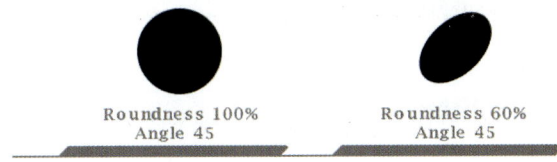

Alias of Anti Picture

③ Hardness : 스트로크 시 외곽 경계면의 선명함을 정한다. 수치를 떨어뜨리면 에어브러시처럼 경계가 부드럽게 흩어진다.

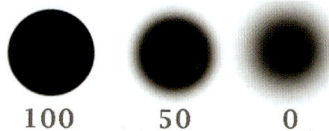

④ Spacing : 스트로크 간격을 수치로 설정한다. 이 간격이 좁아지면 그만큼 매끄러운 스트로크가 가능하지만, 연산이 무거운 브러시의 경우 실시간에 다소 부하가 발생할 수 있다. 거친 브러시 질감을 위하여 인위적으로 간격을 일정 수치 떨어뜨리기도 한다.

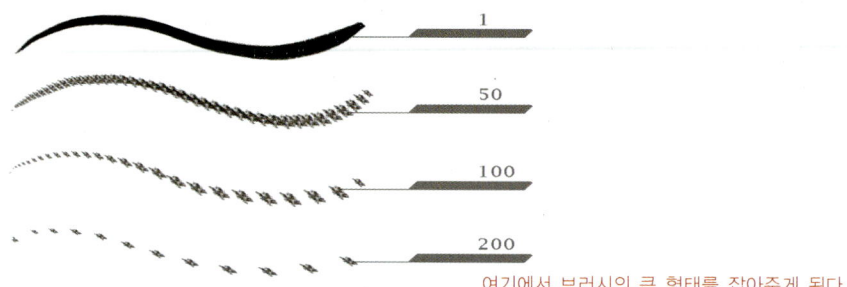

여기에서 브러시의 큰 형태를 잡아주게 된다.

2. Shape Dynamics

향후에도 지속적으로 메뉴 표기에 등장하게 될 단어로 Jitter가 있다. 사전적 의미와는 별개로 프로그램의 기술용어로서는 '불안정성' 정도로 이해하면 된다. 일종의 랜덤적인 변칙 요소들을 지속시키는 속성이다.

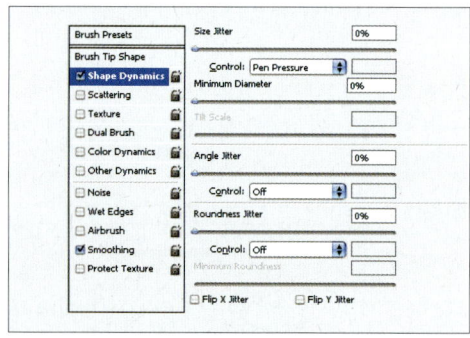

Size Jitter : 붓의 사이즈에 변칙성을 부여해 스트로크 간 붓의 크기를 흐트러뜨리는 효과를 준다.

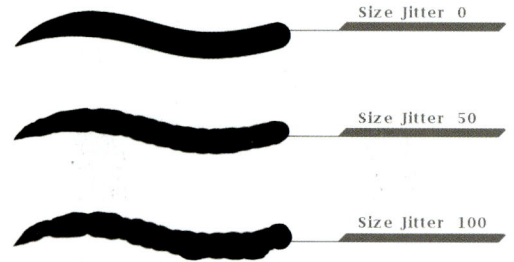

Control 속성

설정 메뉴 중에 컨트롤 속성 설정 항목이 붙어 있는 경우가 있다.

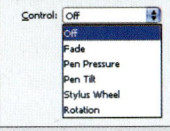

- ① Off : 아무런 영향을 받지 않는다(마우스 입력 상태).
- ② Fade : 마치 에어브러시를 일발 분사 한 듯이 스트로크 즉시 사그라진다. 이 속성으로 선택하게 되면 바로 옆 수치 입력 공간이 활성화되어 분사의 지속 정도를 정해줄 수 있다.

- ③ Pen Pressure : 통상적인 압력 감지 타입. 압력에 따라 굵기와 진하기가 반영된다.
- ④ Pen Tilt : 재미있는 부분인데, 이 속성을 부여함으로써 바로 틸트(기울기) 감지가 가능한 입력 장치에서는 펜마우스를 눕힘으로써 스트로크에 영향을 미치게 된다.
- ⑤ Stylus Wheel : 태블릿과 섬휠 사용 시 설정하면 색상 정보의 위치 추적이 가능하다.

Minimum Diameter : 스트로크 간 최소 사이즈를 설정한다. 붓의 스트로크 간 필압의 영향을 받아 반영된다.
Tilt Scale : 스트로크의 컨트롤 속성이 Tilt로 선택되었을 때 활성화된다.
Angle Jitter : 붓의 각도에 변칙성을 조정한다.
Roundness Jitter : 붓의 둥글기에 변칙성을 조정한다.

이상의 Shape Dynamics 영역의 커스텀은 브러시의 모양에 따른 스트로크 형태의 세부적인 조정과 연계되어 있다. 평범한 통상 펜을 가져와 속성과 수치를 바꿔 가며 비교해 보면 이해할 수 있을 것이다.

3. Scattering

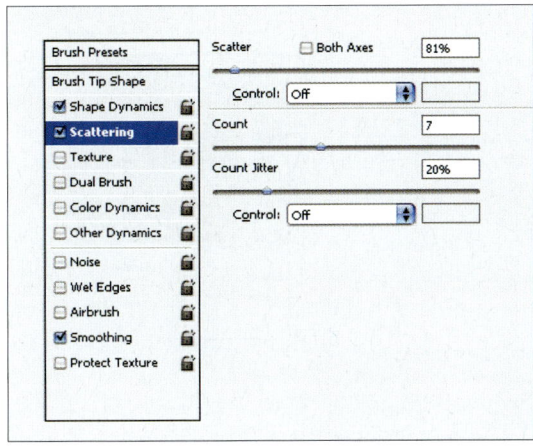

Scatter : 스트로크가 지나간 선을 중심으로 주변으로 얼마만큼 브러시를 퍼트려 분포시킬 것인가를 정하는 옵션이다.

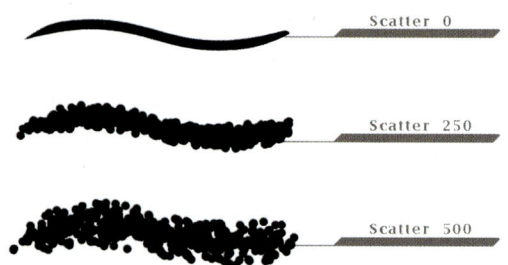

Both Axes
체크하면 스트로크의 중심을 기준으로 양쪽으로 확산되어 퍼지면서 적용된다.

Count Jitter : Count는 면적당 적용되는 브러시의 개수를 정해 준다. Count Jitter는 Count 수치의 불규칙성을 수치로 적용하도록 해 주는 옵션이다.

4. Texture

이 항목은 브러시의 스트로크에 특정 텍스처를 반영시킨다.

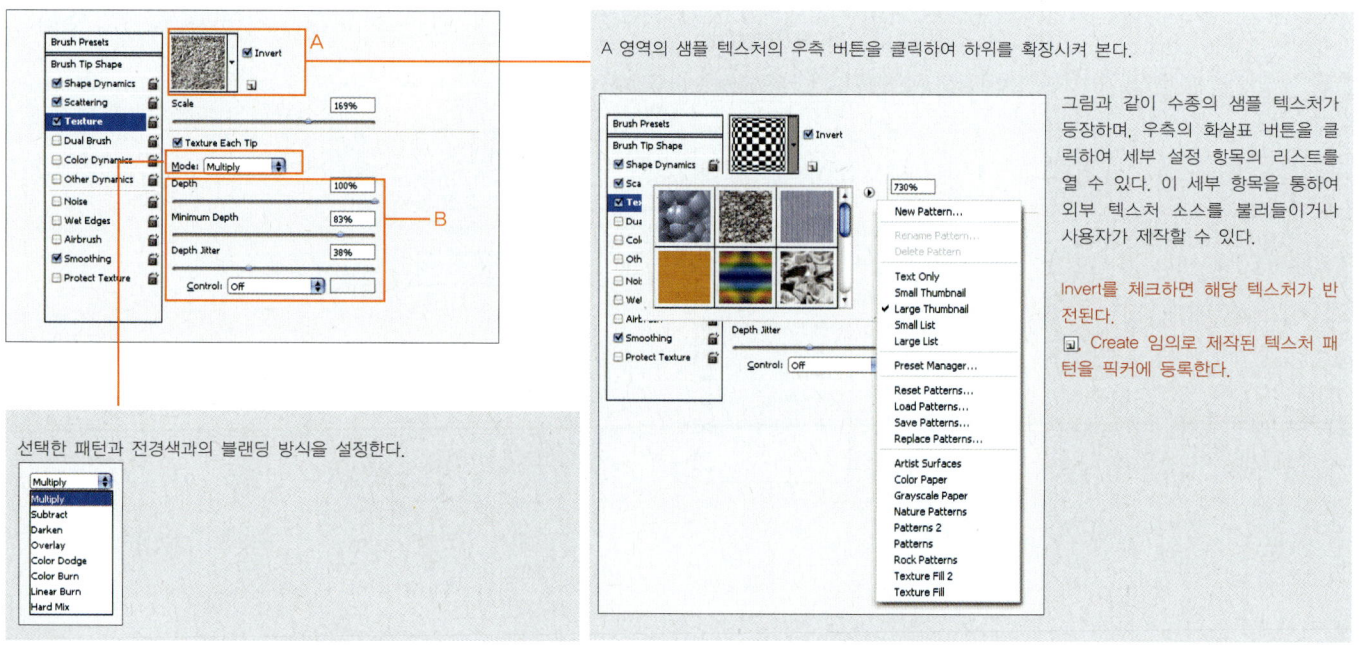

A 영역의 샘플 텍스처의 우측 버튼을 클릭하여 하위를 확장시켜 본다.

그림과 같이 수종의 샘플 텍스처가 등장하며, 우측의 화살표 버튼을 클릭하여 세부 설정 항목의 리스트를 열 수 있다. 이 세부 항목을 통하여 외부 텍스처 소스를 불러들이거나 사용자가 제작할 수 있다.

Invert를 체크하면 해당 텍스처가 반전된다.
Create 임의로 제작된 텍스처 패턴을 피커에 등록한다.

선택한 패턴과 전경색과의 블렌딩 방식을 설정한다.

쉽게 생각하면 캔버스의 종이 질감이 표현되는 느낌과 비슷한 효과를 만들 수 있는데, 페인터의 페이퍼 텍스처와 같이 인터렉티브하게 구현되는 것은 아니고 느낌만 흉내 낸 것으로, 의도에 비해 활용도는 상당히 제한적이다. B 영역은 Mode 외에는 대부분 비활성되어 있으나 Texture Each Tip을 체크하면 모든 항목이 활성화된다.

여기서는 텍스처의 깊이감이나 깊이의 불규칙성을 수치로 조정할 수 있다.

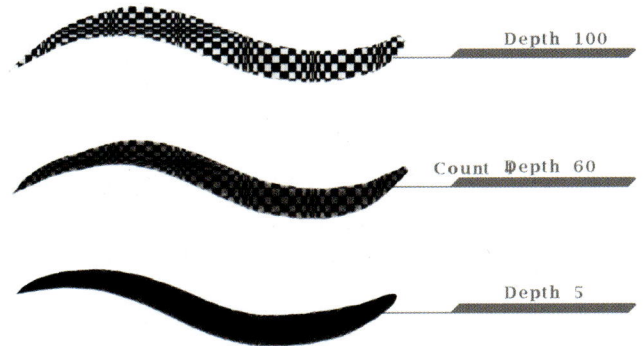

5. Dual Brush

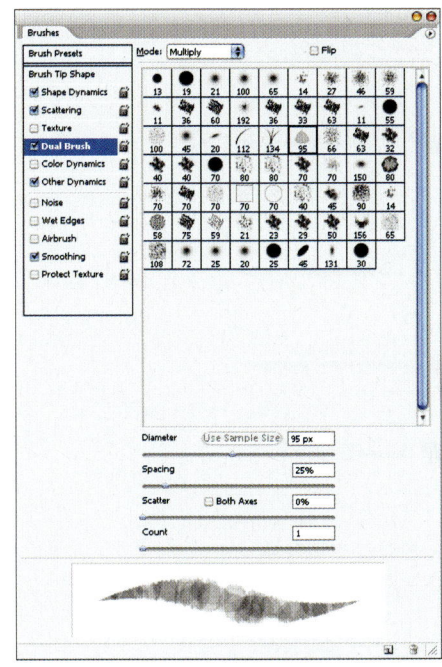

브러시 커스텀에 있어서 활용하기에 따라 중요한 영향을 끼치는 부분이다. 다양한 브러시의 근간이 되는 여러 가지 붓 모양의 텍스처가 인덱스로 등장하며, 현재의 브러시 모양(Shape)을 기준으로 브러시의 텍스처를 추가로 겹쳐서 더하게 된다.

Mode에서 정해 준 블랜드 속성을 가지고 더해지게 되고, 하위의 Diameter, Spacing, Scatter, Count 수치 항목은 상위에서 기술한 대로의 기능을 하며 겹쳐지는 브러시에 그 조정된 속성을 따로 반영시킬 수 있다.

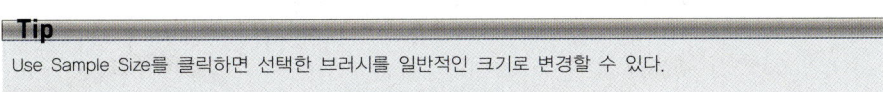

Use Sample Size를 클릭하면 선택한 브러시를 일반적인 크기로 변경할 수 있다.

6. Color Dynamics

지금까지 브러시 모양의 변형에 대한 부분이었다면 이제 색 섞임에 대한 커스텀 메뉴가 등장한다.

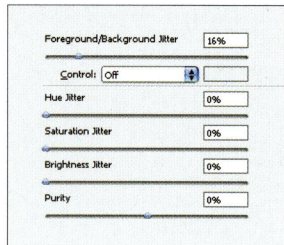

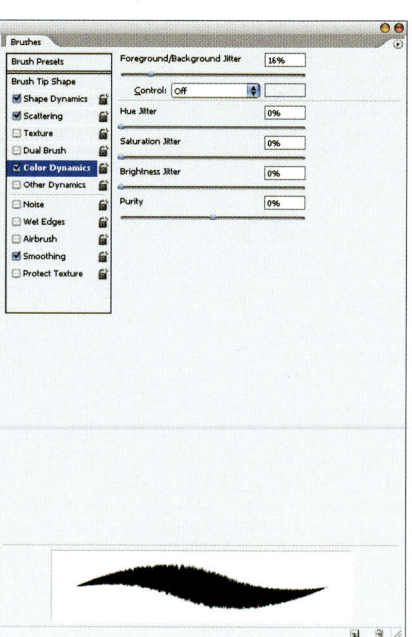

메뉴와 같이 여러 환경에 대응하여 '섞임 값'의 불규칙성을 임의로 조정할 수 있다. 이 항목의 수치 조정은 상위 메뉴들과는 달리 미리보기(Preview)가 반영되지 않으므로 불편하지만 수치를 조정하면서 캔버스에 반복적으로 스트로크를 하며 느껴 보는 수밖에 없다.

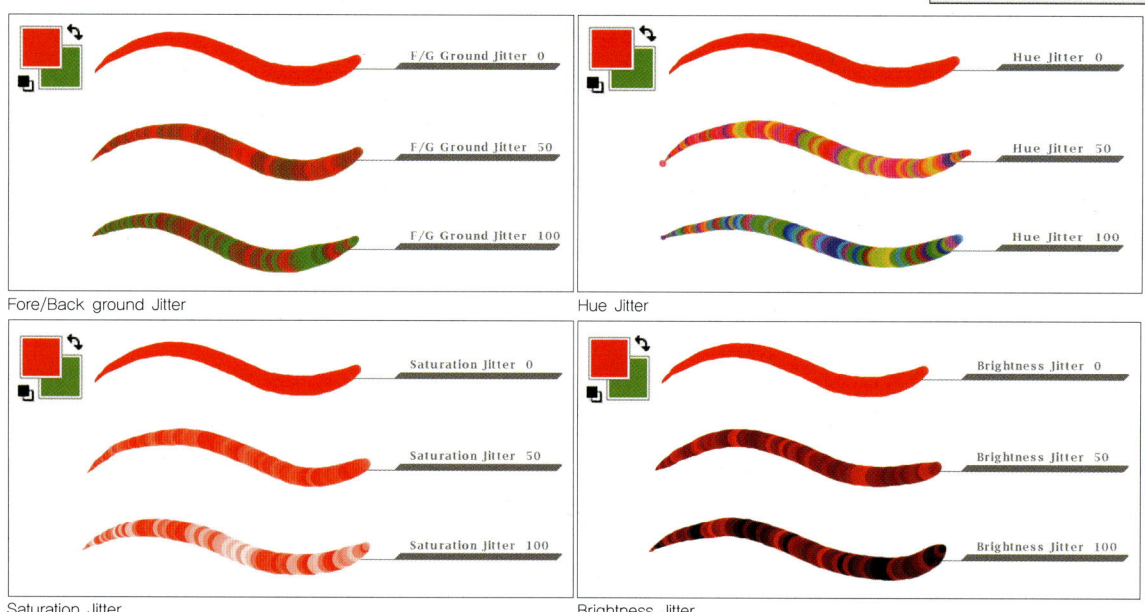

Fore/Back ground Jitter

Hue Jitter

Saturation Jitter

Brightness Jitter

Fore/Back ground Jitter : 전경색/배경색의 혼합 반영률
전경색을 적색, 배경색을 녹색으로 지정한 샘플이다. Jitter 수치가 높아짐에 따라 색 섞임에 차이를 알 수 있다.

Hue Jitter : 색조 반영의 불규칙성
수치에 따라 랜덤하고 다양한 색조가 스트로크에 반영되고 있다.

Saturation Jitter : 채도 반영의 불규칙성
저채도의 색감이 반영되어 무채색이 섞여 나온다.

Brightness Jitter : 음영 반영의 불규칙성
음영이 반영되어 값이 커질수록 어두운 색이 묻어 나온다.

Purity : 스트로크 시 색의 정제율(순도)
수치가 낮을수록 회색에 가까운 저채도를 가지고 높을수록 원래의 색에 가까워진다.

정준호의 비주얼 일러스트레이션 제작노트

7. Other Dynamics

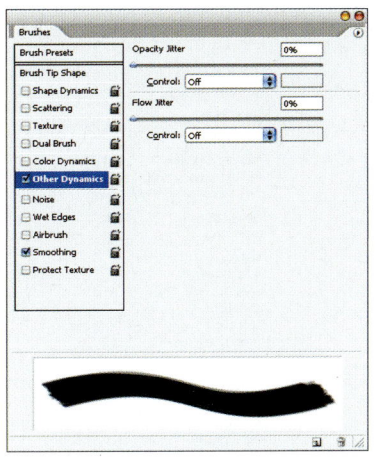

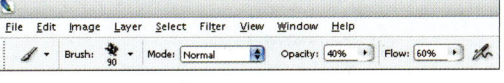

이 항목의 기능은 단순하다. 투명도(Opacity)와 흐름의 지속(Flow)에 대한 불규칙성을 조율한다. 이 Opacity와 Flow는 도구를 브러시로 선택했을 시 프로그램 상단의 프로퍼티에 있는 그것을 의미한다.

8. Others

이하 하위의 체크 / 비 체크 항목들을 일괄적으로 살펴본다.

Noise : 브러시 스트로크의 외곽을 거칠게 만드는 속성이다.
Wet Edges : 마치 수채화 터치를 유도하듯 스트로크의 외곽이 짙게 맺히는 느낌을 준다.
Airbrush : 틸트 속성이 부분 유도되며, 펜마우스에 필압을 지속하면 일정 텀으로 지속하며 퍼져 나가는 등 에어브러시의 특성을 일정 부분 반영하게 된다.
Smoothing : 스트로크의 외곽을 부드럽게 하는 속성이다.
Protect Texture : 텍스처를 보호하는 기능이다.

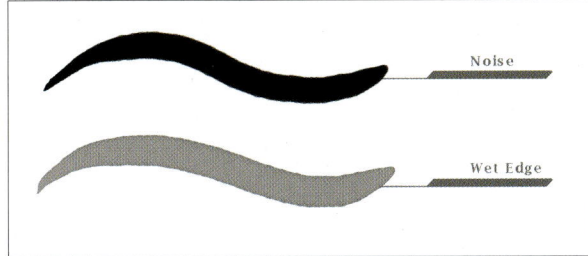

Noise와 Wet Edges 적용 예이다.

디폴트 브러시에서보다 특정 질감의 브러시에서 탁월하게 감각의 차이가 드러나므로 여러 브러시를 대입해 보도록 하자.

포토샵 커스텀 브러시 활용

본격적인 커스텀 브러시의 응용 편을 진행해 보도록 한다.

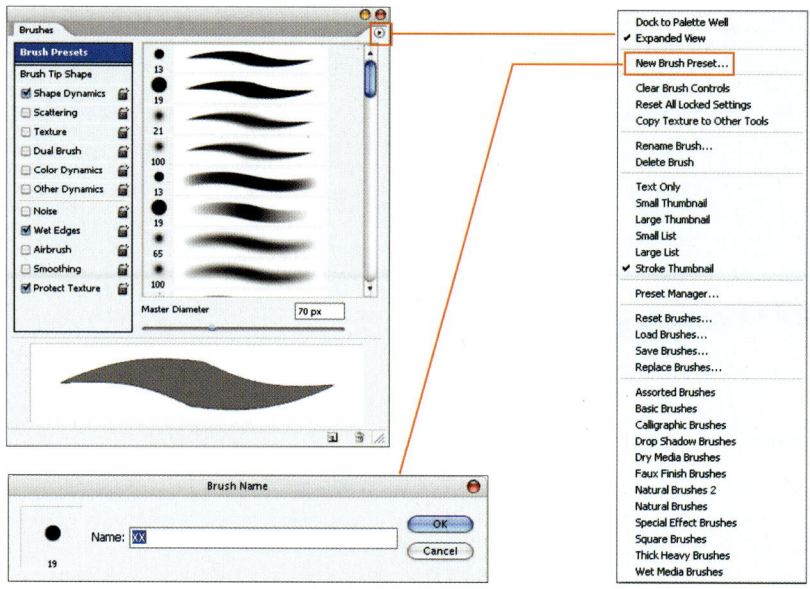

풀다운 브러시 관리 창의 상단 우측에 위치한 ⊙ 버튼을 클릭하면 브러시 세트 관리에 대한 리스트가 나타난다.

이 메뉴의 명령어들을 통하여 브러시 세트를 저장하거나 저장된 세트를 불러들이거나 혹은 삭제할 수 있으며, 관리 창에 나타난 정보량을 축소시켜 간소화할 수 있다.

신규 브러시의 등록 및 삭제도 이곳에서 이루어진다.

앞에서 언급된 여러 가지 임의의 수치로 조정된 커스텀 브러시는 페인터처럼 자동으로 저장되지 않는다. 다른 브러시를 선택하기 위하여 Brush Presets로 돌아가면 디폴트 등록 상태의 수치로 돌아가게 된다.

마음에 든 브러시가 커스텀되었다면 리스트 명령어 중의 New Brush Preset을 선택하여 이름을 정해 주고 저장한다.

브러시 팔레트 하단에서 저장된 신규 커스텀 브러시를 확인할 수 있다.

여기 필자의 브러시 세트를 참고해 보자.

생각보다 단출하다고 여겨지는 것이 당연하다.

과도하게 많은 브러시를 운용하는 것은 툴 운용 시 혼란을 가져오고 직관력을 떨어뜨릴 수 있다.

자신에게 유용한 사이즈와 사용 빈도가 높은 툴들만 선별하여 되도록 사용하기 편하게 구성하기를 권한다.

본 브러시 세트는 위에서부터 활용성이 있는 기본 브러시의 일부와 텍스처 활용에 필요한 디폴트 브러시 일부 그리고 하단부의 필자의 커스텀 브러시로 배치되어 있다.

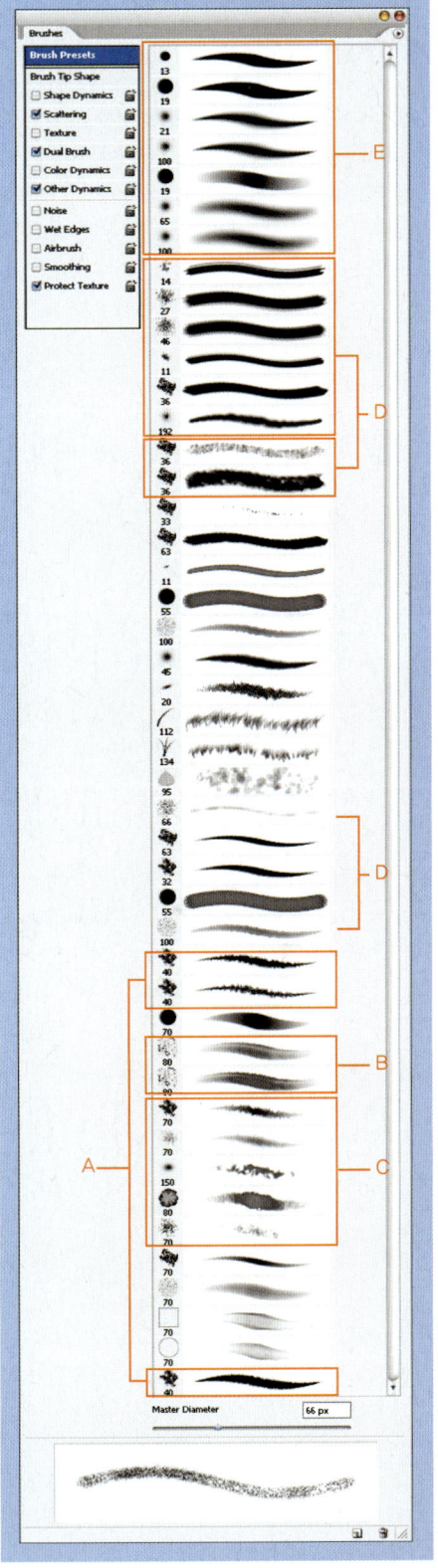

Alias of Anti Picture

A영역 : 초크 계열 속성의 브러시를 Edit 하여 만들었다. 아직도 스케치 만큼은 수작업을 고수해 오고 있는 만큼, 최초에 스캔 받은 스케치 이미지를 수정, 편집할 때 보다 연필선에 가까운 느낌을 낼 수 있는 브러시를 찾고자 했던 것이 동기였다.
2004년경 일러스트레이션 제작 툴로서 다시 포토샵으로 전향한 후부터 지금까지 꾸준히 활용되어 2003년 전후부터 최근까지의 작업물 대부분은 본 브러시를 기초로 했다고 말할 수 있는 필자가 주력하는 브러시이다.

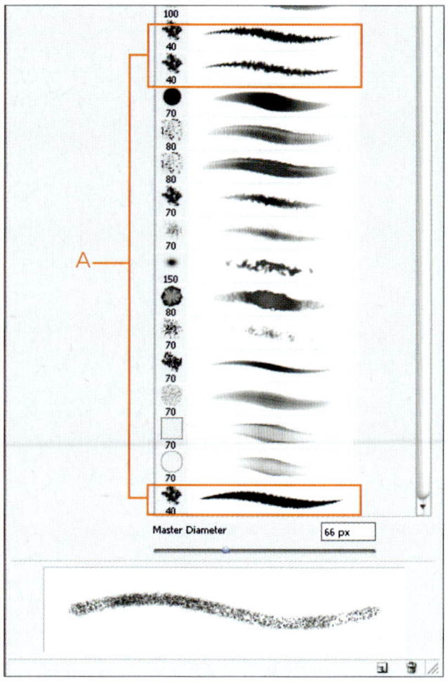

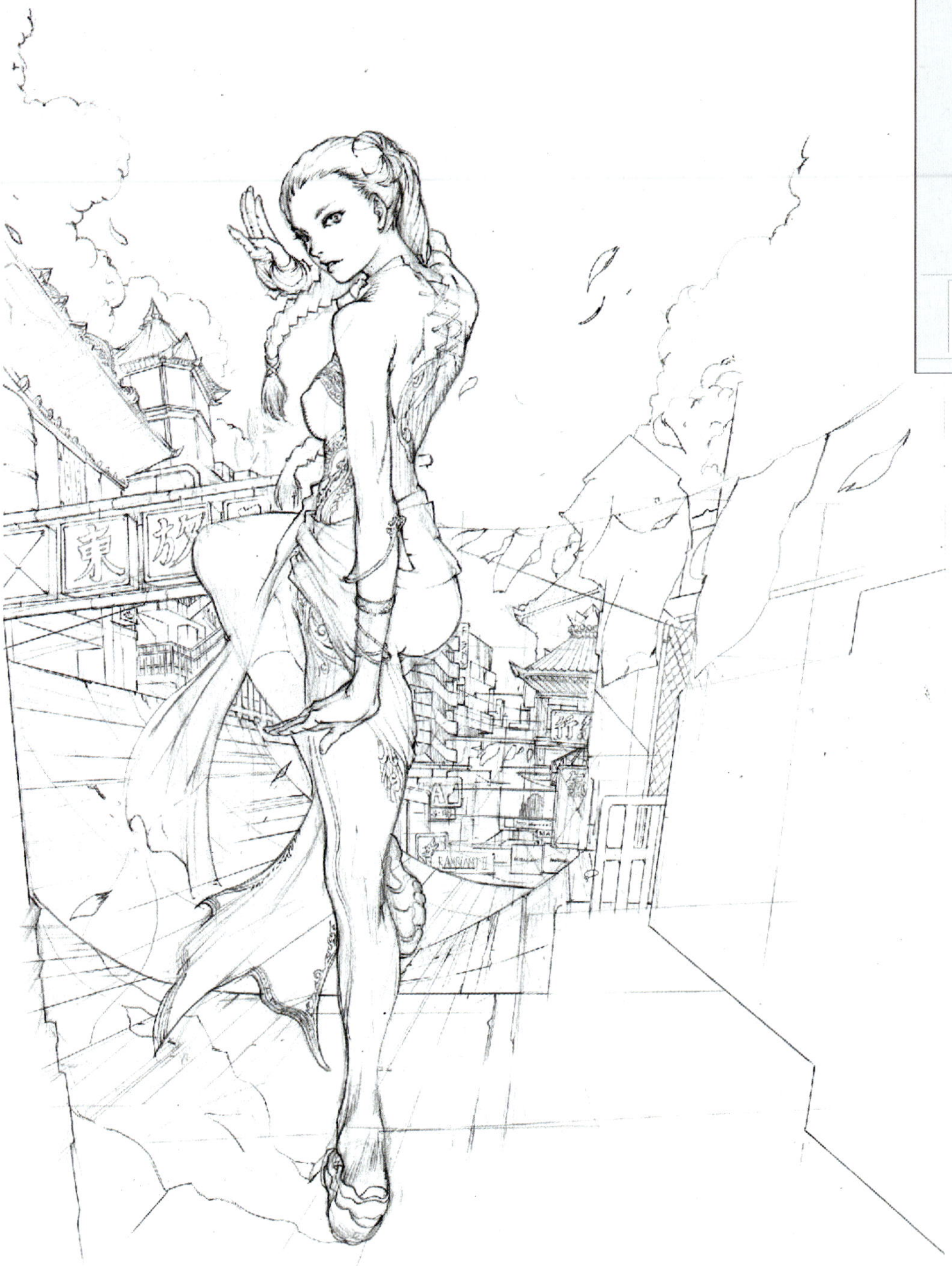

2004 / 〈Virtua Fighter 4〉 (SEGA) / Photoshop

2003년 일본 SEGA 사의 〈버추어 파이터 4 (Virtua Fighter 4)〉의 버전 Final Tuned 런칭을 기해 Media Works(일본) 출판사의 행사를 위하여 작업했던 포스터의 스케치 원화 스캔본이다.[1][2]

원본 스케치는 A3 사이즈의 일반지에 B 샤프 펜슬로 작업 후 8000 픽셀로 스캔하였다.

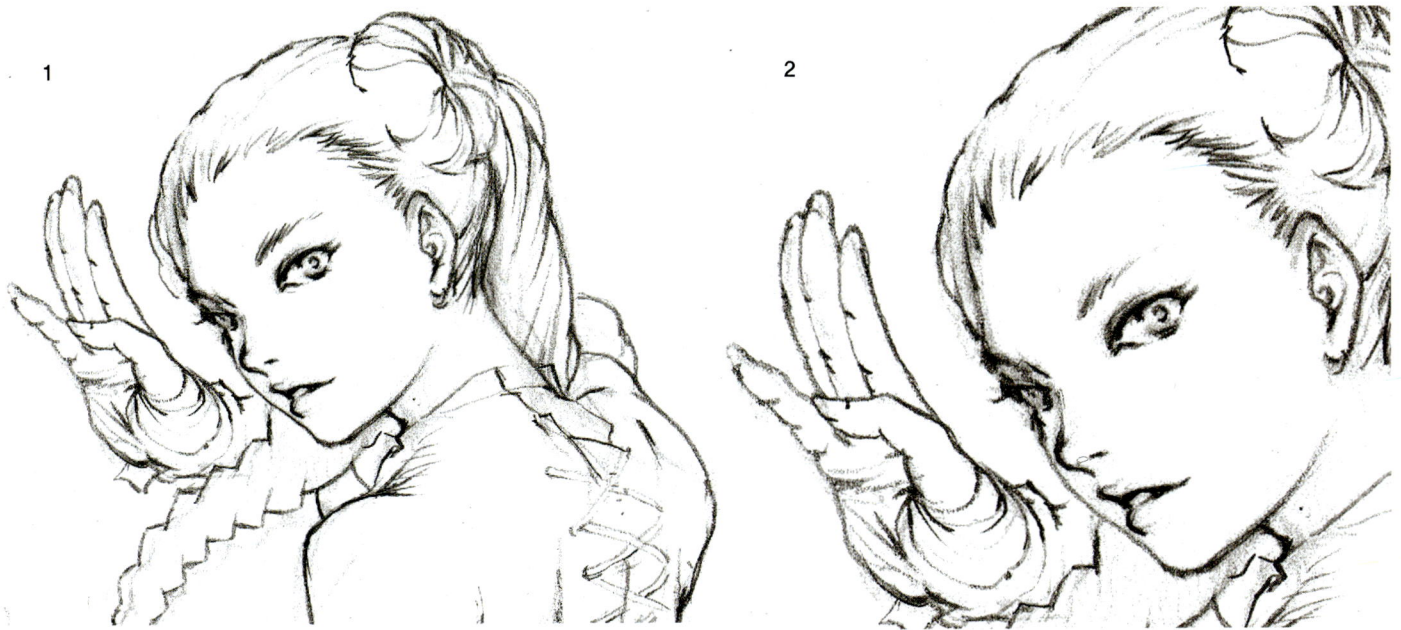

Medium Pencil 커스텀 브러시로 안경과 장신구를 추가해 보았다.
큰 위화감 없이 수작업의 연필선과 어울리는 느낌이다. 이 브러시로 컬러링을 하게 될 때는 아크릴 컬러와 색연필을 혼용한 느낌 정도가 되겠다.[3]

Alias of Anti Picture

이 중에서도 가장 범용적으로 활용되는 것이 Medium Pencil이다. Rough Pencil은 말 그대로 좀 더 거친 외곽선이 필요할 때 쓰이고, 가장 나중에 추가된 것이 이 Solid Pencil로서 연필과 펜터치의 중간 정도의 쓰임새로 사용된다.

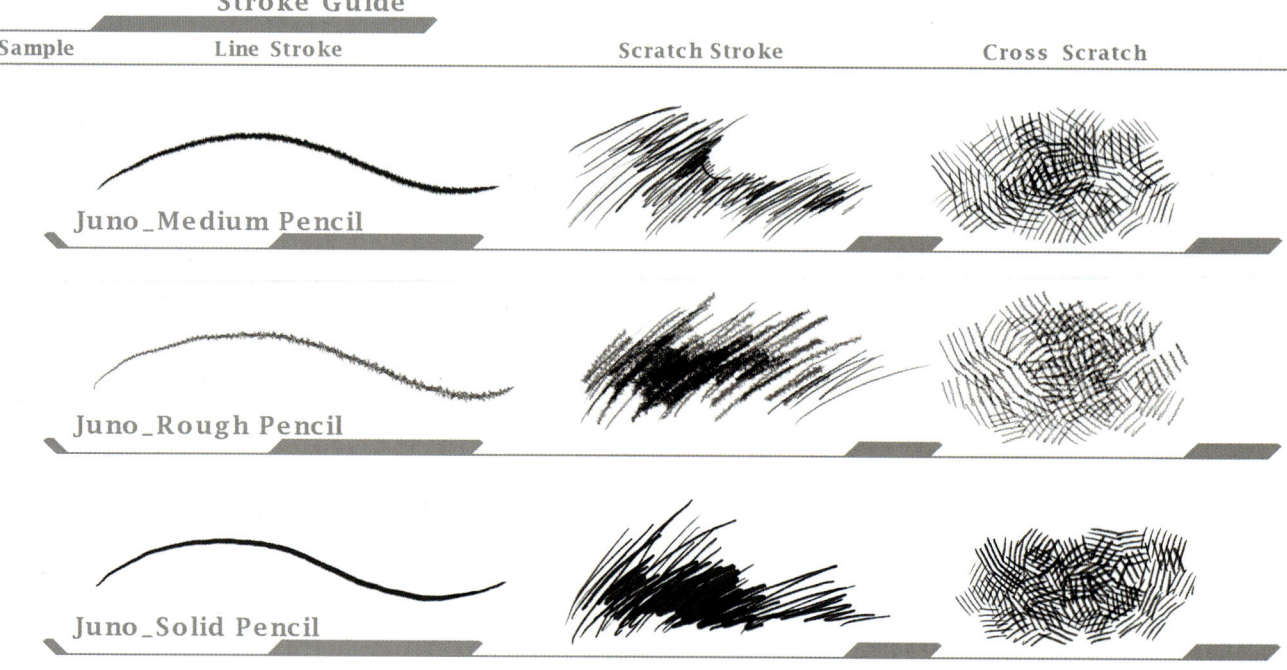

컬러 페인팅 시 스트로크 믹스 이미지

정준호의 비주얼 일러스트레이션 제작노트

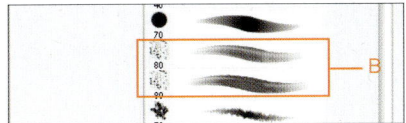

B영역 : 이 계열은 넓은 공간에 큼직하게 면을 넣거나, 붓결이 갈라지는 갈필(渴筆) 느낌을 유도하고자 만들었다. 기본 스트로크는 페인터의 구 파인 브러시를 흉내 낸 느낌으로 출 발했지만, Edit의 물리적인 한계로 인해 페인터의 솔리드 브러시(Cover 속성)처럼 회화적으로 뭉치지 않는다.

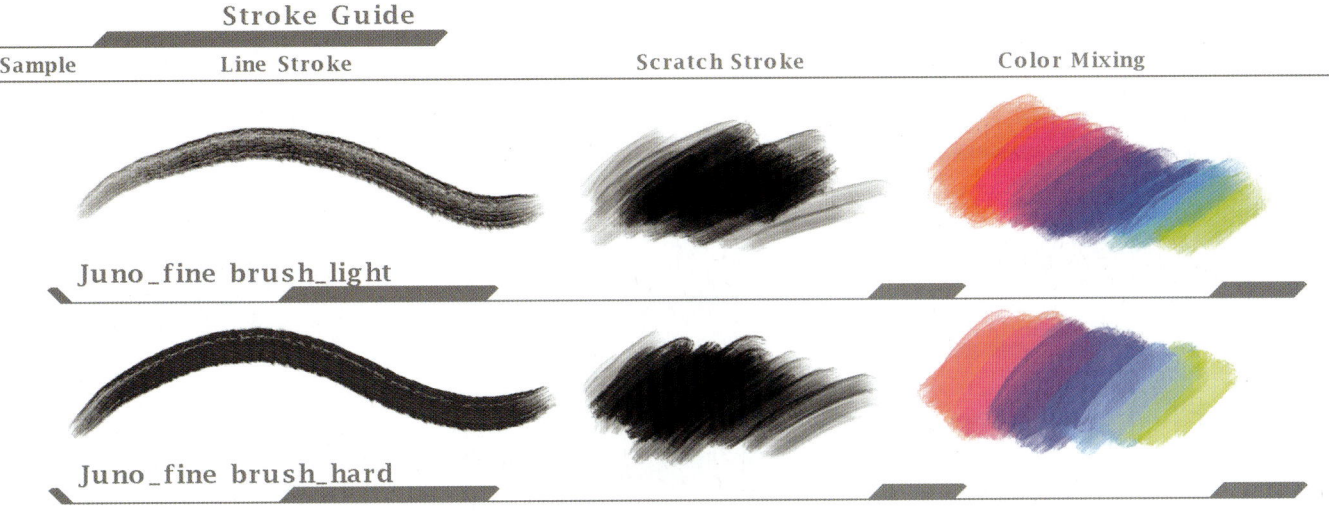

파인 계열 브러시의 응용으로 구현한 갈필 붓 터치

Alias of Anti Picture

C영역 : 이 계열은 구름, 수면, 먼지, 불꽃 등 자연물 이펙트의 텍스처를 위하여 활용된다. 그 외에 표면 질감의 웨더링이나 특정 텍스처 제작의 기초 소스를 만드는 과정에도 자주 사용된다.

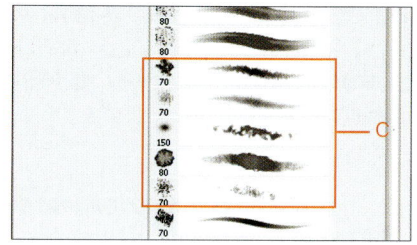

Stroke Guide

Sample	Line Stroke	Pressure Painting	Color Mixing
	Juno_Cumulus Texture		
	Juno-Burn Texture		
	Juno_Paper Texture Brush		
	Juno_Soft Texture Brush		
	Juno_Wetedge Pencil		

D영역 : 이 구간의 브러시들은 기본적으로 제공되는 디폴트 브러시들을 살펴보면 찾을 수 있다. 주로 목탄이나 초크의 느낌을 의도한 이 브러시들은 디폴트 상태로서도 부분적으로 쓰임새가 있다. 그리고 기본 세팅되어 있는 수치 설정이나 붓의 단면 텍스처들이 유니크하여 커스텀 브러시들을 만들기에 좋은 기본 재료가 된다.

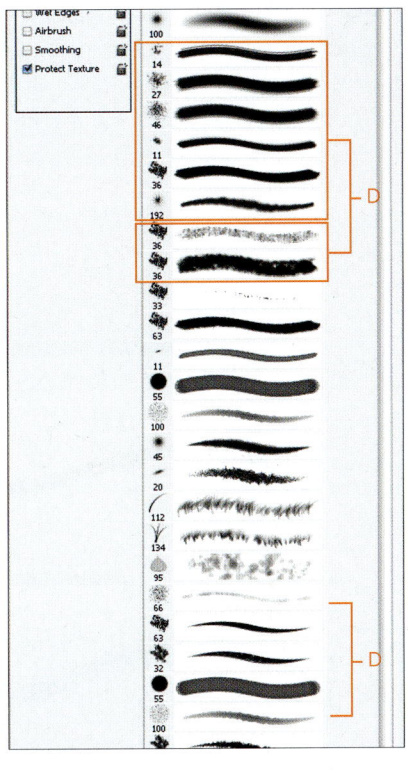

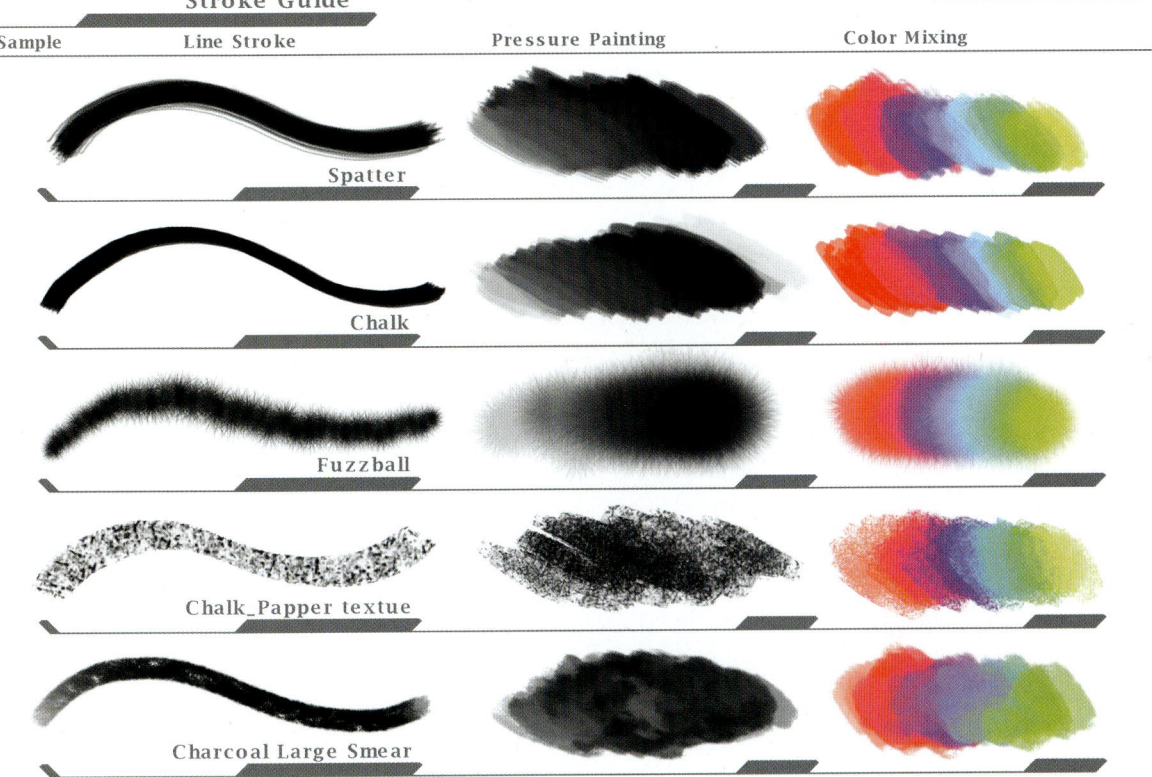

Alias of Anti Picture

E영역 : 디폴트 제공 브러시들 중에서도 가장 기본 형태의 브러시이다. 기본 브로시인 만큼 두루 사용된다. 기본형인 하드 라운드 브러시(Hard Round Brush)와 에어브러시와 닮은 효과로 사용되는 소프트 라운드 브러시(Soft Round Brush)가 있다. 특히 에어브러시 역할을 하는 소프트 라운드 브러시의 경우 배경의 그라데이션 표현이나 캐릭터의 음영을 잡아주는 톤 추가 작업 시 활용된다.

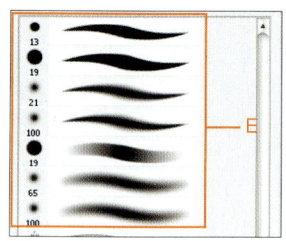

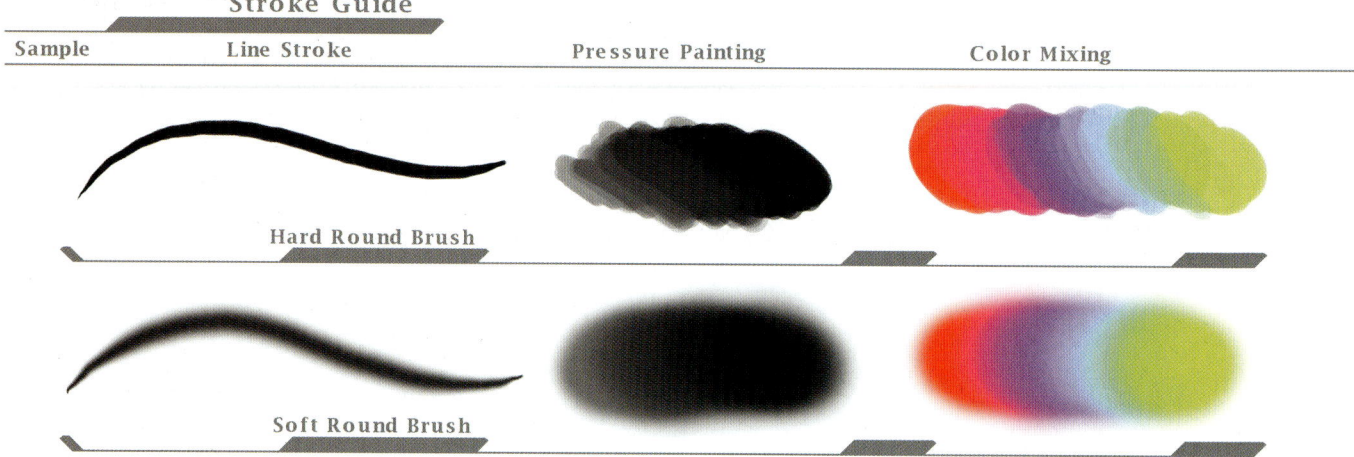

정준호의 비주얼 일러스트레이션 제작노트

페인터의 브러시 커스텀

페인터의 브러시 커스텀은 포토샵과 비교하면 그 관점이 사뭇 다르다. 포토샵에서는 특정 브러시의 질감을 추적하여 인위적으로 그 테이스트를 유도하는 것이었다면, 페인터는 디폴트로 제공되는 브러시 자체가 이미 회화 재료들의 특성이 워낙 풍부하게 반영되어 있고, 그 종류 또한 방대하다 할 정도로 다양하다.

따라서 페인터의 경우는 먼저 프로그램이 제공하는 브러시들의 종류와 특성을 파악하고, 해당 브러시들에 변형을 가하는 에디트 메뉴들을 살펴보는 순서로 진행한다.

프로퍼티 우측에 풀다운 메뉴로 같은 윈도우를 볼 수 있다.

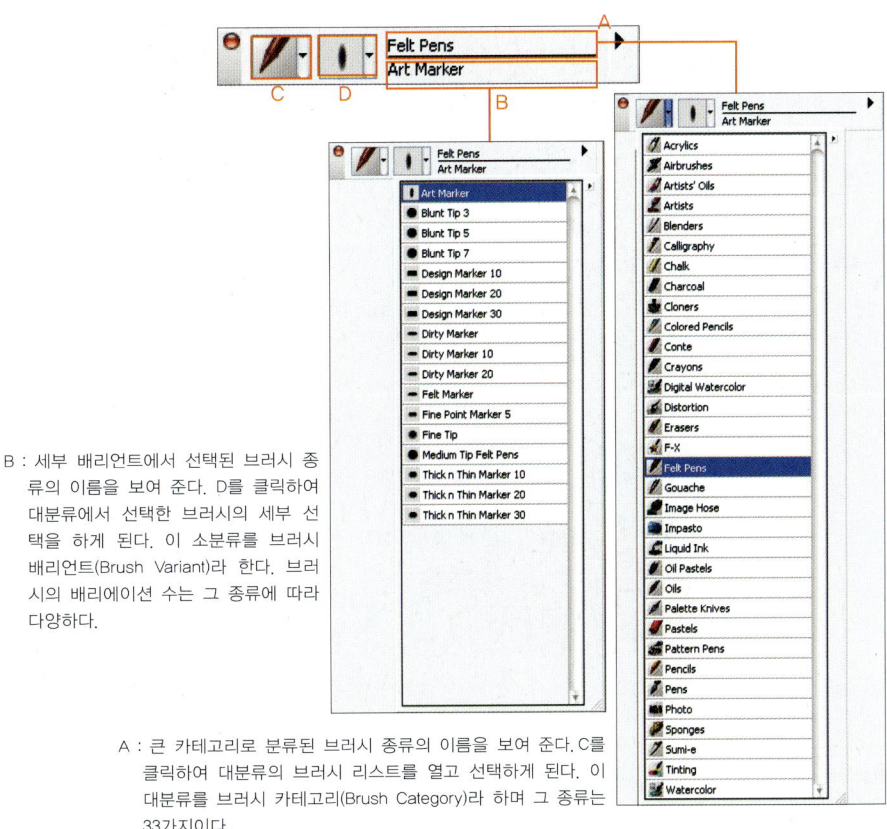

B : 세부 배리언트에서 선택된 브러시 종류의 이름을 보여 준다. D를 클릭하여 대분류에서 선택한 브러시의 세부 선택을 하게 된다. 이 소분류를 브러시 배리언트(Brush Variant)라 한다. 브러시의 배리에이션 수는 그 종류에 따라 다양하다.

A : 큰 카테고리로 분류된 브러시 종류의 이름을 보여 준다. C를 클릭하여 대분류의 브러시 리스트를 열고 선택하게 된다. 이 대분류를 브러시 카테고리(Brush Category)라 하며 그 종류는 33가지이다.

페인터의 브러시에 적응하고 자신만의 브러시를 찾기 위해서는 대단히 고된 과정이 필요하겠지만, 일일이 브러시들을 선택하여 사용해 보는 수밖에 없다. 사실 마음을 굳게 먹고 체계적으로 시작해 보면 그리 많은 시간이 걸리지는 않는다.

가볍게 스트로크해 보고 자신에게 유효하지 않은 브러시들을 일찌감치 걸러 내며, 흥미가 있거나 취향에 맞는 브러시들은 메모해 둔다. 이 과정을 반복하여 연구 가치가 있는 브러시의 수량을 되도록 압축한다.

Alias of Anti Picture

페인터의 브러시들

페인터의 브러시를 구분하는 데 있어서 그리고 일명 태블릿으로 불리는 펜 마우스 타입 디지타이저 입력 도구를 사용함에 있어서 미리 인식해 두어야 할 사항이 있다. 바로 펜 스트로크의 운용 방법과 페인터의 겹침 속성이다.

1. 펜 스트로크의 운용

펜 마우스의 스트로크 방식은 크게 문지르기, 굴리기, 찍음으로 구분할 수 있다. 마치 수작업에서의 도구들을 활용할 때와 같이 붓질의 기교나 특정 도구의 특성을 반영한 부분이라고 할 수 있겠다. 포토샵의 최근 브러시들도 고유 속성에 의하여 스트로크 기교의 영향이 반영되지만, 페인터의 경우 보다 적극적으로 도구의 특성을 특화시켜 분류하고 있으므로, 기본 스트로크 시에는 차이를 느낄 수 없다. 그러나 다양한 축으로 굴려 보거나 찍음으로써 그 용도가 구분되어 있음을 발견할 수 있다.

Scrape(문지르기)

일반적인 스트로크로 기본적인 붓질과 같다. 일정 간격을 부드럽게 펼쳐 바르듯 운용한다. 길게 문질러 바르기, 짧게 긁기 등의 세부적인 분류가 포함된다.

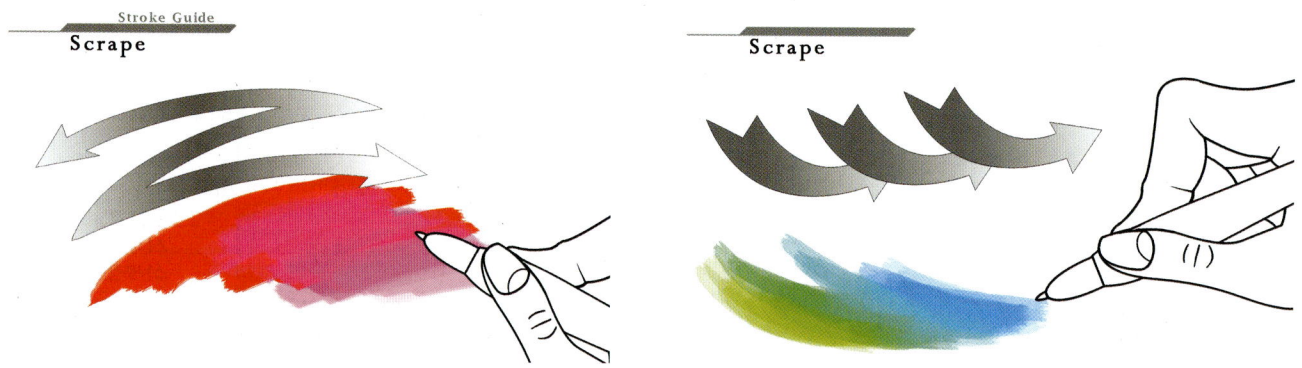

Rolling(굴리기)

상하, 좌우를 기준으로 시계 방향과 반시계 방향으로 펜촉을 굴린다. 짧은 문지르기도 포함될 수 있다.

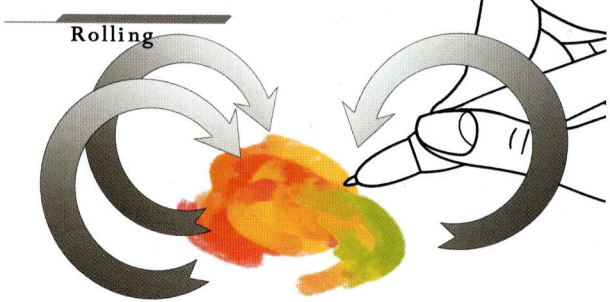

정준호의 비주얼 일러스트레이션 제작노트

Stamping(찍기)+Tilt(기울이기)

상대적으로 일반 활용도는 적지만, 특정 브러시 텍스처나 특정 비(非)브러시 계열의 특정 도구 운용 시에 사용된다. 찍기(Stamping)와 기울임(Tilt) 등이 해당된다.

틸트는 대표적으로 에어브러시 같은 도구를 예로 들 수 있는데, 기울임에 따라 페인트의 분사량과 분사각이 반영되는 것을 볼 수 있다. 물감 불기를 떠올리면 이해가 쉬울 것이다.

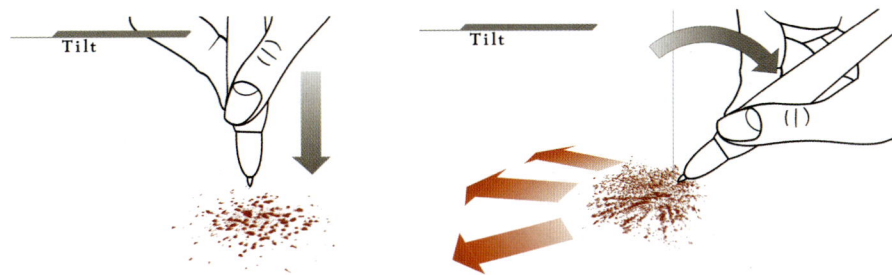

2. 페인터의 겹침 속성

페인터의 관리 창에서 General 항목의 Method라는 속성 분류를 찾을 수 있다. 페인터 브러시의 색 겹침 방식의 분류라고 이해하면 되는데, 크게 불투명과 투명으로 볼 수 있다.

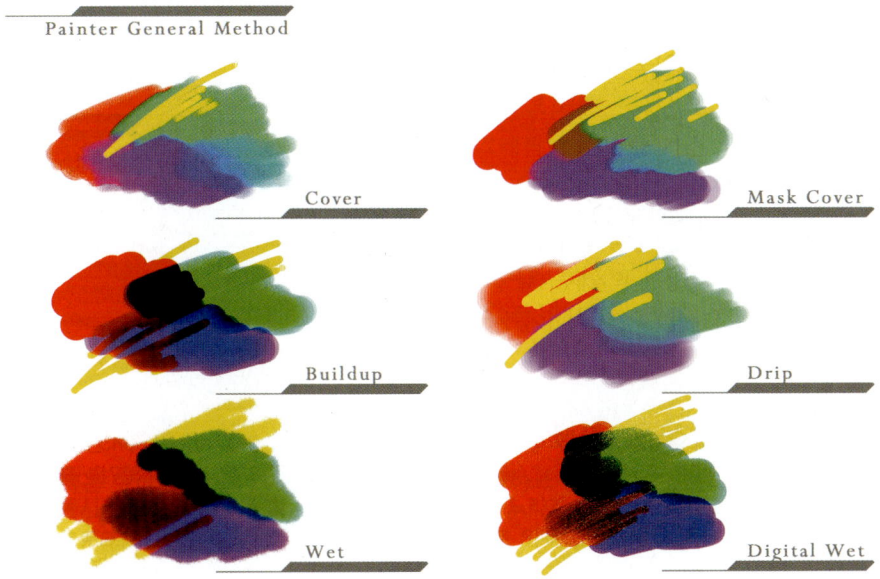

Alias of Anti Picture

Cover/Mask Cover : 대표적인 불투명 속성으로서 팔레트에 선택된 전경색이 하위 색상의 영향을 받지 않고 불투명으로 덮어 간다.

Mask : 오브젝트의 마스크 영역을 통하여 마스크 작업이 가능해진 구 버전에서의 마스킹 전용 브러시였으나 최근 버전에서는 의미가 약해졌다.

Drip : 브러시의 스트로크 방향의 영향을 받아 하위 데이터를 왜곡시킨다. 전경색이 불투명 속성으로 칠해지면서 하위 캔버스의 색이 엉켜 영향을 준다.

Buildup : 투명 속성으로 하위 색상과 전경색이 수성 도료처럼 섞이면서 어둡게 겹쳐 쌓인다.

Wet : 투명 속성으로 Water Color Brush(수채화)를 위한 전용 속성을 가진다. 레이어 작업 시 워터컬러 전용 레이어에서만 작업이 가능하다.

Digital Wet : 기존 수채화 전용의 Wet 속성의 단점을 보완하고 일반 레이어에서도 쾌적하게 Wet 속성을 구현할 수 있도록 추가된 기능이다.

수채화의 특성상 Dry 명령어로 말리면서 그려야 했던 번거로움과 레이어상에서 구현이 불가능했던 점 혹은 Wet 전용 레이어에서만 작업이 가능했던 결점들을 우회하기 위하여 버전 8.0 이후 추가된 기능이다.

Plug-in : FX 브러시나 포토브러시 등 특수 효과 작업 시에 사용된다.

3. 브러시 컨트롤 윈도우(Brush Control)

페인터의 브러시 관리 메뉴들을 알아본다.
바로 이 윈도우가 페인터의 브러시 컨트롤의 모든 속성이 모여 있는 창이다.
페인터는 일단 400여 종의 방대한 기본 브러시와 함께 포토샵과 비교하여 훨씬 까다롭고 다양한 조정 항목을 가지고 있어 익숙해지기가 여간 까다롭지 않다.
페인터 브러시 정복의 첫걸음으로 우선 이 상위 항목들을 숙지하는 것이 첫 번째 과정이 될 것이다.

좌측의 화살표를 클릭하여 레이어 안에서 항목을 확장시킨다.

General

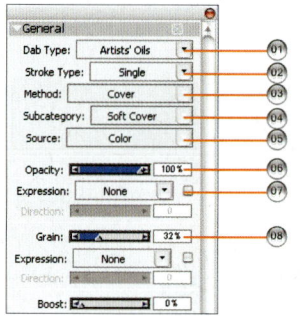

General은 페인터 브러시의 기본 성질을 관리하는 가장 중요한 항목이다.

① Dab Type : Preview에서 보이는 브러시의 모양을 지정한다(차후 추가 설명).

> **Tip**
>
> **Dab**
> 페인터에서 이 브러시의 두드림과 붓 모양의 단면 자체를 개념 짓는 'Dab(댑)'이라는 용어를 사용한다. 앞서 포토샵에서의 '붓 두드림'이라는 용어와 유사한 개념이다.

② Stroke Type

- Single : 싱글(하나의) 스트로크이다.
- Multi : 스트로크 경로에 다중의 터치가 이루어진다.
- Rake : (갈퀴)러프 스트로크이다.
- Hose : 노즐의 텍스처로 스트로크한다.

③ Method : 앞에 언급되었던 색 겹침의 고유 속성을 지정한다.

④ Subcategory : 세부 속성의 설정, Method의 선택에 따라서 옵션도 달라진다.

⑤ Source

- Color : 전경색으로 페인팅한다.
- Gradient : 전경색과 배경색으로 '횡'으로 그라데이션된 색으로 페인팅한다.
- Gradient Repeat : 그라디에이션이 '종'으로 반복되어 그려진다.
- Pattern : 텍스처 패턴으로 페인팅한다.
- Pattern With Mask : 마스크를 반영한 패턴이다.
- Pattern As Opacity : 투명도 수치가 반영되어 전경색으로 텍스처 패턴이 그려진다.

⑥ Opacity : 브러시의 투명도를 조절한다.

⑦ Expression

- Velocity : 속도 변화에 의한 구현 변화이다.
- Direction : 방향 변화에 의한 구현 변화이다.
- Pressure : 압력 변화에 의한 구현 변화이다.
- Wheel : 에어브러시 전용 디지타이저의 대응 기능이다.
- Tilt : 기울기 변화에 의한 구현 변화이다.
- Bearing : 방향에 따른 구현 변화이다.
- Rotation : 축 방향에 따른 구현 변화이다.
- Source : 클론 관련 기능이다.
- Random : 각 기능이 랜덤하게 반영된다.

⑧ Grain : 종이의 질감 텍스처를 반영하는 수치이다. 하위 Expression의 속성은 상위와 동일하다.

Well

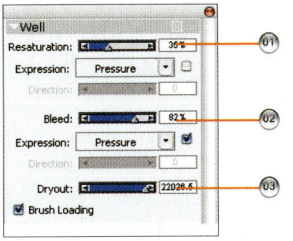

붓결의 모양에 대한 옵션을 조절해 주는 항목으로 색 섞임과 연계된 사용 감각에 있어 중요한 옵션들이다.

① Resaturation : 스트로크가 개시되는 시점의 농도 변화를 조절한다.

② Bleed : 하위의 색상과 섞이는 정도를 조절한다.

Expression 타입 지정은 상위 언급과 동일하니 참고한다. 이하 생략

③ Dryout : 스트로크 외곽 가장자리 부분의 맺힘농도를 수치로 조절한다.

Alias of Anti Picture

Size

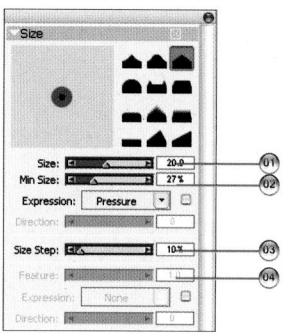

브러시의 모양과 크기에 관련된 옵션들을 조절하는 항목이다. 상단의 내비게이션을 참고하여 모양을 지정해 주고, 하위 옵션의 수치 조절에 따른 변화를 볼 수 있다.

① 브러시 크기를 조절한다.
② Min Size : 필압에 대응한 브러시의 최소 굵기와 최대 굵기를 지정한다.
③ Size Step : 입력되는 압력의 크기에 비례하는 굵기의 변화 폭을 조절한다.
④ Feature : Dab(붓 모양) 크기와 관련된 옵션이다(랜더 방식 브러시에 한정).

Angle

이어서 계속되는 붓 모양 설정에 대한 옵션 항목이다.

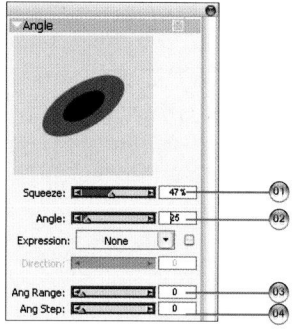

① Squeeze : 수치를 줄일수록 붓 모양이 납작하게 찌그러진다. 수치가 최대 100%에서는 완전한 원형을 이룬다.
② Angle : 붓 모양의 회전율을 조절한다(당연히 붓 모양이 타원이 아닐 때는 의미가 없다).
③ Ang Range : 스트로크로 곡선 주행 시 회전하는 붓 모양의 기울기 변화의 한계 각도를 지정한다. 각도가 클수록 회전 영역이 일정하게 지속된다.
④ Ang Step : 스트로크 시와 붓 모양의 기울기 변화 시 각도의 간격을 조절한다.

Spacing

브러시 스트로크의 간격 조절에 대한 옵션 항목이다. 중요도를 고려하여 메뉴 항목의 설명을 먼저 하고 있지만, 초급 커스터머 사용자들이 간과하기 쉬운 부분이 바로 이 Spacing 관련 부분이다.

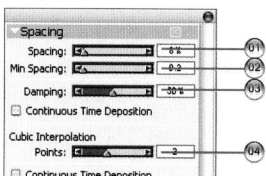

페인터만이 가능한 고급스런 회화성을 위해서는 이 항목에 대하여 깊이 알아야 할 필요가 있어, 몇 번을 언급해도 지나치지 않다.

① Spacing : 간격을 퍼센트 비율로 조절하며 수치가 커질수록 벌어진다.
② Min Spacing : 브러시 모양과 모양 사이의 중심 간격을 설정한다. 브러시 Min Size에서의 최소 굵기를 기준으로 간격을 설정한다.

Tip

Min Spacing이란?

포토샵과 비교하여 일반 Spacing 항목과 Min Spacing의 차이를 난해하게 받아들일 수 있다. 이것 역시 페인터의 복잡한 브러시 알고리즘에서 발생하게 되는 부분인데, 페인터의 브러시 사이즈는 퍼센트(%)로 적용된다. 맹점은 일반 Spacing의 한계점이 브러시 크기의 2배 정도에 머물게 되고, 필압 관계나 브러시 모양에 따라 일관된 적용 폭을 가지기 힘들며, 또한 극단적인 거리 이격이 불가능할 수 있다는 것이다.
이 부분을 보완할 수 있는 것이 바로 이 Min Spacing이다. 지면상으로 이해가 어렵다면 지금 바로 페인터에서 어느 정도 부피가 있는 브러시를 점, 선처럼 간격을 떨어뜨리려는 시도를 해 보면서 본문을 참고한다면 도움이 될 것이다.

③ **Damping** : 브러시의 습기, 붓결을 촉촉하게 다듬는 효과로 알려진 Damping은 쉽게 말해서 브러시의 스트로크를 부드럽게 하는 느낌을 준다.
펜 타입의 입력 도구(태블릿)로 입력된 궤도는 아무래도 사람의 손을 거치다 보니 균일하지 못하고 부분적으로 요철처럼 떨림이나 흔들림이 미세하게 존재하게 된다.
이 부분을 프로그램이 수학적으로 추적하여 그 기복을 상쇄시켜 완화하는 기능으로, 거친 회화가 아닌 매끈한 곡선을 필요로 한다면 큰 도움을 얻을 수 있다.

④ **Cubic Interpolation** : 역시 Damping과 같이 스트로크를 부드럽게 완화시키는 옵션으로 존재하지만, 그 원리에 차이가 있다.
태블릿으로 입력된 손의 궤도를 임의의 간격의 Path 포인트로 분석하여 그 포인트와 포인트를 임의의 거리로 나열시켜 선을 얻는다.
이러한 원리의 차이상 경우에 따라서는 오히려 불필요한 움직임이 포착되어 의도보다 더 왜곡된 선을 얻을 수 있으므로 주의가 필요하다.

Tip

Continuous Time Deposition : 시간의 흐름에 따른 효과의 연속성을 뜻한다.
용어의 의미 자체로 이해가 어렵다면, 예를 들어 보겠다. 수작업 화구에서 붓에 도료를 가득 적신 상태에서 균일하게 선을 칠하지 않고 캔버스 위의 특정 포인트에 머물러 있을 경우, 도료는 종이에 포화되어 계속 퍼져 나가게 된다. 페인터는 바로 수작업의 이런 특성을 구현하기 위하여 옵션으로 이 기능을 마련하였다.

Bristle

붓결의 모양에 대한 옵션을 조절해 주는 항목이다.

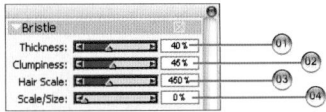

Tip

Bristle 속성 옵션은 솔과 같이 올 뭉치들이 모여 형성된 브러시들을 그 대상으로 한다.

① Thickness : 붓결의 굵기를 조절한다.
② Clumpiness : 붓결의 덩어리짐의 정도를 조절한다.
③ Hair Scale : 붓결의 일정 부분의 크기를 조절한다.
④ Scale/Size : 붓결의 크기와 간격을 조절한다.

Alias of Anti Picture

Rake

단일선(Single)이 아닌 여러 겹선으로 구성된 Multi Line 성질의 브러시의 설정 옵션을 다룬다.

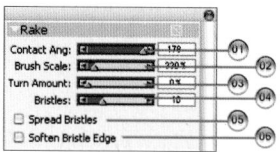

① Contact Ang : 브러시의 기울기를 조절한다.
② Brush Scale : 선들 간의 간격을 조절한다.
③ Turn Amount : 곡선 스트로크 시 거친 정도를 조절한다.
④ Bristles : 붓결의 모양을 조절하는 옵션으로, 브러시 솔의 굵기와 간격이 조정된다.
⑤ Spread Bristles : 스트로크의 시작과 이탈 시 붓 끝을 모아 준다.
⑥ Soften Bristle Edge : 스트로크의 외곽 부분이 부드럽게 처리된다.

Water

Water는 수채화 속성 관련 옵션 항목이다. 페인터만의 특수 재료로, 페인팅 툴로서 페인터를 대표하는 요소 중 하나이기도 하다.

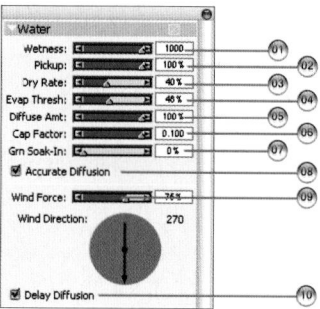

① Wetness : 얼마만큼 젖었느냐를 수치로 조절한다.
② Pickup : 수채화 기법상 중첩과 병치 혼합 시 하위 색상과의 혼합 정도를 수치로 조절한다. 수치가 높을수록 맑게 혼합되고, 낮을수록 어두워진다.
③ Dry Rate : 물감이 마르는 지연 정도를 조절한다.
④ Evap Thresh : Evaporation Threshold로 증발하는 물감의 최소 입자의 수치를 조절한다. 물감이 마른 자국의 부드러움과 관계가 있다.
⑤ Diffuse Amt : Diffuse Amount로 물감의 퍼짐 정도를 조절한다.
⑥ Cap Factor : 스트로크 경계의 단단함의 정도를 조절한다.
⑦ Grn Soak-In : Grain Soak in으로, 캔버스 텍스처의 영향을 시각적으로 많이 받는 특성 상, 물감 입자의 건조 수치를 따로 조절할 수 있다.
⑧ Accurate Diffusion : 스트로크의 확산 범위를 조율하여 일관되게 한다.
⑨ Wind Force/Direction : 바람의 영향력을 시뮬레이션해 준다. 바람의 세기와 방향을 각각 조절할 수 있다.
⑩ Delay Diffusion : 바람의 확산을 지연시킨다.

Digital Water Color

디지털 수채화로 분류되는 도구의 속성 수치를 조절한다.

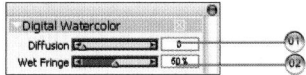

⓵ Diffusion : 물감의 확산량(퍼지는 정도)을 조절한다.
⓶ Wet Fringe : 스트로크 시 남게 되는 자국을 조절한다.

> **Tip**
> **Digital Water Color**
> 페인터의 수채화 구현 알고리즘이 까다로운 만큼 소프트의 버전이 업그레이드됨에 따라 수채화 도구에 대한 크고 작은 유저들의 요구와 불만이 있어 적잖은 혼선을 겪어 왔던 것으로 알고 있다. 이 Digital Water Color 는 그런 맥락에서 수채화와 동일한 감각으로 운용되지만, 프로그램 내부에서의 호환성이나 번거로움(레이어, Dry 명령 등)을 해소하기 위하여 등장했다.

Impasto

임파스토 관련 옵션 항목이다. 페인터만의 고유 도구로, 두껍고 입체적인 질감을 구현한다.

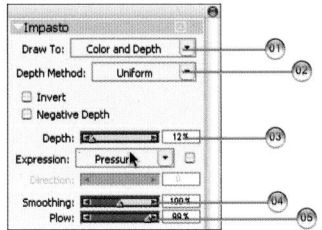

⓵ Draw to

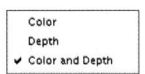

- Color : 전경색으로 페인팅한다.
- Depth : 입체 효과를 적용한다.
- Color and Depth : 전경색을 반영하여 임파스토 입체 효과를 적용한다.

⓶ Depth Method
- Invert : 임파스토 효과를 반전시켜 적용한다.
- Negative Depth : 임파스토 이미지의 양각과 음각을 반전시켜 적용한다.

⓷ Depth : 임파스토 깊이 적용의 정도를 조절한다.
⓸ Smoothing : 임파스토의 부드러운 정도를 조절한다.
⓹ Plow : 임파스토 효과의 소극성을 조절한다. 수치가 높으면 효과도 소극적이 된다.

Image Hose

마찬가지로 페인터만의 유니크 도구 중에 하나이다. 문자 그대로, 등록된 이미지를 호스로 뿌리듯이 스트로크할 수 있다.

이미지를 파일로 저장해 놓고, 이미지 호스 브러시로 도큐먼트를 채색할 때마다 배열된 이미지들이 차례로 도큐먼트에 삽입되는 기능이다.

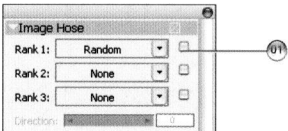

⑴ Rank : 스트로크의 속도나 방향에 따라 삽입되는 이미지의 확산을 다르게 지정할 수 있다. 속성 설정은 Expression과 동일하므로 참고한다.

Artists' Oils

임파스토 관련 옵션 항목이다. 페인터만의 고유 재료로, 두텁고 입체적인 질감을 구현한다.

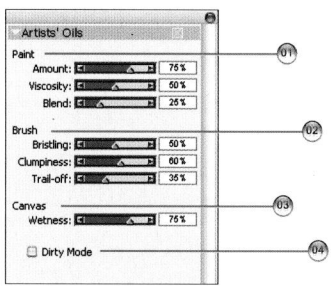

⑴ Paint : 물감의 성질에 관련된 속성을 컨트롤한다.
- Amount : 뿌려지는 물감의 양을 조절한다.
- Viscosity : 물감의 점도를 조절한다. 점성이 커지면 비어 있는 캔버스 위에서는 스트로크가 그만큼 짧아지게 된다. 하위에 물감이 묻어 있다면 기름의 특성상 하위 물감을 활용하게 된다.
- Blend : 물감의 혼합률에 대한 수치를 조절한다. 하위 물감의 색상에 어느 정도 영향을 받을 것인지를 조절한다.

⑵ Brush : 붓결에 대한 속성을 컨트롤한다.
- Bristling : 붓결의 세기를 조절한다[강모(剛毛)].
- Clumpiness : 붓결의 덩어리짐을 조절한다.
- Trail-off : 붓 자국의 사라짐 정도로 표현할 수 있겠다. 수치가 높아지면 보다 흐려지면서 스트로크가 마무리된다.

⑶ Canvas
- Wetness : 캔버스의 속성이라기보다는 하위에 칠해진 물감의 말라 있는 정도로 이해한다.

⑷ Dirty Mode : 기능을 활성화하면 실제 유화를 그릴 때처럼 브러시의 스트로크가 누적될수록 하위의 색상들이 개입하여 브러시의 색상 자체가 더럽혀지는 효과를 낸다. 색상 팔레트에서 다시 전경색을 지정해 주면 돌아온다.

Liquid Ink

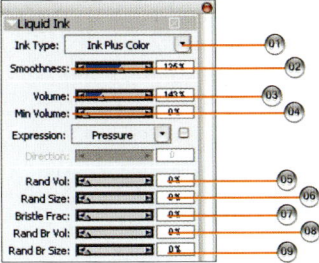

① Ink Type : 리퀴드 잉크 재료의 속성이다.

- Ink Plus Color
- Ink Only
- Color Only
- Soften Ink Plus Color
- Soften Ink Only
- Soften Color Only
- Resist
- Erase
- Presoftened Ink Plus Color

② Smoothness : 브러시 스트로크의 매끄러움을 조절한다.
③ Volume : 입체적인 두께감을 조절한다.
④ Min Volume : 상위 두께의 최소 볼륨 수치를 조절한다.
⑤ Rand Vol : 볼륨의 랜덤성을 조절한다. 수치가 커지면 스트로크의 외곽 경계가 거칠어진다.
⑥ Rand Size : 스트로크 사이즈에 대한 랜덤 수치를 적용한다. 수치가 커지면 스트로크의 결 자체가 거칠어진다.
⑦ Bristle Frac : Bristle Fraction으로, 붓결 단편의 세분화 수치이다. 적용치가 작아질수록 그려지는 솔의 수가 줄어들고 거친 느낌으로 나타난다.
⑧ Rand Br Vol : 브러시 볼륨의 랜덤성 수치이다.
⑨ Rand Br Size : 브러시 크기의 랜덤성 수치이다.

Airbrush

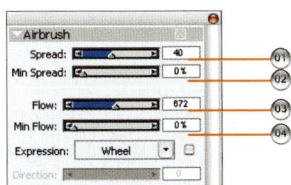

① Spread : 도료가 뿌려지는 분사거리를 조절한다. 수치가 높을수록 가까워진다.
② Min Spread : 최소 분사 거리이다.
③ Flow : 도료의 분사량이다.
④ Min Flow : 최소 분사량이다.

Tip
전용 도구

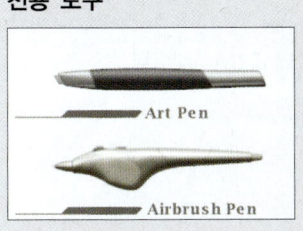

Expression 속성 소개에서도 잠깐 언급되었지만, 페인터 프로그램의 특정 화구의 활용을 100%로 끌어내기 위하여 그림과 같은 전용 디지타이저가 따로 준비되어 있다.

상위는 마커나 초크의 운용에 도움이 되는 아트 펜, 하위는 에어브러시 펜으로 실제 에어브러시 기믹을 흉내 내어 수작업과 유사한 환경과 기능을 연동하여 제공한다.

참고 제품은 Wacom 사의 Intuous3용 옵션 상품이다.

Random

브러시를 무작위로 출현시키는 옵션으로, 극히 제한적으로 사용되는 항목이다.

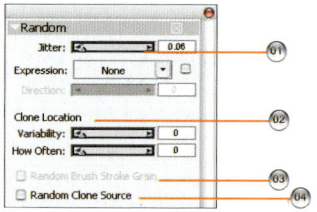

- ① Jitter : 브러시 출현의 무작위성을 수치로 조절한다.
- ② Clone Location : 선들 간의 간격을 조절한다.
- – Variability : 잔상의 정도를 조절한다.
- – How Often : 점들의 간격의 불규칙 수치를 조절한다.
- ③ Random Brush Stroke Grain : 종이 텍스처 영향의 불규칙성이다.
- ④ Random Clone Source : 클론 이미지 배치의 불규칙성이다.

Color Variability & Color Expression

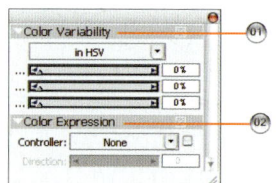

- ① Color Variability : 페인터의 기본 채널인 HSV을 기준으로 수치를 올리면 채널에 할당된 색상을 중심으로 사용 중인 지정 색상에 Jitter처럼 주변 색상이 개입된다.

  채널의 컬러 모드는 활성 창을 클릭하여 RGB나 Color Set으로 변경할 수 있다.

- ② Color Expression : 브러시 스트로크 시 상위에 언급되었던 Expression 적용 방식과 동일한 기준으로 지정한 전경색과 배경색의 혼합 방법을 선택할 수 있다.

Mouse

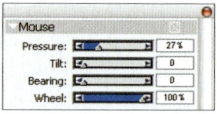

마우스를 태블릿처럼 활용할 수 있도록 설정하는 옵션이다. 극히 소극적인 부분 기능의 대리로, 거의 의미가 없다고 봐도 무방하다.

Cloning

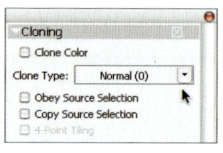

클론 기능 관련 옵션을 조절하는 항목이다.
클론 관련 기능은 본편에서 다루지 않게 되므로 지면 관계상 생략한다.

077

기능 설명으로만 정리된 매뉴얼의 숙지만으로 전체적인 파악이 이루어질 리는 없을 것이다. 정작 필자의 경우도 수년간 페인터를 사용하면서 한 번도 손대지 않은 메뉴도 많다. 하지만 부분적으로 밖에 이해되지 않더라도 이 옵션 항목들은 매우 중요하므로 반드시 숙지하기 바란다.

이는 보다 본격적인 브러시의 에디트가 이루어지는 Brush Creator를 이해하기 위해서이다.

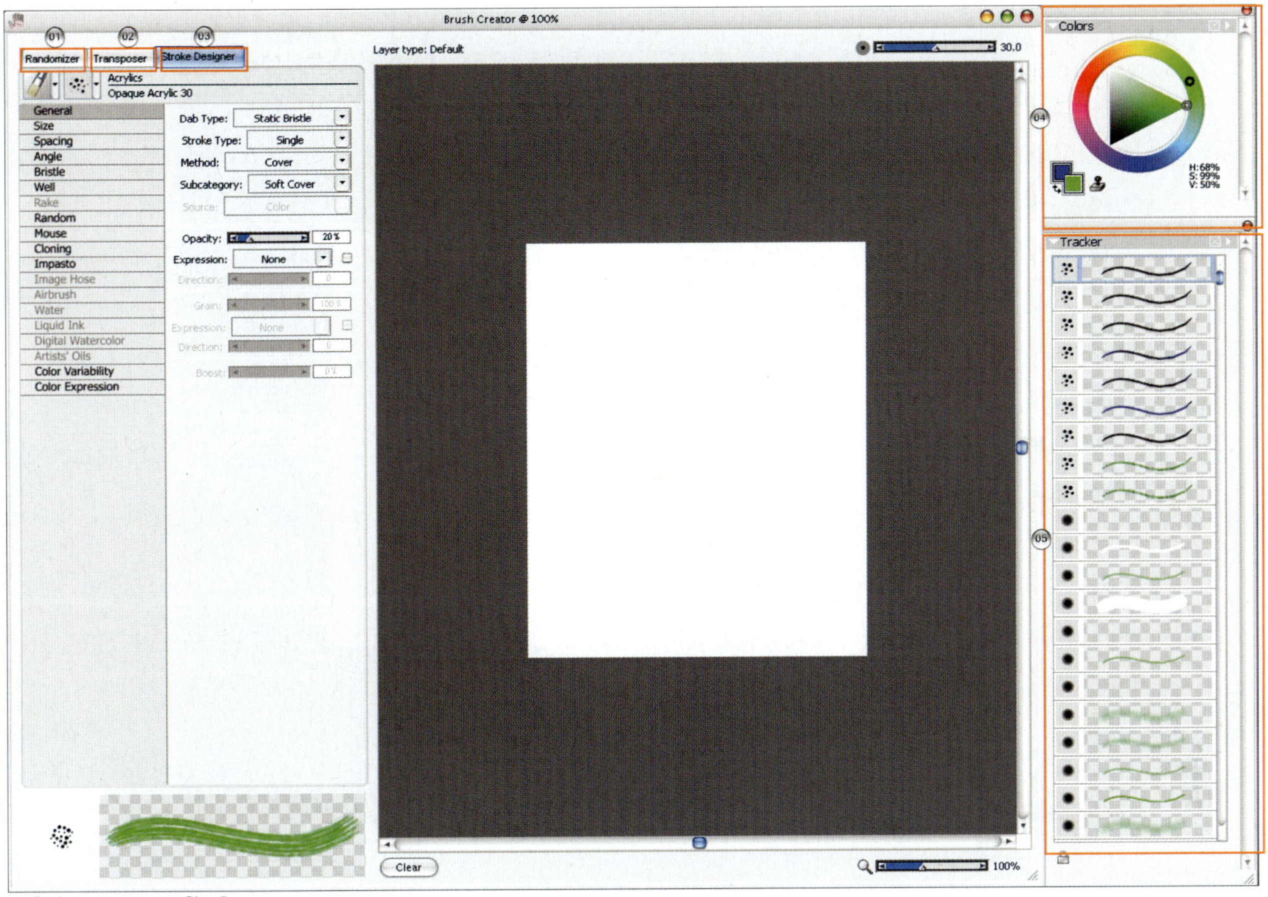

Tip
프로그램 상단 메인 메뉴의 Window에서 Show Brush Creator를 호출한다.
[단축키] Ctrl + B

호출된 Brush Creator 윈도우

① Randomizer
② Transposer
③ Stroke Designer
④ Colors
⑤ Tracker

Alias of Anti Picture

Randomizer

사용자의 의도나 작업 방향성에 따라서 브러시를 완전히 새로 탄생시킨다는 개념보다는 기존의 브러시에서 배리에이션을 통하여 접근하는 방법이나, 아무래도 능동적인 커스텀이 부담스러운 사용자에게 편의성이 좋은 환경을 제공한다.

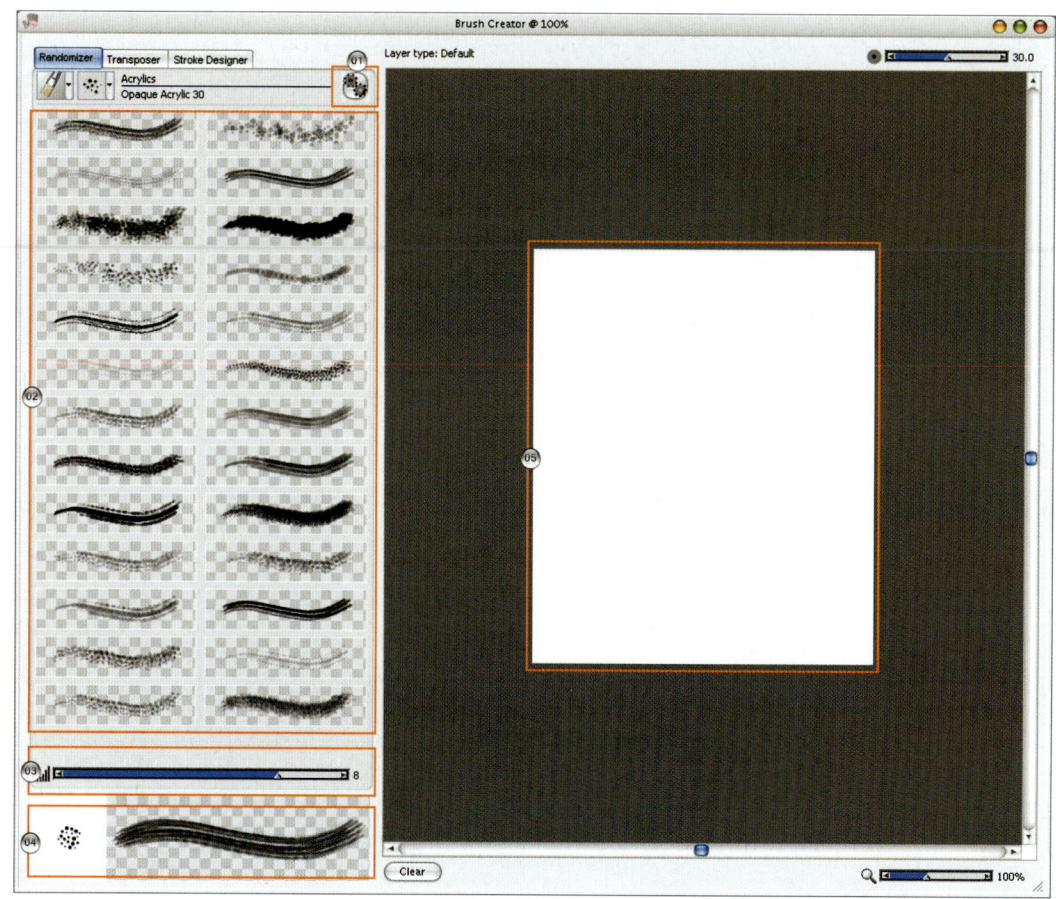

- ⑴ Randomizer Current Selection으로 톱니바퀴 아이콘을 클릭하면 브러시 모양들이 추가로 바뀌어 간다.
- ⑵ 자신이 선택한 브러시를 기준으로 계열 변형을 인덱스화시켜 보여 준다.
- ⑶ 이 스크롤 게이지의 수치는 브러시의 특성을 많이 왜곡시킬 것인지, 가볍게 변형시킬 것인지를 조절한다.
- ⑷ Previewing으로, 선택된 브러시의 Dab 모양과 스트로크 모양을 보여 준다.
- ⑸ Scratch Pad로 선택한 브러시를 시연해 볼 수 있다.

정준호의 비주얼 일러스트레이션 제작노트

Transposer

기본 운용은 Randomizer와 같으나, 표시된 영역에서 브러시를 추가하여 효과를 섞을 수 있다.
사용자가 선택한 브러시가 주가 되어 진한 아이콘으로 선열에 위치하고, 여기서 추가하는 도구가
부가 되어 후열에 흐린 아이콘으로 표시되면서 주 도구에 부 도구의 성격이 겹쳐진다.
포토샵의 듀얼 텍스처와 비슷한 역할로 이해하면 쉬울 것이다.

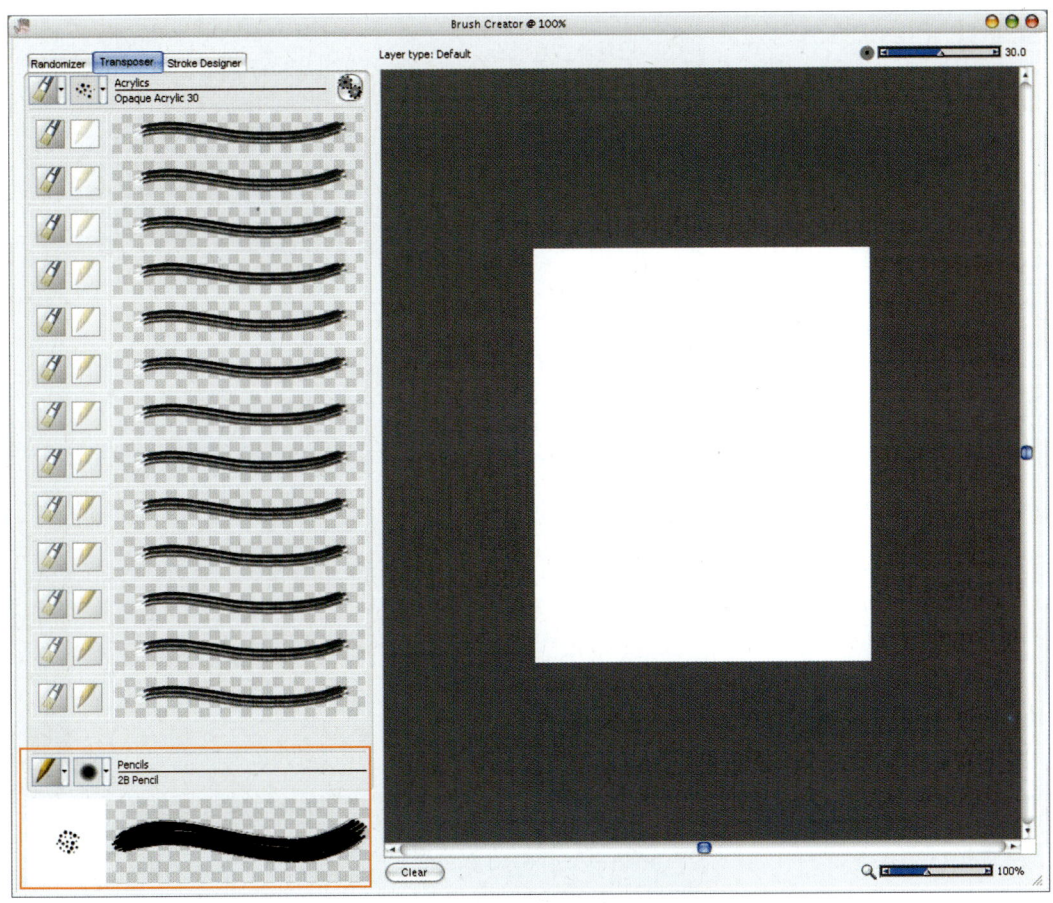

추가 도구의 선택이 바로 반영되지 않을 경우 선택 후 윈도우를 종료하고 다시 불러내
면 반영되어 있을 것이다. 의도와는 달라진 형태 변화를 원래 상태로 되돌리고 싶을
때는 상단 프로퍼티 메뉴의 좌측에 붓 모양 아이콘을 클릭하면 된다.

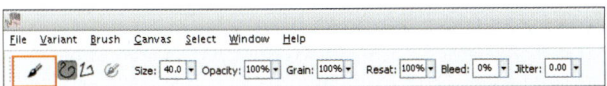

Alias of Anti Picture

Stroke Designer

본격적인 브러시 커스텀과 창작이 가능한 세부 설정 영역이다. 앞서 알아본 브러시 관리의 각 속성에 대한 옵션 용어들과 배열이 같으므로 잘 참고하여 응용하길 바란다.

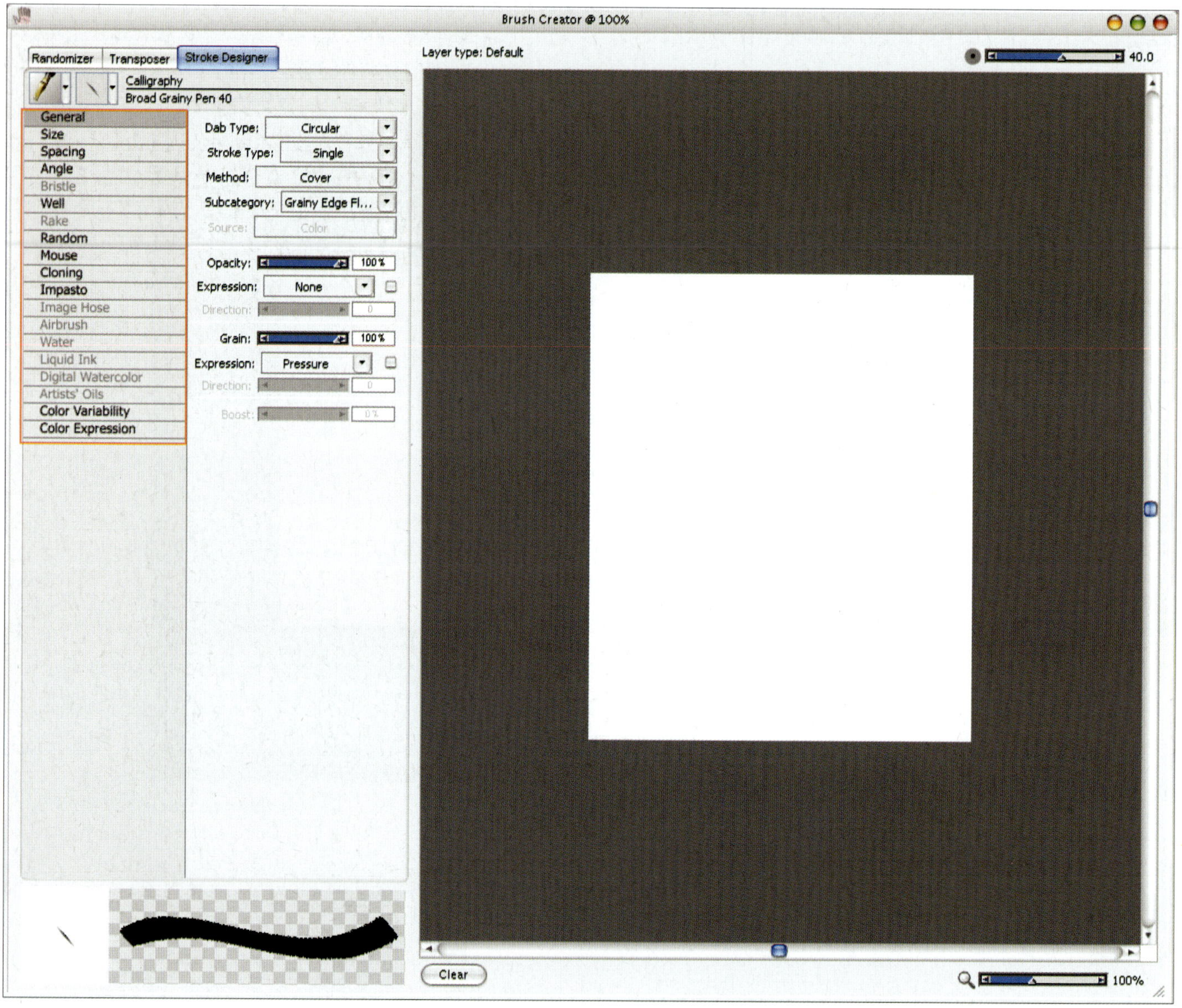

다시 한 번 정리 차원에서 항목의 기능을 요약하면 다음과 같다.

- General : 가장 기본적인 성질을 컨트롤하는 옵션이다.
- Size : 브러시 크기에 관련된 옵션이다.
- Spacing : 브러시의 Dab된 간격을 조절하는 옵션이다.
- Angle : 브러시의 각도를 설정하는 옵션이다.
- Well : 브러시 스트로크의 페이드 관련 설정 옵션이다.
- Ranom : 브러시의 불규칙성과 왜곡에 관련된 옵션이다.
- Color Variability & Color Expression : 물감 색상의 설정과 왜곡에 관련된 옵션이다.

상위의 항목들은 총괄적인 브러시의 형태 설정을 위한 일반 설정 메뉴에 속한다고 볼 수 있다.

- Bristle : 솔을 가진 브러시의 솔 모양을 설정하는 옵션이다.
- Rake : General에서 스트로크 방식을 Rake(갈퀴)로 설정한 경우 활성화된다. 갈퀴처럼 거친 다중선(Multi Line)형의 세부 설정을 컨트롤한다.
- Impasto : 임파스토 브러시에 관련된 설정 옵션들이다.
- Image Hose : Image Hose 도구에 관련된 설정 옵션들이다.
- Liquid Ink : 리퀴드 잉크 브러시에 관련된 설정 옵션들이다.
- Water : 수채화 브러시에 관련된 설정 옵션들이다.
- Digital Water : 디지털 수채화 관련된 설정 옵션들이다.
- Air Brush : 에어브러시 도구에 관련된 설정 옵션들이다.

여기에 묶인 메뉴들은 특정 속성에 특화된 도구(브러시)에 한한 고유 속성만을 컨트롤하는 특화된 메뉴들로 구별할 수 있다.

이렇게 구분함으로써 숙지해야 할 항목의 우선순위가 어느 정도 쉬워졌기를 바란다.

Alias of Anti Picture

페인터 브러시의 속성 대분류

페인터의 브러시 분류를 구분해 보자.

Dab 타입 : 의미대로 페인터의 붓 두드림(Dab)을 이어서 연속시켜 스트로크를 만들어 낸다. 일반적인 솔을 사용하는 방식의 브러시들이 여기에 속한다.

Rendered 타입 : 에어브러시나 임파스토처럼 입자(파티클)나 패턴(텍스처), 색상 그라디에이션 등이 분사되거나 뿌려지는 방식의 도구들이 여기에 해당한다. 따라서 펜 입력 기기의 기울기와 축 방향에 영향을 받는 도구들이 많다.

Liquid Ink 타입 : 리퀴드 브러시 계열의 고유 특수 속성이다.

Watercolor 타입 : 워터 컬러 계열의 고유 특수 속성이다.

```
✓ Circular
  Single-Pixel
  Static Bristle
  Captured
  Camel Hair
  Flat
  Palette Knife
  Bristle Spray
  Airbrush
  Pixel Airbrush
  Line Airbrush
  Projected
  Rendered
  Liquid Ink Camel Hair
  Liquid Ink Flat
  Liquid Ink Palette Knife
  Liquid Ink Bristle Spray
  Liquid Ink Airbrush
  Watercolor Camel Hair
  Watercolor Flat
  Watercolor Palette Knife
  Watercolor Bristle Spray
  Watercolor Airbrush
  Artists' Oils
```

General > Dab Types

Dab 타입
- Circular : 붓모양이 모여 간격을 두고 모여 선을 이룬다.
- Single-Pixel : 단지 1픽셀로 구성되어 있다. 필압의 영향을 받지 않는다.
- Static Bristle : 솔이 풍부한 브러시
- Captured : 사용자가 캡쳐한 이미지를 사용한 브러시

Rendered 타입
- Camel Hair : Rendered 방식의 솔 브러시이다.
- Flat : Camel Hair와 성질은 유사하나 납작한 모양의 브러시이다.
- Palette Knife : Knife를 브러시처럼 사용한다. Well 항목에서 성질을 컨트롤 한다.
- Bristle Spray : 기울기(Tilt)에 반응하여 각도에 따라 결이 삐치는 효과이다.
- Airbrush : 기울기와 방향에 의해 분사량과 분사 방향이 달라진다.
- Pixel Airbrush : 파티클을 아주 미세하게 뿌린다.
- Line Airbrush : 뾰족한 모양의 파티클을 방사하는 효과이다.
- Projected : Airbrush와 유사하다.
- Rendered : 텍스처, 컬러 그라디에이션 등이 스트로크된다.

Liquid Ink 타입
- Liquid Ink Camel Hair
- Liquid Ink Flat
- Liquid Ink Palette Knife
- Liquid Ink Bristle Spray
- Liquid Ink Airbrush

효과 유도는 상위와 동일하나, Liquid Ink 속성의 Dab 방식이다.

Watercolor 타입
- Watercolor Camel Hair
- Watercolor Flat
- Watercolor Pallet Knife
- Watercolor Bristle Splay
- Watercolor Airbrush

효과 유도는 상위와 동일하나, Watercolor 속성의 Dab 방식이다.

Rendered 타입
- Artist's Oils : Oil 성질을 가지게 된다.

여기까지 페인터 브러시들의 어떤 옵션을 제어할 수 있는지를 파악함으로써 그 얼개를 이해하기 위한 준비 과정을 마쳤다. 일러스트 작업을 위한 좀 더 유용한 정보는 튜토리얼 진행 과정에서 다루게 될 것이다.

Alias of Anti Picture

Advance

페인터 브러시의 속성

이미 언급했듯이 페인터는 포토샵과는 달리 우선 기본 브러시 속성에 익숙해지는 의미가 적지 않다. 게다가 기본 종류 또한 만만치가 않기에, 브러시 정리에 좀 더 수월하게 접근할 수 있기를 바라는 뜻에서 여기에 리스트 업을 해 본다.

프로그램 상단, 프로퍼티 수치 항목을 참고한다.
브러시 사이즈만 다른 중복 브러시는 소거한다.

Acrylics

불투명 Cover 속성의 사용하기 무난한 기본 브러시들이 많다. Captured Bristle처럼 깔끔한 일반 디지털 브러시 느낌부터 Thick Acrylic Flat과 같은 두터운 질감의 표현, Glazing Acrylic과 같은 Build up속성까지 다양하다.
Wet 계열은 수분이 많은 상태의 느낌으로 하위 색상이 번지면서 칠해진다.

- Resat : 물감의 농도
- Bleed : 번지는 정도
- Jitter : 스트로크 간 붓 모양의 불규칙성

Acrylics	
	Captured Bristle
	Dry Brush
	Glazing Acrylic
	Opaque Acrylic
	Opaque Detail Brush
	Thick Acrylic Bristle
	Thick Acrylic Flat
	Thick Acrylic Round
	Thick Opaque Acrylic
	Wet Acrylic
	Wet Detail Brush
	Wet Soft Acrylic

정준호의 비주얼 일러스트레이션 제작노트

085

Captured Bristle

Dry Brush

Glazing Acrylic

Opaque Acrylic

Opaque Detail Brush

Thick Acrylic Bristle

Thick Acrylic Flat

Thick Acrylic Round

Thick Opaque Acrylic

Wet Acrylic

Wet Detail Brush

Wet Soft Acrylic

Alias of Anti Picture

Airbrushs

부드러운 경계를 가지는 그라디에이션을 넓게 칠할 때 활용한다. 수작업의 에어브러시 운용과 같이, 에어브러시 전용 입력 도구의 휠과 펜 마우스의 틸트에 따라 분사되는 양과 방향이 달라진다.

- Spread : 도료의 분사 각도
- Flow : 도료의 분사량
- Feature : 도료의 입자 크기

Airbrushes

- Broad Wheel Airbrush
- Coarse Spray
- Detail Airbrush
- Digital Airbrush
- Fine Detail Air
- Fine Spray
- Fine Tip Soft Air
- Fine Wheel Airbrush
- Finer Spray
- Graffiti
- Inverted Pressure
- Pepper Spray
- Pixel Spray
- Soft Airbrush
- Tapered Detail Air
- Tiny Soft Air
- Tiny Spattery Airbrush
- Variable Splatter

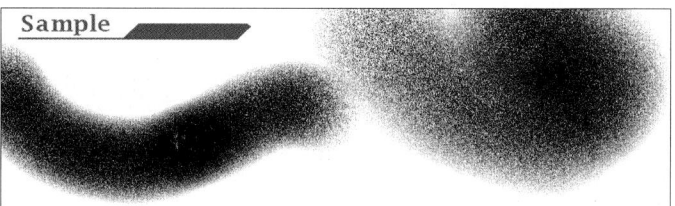
Broad Wheel Airbrush

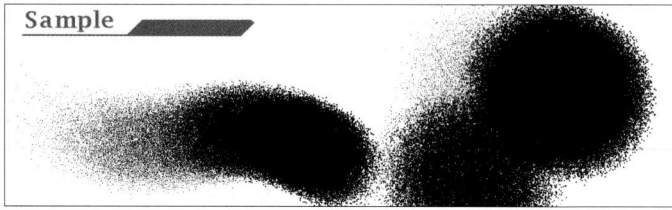
Coarse Spray

Detail Airbrush

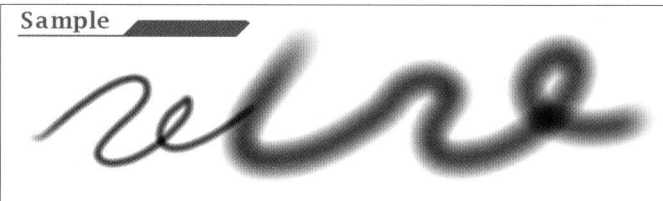
Digital Airbrush

Fine Detail Air

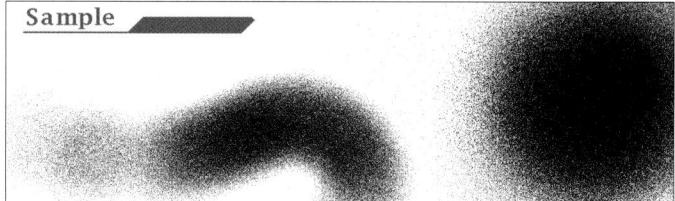
Fine Spray

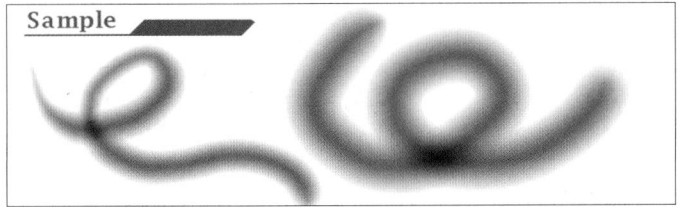
Fine Tip Soft Air

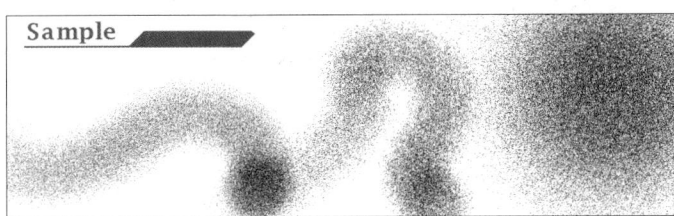
Fine Wheel Airbrush

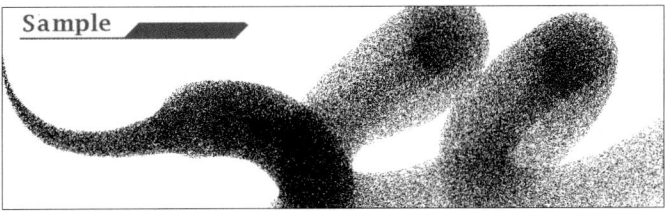
Finer Spray

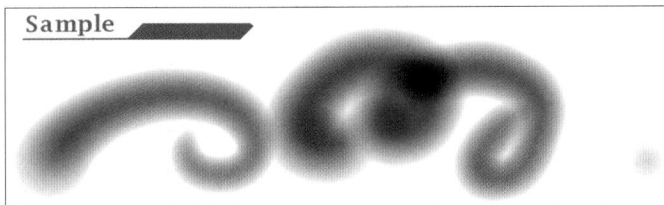
Graffiti

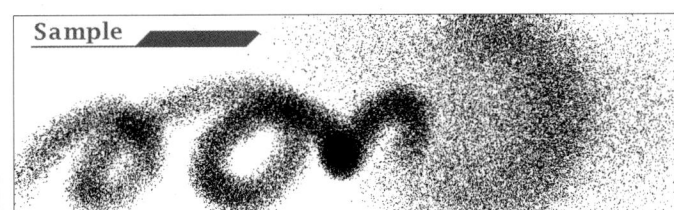
Inverted Pressure

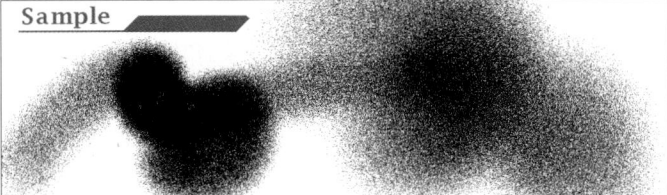
Pepper Spray

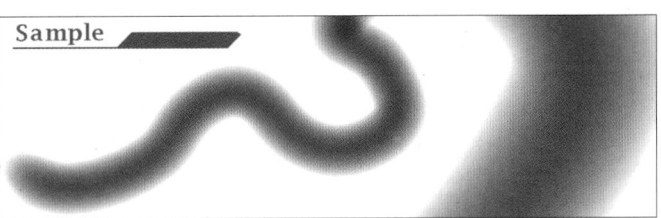
Pixel Spray

Soft Airbrush

Tapered Detail Airbrush

Tiny Soft Air

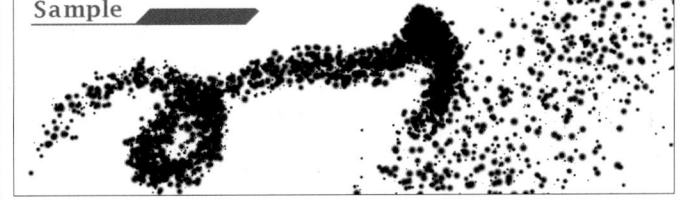
Tiny Spattery Airbrush

Variable Splatter

Alias of Anti Picture

Artists' Oils

이름 그대로 오일 브러시의 특성을 반영한 배리언트 브러시들이 있다.
주로 굵고 거친 두터운 유화 도료의 질감을 유도하고 있다.

- Grain : 붓 텍스처의 결
- Viscosity : 물감의 점도
- Blend : 하위 색상과의 섞임
- Wetness : 촉촉함
- Dirty mode : 체크하게 되면, 브러시가 하위 색의 적용을 받아 더럽혀진 색상이 반영된다.

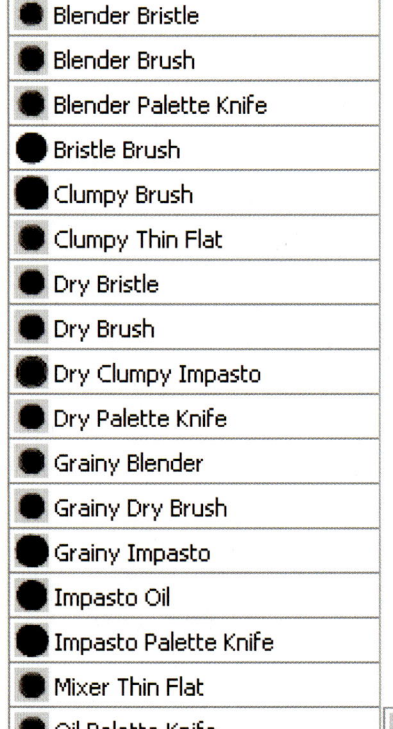

Blender Bristle

Blender Brush

Blender Palette Knife

Bristle Brush

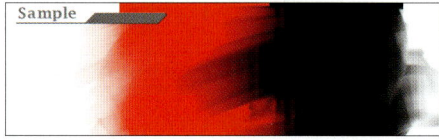
Clumpy Brush

Clumpy Thin Flat

Dry Bristle

Dry Brush

Dry Clumpy Impasto

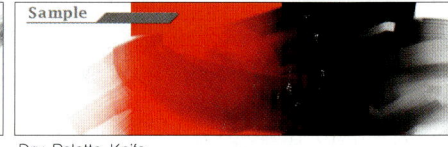
Dry Palette Knife

Grainy Blender

Grainy Dry Brush

정준호의 비주얼 일러스트레이션 제작노트

089

Grainy Impasto	Smeary Impasto	Wet Brush
Impasto Oil	Soft Blender Brush	Wet Impasto
Impasto Palette Knife — Impasto 상위에서만 가능	Soft Grainy Brush	Wet Oily Blender
Mixer Thin Flat	Soft Grainy Impasto	Wet Oily Brush
Oil Palette Knife	Tapered Oils	Wet Oily Impasto
Oily Bristle	Thick Wet Impasto	Wet Oily Palette Knife

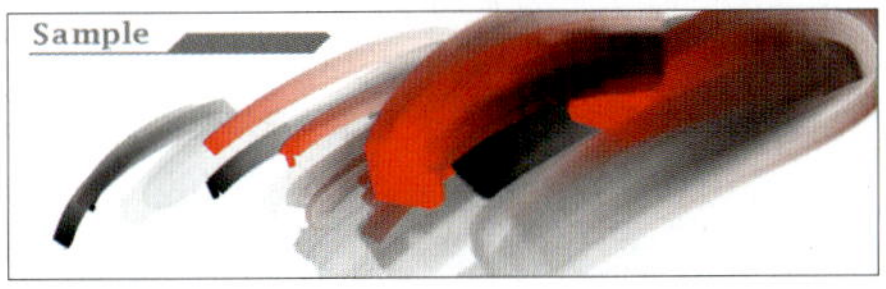

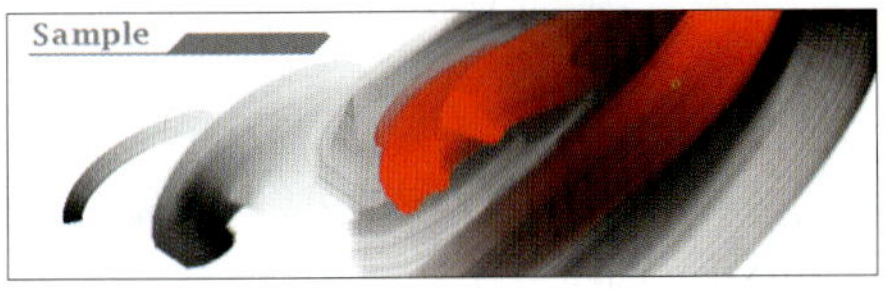

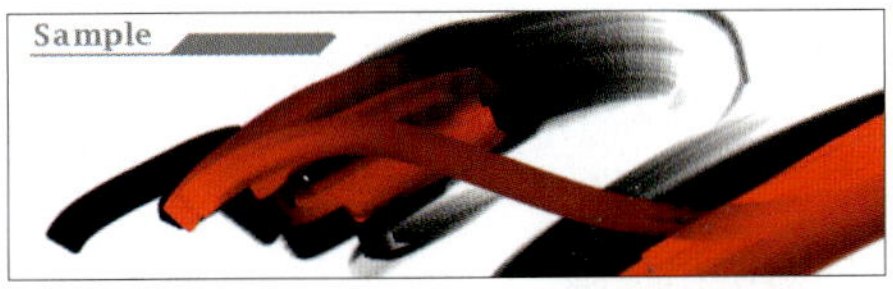

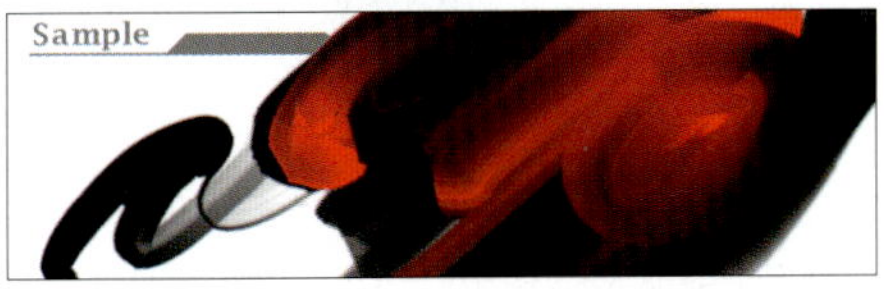

Alias of Anti Picture

Artist

'반 고흐'나 '존 싱어 사전트' 등 대가들 특유의 터치를 흉내낼 수 있는 유니크 스트로크를 제공한다.
독자적으로 빈 캔버스에서 운용하기에는 난이도가 높고 쓰임새도 폭이 좁으나, 기초 페인팅 위에 적절하게 응용한다면 상당한 회화적 깊이를 얻을 수 있으니 참고한다.

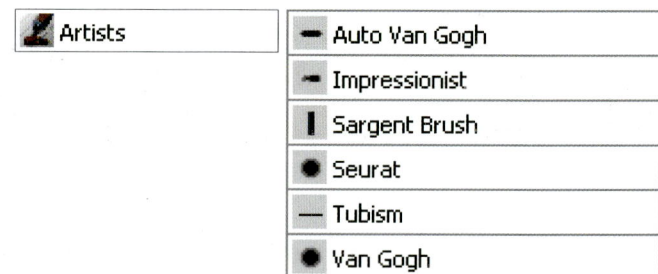

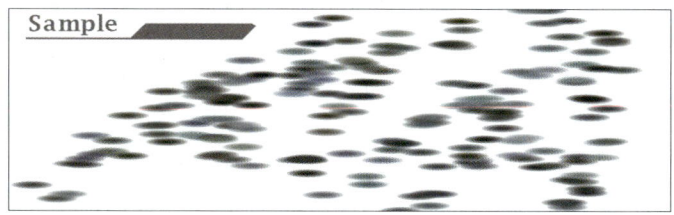
Auto Van Gogh

Impressionist

Sargent Brush

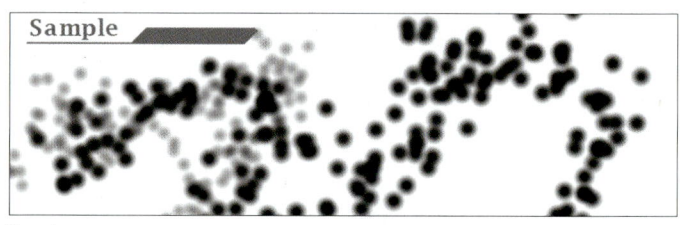
Seurat

Tubism

Van Gogh

정준호의 비주얼 일러스트레이션 제작노트

Blenders

하위 이미지 위에 무색상의 오일을 바르듯 투명한 블랜딩 효과를 줌으로써, 이미지를 흐리게 만들거나, 스트로크 방향으로 왜곡시킨다. 포토샵 필터의 Blur나 Distort의 일부 효과와 같지만, 포토샵은 영역 선택을 하여 일괄 적용을 하는 데 반해 사용자 임의의 브러시 스트로크로 표현할 수 있다는 차이점이 있다.

Blenders
- Blur
- Coarse Oily Blender
- Coarse Smear
- Detail Blender
- Diffuse Blur
- Flat Grainy Stump
- Grainy Blender
- Grainy Water
- Just Add Water
- Oily blender
- Pointed Stump
- Round Blender Brush
- Runny
- Smear
- Smudge
- Soft Blender Stump
- Water Rake

Blur

Coarse Oily Blender

Coarse Smear

Detail Blender

Diffuse Blur

Flat Grainy Stump

Grainy Blender

Grainy Water

Just Add Water

Oily blender

Pointed Stump

Round Blender Brush

Runny

Smear

Smudge

Soft Blender Stump

오리지널 샘플 이미지
2007 / 〈ICON〉 Aniversary Illustration / Painter

Water Rake

Alias of Anti Picture

Calligraphy

펜과는 다른 목적성으로 수기 텍스트나 서명 등에 용이하다. 특징은 글을 스기 편하게 가볍과 빠른 스트로크 감각과 단단한 외곽선으로, 깔끔한 펜 터치 작업을 선호하는 사용자의 경우 선 작업이나 스케치용으로 선호하기도 한다.

 Calligraphy

\	Broad Grainy Pen
\	Broad Smooth Pen
/	Calligraphy
/	Calligraphy Pen
●	Calligraphy brush
●	Dry Ink
/	Grainy Pen
■	Smooth Edge
\	Thin Grainy Pen
\	Thin Smooth Pen
/	Wide Stroke

Broad Grainy Pen

Broad Smooth Pen

Calligraphy

Calligraphy Pen

Calligraphy brush

Dry Ink

Grainy Pen

Smooth Edge

Thin Grainy Pen

Thin Smooth Pen

Wide Stroke

Chalk

평소 익숙지 않은 재료일 수 있는데, 여기서는 색 목탄이나 오일 파스텔과 비슷하게 생각하면 되겠다.
특성상 캔버스에 적용시킨 종이 질감의 영향을 많이 받는다.

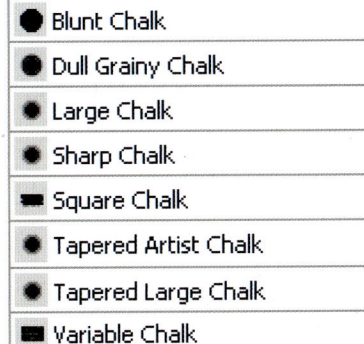

Blunt Chalk

Dull Grainy Chalk

Large Chalk

Sharp Chalk

Square Chalk

Tapered Artist Chalk

Tapered Large Chalk

Variable Chalk

Variable Width Chalk

Alias of Anti Picture

Charcoal

목탄의 느낌을 유도한 브러시이다. 앞의 초크와 비교했을 때 큰 성향은 비슷하나 기본 성질은 목탄 쪽이 훨씬 진하고 두터운 스트로크 감각을 가진다.

Charcoal

Charcoal Pencil

Dull Charcoal Pencil

Gritty Charcoal

Hard Charcoal Pencil

Hard Charcoal Stick

Sharp Charcoal Pencil

Soft Charcoal

Soft Charcoal Pencil

Soft Vine Charcoal

Cloners

클론 더미 이미지를 각종 속성의 브러시로 마스킹을 벗기듯 스트로크할 수 있다. 본편에서는 클론 기능은 다루지 않으므로 생략한다.

Colored Pencils

실제 색연필 특유의 특성을 잘 표현하고 있다. 단단한 스트로크 감각을 지니고 있으며 종류에 따라서는 종이 질감도 잘 반영하고 있다.

우리가 익히 알다시피 색연필은 수성과 유성으로 종류가 나뉘듯 기본적인 현실의 솔리드 감각만이 아닌, 기름에 녹인 듯한 느낌이나 마커처럼 겹쳐 칠해지는 성질 등 비교적 다양하게 제공한다. Grainy Colored Pencil은 미리 칠해진 색연필 위를 무색(흰색)으로 가볍게 문지르면 수성 색연필처럼 물이 번지는 효과를 준다.

Colored Pencil

Cover Colored Pencil

Grainy Colored Pencil

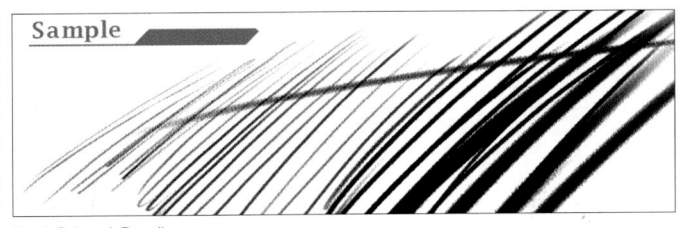
Hard Colored Pencil

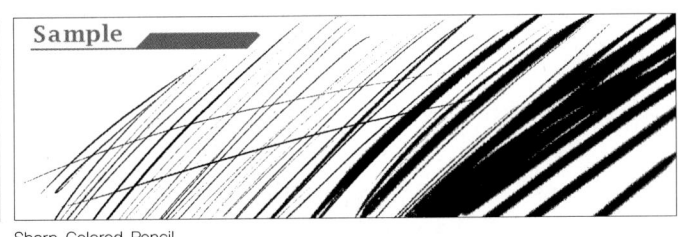
Sharp Colored Pencil

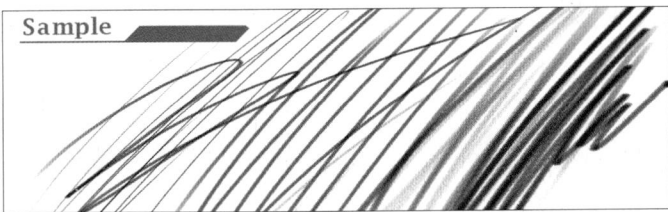
Oily Colored Pencil

Variable Colored Pencil

Alias of Anti Picture

Conte

기본적으로 초크, 목탄과 성질은 유사하나, 스트로크 감각이 훨씬 가볍고 점착력이 높아 다루기가 더 수월하다.

따라서 사용하기에 무난하고 텍스처 생성에 용이하여, 많은 페인터 일러스트레이터들이 애용하는 재료이기도 하다. 준비된 배리언트들은 속성은 동일하고 브러시 크기와 Dab 모양의 차이가 있을 뿐이다.

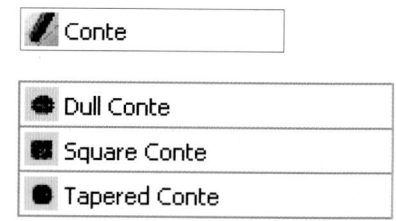

Dull Conte

Square Conte

Tapered Conte

Crayons

필자가 아직 의아한 부분 중에 하나가 이것인데, 실제 재료에서 크레용이란 안료와 파라핀 왁스 등을 열로 녹인 후 섞어서 고형화한 것으로, 수용성이 아닌 불용성 재료로서 Cover 속성에 가까운 것이다.

그러나 페인터에서 크레용은 그 입자의 질감이나 모양은 익히 인지하고 있는 실제의 그것과 유사하나, 어떤 의도에선지 제시된 샘플 브러시들은 Buildup으로 마커나 수성재료의 느낌에 가깝다(사실 실제 크레용이나 크레파스와 유사한 느낌은 목탄과 콩테에서 충분히 표현되고 있으므로 따로 크레용이 분류된 점이 의아하다).

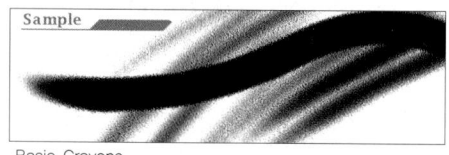
Basic Crayons

Dull Crayon

Grainy Hard Crayon

Med Dull Crayon

Pointed Crayon

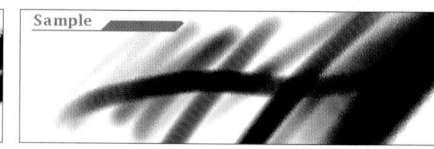
Waxy Crayons

정준호의 비주얼 일러스트레이션 제작노트

Digital Watercolor

앞서 본문에서도 언급되었듯이 기존 수채화 효과를 위한 Wet Color Brush를 불편함을 해소하고자 고안된 재료로, 효과와 방향성은 기존의 수채화 브러시와 같으나, 작업 간에 말려 줄 필요가 없고(Dry 명령) 전용 플로터(레이어)가 아니더라도 수채화의 특화된 효과를 누릴 수 있다.

Digital Watercolor		
	Broad Water Brush	Simple Water
	Coarse Dry Brush	Soft Broad Brush
	Coarse Mop Brush	Soft Diffused Brush
	Coarse Water	Soft Round Blender
	Diffuse Water	Spatter Water
	Dry Brush	Tapered Diffuse Water
	Fine Tip Water	Wash Brush
	Finer Mop Brush	Wet Eraser
	Flat Water Blender	
	Gentle Wet Eraser	
	New Simple Blender	
	New Simple Diffuser	
	New Simple Water	
	Pointed Simple Water	
	Pointed Wet Eraser	
	Pure Water Bristle	
	Pure Water Brush	
	Round Water Blender	
	Salt	

수채화 기법에 관심을 가졌던 사용자라면 그 진입 난이도가 훨씬 수월해졌음에 의미가 있다고 하겠다.
- Diffusion : 분사의 확산력 조절
- Wet Fringe : 스트로크 외곽의 물감 맺힘의 강약 조절

> **Tip**
> **Digital Watercolor의 Dry 명령어**
> [단축키] Ctrl + Shift + L
> Dry 명령은 상단 메인메뉴의 Layers, 혹은 Layers 관리창의 메뉴에 속해 있다.

수채화의 특성상 특정 브러시는 하위 물감 위에서만 효력이 있으며, 물감이 젖은 상태와 마른 상태에서의 영향이 다르므로 유의하여 참고하도록 한다.

Alias of Anti Picture

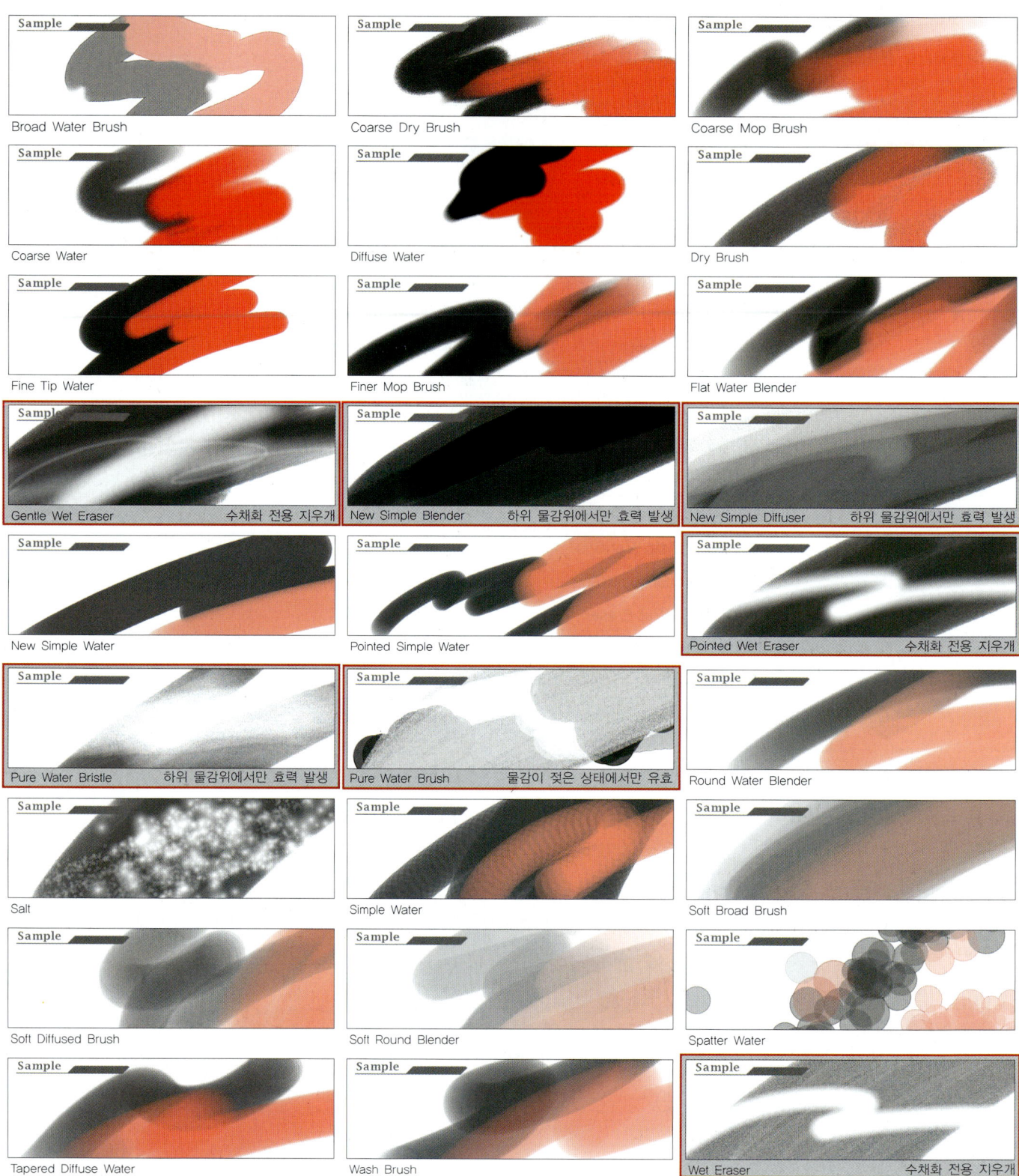

Distortion

이 도구는 앞의 Blenders처럼 일종의 필터 효과로 이해하는 것이 빠를 듯하다.

이미지를 특수한 법칙을 적용하여 스트로크 모양대로 왜곡시키는데, 필자의 경우 작업 시 매끈한 금속의 표면 텍스처를 얻기 위해서나 혹은, 수면이나 유리에 비치는 리플렉션(반사) 이미지를 필요로 할 때 부분적으로 활용하기도 한다.

응용 방법에 따라 다양한 용도로 개척 될 수 있겠으나, 상당히 기계적인 결과물을 얻게 되는 한계가 있으므로 2차 가공을 위한 1차 소스로 이용하는 것도 방법일 수 있겠다.

- Strength : Opacity 대신 적용 정도의 세기를 조절한다.

Bulge

Coarse Brush Mover

Coarse Distorto

Confusion

Diffuser

Distorto

Grainy Distorto

Grainy Mover

Hurricane

Marbling Rake

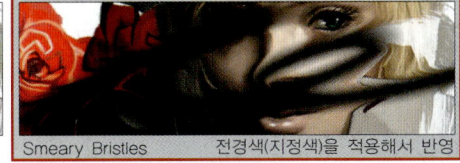
Pinch

Smeary Bristles 전경색(지정색)을 적용해서 반영

Thin Distorto

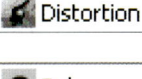
Turbulence

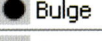
Water Bubbles

Alias of Anti Picture

Erasers

포토샵이 지우개 툴로도 모든 브러시 선택이 가능하도록 설정 되어, 지우기의 편의성에 접근했다면, 페인터는 지우개 자체에 다양한 효과를 제공하여 화구로서의 자체적인 활용성을 유도하고 있다.

예를 들어, Gentle Bleach의 경우, 실제 지우개와 유사하게 여러 번 문질러 줄수록 부분적으로 지워지므로 보다 세밀한 지우기가 용이해졌으며, 실제 회화에서 지우개를 이용한 기법도 가능하다.

이미지를 밝게 탈색(표백)시키거나, 어둡게 덧칠하는 지우기도 있으며, 캔버스에는 영향을 미치지 않고 하위의 이미지(물감)에만 효과를 가할 수도 있다.

1-pixel Eraser

Bleach

Block Eraser

Darkener

Eraser

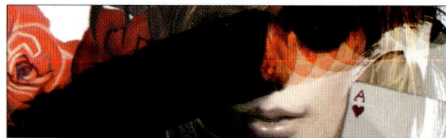
Flat Darkener

Flat Eraser

Gentle Bleach

Pointed Bleach

Pointed Eraser

Rectangle Eraser

Tapered Bleach

Tapered Darkener

Tapered Eraser

Erasers
- 1-pixel Eraser
- Bleach
- Block Eraser
- Darkener
- Eraser
- Flat Darkener
- Flat Eraser
- Gentle Bleach
- Pointed Bleach
- Pointed Eraser
- Rectangle Eraser
- Tapered Bleach
- Tapered Darkener
- Tapered Eraser

F-X

의미 그대로 특수 효과 전용 브러시이다. 앞의 Blenders나 Distortion과 유사하지만 본래의 텍스처 이미지나 특수 효과를 스트로크에 따라 반영한다.

응용 방법에 따라 오리지널 텍스처 제작을 위한 원형 소스로 응용한다.

Fairy Dust처럼 반짝이는 별의 은하수 또는 불타는 효과 등의 이펙트 종류와 Confusion, Squeegee와 같은 이미지를 왜곡시키는 종류, 그리고 그라데이션이 적용된 렌더링 브러시 종류가 있으므로 하나씩 살펴보면 재미있을 것이다.

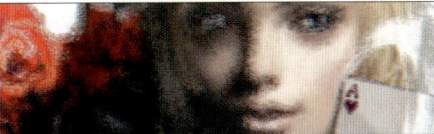
Confusion

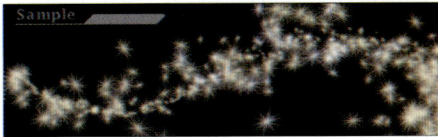
Fairy Dust

Fire

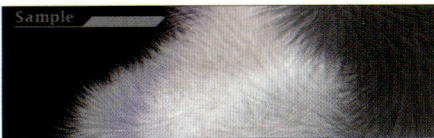
Furry Brush

Glow

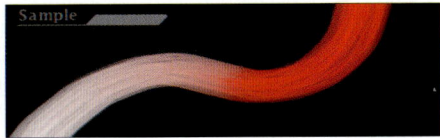
Gradient Flat Brush

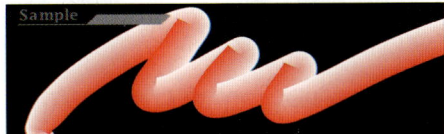
Gradient String

Graphic Paintbrush

Graphic Paintbrush Soft

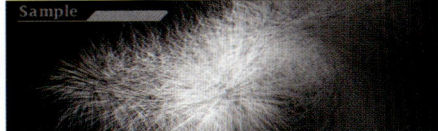
Hair Spray

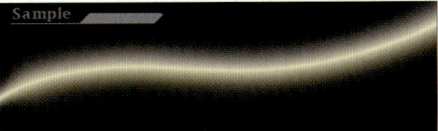
Neon Pen

Piano Keys

Shattered

Squeegee

Alias of Anti Picture

Felt Pens

마커, 사인펜 도구이다. 일반 마커와 같이 투명하게 겹치면서 칠해지고 조금씩 번짐도 있다. 사인펜과 같은 Fine Tip은 마커와는 달리 서로 묻어나지 않게 겹쳐지고, Midium Tip Felt Pens는 색연필에서 처럼 물(흰색)을 묻혀 번지게 할 수 있다.

실제 재료의 마커를 상상한다면 상당히 다루기 까다로워 활용성이 많이 부족한 느낌을 가질 수 있는데, 익숙지 않은 사용자를 위한 팁이라면 지정색을 본인이 의도한 색보다 훨씬 더 밝은 쪽에서부터 시작하여 핸들링하는 것이 요령일 것이다.

이런 성질의 재료에서는 색의 밝음이 명도가 아닌 묽음으로 이해하여 접근한다면 좀 더 수월할 것이다.

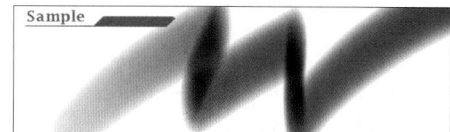
Art Marker

Blunt Tip

Design Maker

Dirty Marker

Felt Marker

Fine Point Marker

Fine Tip

Medium Tip Felt Pens

Thick n Thin Marker

Felt Pens
Art Marker
Blunt Tip
Design Marker
Dirty Marker
Felt Marker
Fine Point Marker
Fine Tip
Medium Tip Felt Pens
Thick n Thin Marker

정준호의 비주얼 일러스트레이션 제작노트

Gouache

과슈(Gouache)는 사용법이나 특성이 수채화와 닮았음에도 불투명 속성이기 때문에 수작업에서는 수용성 아크릴과 함께 일러스트레이터들에게 널리 애용되는 재료이다.

페인터에서 과슈는 언뜻 Acrylics 계와 비슷한 느낌이지만, 사실 좀 더 부드럽고 투명한 느낌이다.

그러나 스트로크의 사이즈 대비로 다른 브러시들에 비해 상당히 무겁고 처리 속도가 더디다. Thick Gouache 의 경우 자체적으로 Impasto성질을 가지고 두꺼운 자체 질감을 내기도 한다.

이 재료도 초급자들이 다루기 무난하여 선호하는 브러시 중 하나이다.

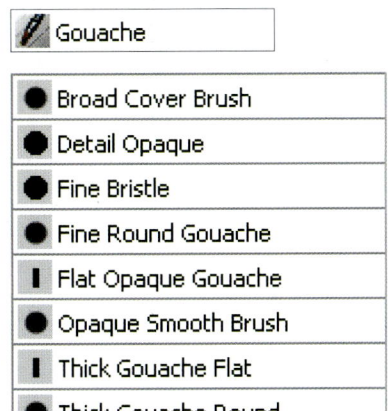

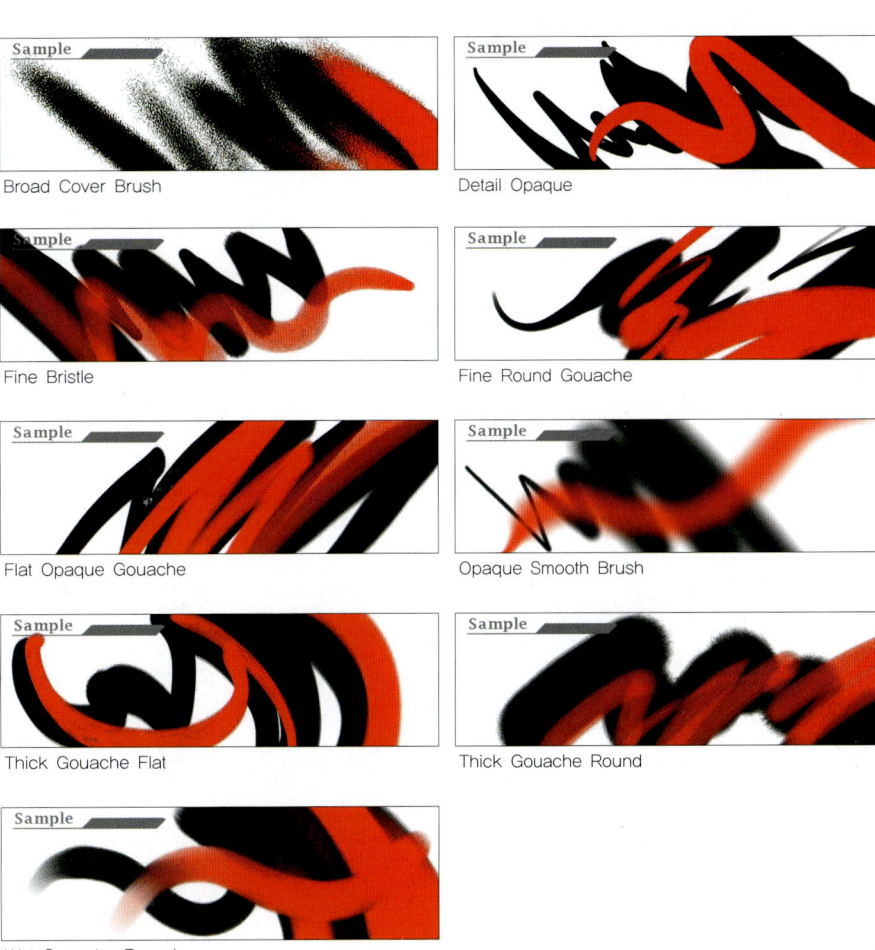

Alias of Anti Picture

Image Hose

등록된 이미지를 원료로 하여 말 그대로 스트로크 방향대로 이미지를 뿌려 준다.
다양한 방향성과 확산 방식을 배리언트에서 지정해 줄 수 있다. Linear~ 의 이름을 가진 호스는 이미지를 스트로크 궤도상에 분출시킨다. Spray~ 는 이미지를 스트로크 주변으로 분출시킨다. 이름 뒤의 ~B, ~W, ~R, ~D, ~P 기호는 각기 이미지가 뿌려지는 각도를 규정해 놓은 것이다.

B : 이미지가 세로로 눕혀진다.
W : 이미지를 가로로 세워서 분사한다.
R : 각도를 랜덤으로 분사한다.
D : 스트로크의 진행 방향에 맞춰서 분사한다.
P : 펜 마우스의 스트로크 필압을 반영한다.

Image Hose	
●	Linear-Angle-B
●	Linear-Angle-W
●	Linear-Size-P
●	Linear-Size-P Angle-B
●	Linear-Size-P Angle-D
●	Linear-Size-P Angle-R
●	Linear-Size-P Angle-W
●	Linear-Size-R
●	Linear-Size-R Angle-D
●	Linear-Size-W
●	Spray-Angle-B
●	Spray-Angle-W
●	Spray-Size-P
●	Spray-Size-P Angle-B
●	Spray-Size-P Angle-D
●	Spray-Size-P Angle-R
●	Spray-Size-P Angle-W
●	Spray-Size-R
●	Spray-Size-R Angle-D
●	Spray-Size-W

Linear-Angle~

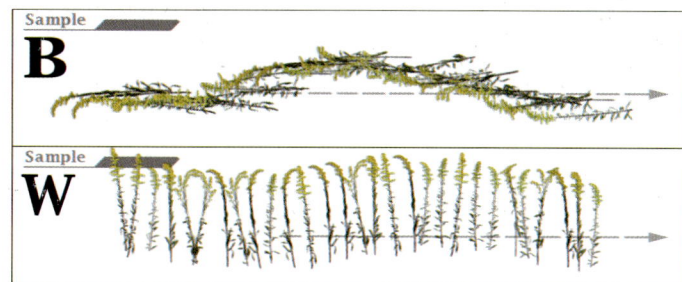

Linear-Size-P~
—P~가 표시된 호스는 필압에 대응하여 크기 조절 가능

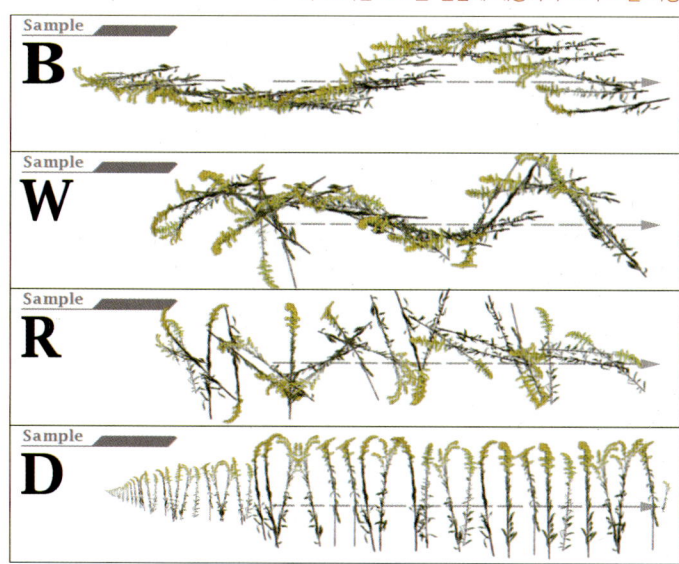

Spray-Size-P~
스트로크 중심선 주변으로 분사

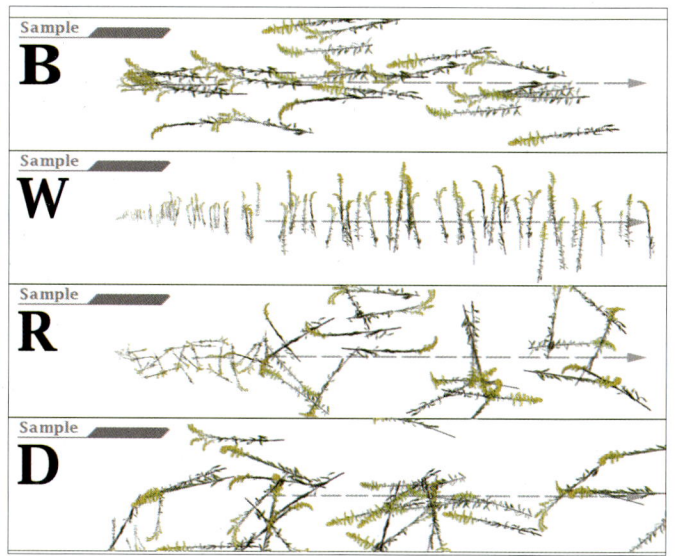

정준호의 비주얼 일러스트레이션 제작노트

Tip

이미지 텍스처(Image Texture) 선택

현재 지정되어 있는 노즐 이미지는 Ragweed로 참고하자. 도구 선택 창 하단에는 퀵 리스트로 각 Impasto나 Nozzle, F-X 등 각 특수 화구에 대응하는 종이 질감이나 패턴 / 노즐 이미지, 그라디에이션 패턴 등을 지정해 줄 수 있다.

확장된 리스트 창에서 상단 우측의 화살표를 클릭하여 명령 메뉴를 확장시켜 각종 패턴 이미지를 관리할 수 있으며, 사용자의 오리지널 이미지를 등록시킬 수도 있다.

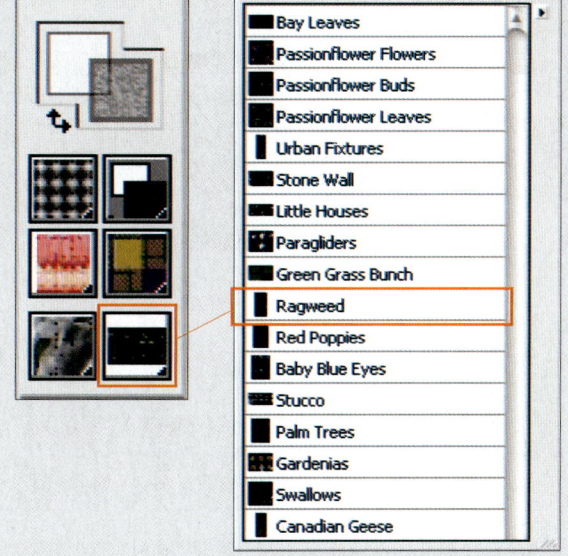

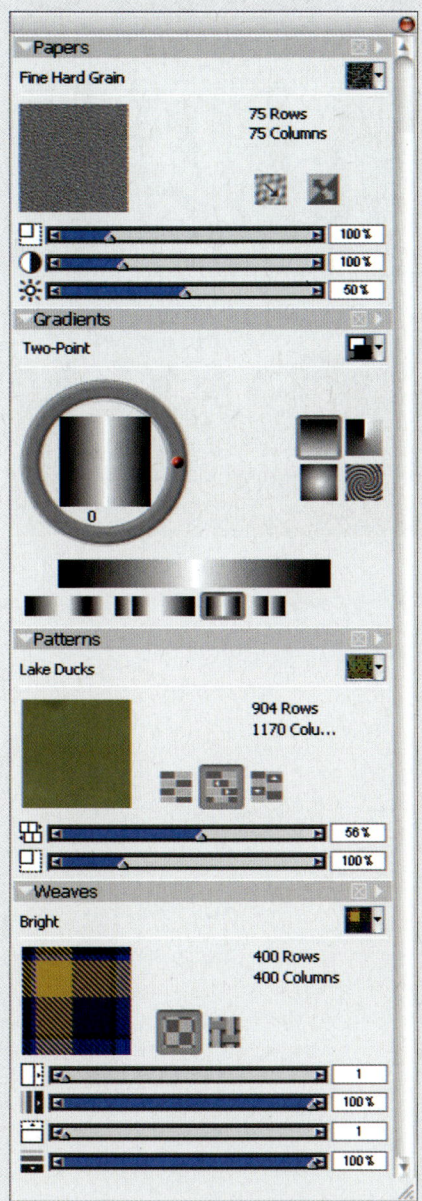

페인터 프로그램 상단, 메인 메뉴의 Window 〉 Library Palettes 〉 하위 항목을 선택하면 해당 선택 항목들을 풀다운시켜 열어 둘 수 있다.

Alias of Anti Picture

Tip

추천 노즐 패턴
튜토리얼 중반에 등장할 텍스처 제작에 앞서 필자가 추천하는 몇 가지 유용한 노즐 패턴을 소개한다.

Bay Leaves

Passionflower Leaves

Green Grass Bunch

Ragweed

Red Poppies

Palm Trees

이상의 노즐 패턴들은 이미지의 전반 혹은 일부분들로, 복잡하고 다양한 풍경이나 근거리의 자연물들이 필요할 때 원료로서 활용하곤 했다.

Stucco

금속이나 석면 등 표면 웨더링의 텍스처 재료로 적합하다. 다시 한 번 말하면 사진과 다름없는 정교한 이미지로서 그림과는 어울리지 않아서 원재료로서 활용하되, 필터 가공과 리터칭 작업을 거쳐야 한다. 만약 기본기와 어울림이 절제 없이 남발한다면, 하지 않은 것만 못한 결과로 이어질 것이다.

Impasto

페인터의 유니크한 재료인 Impasto는 자체 질감을 가진 브러시다. 많은 숫자의 다양한 샘플만큼이나 갖가지 개성 있는 효과들이 존재한다.

기본적으로 거친 브러시 질감부터 앞에서 등장했던 이미지 왜곡이나 Image Hose와 같은 이미지 분사 효과, 그리고 부드러운 블랜딩과 거친 블랜딩 등이 있다. Impasto의 제어는 브러시 컨트롤 윈도우의 Impasto 전용제어 메뉴에서 색 적용이나 질감의 깊이 등을 조절해 주어야 한다.

● Acid Etch	● Pattern Emboss
● Clear Varnish	● Round Camelhair
● Depth Color Eraser	● Smeary Bristle
● Depth Equalizer	● Smeary Bristle Spray
● Depth Eraser	❙ Smeary Flat
● Depth Lofter	● Smeary Round
● Depth Rake	● Smeary Varnish
● Depth Smear	● Texturizer-Clear
● Distorto Impasto	● Texturizer-Fine
— Fiber	● Texturizer-Heavy
● Gloopy	● Texturizer-Variable
● Grain Emboss	● Thick Bristle
— Graphic Paintbrush	● Thick Clear Varnish
— Impasto Pattern Pen	● Thick Round
— Loaded Palette Knife	❙ Thick Tapered Flat
● Opaque Bristle Spray	❙ Thick Wet Flat
❙ Opaque Flat	❙ Thick Wet Round
● Opaque Round	❙ Variable Flat Opaque
— Palette Knife	● Wet Bristle

Impasto

Acid Etch / Clear Varnish / Depth Color Eraser

Depth Equalizer — 하위 Impasto 위에서 효력 발생(입체감 제거)

Depth Eraser / Depth Lofter

Depth Rake

Depth Smear — 하위 물감 위에서 효력 발생

Distorto Impasto

Fiber / Gloopy / Grain Emboss

Alias of Anti Picture

지정 패턴 이미지 Hens & Chicks

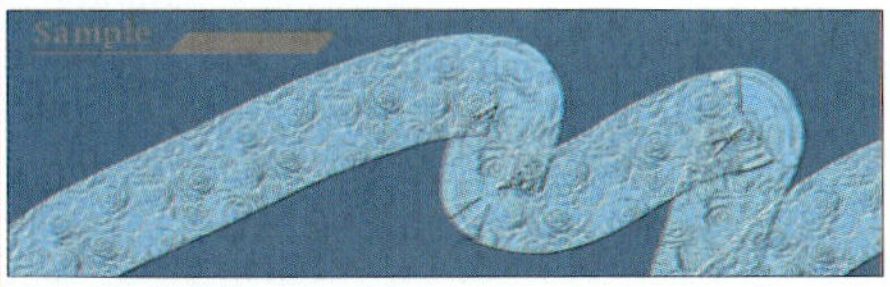

Graphic Paintbrush  | Impasto Pattern Pen  | Loaded Palette Knife

Opaque Bristle Spray  | Opaque Flat  | Opaque Round

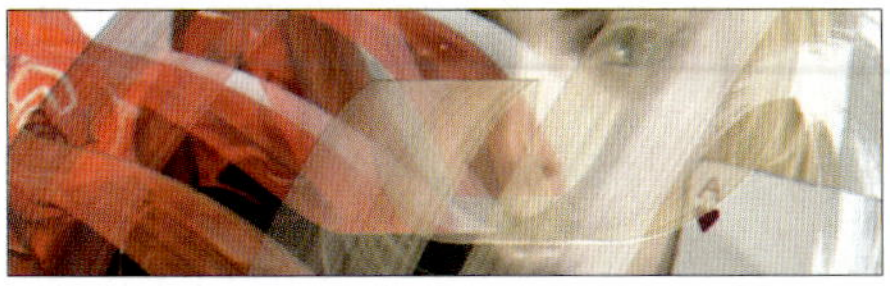

Palette Knife  | Pattern Emboss  | Round Camelhair

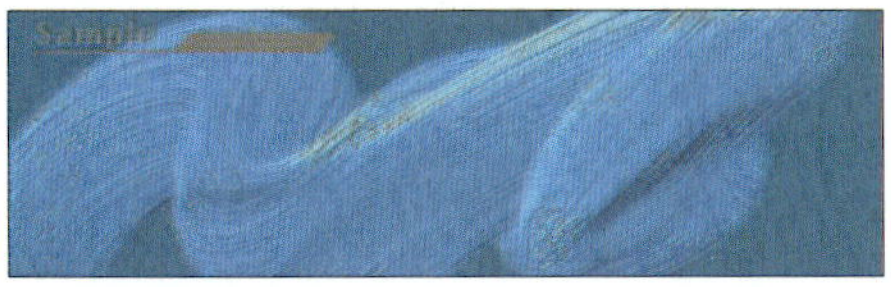

Smeary Bristle 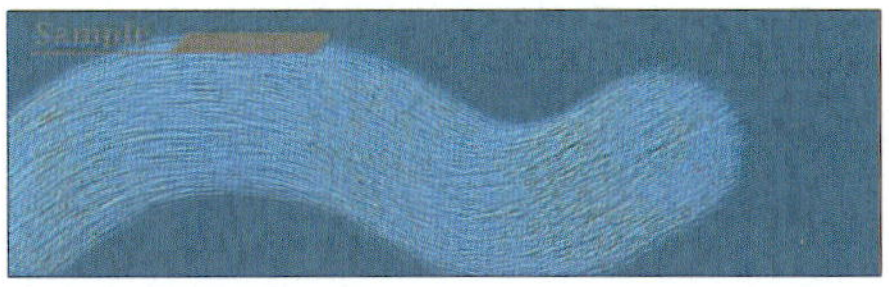 | Smeary Bristle Spray 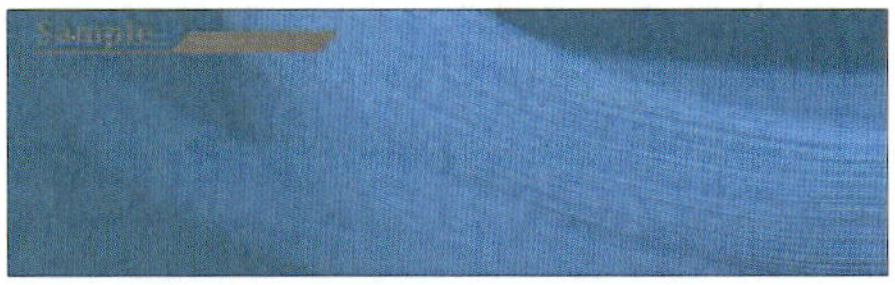 | Smeary Flat

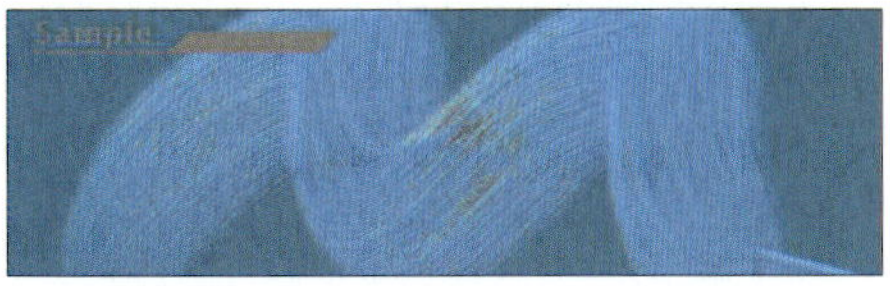

Smeary Round  | Smeary Varnish 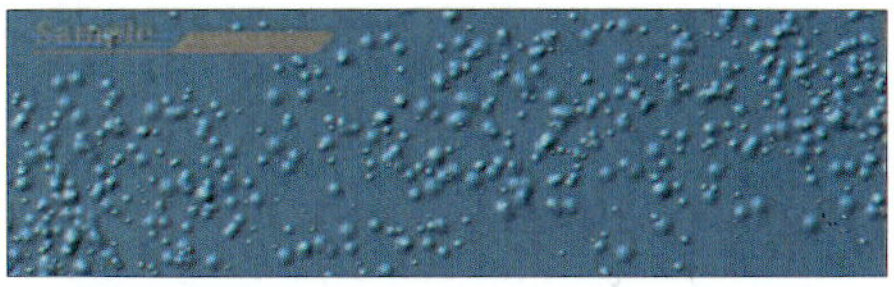 | Texturizer-Clear

Texturizer-Fine 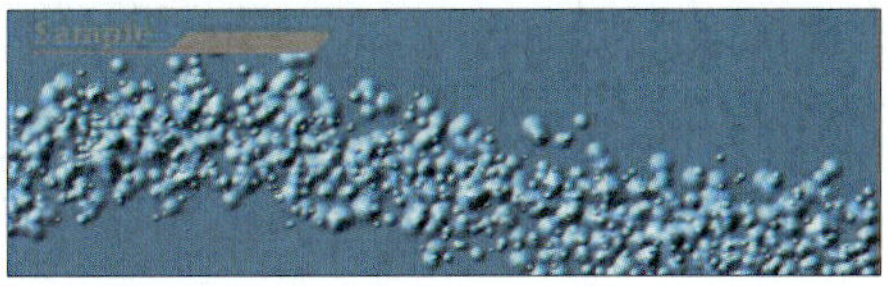 | Texturizer-Heavy 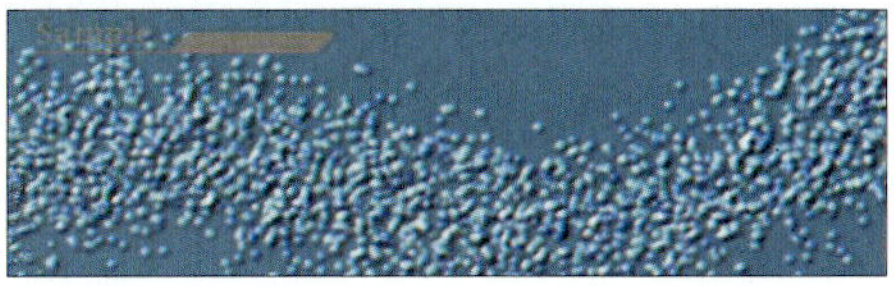 | Texturizer-Variable

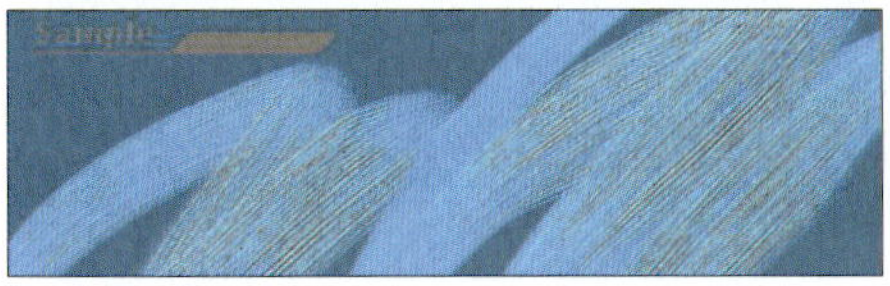

Thick Bristle  | Thick Clear Varnish 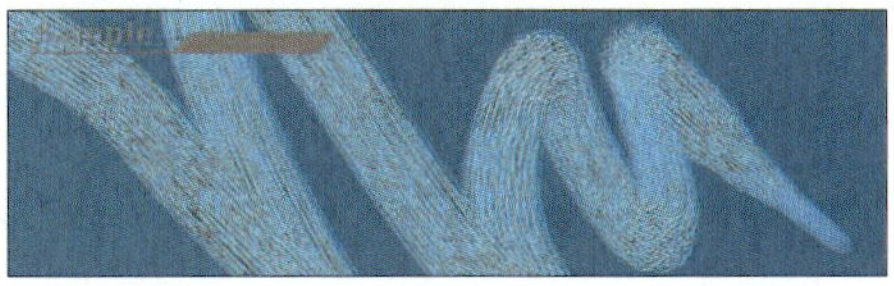 | Thick Round

Thick Tapered Flat  | Thick Wet Flat  | Thick Wet Round

Variable Flat Opaque  | Wet Bristle

정준호의 비주얼 일러스트레이션 제작노트

Liquid Ink

Liquid Ink는 액상 잉크 재료를 도구화 한 것으로 이해하자.
지나치게 많은 브러시의 종류도 종류지만, 사전 지식 없이는 하나씩 시연을 해 봐도 감이 잘 오지 않을 것이다.
일단 뒤에 ~Resist라고 표기된 브러시는 사전에 물감이 묻어 있거나 칠할 곳을 밀어내는 속성이 있다.
그리고 뒤에 ~ Eraser라고 표기된 것은 잉크를 제거하고 다시 칠하면 바로 적용되므로 앞의 Resist와 참고 비교해 보면서 그 차이점을 인지하도록 한다.

배리언트 브러시들 중 Resist와 Eraser들은 Liquid 속성에 특화된 물감 제거 기능으로, 브러시 소개에서는 생략한다.

- Smoothness : 잉크의 수분량으로, 수치가 낮으면 거친 느낌이 된다.
- Volume : 펜 압력에 따라 스트로크의 굵기를 조절한다.
- Feather : 물방울 입자의 크기이다.

Liquid Ink

Airbrush	Depth Flat	Pointed Flat	Soften Color
Airbrush Resist	Drops of Ink	Serrated Knife	Soften Edges
Calligraphic Flat	Dry Bristle	Smooth Bristle	Soften Edges and Color
Clumpy Ink	Dry Camel	Smooth Bristle Resist	Sparse Bristle
Coarse Airbrush	Dry Flat	Smooth Camel	Sparse Bristle Resist
Coarse Airbrush Resist	Eraser	Smooth Camel Resist	Sparse Camel
Coarse Bristle	Fine Point	Smooth Flat	Sparse Camel Resist
Coarse Bristle Resist	Fine Point Eraser	Smooth Flat Resist	Sparse Flat
Coarse Camel	Graphic Bristle	Smooth Knife	Sparse Flat Resist
Coarse Camel Resist	Graphic Bristle Resist	Smooth Rake	Tapered Bristle
Coarse Flat	Graphic Camel	Smooth Round Nib	Tapered Thick Bristle
Coarse Flat Resist	Graphic Camel Resist	Smooth Thick Bristle	Thick Bristle
Depth Bristle	Graphic Flat	Smooth Thick Flat	Velocity Airbrush
Depth Camel	Graphic Flat Resist	Smooth Thick Round	Velocity Sketcher

Alias of Anti Picture

Airbrush

Calligraphic Flat

Clumpy Ink

Coarse Airbrush

Coarse Bristle

Coarse Camel

Coarse Flat

Depth Bristle

Depth Camel

Depth Flat

Drops of Ink

Dry Bristle

Dry Camel

Dry Flat

Eraser

Fine Point

Graphic Bristle

Graphic Camel

Graphic Flat

Pointed Flat

하위 물감 위에서 효력 발생, 색 영향 없음

Serrated Knife

정준호의 비주얼 일러스트레이션 제작노트

Smooth Bristle

Smooth Camel

Smooth Flat

흩어진 갈필 자국을 둥글게 뭉개 준다.

Smooth Knife

Smooth Rake

Smooth Round Nib

Smooth Thick Bristle

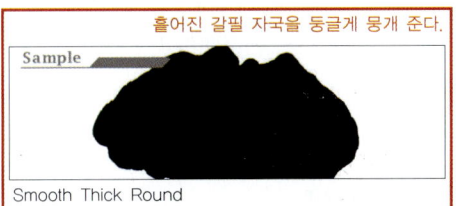
Smooth Thick Flat

흩어진 갈필 자국을 둥글게 뭉개 준다.

Smooth Thick Round

하위 물감 위에서 효력 발생

Soften Color

흩어진 갈필 자국을 둥글게 뭉개 준다.

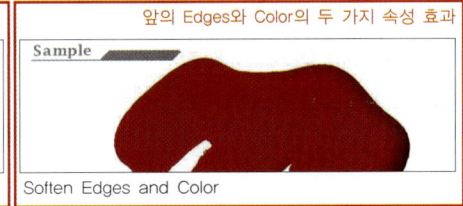
Soften Edges

앞의 Edges와 Color의 두 가지 속성 효과

Soften Edges and Color

Sparse Bristle

Sparse Camel

Sparse Flat

Tapered Bristle

Tapered Thick Bristle

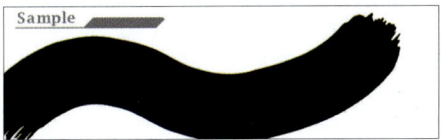
Thick Bristle

Velocity Airbrush

Velocity Sketcher

Alias of Anti Picture

Oil Pastels

오일 파스텔(Oil Pastel)도 아크릴 계열과 함께 많은 페인터 유저들이 애용하는 화구이다. 콩테 계열과 유사하지만, 너무 무르지도 않고 적당히 단단한 스트로크 감각과 캔버스 텍스처가 적당히 반영되면서도 두께감 있는 페인팅이므로, 어느 정도 회화적 요소를 가지면서도 완결성 있는 일러스트를 추구하는 사용자들의 기호에 맞을 것이다.

Chunky Oil Pastel

Oil Pastel

Round Oil Pastel

Soft Oil Pastel

Variable Oil Pastel

Oils

과거 버전으로 널리 사랑 받던 파인 브러시의 계보를 잇는 화구로, 비교적 다루기 편한 브러시에 속한다.

유사한 다른 Cover속성 브러시와의 차이점은 Dab 방식으로 구현되는 스트로크가 아니라 Multi Line 방식으로 구현되는 붓결이 특징이라는 것이다. 프러퍼티 항목에서 −Feature(모양) 수치를 조절하여 붓결의 촘촘함의 밀도를 지정해 줄 수 있다.

이 특성을 이해하여 작업 시 적절한 선택이 되도록 한다.

배리언트 브러시들도 부드러운 질감에서 거친 질감까지의 표현, 선명한 엣지(Edge)부터 흩어지는 외곽선 등 다양하다. 하단의 Thick~로 시작되는 계열은 자체적으로 임파스토 속성을 가진 입체 질감 브러시들로 다양한 속성의 기본 브러시를 제공하고 있다.

Oils	
Bristle Oils	Round Camelhair
Detail Oils Brush	Smeary Bristle Spray
Fine Camel	Smeary Flat
Fine Feathering Oils	Smeary Round
Fine Soft glazing	Tapered Flat Oils
Flat Oils	Tapered Round Oils
Glazing Flat	Thick Oil Bristle
Glazing Round	Thick Oil Flat
Meduim Bristle Oils	Thick Wet Camel
Opaque Bristle Spray	Thick Wet Oils
Opaque Flat	Variable Flat
Opaque Round	Variable Round

113

Bristle Oils	Detail Oils Brush	Fine Camel
Fine Feathering Oils	Fine Soft glrazing	Flat Oils
Glazing Flat	Glazing Round	Medium Bristle Oils
Opaque Bristle Spray	Opaque Flat	Opaque Round
Round Camelhair	Smeary Bristle Spray	Smeary Flat
Smeary Round	Tapered Flat Oils	Tapered Round Oils
Thick Oil Bristle	Thick Oil Flat	Thick Wet Camel
Thick Wet Oils	Variable Flat	Variable Round

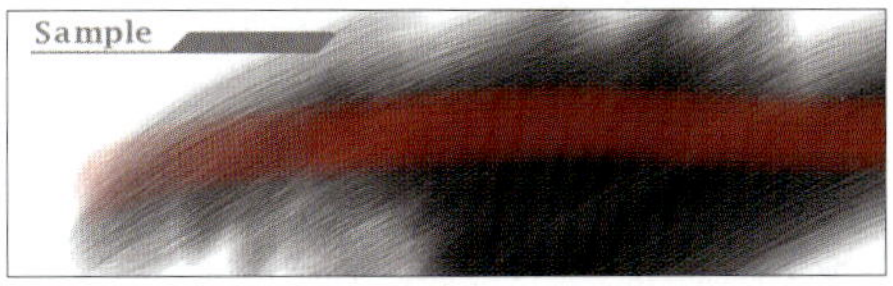

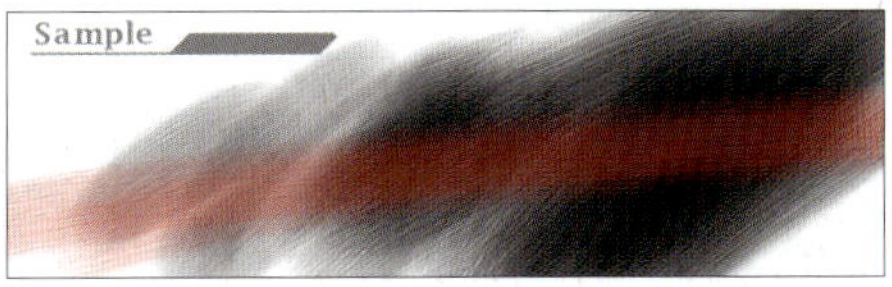

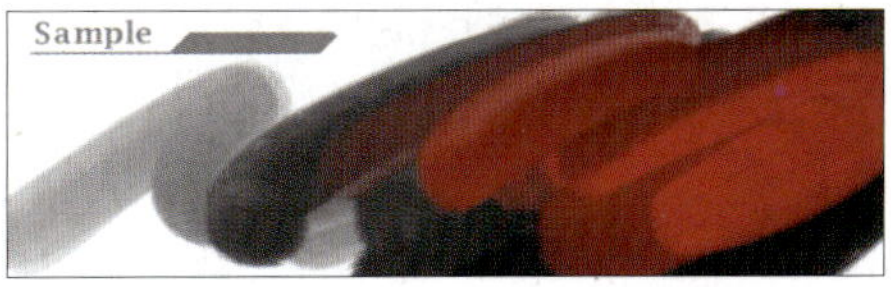

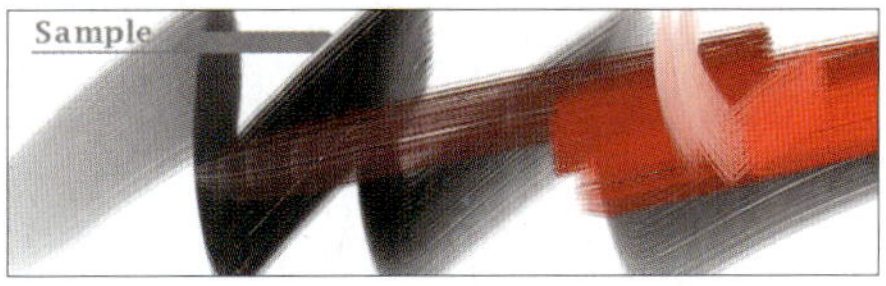

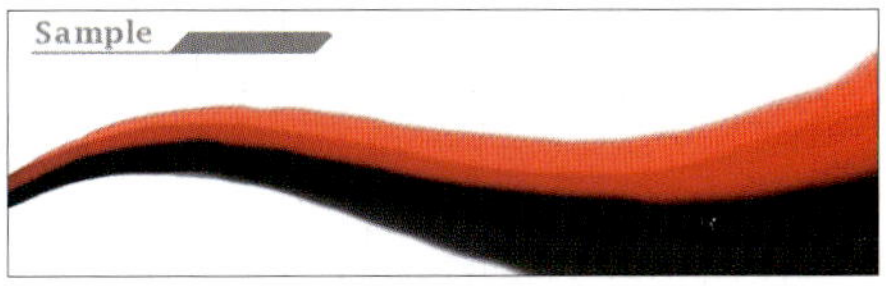

Alias of Anti Picture

Palette Knives

실제 유화 작업에서 사용되는 Knife를 활용한 기법을 구현할 수 있도록 제공된 화구이다.

마치 버터를 식빵에 펴 바르는 기법을 연상하면 쉬울 듯한데, 상업 일러스트레이션에서는 아무래도 흔하지 않으므로 활용도는 극히 제한적이다.

전경색을 그대로 찍어 바르는 종류와, 지정색과는 관계없이 하위의 이미지들을 오일같은 리퀴드(Liquid)로 믹스 블랜딩(Mix Blending)시키는 Knife로 크게 구분할 수 있겠다.

독자적인 속성 레이어를 사용하는 수채화와 더불어 특수한 속성의 리퀴드 잉크가 있다.

– Feature : 나이프의 톱날 간격 조절

Loaded Palette Knife

Neon Knife

Palette Knife

Sharp Triple Knife

Smeary Palette Knife

Subtle Palette Knife

Tiny Palette Knife

Tiny Smeary Knife

Tiny Subtle Knife

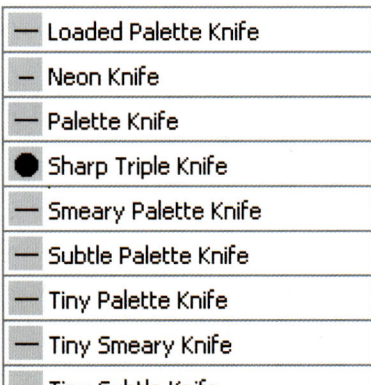

정준호의 비주얼 일러스트레이션 제작노트

Pastel

페인터에서 파스텔(Pastel)은 실제 화구의 크레용과 상당히 유사한 느낌이라고 보면 되겠다. 본래 파스텔과 크레용이 많이 닮은 재료이긴 하지만 제공된 베리언트 브러시들은 속성 자체에 특징적인 차이점이 없고, 단지 Dab 모양과 Stroke Solid(단단함), Soft와 Hard 정도의 소극적인 부분으로 구분되어 있다.

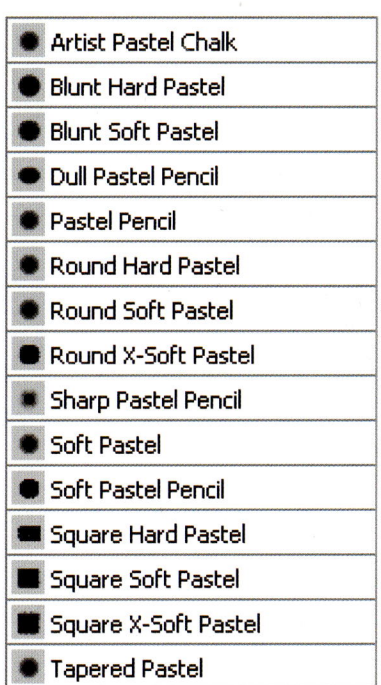

Artist Pastel Chalk

Blunt Hard Pastel

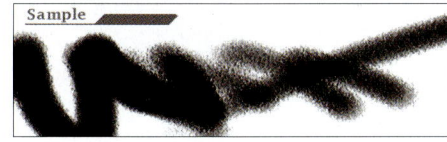
Dull Pastel Pencil

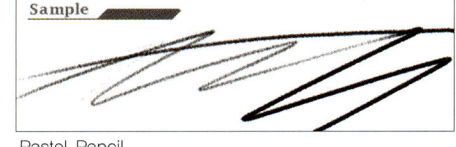
Pastel Pencil

Round Hard Pastel

Round Soft Pastel

Round X-Soft Pastel

Sharp Pastel Pencil

Soft Pastel

Soft Pastel Pencil

Square Hard Pastel

Square Soft Pastel

Square X-Soft Pastel

Tapered Pastel

Alias of Anti Picture

Pattern Pens

등록된 샘플 이미지를 기초로 랜더드 스트로크로 뿌려 주는 도구이다.
앞의 Impasto의 Impasto Pattern Pen과 유사하다.
대표적인 몇 가지 화구의 스트로크 타입을 적용시켜 배리언트를 제공하고 있으나, 일러스트레이션 제작에 있어서는 실질적인 의미가 없을 듯하다.

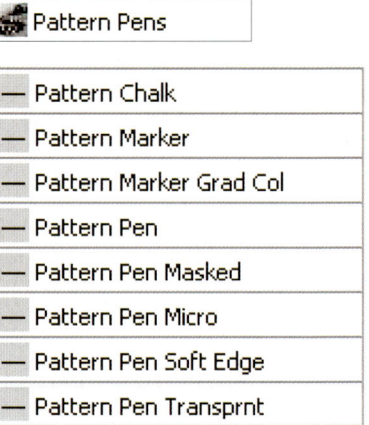

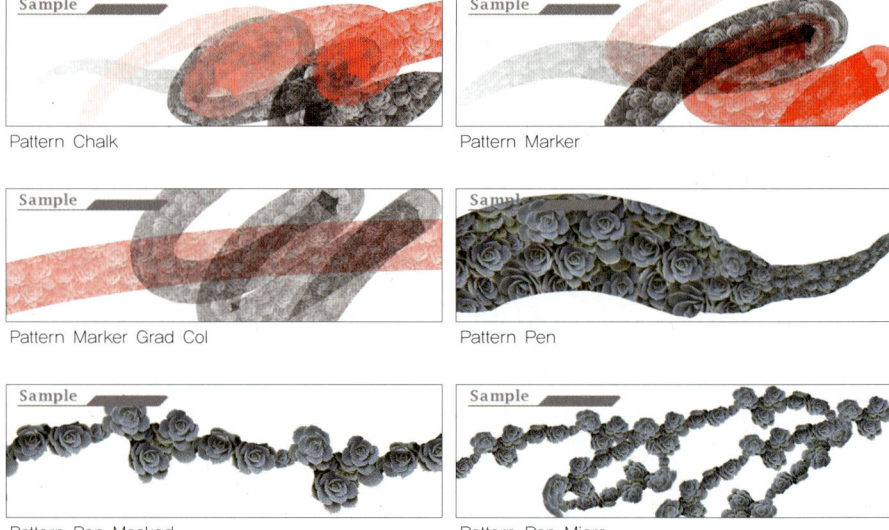

Pencils

연필 브러시이다. 가늘고 날카로운 스트로크가 주류이나, 두껍고 거친 엣지의 브러시도 등록되어 있다.
속성도 Cover, Buildup, Drip 등의 배리에이션으로 제공된다.
필자의 경우 Grainy Cover Pencil을 일반적인 스케치용 연필과 가까운 감각으로 사용하고 있다.

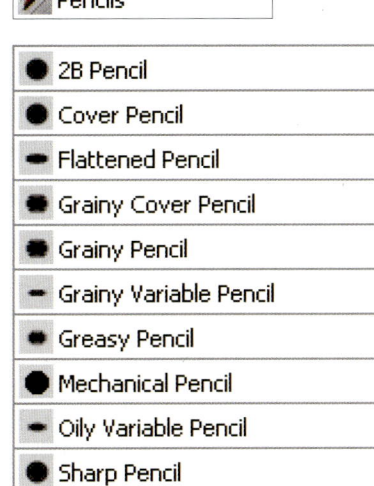

2B Pencil

Cover Pencil

Flattened Pencil

Grainy Cover Pencil

Grainy Pencil

Grainy Variable Pencil

Greasy Pencil

Mechanical Pencil

Oily Variable Pencil

Sharp Pencil

Sketching Pencil

Thick and Thin Pencil

Alias of Anti Picture

Pens

펜 브러시이다. 일반적인 펜처럼 날카롭고 기계적인 스트로크를 가진 브러시 외에도, 여러 용도로 활용이 가능한 특수한 펜들도 등록되어 있다.

Bamboo Pen이나 Thick n Thin Pen처럼 마치 동양화의 붓과 같은 촉촉함과 잉크의 농담 조절이 자유로운 것도 있고, Barbed Wire Pen이나 Nervous Pen처럼 독특한 스트로크도 있다.

가령 페인터에서 셀 화 풍의 깔끔한 일러스트레이션을 제작한다면, 펜 브러시를 활용하는 것도 무난한 접근이다. 기본 화구인 만큼 배리언트 브러시들을 잘 살펴보고 커스텀도 잘 고려한다면 의외로 응용의 폭이 넓다.

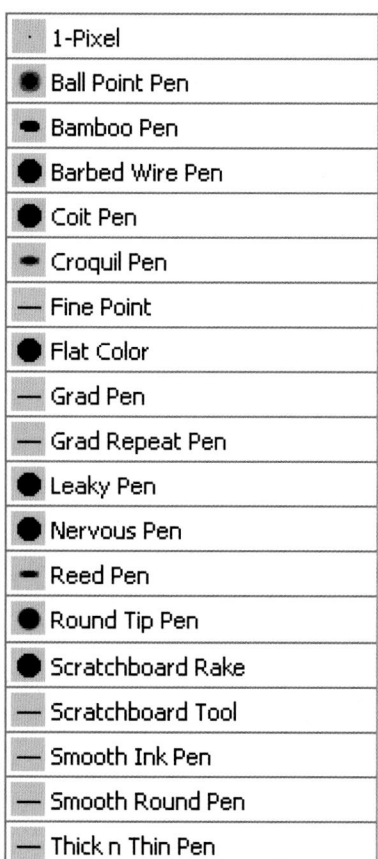

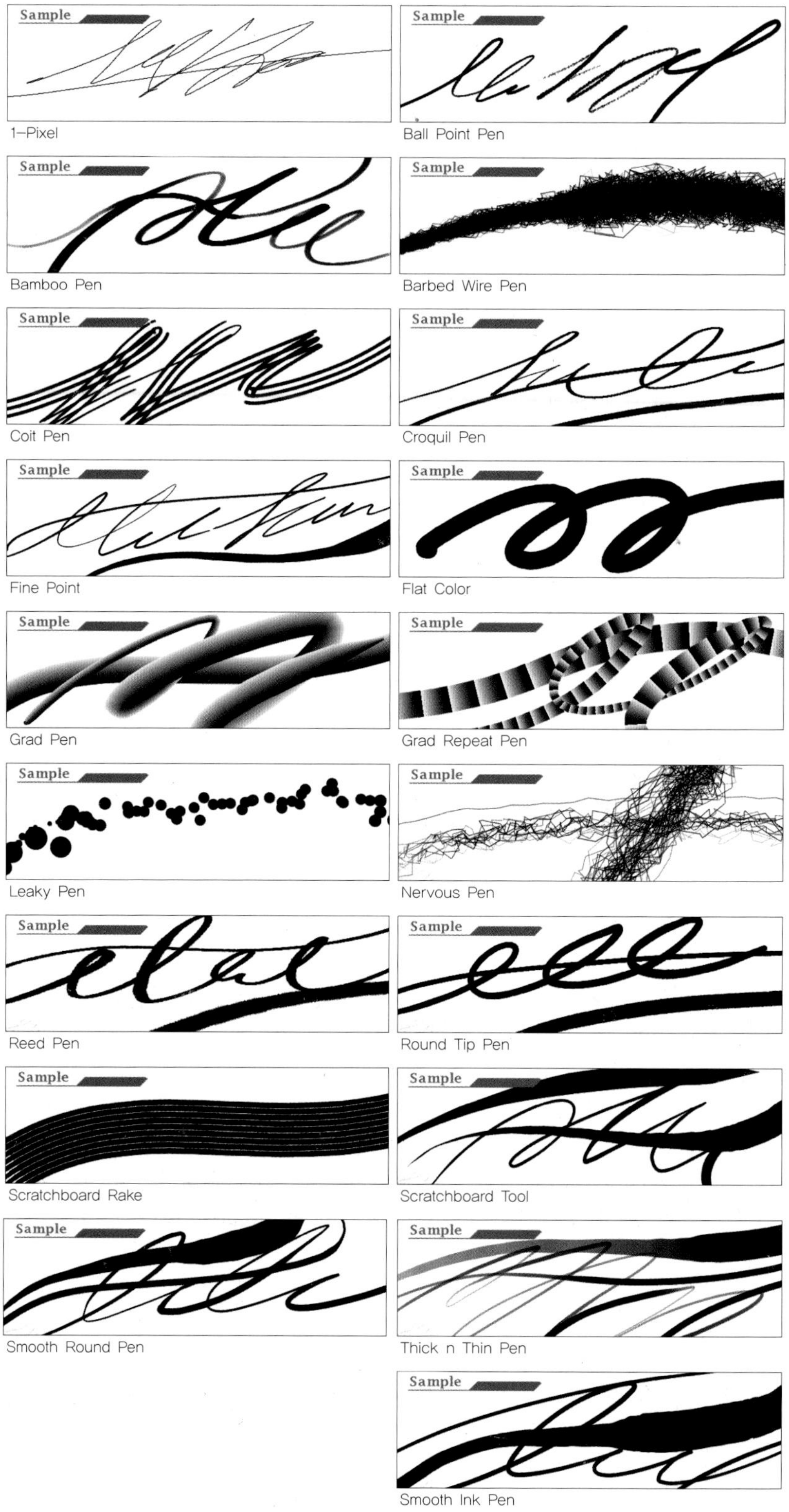

정준호의 비주얼 일러스트레이션 제작노트

Photo

아마도 사진 이미지의 이펙트용이라는 의미에서 Photo라는 이름으로 분류되었다고 추측된다.

이 항목들은 앞서 소개한 블랜딩 효과들과 같이, 일종의 필터의 적용 효과와 유사하다.

Blur와 Sharpen으로 이미지를 흐리거나 날카롭게 만들 수 있고, Burn이나 Dodge등으로 이미지를 어둡게 그을리거나 밝은 이펙트 효과를 가할 수도 있다.

이런 보정과 이펙트는 역시 포토샵 쪽이 훨씬 다양하고 강력한 기능들을 지원하고 있으나, 페인터에서는 브러시 스트로크를 따라 정교한 영역 적용이 가능하다는 장점이 있으므로 작업 목적에 따라 잘 활용하도록 한다.

Add Grain

Blur

Burn

Colorizer 지정색 적용

Diffuse Blur

Dodge

Fine Diffuser

Saturation Add

Scratch Remover

Sharpen

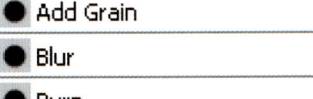

Alias of Anti Picture

Sponges

표면이 거친 스펀지에 물감을 묻혀 찍어 내는 효과이다. Stamp(도장) 효과와 비슷하게 이해해도 무방할 듯하다.

그 자체로 회화적인 쓰임새를 갖기보다는 어떤 웨더링 텍스처를 가하거나, 디테일 추가 등의 응용 쓰임새가 좋다.

배리언트에 제공된 스펀지들의 Dab 모양 정도는 기억해 두면 쓸모가 있을 것이다.

Dense Sponge

Fine Sponge

Glazing Sponge

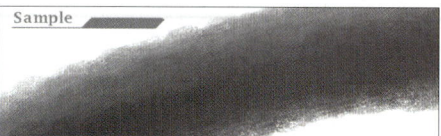
Grainy Wet Sponge

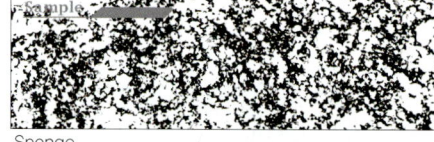
Loaded Wet Sponge

Smeary Wet Sponge

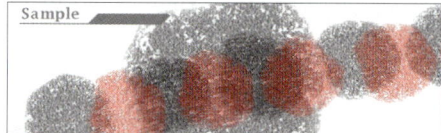
Sponge

 Sponges

■ Dense Sponge
● Fine Sponge
● Glazing Sponge
● Grainy Wet Sponge
● Loaded Wet Sponge
● Smeary Wet Sponge
● Sponge
■ Square Sponge
● Wet Sponge

Square Sponge

Wet Sponge

Sumi-e

동양화 풍의 그림을 그리기 위한 붓이다. 동양화구 특유의 대담한 '갈필'과 '농담'을 유사하게 구현해 낸다.

사용자의 기본기에 따라서 상당한 효과를 얻을 수도 있으나, 화구의 특성상 익숙해지기까지는 상당한 난이도가 있다.

그러나 어려운 만큼 페인터가 아니라면 끌어 내기 힘든 아름다운 스트로크이다.

 Sumi-e

● Coarse Bristle Sumi-e	● Sumi-e Brush
● Detail Sumi-e	· Tapered Digital Sumi-e
● Digital Sumi-e	● Tapered Sumi-e Large
● Dry Ink	● Tapered Sumi-e Small
● Fine Sumi-e Large	● Thick Blossom Sumi-e
● Fine Sumi-e Small	● Thin Bristle Sumi-e
● Flat Sumi-e Large	● Variable Thick Sumi-e
● Flat Sumi-e Small	● Variable Thin Sumi-e 20
○ Flat Wet Sumi-e	● Variable Thin Sumi-e 40
● Opaque Bristle Sumi-e	● Wet Bristle Sumi-e
● Soft Bristle Sumi-e	

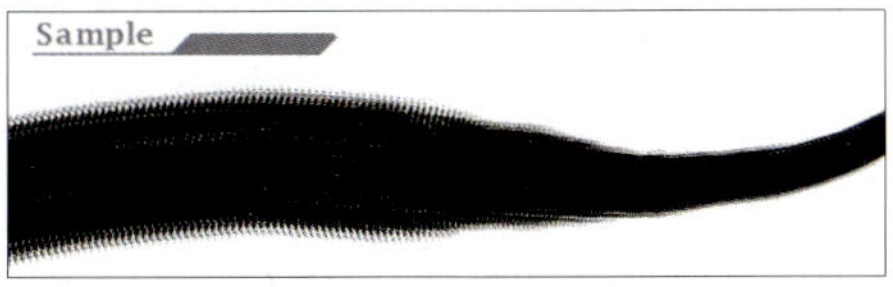

121

Coarse Bristle Sumi-e	Detail Sumi-e	Digital Sumi-e
Dry Ink	Fine Sumi-e	Flat Sumi-e
Flat Wet Sumi-e	Opaque Bristle Sumi-e	Soft Bristle Sumi-e
Sumi-e Brush	Tapered Digital Sumi-e	Tapered Sumi-e
Thick Blossom Sumi-e	Thin Bristle Sumi-e	Variable Thick Sumi-e
Variable Thin Sumi-e 20	Variable Thin Sumi-e 40	Wet Bristle Sumi-e

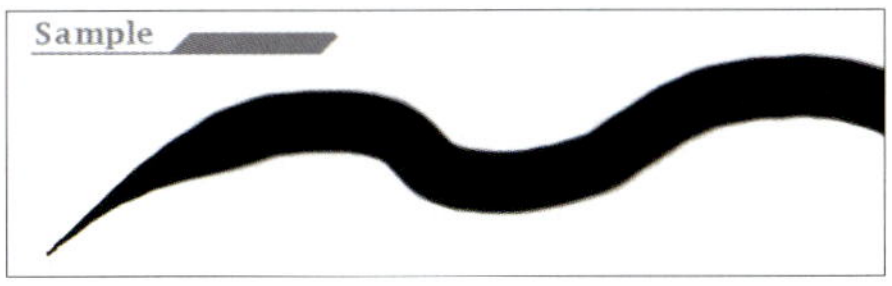

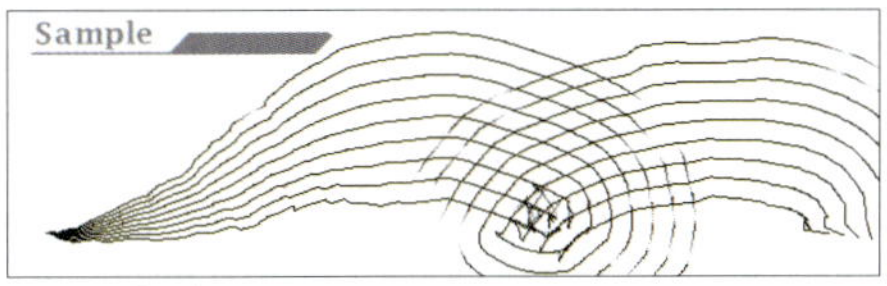

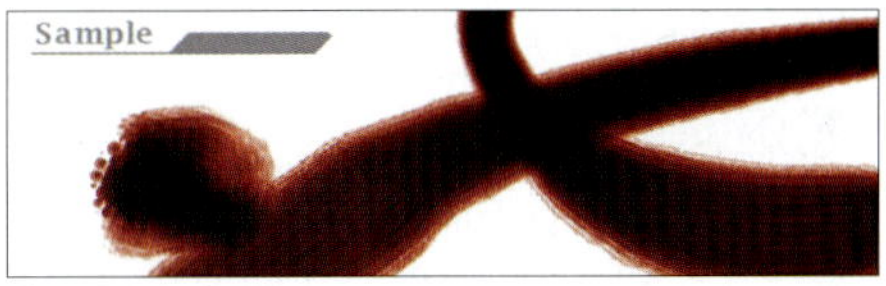

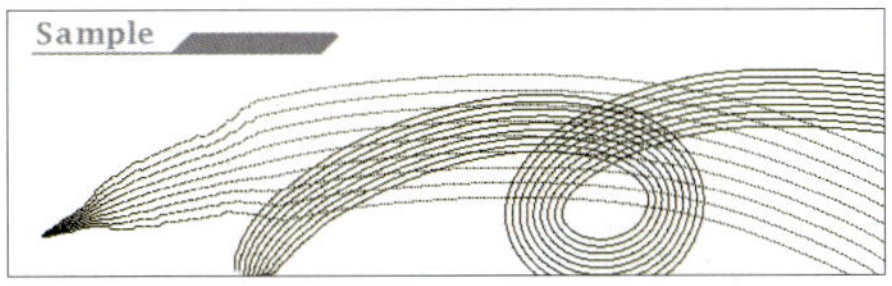

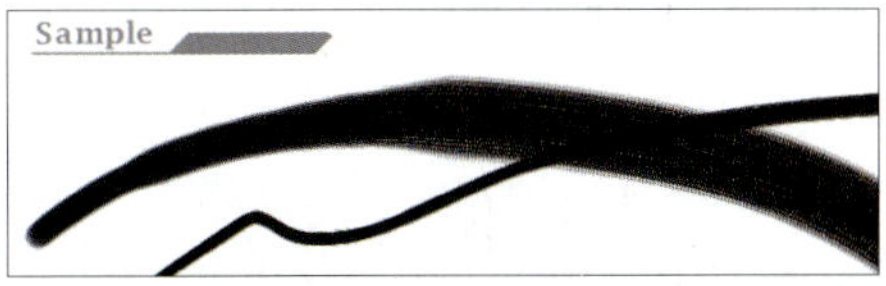

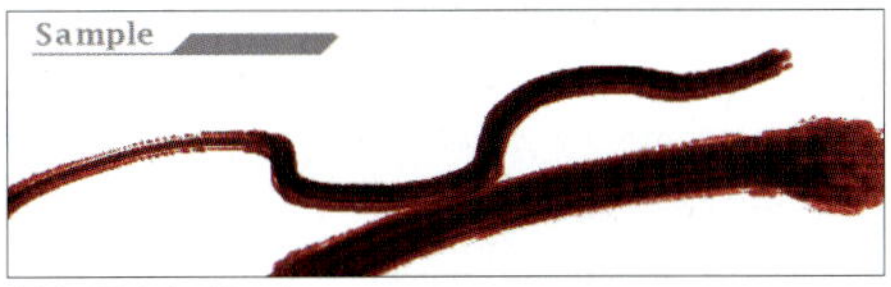

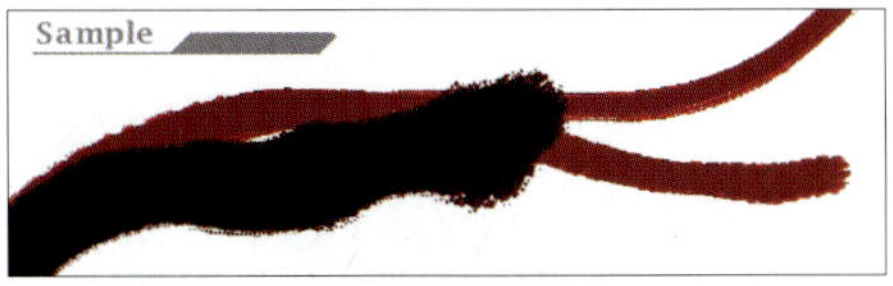

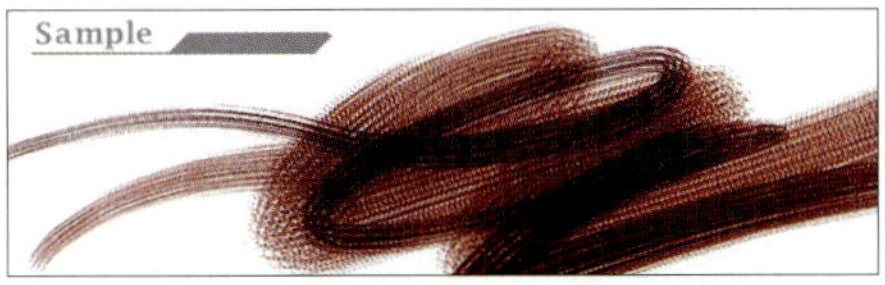

Alias of Anti Picture

Tinting

사전적 의미대로 착색 브러시라 불린다. 아마도 초급자를 배려한 기초 브러시와 이펙트 브러시들을 섞어 모아 놓은 듯하다. 주로 색조의 블랜딩 기능이 많으며, 페인팅 브러시의 경우도 기존 카테고리의 성질이 믹스되어 있거나, 다소 차이점을 가진 브러시들이 있으니 참고한다.

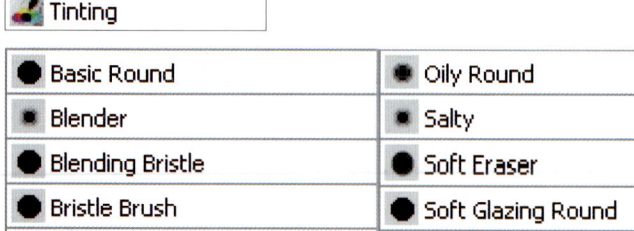

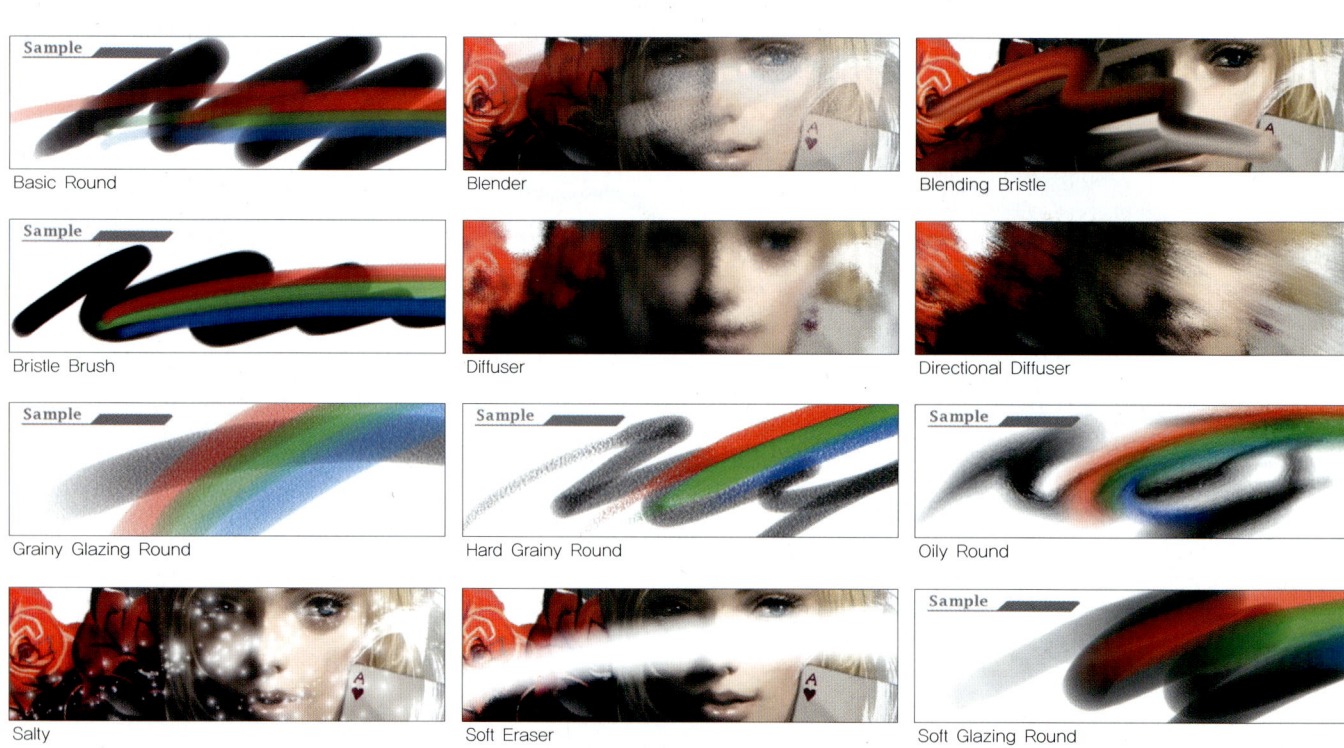

정준호의 비주얼 일러스트레이션 제작노트

Watercolor

수채화 브러시로 페인터만의 특징 있는 화구 중 하나이다.

스트로크 외곽 라인이 크고 부드럽게 번지는 브러시와 스트로크 가장자리에 물감이 진하게 맺히는 성질을 가진 브러시, 물감이 둥글게 멍울지는 브러시 등 수채화 특유의 중첩 기법을 풍부하게 표현하기 위하여 참으로 다양한 브러시들이 준비되어 있다.

특징은, 스트로크의 획 운동이 끝나면 그 직후 캔버스 위에 종이가 젖듯 물감이 퍼져 나간다는 것이다. 당연히 캔버스 종이 질감의 영향도 적극적으로 받게 되며, 이때 물감의 농도는 Opacity 값으로 조절한다.
Wet 스트로크가 개시되면 수채화 전용 레이어가 생성된다.

수채화 브러시의 운용 팁이 있다면, 실제로 수채화 작업 기법을 참고할 때, 물감이 젖은 상태에서는 색이 번지면서 섞이지만, 마른 뒤에는 셀로판처럼 색과 면이 겹쳐 쌓이듯이, 페인터의 캔버스에서도 의도한 타이밍에 사용자가 수시로 말려가며(Dry 명령) 작업하는 것이다.

물론 이러한 번거로움을 보완한 Digital Water Color가 따로 제공되고 있지만, 그 과정까지도 좀 더 섬세하게 즐기고 싶다면 위의 사항을 참고하여 개개의 브러시 감각을 하나씩 체험해 보자.

Watercolor

●	Bleach Runny	●	Runny Wet Bristle
○	Bleach Splatter	●	Runny Wet Camel
●	Diffuse Bristle	│	Runny Wet Flat
●	Diffuse Camel	●	Simple Round Wash
│	Diffuse Flat	●	Smooth Runny Bristle
●	Diffuse Grainy Camel	●	Smooth Runny Camel
│	Diffuse Grainy Flat	│	Smooth Runny Flat
●	Dry Bristle	●	Soft Bristle
●	Dry Camel	●	Soft Camel
│	Dry Flat	│	Soft Flat
●	Eraser Diffuse	●	Soft Runny Wash
●	Eraser Dry	○	Splatter Water
●	Eraser Grainy	✱	Sponge Grainy Wet
●	Eraser Salt	✱	Sponge Wet
●	Eraser Wet	●	Wash Bristle
●	Fine Bristle	●	Wash Camel
●	Fine Camel	│	Wash Flat
│	Fine Flat	│	Wash Pointed Flat
—	Fine Palette Knife	│	Watery Glazing Flat
●	Grainy Wash Bristle	●	Watery Glazing Round
●	Grainy Wash Camel	│	Watery Pointed Flat
│	Grainy Wash Flat	●	Watery Soft Bristle
●	Runny Airbrush	●	Wet Bristle
●	Runny Wash Bristle	●	Wet Camel
●	Runny Wash Camel	│	Wet Flat
│	Runny Wash Flat	│	Wet Wash Flat

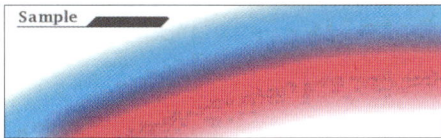
Bleach Runny

Diffuse Bristle

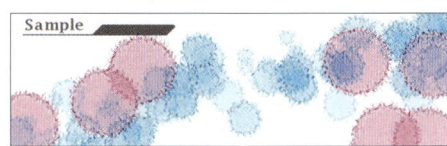
Bleach Splatter

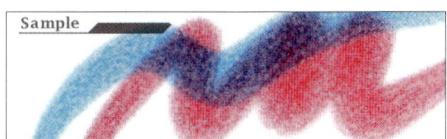
Diffuse Camel

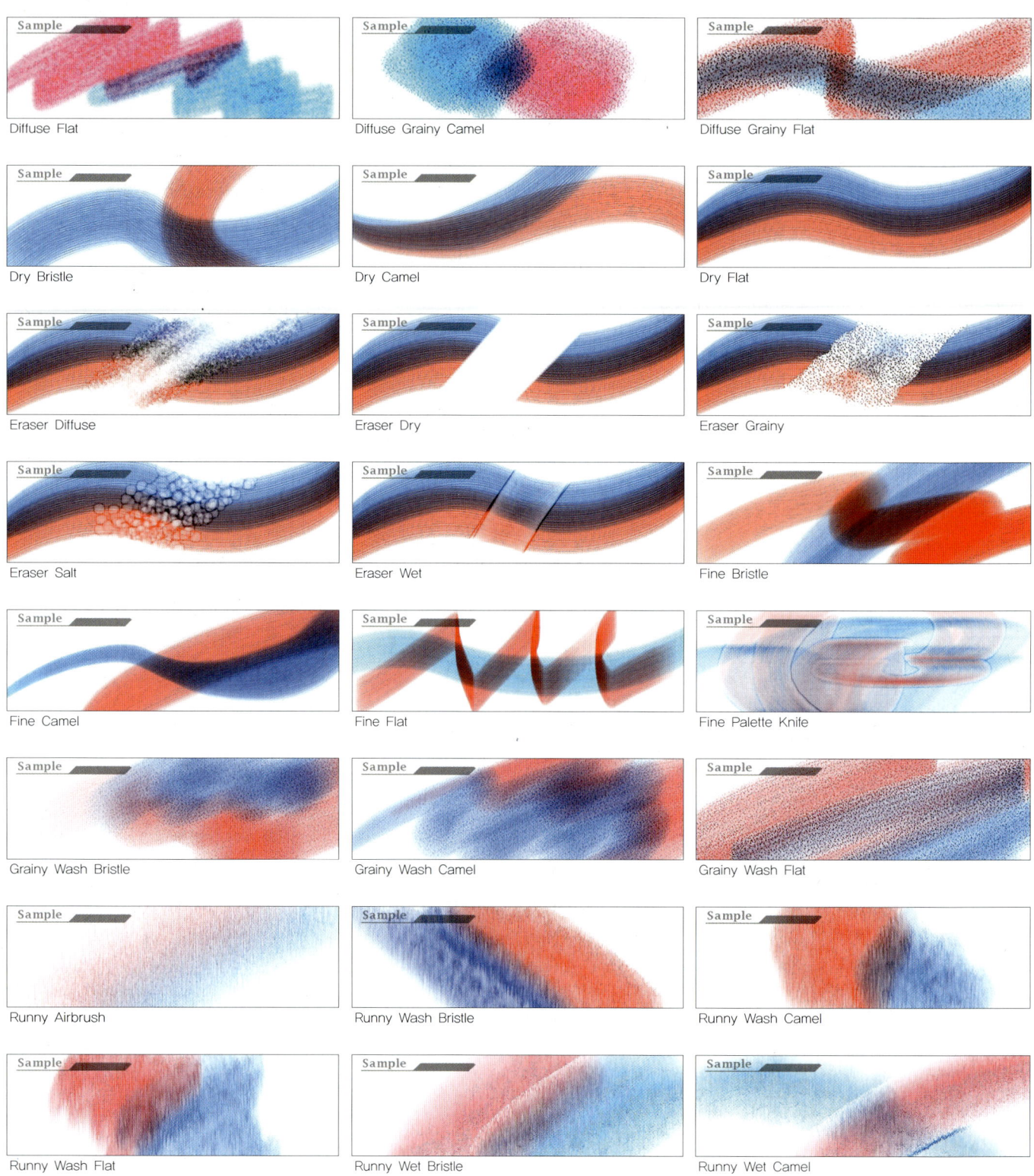

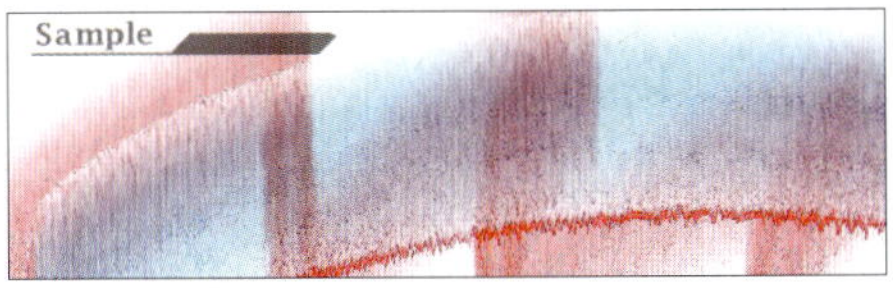

125

Runny Wet Flat	Simple Round Wash	Smooth Runny Bristle
Smooth Runny Camel	Smooth Runny Flat	Soft Bristle
Soft Camel	Soft Flat	Soft Runny Wash
Splatter Water	Sponge Grainy Wet	Sponge Wet
Wash Bristle	Wash Camel	Wash Flat
Wash Pointed Flat	Watery Glazing Flat	Watery Glazing Round
Watery Pointed Flat	Watery Soft Bristle	Wet Bristle
Wet Camel	Wet Flat	Wet Wash Flat

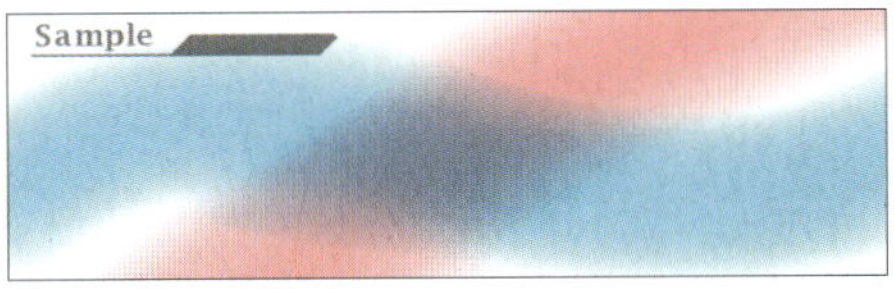

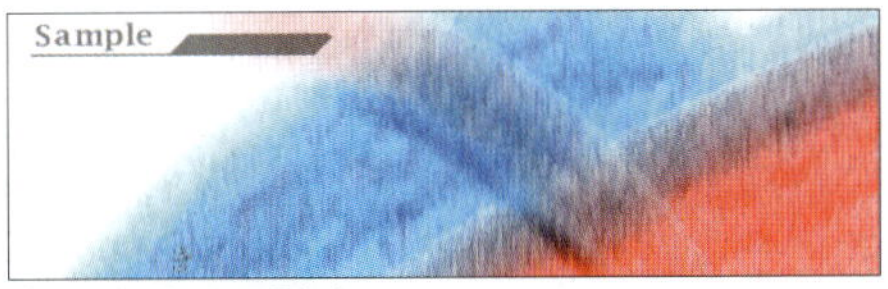

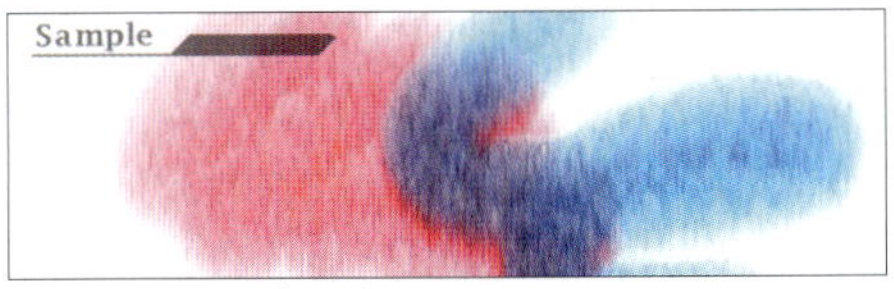

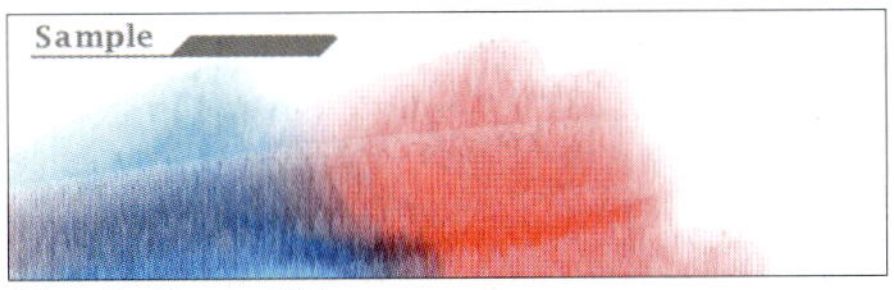

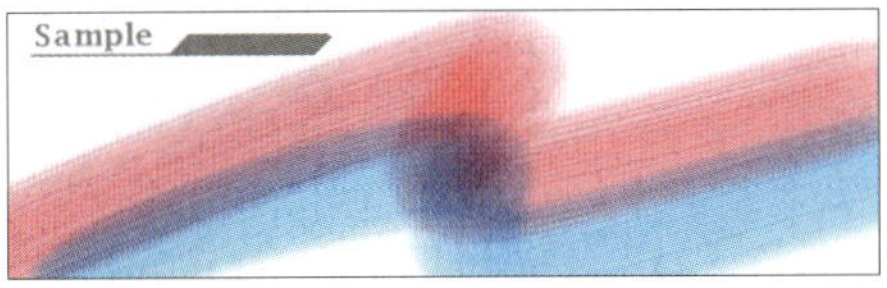

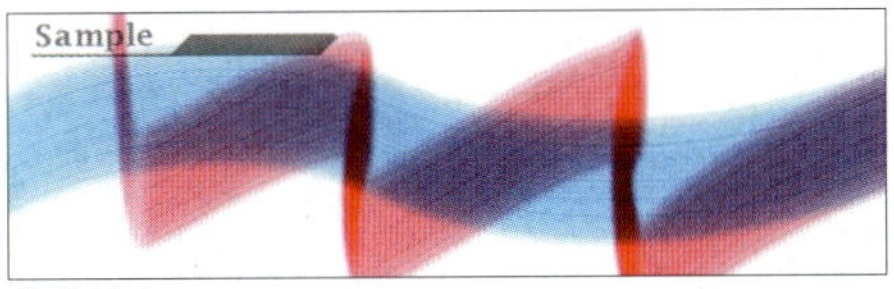

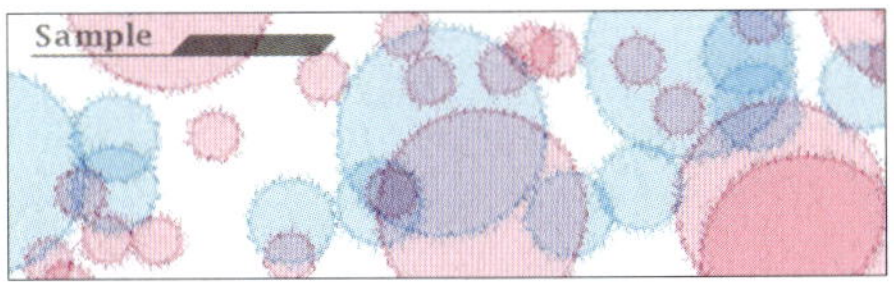

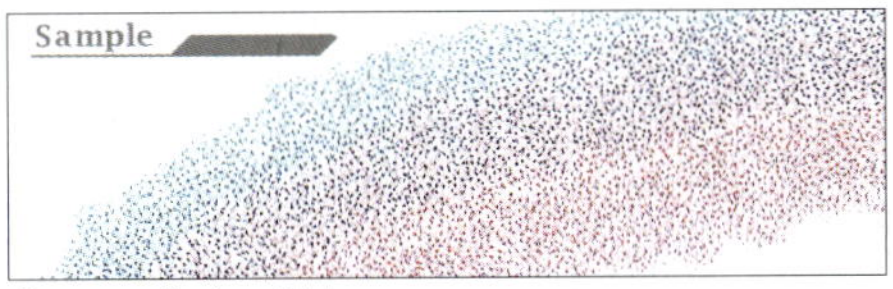

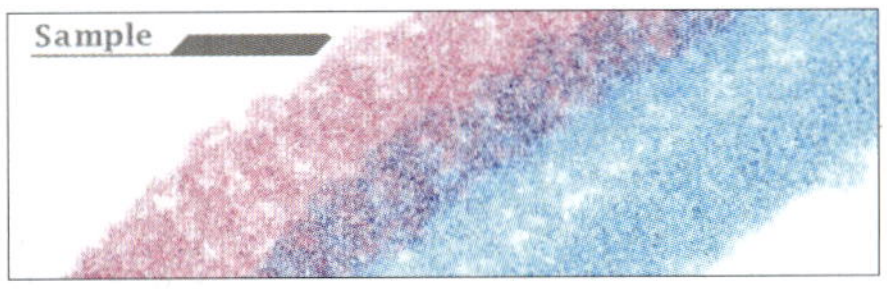

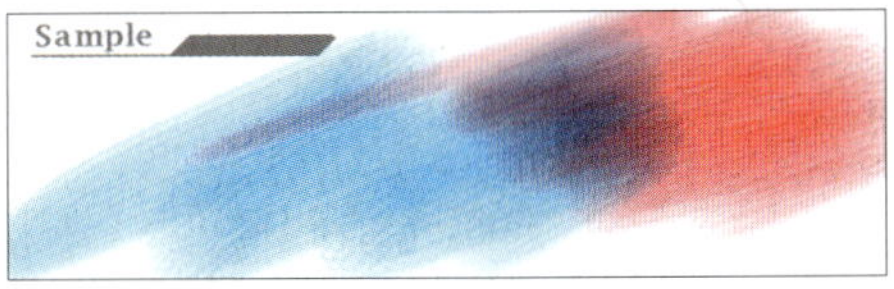

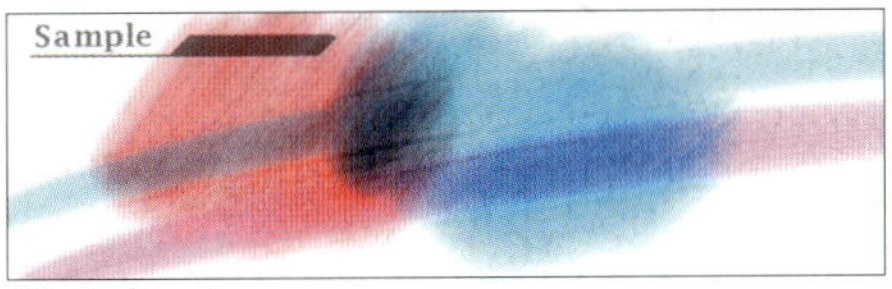

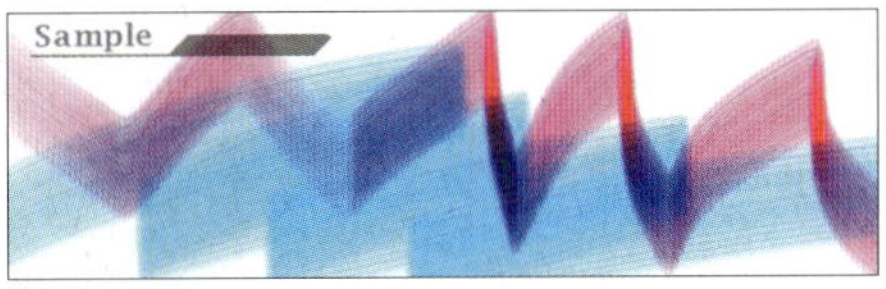

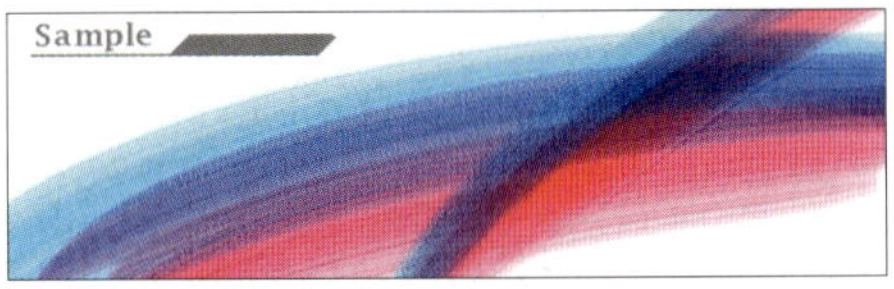

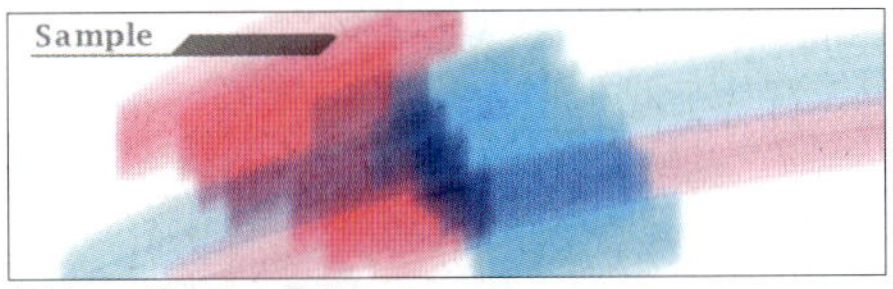

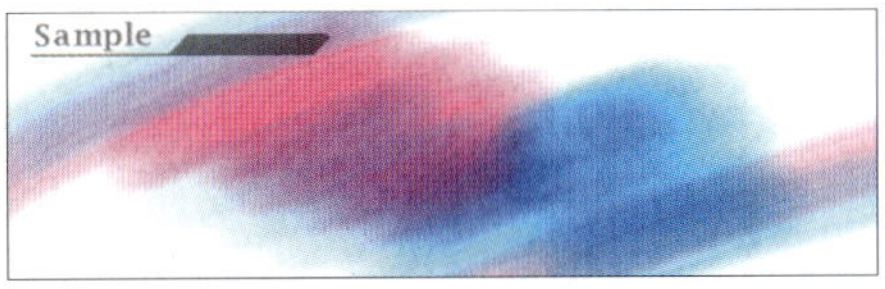

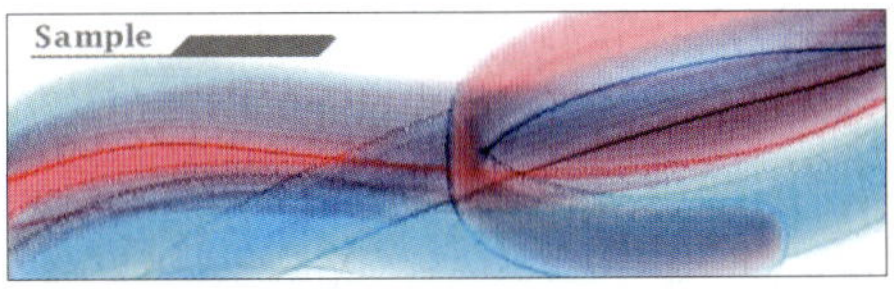

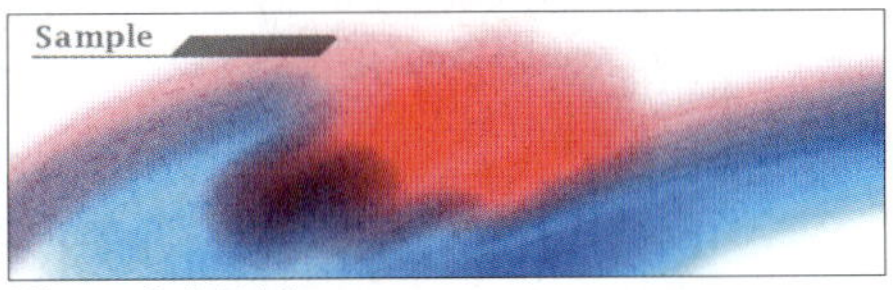

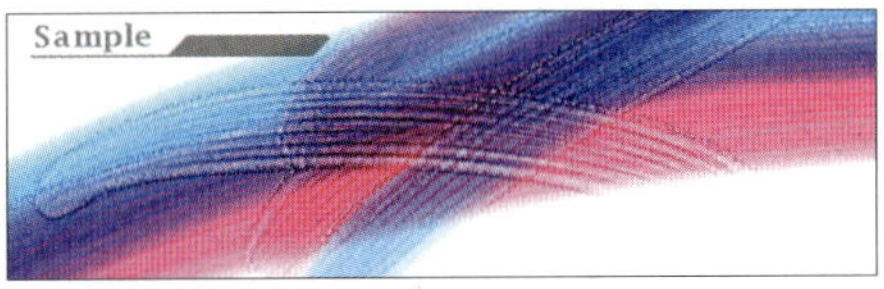

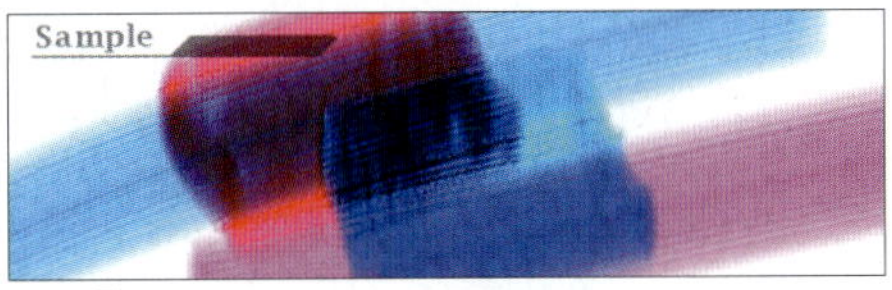

Alias of Anti Picture

Icon Anniversary

2007 / Commemoration of ICON Magazine(CGLand) / Painter 6 / 2427*3200 Pixel

Boxer
2004 / Private Work / Photoshop 7.0, Painter 6 / 3341*4500 Pixel

Rest
2006 / PSP RPG GAME 'Dragoneer's Aria' (NIS Japan) / Photoshop CS / 5232*7500 Pixel

Virtua Fighter 4 Final Tuned
2004 / Arcade Game Poster (SEGA) / Photoshop 7.0 / 5369*7500 Pixel

CHAPTER 02

Tutorial
How To Work Of JUNO

Basic Class | 스케치와 색상 팔레트 　　　　　　　　　　　　　　　132
Painting Works | 프로그램의 기본 툴을 사용한 컬러링 작업　　　　168
Correction Works | 프로그램의 각종 보정 기능 및 텍스처 제작　　236
Texture Works | 일러스트레이션 작업을 위한 텍스처 제작 및 활용　260

STEP 01

Tutorial
How To Work Of JUNO

Basic Class

스케치와 색상 팔레트

페인터로 스케치 하기
134

포토샵으로 스케치 얻기(채널을 이용한 선화 추출)
146

색(色) : 컬러 팔레트 운용 가이드
156

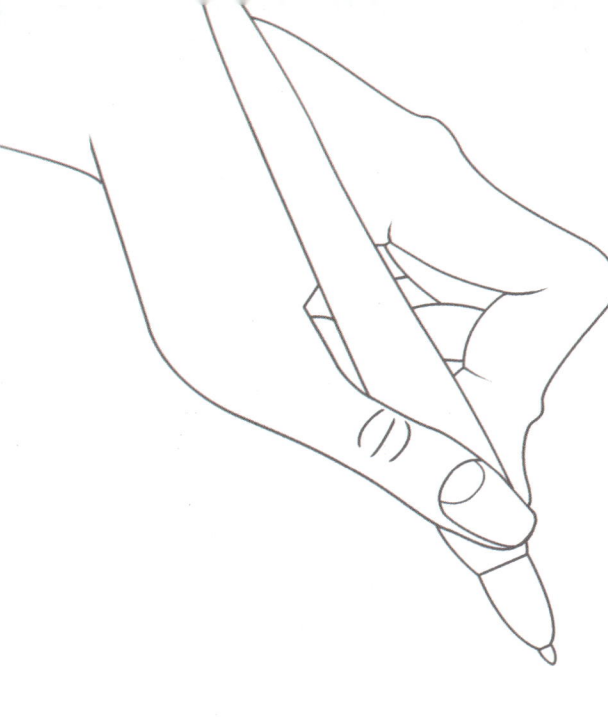

질감 표현이라는 주제 안에서 텍스처 활용이라는 부분을 다루도록 한다. 텍스처(Texture)라 함은 직물 쪽에서 유래한 말로 '직물을 짜다', '무늬를 짜 넣다'라는 뜻으로 조직이나 구성의 짜임새 등의 의미를 가지고 있고, 미술학에서는 질감이나 색조의 묘사에 관련된 표현으로 쓰인다.

최근 출판 미디어나 마케팅 매체에서 고품질 Rendered(랜더러드) 3D 이미지들이 상업용 홍보 목적이나 아트 포트폴리오로서 등장하기 시작하면서 상대적으로 경쟁력을 위하여 2D 분야에도 적극적으로 응용된 현상으로 이해하고 있다.

지금부터 다루게 될 소위 텍스처라이징(Texturizing) 기법은 미술가들 사이에서는 그 활용을 놓고 아직도 호불호가 나뉘며 갑론을박 논란이 많다. 어떤 복잡한 문양이나 재질이라도 그 표현을 위하여 여러 화구와 기법을 개척하고 특화시켜 온 수작업 방식의 아티스트들에게 있어서 디지털 텍스처 기법은 아무래도 편법처럼 여겨지기 마련인데, 필자의 경우는 텍스처 기법을 받아들이는 감상이나 의미를 떠나서 먼저 기술적인 부분만 생각할 때 사전에 충분히 당부하고 싶은 내용이 있다.

디지털 텍스처 기법의 시작에 가까운 3D 업계에서도 그려진 텍스처가 베이스가 되는 논 셰이딩(Non Shading)의 로폴(Low Polygon) 플랫폼과 실사 소스를 주로 활용하는 고품질 하이폴(High Polygon)의 고급 셰이딩 베이스의 플랫폼으로 구분할 수 있는데, 이러한 구분은 2D 아티스트들에게 있어서도 작업 환경이나 목적, 작풍에 따라 '그려진 텍스처'와 '실사(實寫) 재질 텍스처'의 적절한 선택을 필요로 하게 한다. 고밀도 표현을 위하여 텍스처를 활용하지만 2D 작업 중에서 일러스트레이션 작업을 전제로 하는 사용자에게 유효한 텍스처 소스는 아무래도 너무 사실적이거나 기계적인 이미지일 경우 그 의도에 부합하기 힘들 것이다.

따라서 이하 다루게 될 텍스처 소스의 제작도 사전의 브러시를 활용하여 질감 표현을 했듯이 그 연장선상에서 되도록 그려 낸 소스를 기초로 하여 페인팅과의 위화감을 최소화하려는 노력을 할 것이다. 여기서 중요한 것은 아무리 적절한 텍스처 소스를 활용했다 하더라도 과유불급(過猶不及)이라 하듯 자신의 화풍에 적절하지 못한 남발은 오히려 밀도 분배의 실패나 감성 유실로 인하여 원작을 망치는 사족이 될 것이다.

이 점을 절대 가볍게 여기지 말기를 바라며, 무엇보다도 사용자의 미술학적인 지식과 기본기 등이 밑받침되어야 하므로 조심스럽게 접근하도록 하자.

페인터로 스케치하기

새로운 캔버스를 New로 생성한다. 사이즈는 3,000×4,416 정도로 비율은 A4 세로로 맞춰서 너무 무겁지 않은 정도의 크기로 설정하였다.[1]

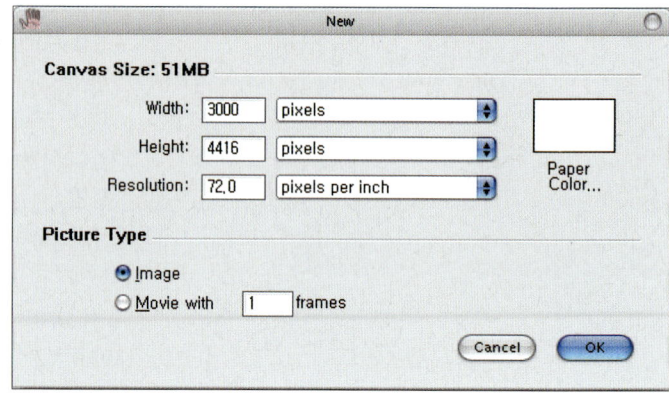

1

필자가 러프 스케치 시 애용하는 화구는 Chalk나 Pastel의 기본 속성 배리언트 계열이다. 종이 표면이 거칠게 느껴지는 질감을 좋아하기 때문이다.[2]

2

초크 계열의 브러시가 다루기에 약간 둔탁하거나 까다로운 느낌이라면 연필(Pencil) 계열 브러시의 Grainy Cover Pencil이나 Sketching Pencil, Thick n Thin Pencil을 추천한다. 표면 질감의 영향도 잘 받는데다가 초크 계열보다는 좀 더 예리하게 다룰 수 있다.[3]

3

정준호의 비주얼 일러스트레이션 제작노트

Pastel의 Round Soft Pastel 배리언트를 선택하여 일단 손이 가는 대로 얼굴부터 데생을 시작해 본다. 자주 만져 주어야 하는 관리 메뉴들은 시야의 범위와 편한 동선을 고려하여 일목요연하게 정리된 배치를 권한다. 기준이 되는 버텍스를 잡고 이목구비의 궤도를 그어주는 전형적인 방법으로 접근한다.[4]

4

5

아무 계획 없이 나온 이목구비이다.[5]

Alias of Anti Picture

머리를 기준으로 느낌 가는 대로 신체의 동선도 잡아 보았다. 카메라로는 살짝 올려 찍은 앵글로, 건방지게 걸터앉은 정도의 이미지라 할 수 있겠다. 이렇게 가기로 결정하고 정리 묘사로 들어간다.[1]

손 습관으로 나온 샤기 헤어가 마음에 들지 않아 드레드 스타일로 수정했다. 불필요한 잔선은 지워 나가면서 근육의 모양이나 양감을 위한 음영을 추가해 나간다.[2]

코스튬에 대한 러프 제안과 동세의 구체화 작업이 이루어지고 있다. 어차피 불필요한 부분은 지워 낼 테니 과감히 겹선을 치면서 구상해 나간다.[3]

1

2　　　　　　　　　　　3

정준호의 비주얼 일러스트레이션 제작노트

4   5

6   7

어떻게 해도 어깨 동선과 손의 위치가 탐탁지 않아 여러 차례 수정을 하고 있다. 확정된 부분은 오며 가며 조금씩 디테일을 배분한다.[4]

최종에 이른 스케치이다. 배경은 이미지를 아직 구체화하지 않았으므로 투시 보조선만을 그었다. 먹 작업과 머리카락 등 일부 악센트 터치는 Sumi-e의 Thick Blossom Sumi-e로 마무리한다.[5]

일반적인 기초 투시법과 인체 그리드에 따른 접근과 크게 다르지 않다.[6][7]

Alias of Anti Picture

| Tip

직선 긋기
스케치나 컬러링 시 불가피하게 직선을 그어야 할 때가 있다.

상단 Property Bar의 표시된 부분을 통하여 자유곡선과 직선 잇기를 선택할 수 있다.

 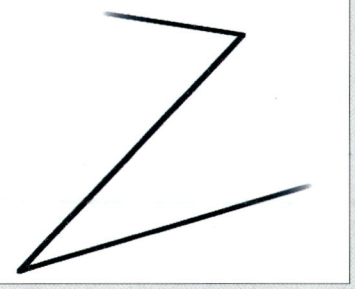

자유 곡선 모드와 직선 잇기 모드

단축키 B & V 에 각각 대응되므로 작업 간에 신속한 전환이 가능하다. 또한 정각 8방향에 대해서는(0, 90, 180) Shift 키와 함께 눌러 주면 자유 곡선 상태에서도 직선을 그을 수 있다.
포토샵에서도 Shift 키를 함께 눌러 주고 시작점과 끝 점을 찍어주면 그 사이 구간을 직선으로 이어 준다. 이를 참고하여 적절히 활용할 수 있도록 한다.
필압에 따라 스트로크 굵기의 시작과 끝이 달라진다. 적절히 활용하면 오히려 더 자연스러운 직선을 얻을 수 있다.

내친 김에 전신 캐릭터 스케치를 하나 더 해 보도록 한다.

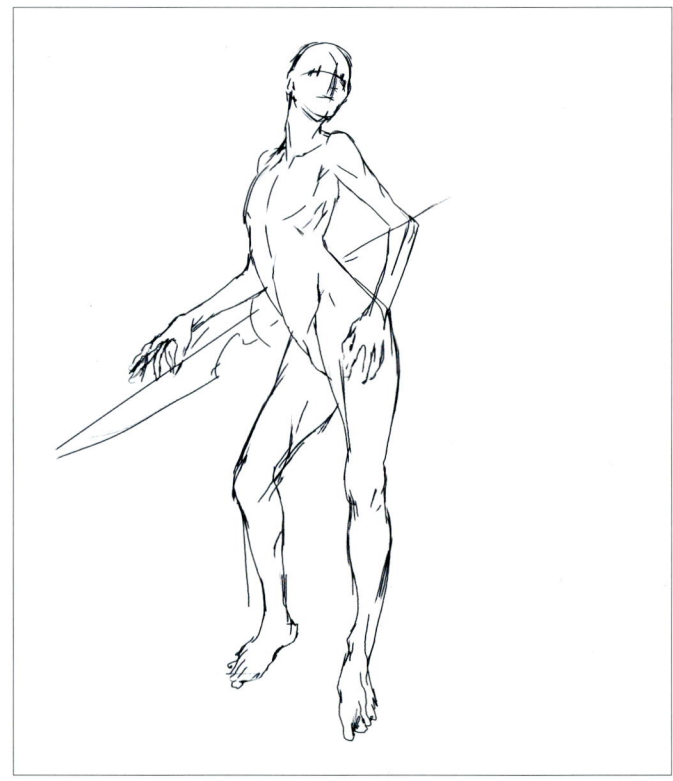

정준호의 비주얼 일러스트레이션 제작노트

코스튬이나 헤어, 액세서리 일체를 배제한 기본 동세를 크로키 느낌으로 러프하게 잡아 보았다. 필자가 이번에 사용한 브러시는 Pencil의 Thick n Thin으로, Pencil은 대개 배리언트 속성 차이가 크진 않으나 사용자의 취향에 따라 Pastel처럼 표면이 거친 것이나 Pen처럼 날카로운 느낌을 가진 것 중 사용하기 수월한 것을 선택하도록 한다. 참고 그림은 순서대로 Grainy Cover Pencil, Sketching Pencil이다.

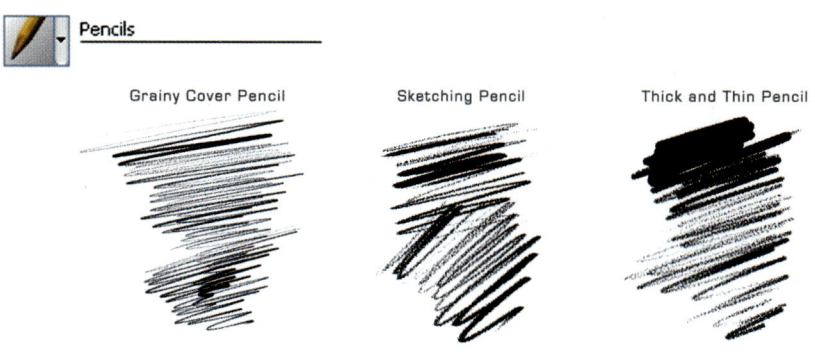

투시를 위한 퍼스펙티브 그리드와 동세, 인체를 위한 본(뼈대) 그리드를 참고한다.

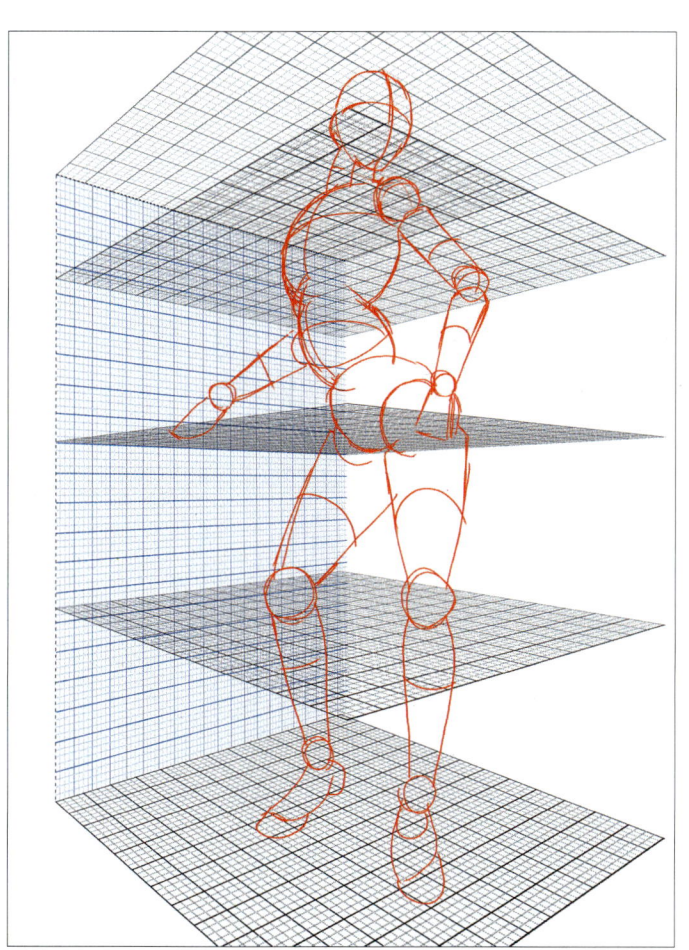

Alias of Anti Picture

묘사를 거친 전신이다. 일반적인 과정에서는 의상이나 헤어스타일 및 장식물에 따른 셰이프 등이 동시에 진행되지만 인체 골격과 근육의 접근을 보여 주기 위하여 나체 상태를 먼저 작업하였다. 전반적인 근육의 흐름을 보이기 위해 남성의 상체를 묘사했지만 종국에는 여성 캐릭터로 그릴 생각이므로 프로포션(동세)이나 데포르메를 의식하여 실제 인체보다 비대한 하체가 되었다.

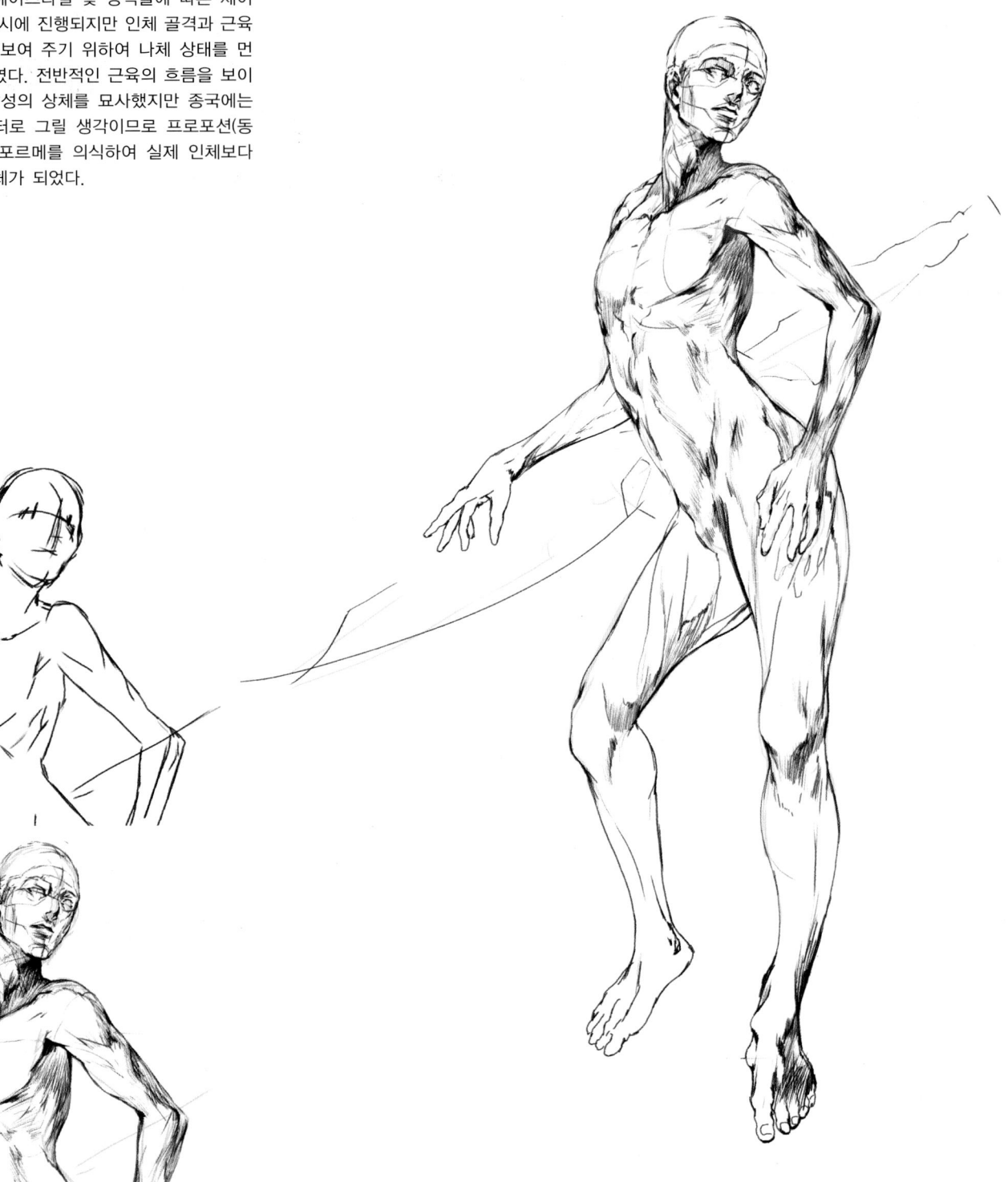

정준호의 비주얼 일러스트레이션 제작노트

캐릭터 전신 일러스트의 기초 작업의 경우 필자가 중요하게 여기는 주안점을 짚어 보겠다.

먼저 캐릭터의 동선(動線)을 만든다. 이것은 어느 작업에서든 가장 우선적으로 적용되는 요소로서, 화면에 남기게 되는 여백을 같이 고려하며 화면을 분할하는 축들의 흐름을 설정한다. 참고 그림의 경우 붉은 궤적이 캐릭터의 주(主) 동선을 구성하고 있고 푸른 궤적은 인체의 밸런스를 만드는 지지선(支持線)의 역할을, 그리고 녹색 궤적은 아이템을 활용하여 수직으로 일관된 화면의 심심함을 분할하고 꾸미는 역할을 하고 있다.

그리고 캐릭터의 포즈가 스탠딩이므로 별다른 배경 묘사가 없더라도 보는 사람은 가상의 지면을 상상하게 되는데, 이 가상의 공간이 회색 그리드가 될 것이다.

주황색 그리드의 밖으로 남게 되는 여백도 그림의 일부라는 것을 놓치면 안 된다. 미술 학도라면 흔하게 들어 봤을 화면 분할의 미학을 숙고하여 적절한 레이아웃을 잡아 낸다.

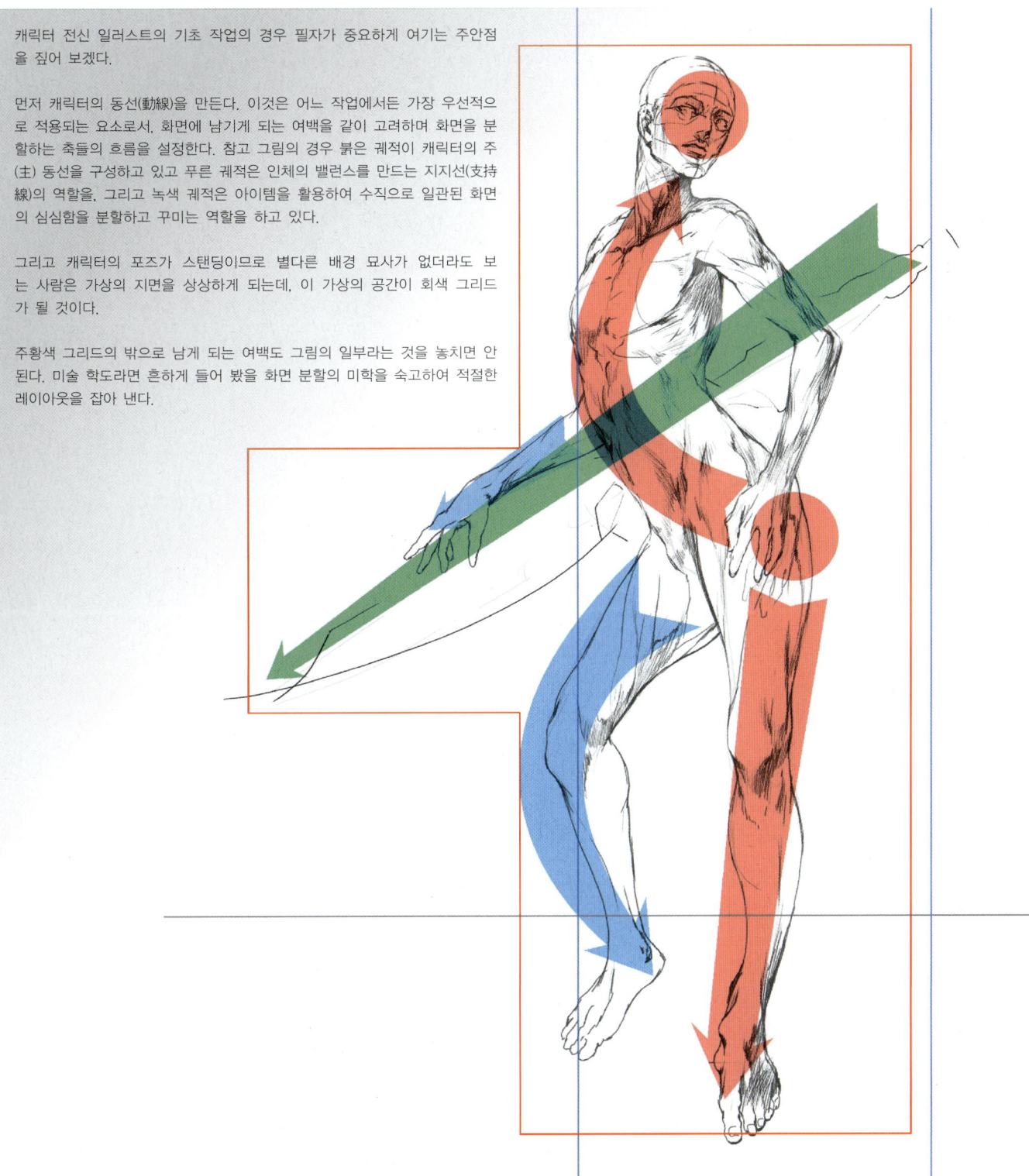

Alias of Anti Picture

기초 설정이 확고히 되었다면 복장과 액세서리, 아이템 등을 입혀 나간다. 기준이 되어줄 그리드 작업이 선행되었으므로 대입시켜 나가는 방법으로 접근하면 별다른 어려움이 없을 것이다. 그러나 사실 그림을 그리는 데 소요되는 시간보다는 디자인을 위한 고민에 더 많은 시간과 노력이 투자된다는 것을 생각하면 아무리 작업 자체에 능숙해져도 간단한 일은 아니다(실제 작업에서는 동세 설정과 복장 디자인이 동시에 진행되겠지만 의도적으로 과정을 분리했음을 참고한다).

이목구비 역시 마찬가지로 안면 골격을 기초로 하되 보다 만화적인 코드로 부가 해석하며 묘사해 나간다. 머리카락의 볼륨과 형태도 전체 동선과의 조화를 생각하면서 같이 구성해 나간다.

Alias of Anti Picture

정리가 완료된 스케치이다. 컬러링 작업을 고려하여 불필요한 명암선이나 겹선, 양감을 위한 꾸밈 묘사들은 되도록 지워 내서 결과적으로 연필 스케치라기보다는 펜선 스케치 이미지에 가까운 느낌이 되었다.

Tip

브러시의 정밀한 스트로크나 잔선 스크래치를 지속하게 될 때, 작업자는 의도했던 것 보다 미묘한 부족함에서 오는 스트레스를 느낄 때가 종종 발생한다.

이럴 경우 해당 브러시에 전면적인 커스텀을 가하지 않더라도 태블릿 설정 관리에서 필압의 감도 수치를 조정해 주거나, 브러시의 속성 관리 메뉴 중 General > Method 항목에서 브러시의 기본 속성은 그대로 유지하되 하위의 Subcategory에서 보조 속성을 소프트나 하드 계열 등으로 변경시켜 줄 수 있다.

사소한 부분이겠지만 신경 써서 활용하여 번거롭지 않고 보다 쾌적한 스트로크 환경을 만들 수 있다.

정준호의 비주얼 일러스트레이션 제작노트

Tip

컬러링 시에도 유사하게 응용되는 기법이지만 스펀지나 파스텔 계열의 브러시를 사용하여 특수한 질감 표현이나 웨더링을 간편하게 스케치에 더할 수 있으니 적절히 활용하도록 하자.

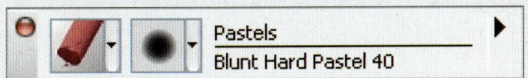

Pastels 브러시의 Blunt Hard Pastel 배리언트를 선택한다.

종이 질감 옵션 창에서 텍스처의 임의의 크기를 조절해 주고 대비와 명도를 높여서 적용하면 보다 효과적이다.

가슴 플레이트 부분의 웨더링 효과를 적용하기 전과 후의 이미지이다.

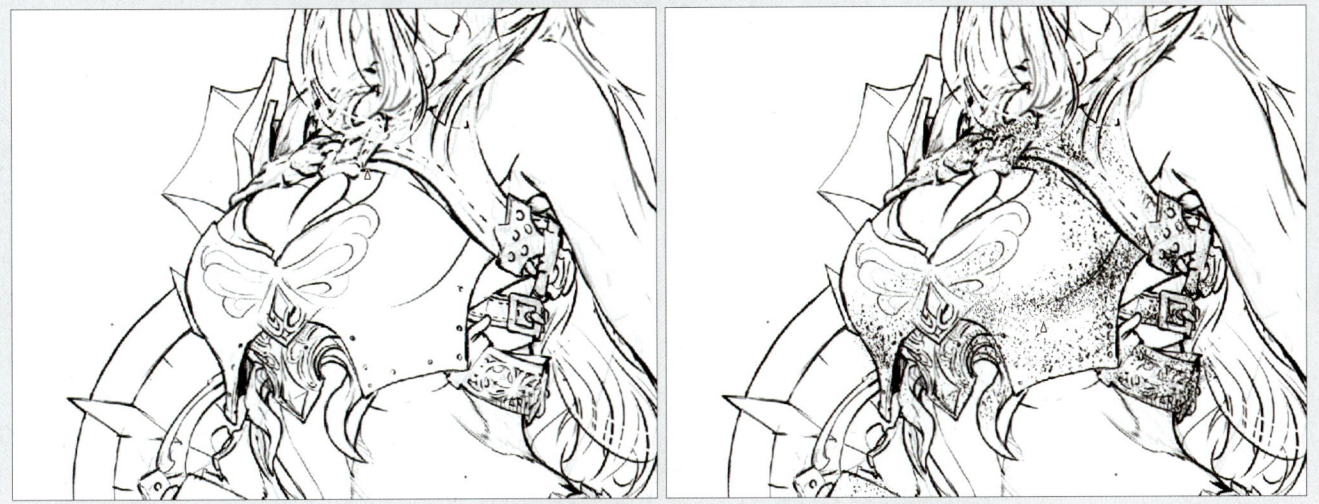

Alias of Anti Picture

포토샵으로 스케치 얻기(채널을 이용한 선화 추출)

사전에 언급했듯이 포토샵은 페인터와 비교하여 상대적으로 복잡한 속성의 영향을 받지 않으며 브러시의 두드림 형태에 근거하는 배리에이션이 대부분이다. 그러므로 스케치를 그리는 과정 자체는 앞의 과정과 크게 다르지 않다. 따라서 포토샵 편에서는 스캐닝된 수작업 이미지나 단일 레이어상에서 그려진 이미지에서 선화를 따로 분리하는 방법을 기술적으로 소개해 보겠다.

선화(線畵) 스케치

먼저 수작업의 스케치를 준비한다.

필자의 경우는 스케치 작업 시 수작업을 선호하는 편이다. 따로 전문적인 스케치용 화구를 사용하기보다는 일반 사무용 건습지와 보통의 HB 샤프를 즐겨 사용한다. 특별한 이유가 있는 것은 아니며, 사전에 너무 공들인 작업보다는 별 기대 없이 편하게 그린 쪽이 더 마음에 드는 결과물을 만드는 징크스는 누구라도 종종 있지 않은가. 언제 어디서나 편하게 구할 수 있는 도구에 익숙해진 것인지도 모르겠다.

스캐닝

어떤 회사의 제품을 사용하느냐에 따라 스캐닝 프로그램 UI는 차이가 있겠지만 구성은 대부분 유사할 것이다. 최근 스캐너에는 사용자의 편의를 위하여 표준 수치의 오토 스캐닝이 많은데, 메뉴를 유심히 살펴보면 사용자 지정 항목을 발견할 수 있다. 펜화로 작업된 흑백 원고나 종이 질감이 반영된 연필 스케치의 경우 모두 마찬가지겠지만 일반 잡지나 사진의 스캔과는 목적이 엄연히 다르므로 사용자 지정 혹은 고급 모드로 환경을 최적화(커스텀)하여 운용하기를 바란다.

Tip

스캐닝 메뉴 주안점

- **이미지 형식** : 크게 컬러 사진이나 흑백 이미지 전용으로 분류할 수 있다. 스케치 스캔 시 흑백 이미지(Gray Scale)를 권장하는 이유는 우리 눈이 식별하는 것과 렌즈가 데이터를 이미지로 전환하면서 생기는 아주 미세한 왜곡에 대한 보완이다. 예를 들어 특정 부분의 색이 왜곡되면서 고유한 명도값을 잃게 되는 경우가 있을 수 있겠다. 물론 풀 컬러 일러스트레이션 작업을 위해서는 포토샵에서 이미지 모드를 RGB 등의 컬러 모드로 다시 변환해 주어야 하는 번거로움은 있다.

- **이미지 조정** : 스캐닝할 때 명도, 대비, 채도 등의 사용자의 의도에 맞춰 조정한다. 스캐닝된 이미지는 후에 포토샵을 통하여 충분히 보정이 가능하지만 특정 화구나 화풍의 경우 스캐닝 단계에서 유실이(잔선, 질감 자국) 발생할 수 있으므로 차후 보정과는 별개로 사전 조정을 통하여 정교한 이미지를 얻을 필요가 있다.

- **이미지 크기** : 스캔 완료된 이미지의 크기를 정하게 된다. 일반적으로 DPI 수치를 지정함으로써 원본 이미지와의 배율이 결정된다. %를 통하여 배율을 늘릴 수 있지만 작업물의 적정 해상도를 염두에 둔다면 DPI나 Pixel 수치를 그 기준으로 권한다.

<Chapter 1>의 해상도 설명부분을 참고한다(28p).

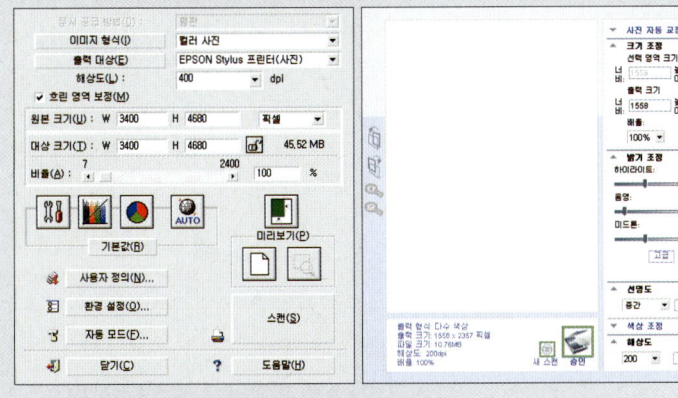

각기 다른 회사의 스캐너 관리 인터페이스 화면이다.

Alias of Anti Picture

포토샵에 호출된 스캔 완료된 이미지

선을 추출하기에 앞서 우선은 보다 깨끗한 이미지를 얻기 위한 보정이 필요하다. 포토샵의 대표적인 보정 기능에는 Brightness/Contrast, Level, Curve 등이 있으며, 선화(스케치) 보정 시 많이 활용하는 기능은 레벨이다.

Tip

레벨(Level)은 포토샵 색상정보의 기본으로 단축키 Ctrl+L로 불러들인다. 레벨에 대한 자세한 내용은 컬러링 작업 보정에서 다시 알아보기로 하고 지금은 흑백의 스케치 보정을 위한 정보만 살펴보자.

체크된 화살표 게이지를 이동함으로써 톤 조절이 가능하다. 화살표 A는 어두운 영역, 이를테면 쉐도우(암부)이고, 화살표 B 영역은 미드. 즉 중간 톤 영역, 그리고 C가 하이라이트인 밝은 부분으로 이해하면 된다.

D는 상위의 인풋 레벨이 아닌 아웃풋 레벨의 총괄적인 슬라이더로, 동일하게 쉐도우부터 하이라이트까지 수치를 조절한다.

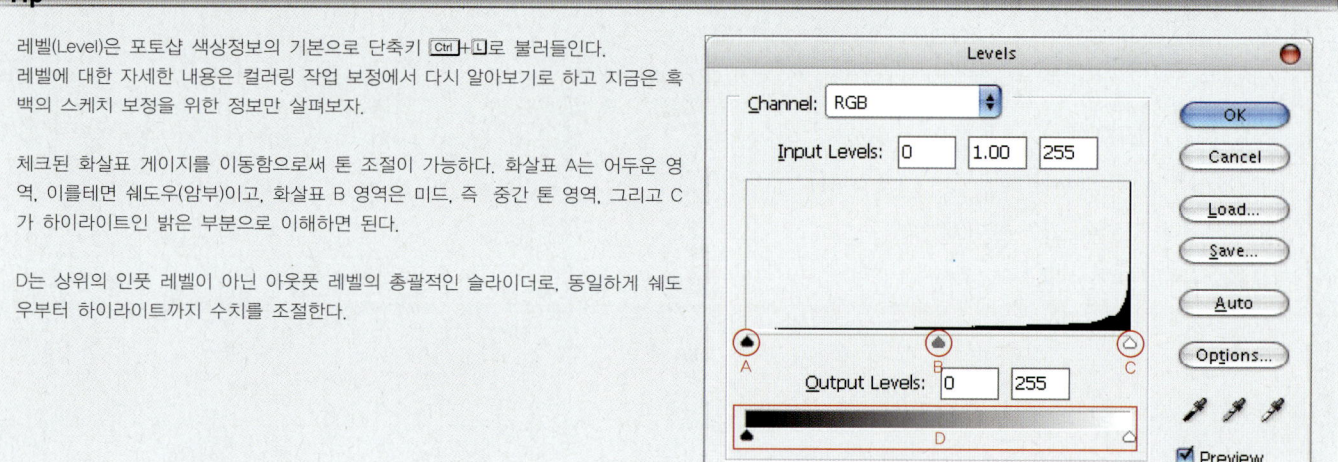

정준호의 비주얼 일러스트레이션 제작노트

Brightness/Contrast의 경우는 일괄적으로 명도/채도의 상대적인 비율을 수동적으로 적용시킬 수밖에 없지만 레벨은 색의 중간 영역에 대한 세밀한 설정도 가능하여 스케치 이미지의 보정에 아주 편리하다.

레벨 조정 전과 후의 비교

바로 스캔 받은 이미지는 아무래도 기기 자체의 먼지나 각종 환경적인 오염물이 불가피하게 따라오기 마련이다. 이런 부분은 번거롭지만 지우개나 캔버스의 색상으로 일일이 덧칠하거나 지워야 한다. 물론 의도적인 노이즈의 경우는 예외로 한다.

이미지가 깨끗하게 정리되었다면 선을 레이어로 분리해 보자. 가장 정석의 방법으로 알파 채널의 기능을 응용해 선을 데이터화하여 추출하는 방법을 소개할 것이다. 채널의 기초 개념은 Chapter 1의 이론 편을 참고한다.

먼저 캔버스를 전체 선택하고 복사(Copy)한다.

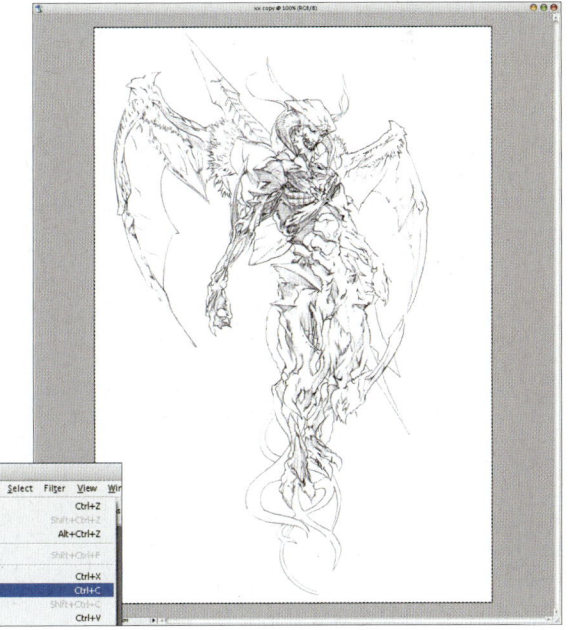

Tip
전체 선택(Select All) : Ctrl + A
복사하기(Copy) : Ctrl + C

Alias of Anti Picture

Channel 관리 창의 하단 메뉴에서 신규 채널을 생성한다(Create New Channel). 신규 채널 Alpha 1이 생성되면 레이어 캔버스가 아닌 신규 생성된 검은색 채널로 채워진다. 이 신규 채널 위에 복사했던 원본을 붙여 넣기(Paste) 한다.[4]

붙여 넣은 원본 이미지를 반전(Invert)시킨다.

앞서 채널의 개념에서 설명하고 있지만 채널에서는 어두운 영역에 가까울수록 데이터(여기서는 그려진 부분)가 비어 있음을 뜻한다. 따라서 우리는 흰 바탕(캔버스)을 투명하게 비우고 선만을 데이터화할 의도이므로 채널상에서는 반전을 시키게 되는 것이다.

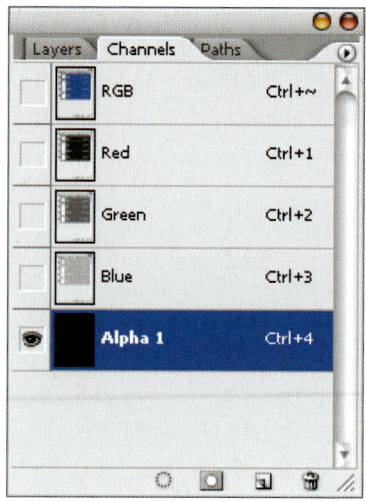

Tip
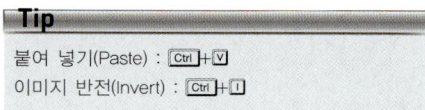

그림과 같이 되었음을 확인한다.

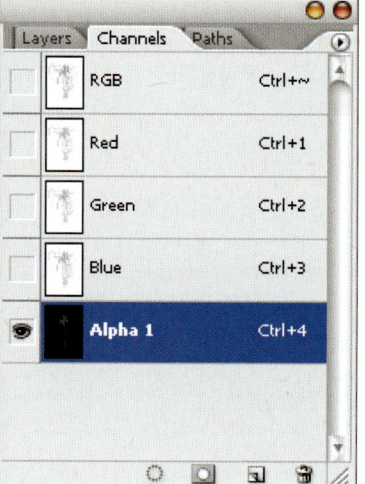

정준호의 비주얼 일러스트레이션 제작노트

이제 선 부분을 영역으로 선택해 보자. 영역 선택은 포토샵 메인 메뉴의 Select 메뉴를 열어 Load Selection 명령을 선택한다. 그림과 같이 명령 창이 나타난다. 해당 채널을 선택한 상태였으므로 신규 생성된 채널 Alpha 1이 선택되어 있다. OK 한다.

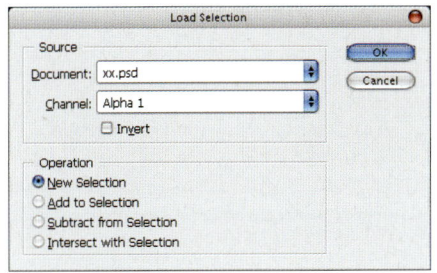

점멸하는 점선으로 영역이 선택되었음을 확인할 수 있다. 다시 레이어 관리 창으로 돌아가 보자.[1]
선택된 영역은 그대로 점멸하고 있음을 알 수 있다.[2]
이제 선만을 따로 띄울 새 레이어를 하나 생성시킨다. 신규로 Layer 1이 생성되었다.[3]

Alias of Anti Picture

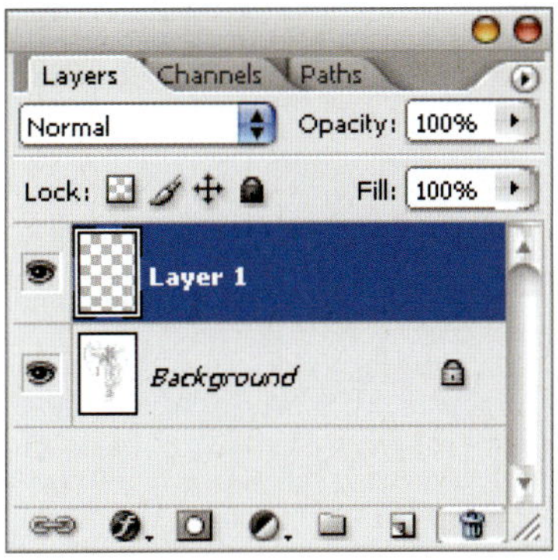

이제 선택된 영역에 색을 채워 넣는다(Fill). 디폴트는 지정되어 있는 전경색으로 칠해진다.

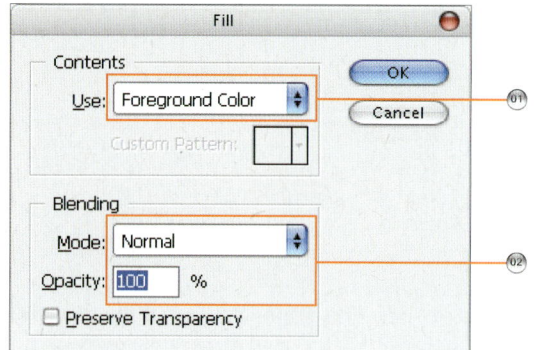

① 배경색이나 패턴 채우기 등도 선택 가능하다.
② 레이어의 색상 혼합 블랜딩 방식이나 투명도(Opacity) 등도 임의로 지정하여 채울 수 있다.

이제 선이 잘 구분되었는지 원본 레이어나 Background 레이어를 지워 본다. 레이어를 제거해도 좋고 하얀색으로 캔버스 전체를 밀어도 좋다. Background 레이어를 제거한 상태에서 확인해 보았다. 확실히 선들만 데이터화되어 분리되어 있음을 알 수 있다.

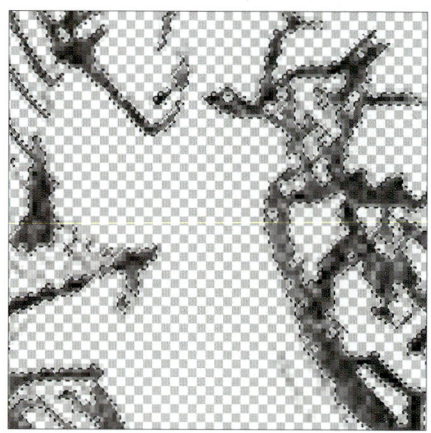

선이 잘 분리된 것을 확인하기 위하여 하위에 채색을 하며 재차 확인한다.

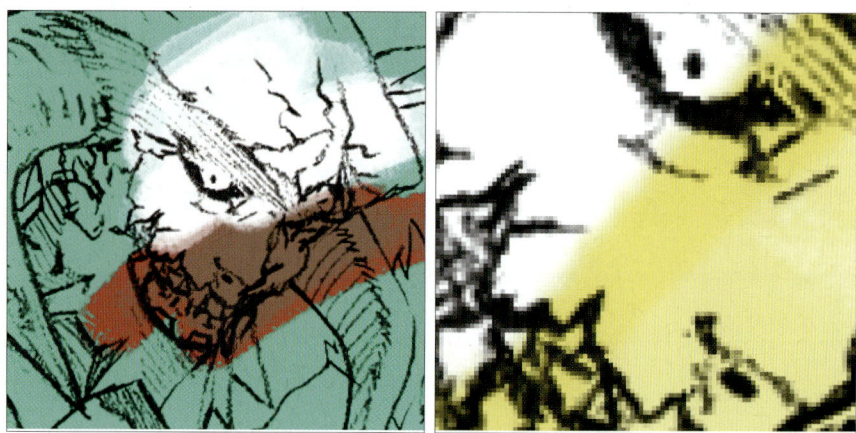

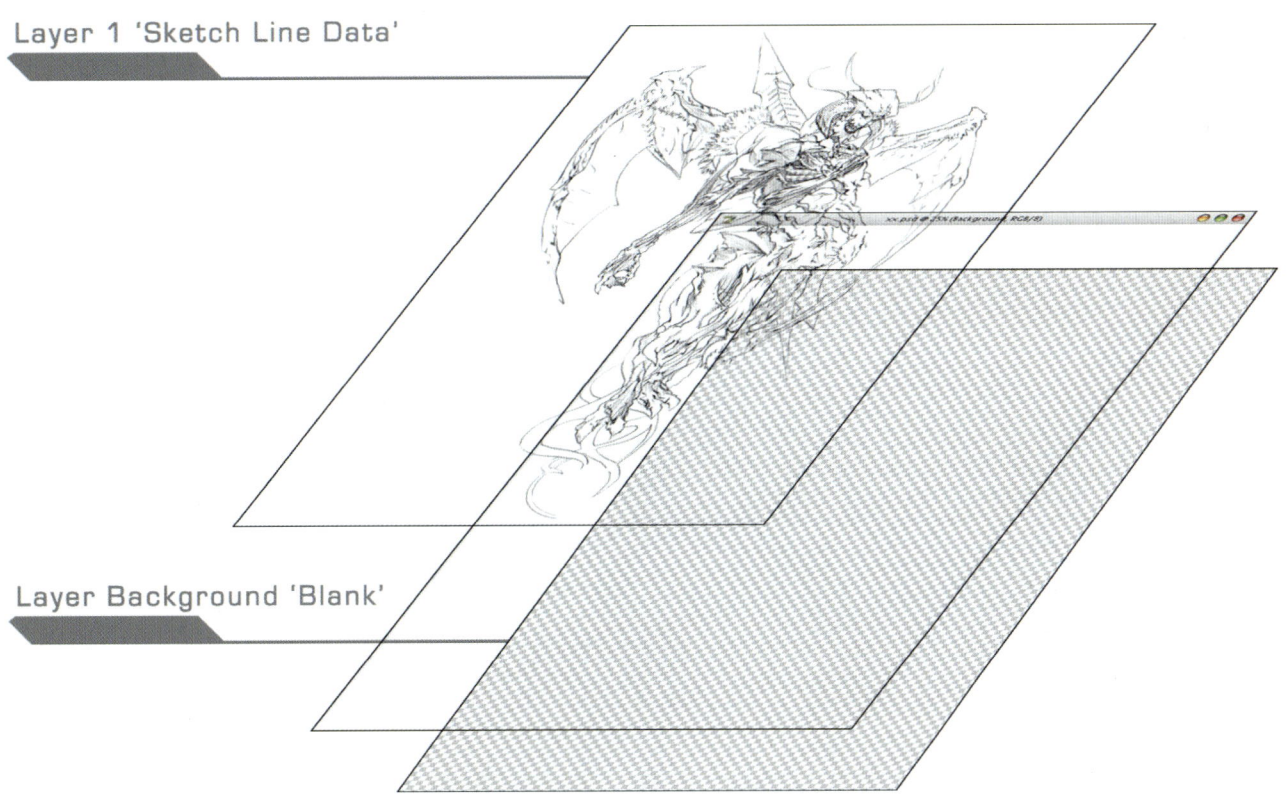

Layer 1 'Sketch Line Data'

Layer Background 'Blank'

Tip

본문의 Load Selection 명령을 좀 더 간편하게 운용하는 방법이 있다.
Layer, Channel, Paths는 Ctrl 키를 누른 상태에서 해당 레이어를 클릭함으로써, 해당 레이어상의 데이터만을 선택(Selection)할 수 있다.
다단의 레이어 작업을 할 때 상당히 요긴하게 활용할 수 있으며, 채널 레이어는 물론 패스(Paths) 그리드를 관리하는 레이어에서도 동일하게 기능한다.

Alias of Anti Picture

선화의 분리가 완성된 스케치

정준호의 비주얼 일러스트레이션 제작노트

Tip

추천하지 않는 선 추출의 예

무엇보다 사용자가 불편 없이 사용하고 있다면 그것이 틀린 방법이라고 딱히 지적할 수는 없겠으나, 초보 사용자들에게 흔히 알려져 있는 비효율적인 2가지 방법을 지적해 본다.

1. 마술봉 툴(Magic Wand Tool) 사용

연필이나 파스텔과는 달리 경계가 날카로운 펜 터치 스케치의 선화를 추출할 때 원본상에서 바로 마술봉 툴로 허용 수치(Tolerance) 값을 조절하여 단순히 영역 선택만으로 선을 따는 사례가 있다. 이는 매우 적절하지 못한 방법으로, 그렇게 추출한 선화의 하위 레이어에 컬러링 작업을 해보면, 중간 톤을 가진 색상이 찌꺼기로 남아 후반 소모적인 사후 정리 작업이 발생하게 된다.

일일이 희게 남은 찌꺼기를 제거하거나, 뚫린 공간을 다시 덧칠해 줘야 하는 무모한 방법이다.

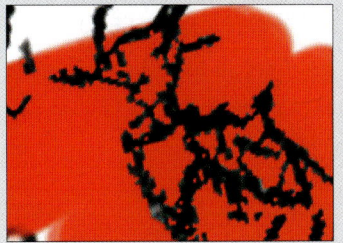

2 레이어 블랜딩 Multiply 속성을 활용

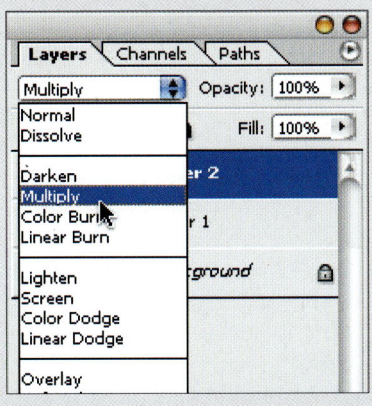

많은 사용자, 심지어 어느 정도 프로그램을 다뤄 본 경력이 있는 일러스트레이터에서도 종종 보이는 사례로서, 엄밀히 말하면 바른 방법은 아니다. 이를 먼저 알기 위해서는 Multiply라는 레이어 블랜딩 속성을 이해해야하는데, 레이어 관리 창에 있는 수많은 블랜딩 속성에 대해서는 이 후 해당 단락에서 총체적으로 다루기로 하겠다.

Multiply는 사전적으로 '곱하다', '증가하다' 등의 의미이다. 하위의 색상과의 혼합 관계에서 색상이 겹칠수록 진해지는 속성을 가지며 반대로 밝은 색상은 투과하는 성질을 가진다. 따라서 0, 0, 0의 완전한 백색의 경우는 투명도 0%의 효과가 되므로, 하위 레이어의 컬러링이 선화 밑으로 깨끗하게 겹쳐지는 효과를 볼 수가 있다.

이것은 엄밀하게 '선'을 배경으로부터 분리시킨 개념이 아니므로 한계가 발생한다. 가령 선의 색상을 의도적으로 밝게 만들 수 없다. 선이 밝아지면 배경과 마찬가지로 투명해져 가기 때문이다. 그리고 선화에 지정한 색상을 고유하게 유지하기도 힘들다. 하위에 깔린 컬러와 선이 겹쳐지면 선의 색상도 배수로 어두워져 버린다.

이러한 속성을 이해하고 있다면, 사용자가 편의를 위하여 활용하는 것은 자유재량이다. 필자도 작업 과정에서 선화 위에 색상을 덮게 되거나 파인 아트에 가까운 작업을 하게 될 때는 작업시간도 단축되고 무엇보다 간편하므로 이 방법을 활용하곤 한다.

이러한 원리를 미처 몰랐다면 이제 앞으로의 작업에 있어서는 적절한 방법을 체계적으로 익히도록 하자.

Alias of Anti Picture

색(色) : 컬러 팔레트 운용 가이드

스케치 작업이 완료되었다면 채색에 앞서 큰 고민을 하게 만드는 요소가 바로 색을 지정하고 배치하는 일일 것이다. 실제로 필자는 물론 지인 작가들도 성공적인 색 지정이 일러스트 완성도의 70% 이상을 차지한다고 말할 정도이다. 하지만 이상적인 색상 조합과 배치 판단은 스케치와 마찬가지로 아주 오랜 과정을 거쳐야 단련되는 것이며, 혹은 선천적으로 타고난 감각을 필요로 하는 부분이다.

색이란 것의 본질적인 역할과 철학은 따로 학문으로 분류시켜 연구되어 왔을 만큼 가볍게 얻을 수 있는 것이 아니다. 시중에는 색 분야에 대하여 체계적으로 접근한 다양한 참고 교재들이 있으니 찾아보면서 공부하기를 권한다. 그리고 무엇보다 스스로 열린 시야를 확보하고 지속적인 시도와 시행착오를 통하여 자신만의 정체성(Identity)을 담은 컬러 팔레트를 만들어 가야 할 것이다.

디지털 환경은 이토록 중요한 색의 선택과 혼합에 있어서도 수작업과는 비교할 수 없을 정도로 유리한 환경을 제공한다. 이번에는 각 프로그램에서 색 운용에 대한 관리 메뉴를 파악하도록 하자.

페인터의 컬러 팔레트

페인터의 컬러 팔레트 관리 창을 알아보자.

Colors : Standard Palette

페인터가 제공하는 기초 팔레트이다. 원형으로 이어져 있는 구간이 색조별 스펙트럼(Hue Ring)으로, 여기서 색상을 먼저 선택한다. Hue Ring에서 색조가 지정되면 해당 색상의 범위 안의 명도와 채도별 스펙트럼이 삼각형 구간에 표현된다. 이 삼각형 구간을 Saturation/Value Triangle이라 한다. 기본적으로 이 2가지 스펙트럼을 활용하여 사용자는 원하는 색을 지정하게 된다.

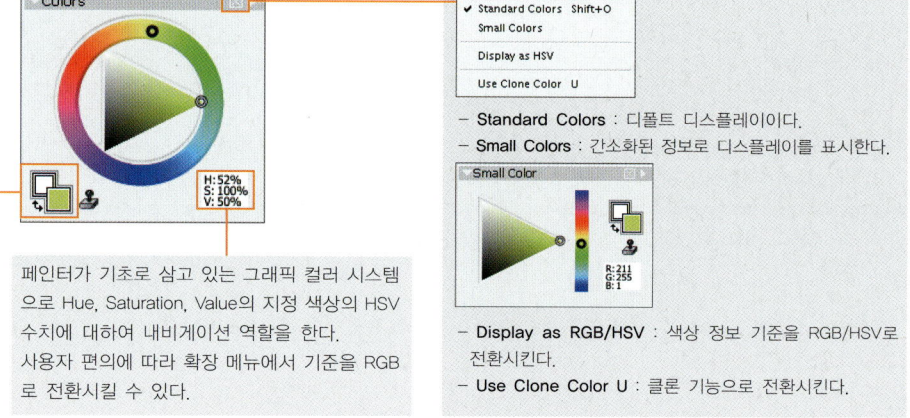

현재 지정된 전경색(Main Color)과 배경색(Additional Color)을 표시한다(툴 상자의 지정 색상 표시와 동일).
도장 모양의 버튼 아이콘은 클론(Clone) 기능 관련으로 생략한다.

페인터가 기초로 삼고 있는 그래픽 컬러 시스템으로 Hue, Saturation, Value의 지정 색상의 HSV 수치에 대하여 내비게이션 역할을 한다.
사용자 편의에 따라 확장 메뉴에서 기준을 RGB로 전환시킬 수 있다.

- **Standard Colors** : 디폴트 디스플레이이다.
- **Small Colors** : 간소화된 정보로 디스플레이를 표시한다.
- **Display as RGB/HSV** : 색상 정보 기준을 RGB/HSV로 전환시킨다.
- **Use Clone Color U** : 클론 기능으로 전환시킨다.

Color Mixer

아무래도 지정된 스펙트럼 가이드 안에서만 색을 찾는다는 것은 보다 회화적인 운용을 원하는 사람에게는 부족할 수 있다. 따라서 페인터에서 제공되는 색 지정 기능이 바로 이 Mixer이다. 문자 그대로 수작업 회화에서처럼 캔버스에 올려 보기 전에 팔레트에서 여러 계열의 색조를 조합해 볼 수 있다. 최신 버전에는 오일 계열의 화구에 대응하는 복합적인 색 정보를 선택할 수 있는 기능이 더해졌다.

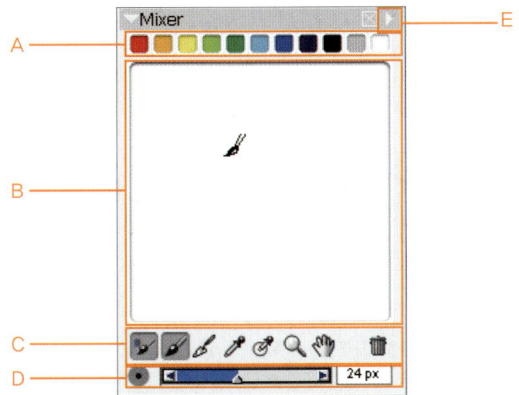

A 영역 : 편의성으로 제공되는 기본 색조 스펙트럼 시트이다.
B 영역 : Mixer Pallet, 블랜딩 작업을 하게 되는 캔버스 시트이다.
C 영역

(Dirty Brush Mode) : 체크해 두면 선택된 지정색이 블랜딩에 사용된 다른 도료들의 영향으로 오염된다. 같은 색상을 다시 지정해 주면 오염되기 전으로 돌아간다.

(Apply Color) : 지정색으로 블랜딩을 가한다.

(Mix Color) : 색을 더하지는 못하고, 팔레트 시트상의 색상들을 혼합하는 데 사용된다.

(Sample Color) : 스포이드, 시트상의 원하는 색을 추출해서 선택한다. 통상 컬러링 때처럼 Alt 키로 단축 활용이 가능하다.

(Sample Multiple Colors) : 범위 색상을 추출한다. 선택 색상 값을 단색이 아닌, 사용자가 운용한 색조들이 섞인 범위 안에서 다중으로 추출한다. Artists'Oils 처럼 한 획으로 다중 색상을 반영하는 화구를 운용할 때 의미가 있다.

: 필요할 때 팔레트 시트를 확대한다. Ctrl 키를 누른 상태에서 시트를 클릭하면 축소된다.

: 팔레트 시트 영역을 이동시킨다.

: 팔레트 시트를 초기 상태로 복구한다.

D 영역 (Change Brush Size) : 믹스 팔레트 시트의 블랜딩 브러시의 크기를 조절한다.
E 영역 : 컬러 세트(Color Set)를 추가하거나 갱신한다. 또 사용자가 작업해 둔 믹스 시트(Pad)를 저장하고 불러올 수 있다. 단축 아이콘으로 있는 Dirty Brush Mode의 설정이나 믹스 시트를 초기로 복구하는 명령어가 있다.

Alias of Anti Picture

Tip

컬러 믹스의 활용

컬러링 작업 중 현재 지정된 색상의 계열색상이나 혹은 임의의 주변 색상으로부터 연계되는 계열 색상을 찾고자 할 때 유용하다.

특히 화풍의 화구를 이용하는 경우는 단색의 색 정보만이 아니라 다계(多係)의 색 정보를 추출해 낼 수 있으므로 활용하기에 따라서 보다 풍부한 색 적용이 가능하다.

Color Set

컬러 정보를 인덱스로 제공하는 기능이다. 포토샵 경험자라면 포토샵의 컬러 인덱스를 연상하면 되겠다. 필자의 일러스트레이션 작업 방식은 포토샵이든 페인터든 인덱스 기능은 거의 활용하지 않으므로 생략하려 했으나, 사용자의 작업 목적에 따라서 중요할 수 있으므로 간단하게 설명해 보겠다.

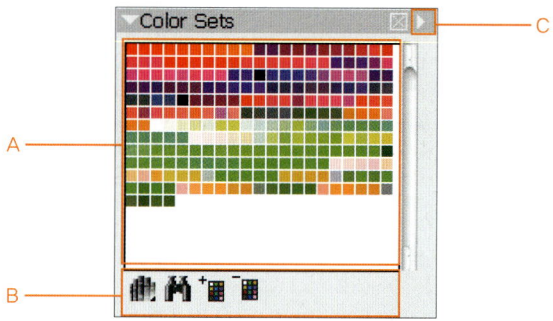

A 영역 : 색상표 인덱스 시트이다.
B 영역 : 도구 아이콘이다.

(Library Access) : 컬러 인덱스를 비우거나 각종 카테고리의 컬러 세트 인덱스를 호출 또는 더할 수 있다. 앞의 Mixer에 대응시킨 컬러 인덱스를 만들 수 있고, 사용자의 커스텀의 컬러 인덱스를 저장할 수 있다.

```
New Empty Color Set
New Color Set from Image
New Color Set from Layer
New Color Set from Selection
New Color Set from Mixer

Open Color Set...
Append Color Set...
Save Color Set...
```

(Search for Color) : 이름을 가지고 있거나 지정해 준 컬러를 이름으로 검색하거나, 인덱스 내의 지정색(Current Color)과 가장 가까운 색을 찾아 준다.

(Add/Delete Color) : 인덱스에 사용자 임의의 색상을 추가 및 제거한다.

C 영역 : 상단은 Library Access 아이콘과 동일한 기능들이다. 그 밑으로 인덱스의 그리드 추가 여부, 인덱스의 정렬 방식, 격자 크기 등의 디스플레이 설정 관련 명령어들이 있다.

Tip

일반 회화적인 컬러링 작업 시 스포이드 도구(페인터에서는 Eye Dropper)의 활용으로 기존 색상을 추적 추출하는 것은 충분하다고 생각하지만 웹 전용 작업이나 인쇄와 밀접한 특수 작업, 사용자의 취향 등 정확한 범위 인덱스나 색상 정보를 바탕으로 작업해야 하는 경우에는 적절히 활용할 수 있다.

포토샵의 컬러 팔레트

Color Picker

포토샵은 도구 상자의 전경색, 배경색을 클릭함으로써 메인 팔레트 제어 창이 활성화된다.

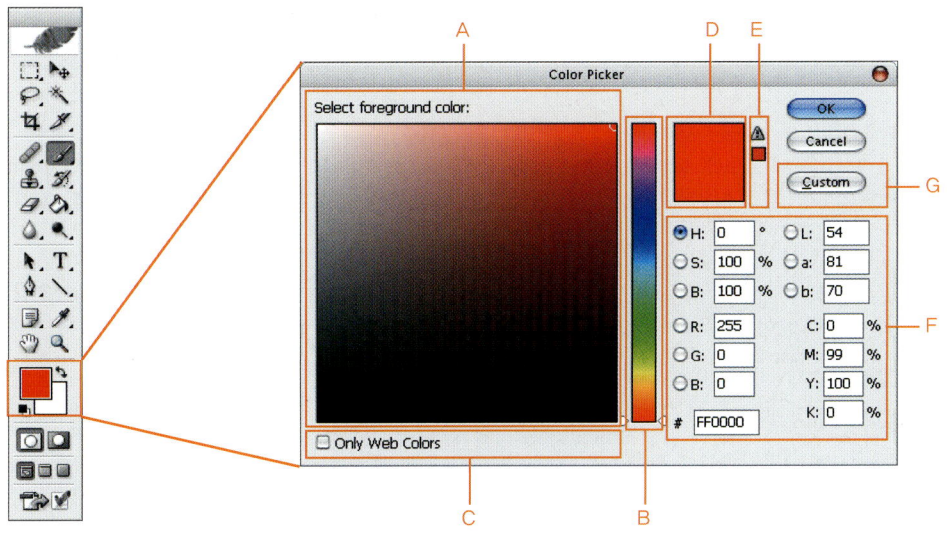

A 영역 (Select Field) : 색상 선택 스크린 시트이다.
B 영역 (Hue Bar) : 색조 선택 바 게이지이다.

C 영역 (Web Colors) : 체크하게 되면 Select Field가 웹 지원 영역 내의 색상으로 바뀐다.

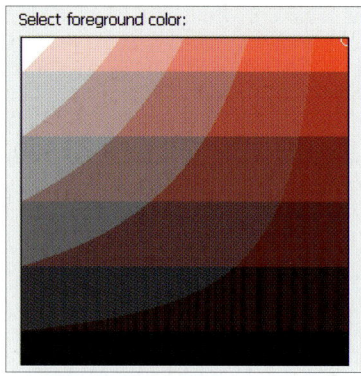

D 영역(Selection Color)
하단에 선택되었던 색상을 표시하고, 상단에 현재 새로 선택된 색상을 보여 준다.

E 영역(Color Warning)

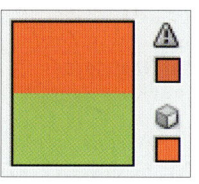

상단 아이콘은(Warning : Out of gamut for printing) Gamut, 즉 RGB 컬러에서 CMYK 출력 시 표현 한계 색상을 알려 준다. 하단 아이콘은(Warning : Not a web safe color) 의미 그대로 웹 플랫폼에서 표현 한계에 있는 색상을 경고한다.

F 영역(Color Mode Selection)
각 색상 표시 모드에 대입된 컬러 수치를 표시하며 선택할 수 있도록 해 준다. 포토샵의 색상 선택에 있어 중요한 부분이므로 집중해서 파악할 수 있도록 한다. 구간별로 하나씩 알아보자.

- HSB(Hue, Saturation, Brightness)
먼셀의 색채 개념인 색상, 채도, 명도를 기준으로 표시하는 모드이다. 포토샵 컬러 선택 팔레트의 디폴트가 이 모드의 Hue를 기준으로 하고 있다.

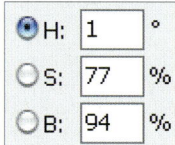

H가 체크되어 있을 때의 팔레트를 보자. 바 게이지는 색조의 스펙트럼을 보여 주고 있다.[1]
S를 체크하면 바 게이지를 하단으로 내려 줄 경우 메인 시트 색조들이 채도에서 변화를 보인다.[2]
B를 체크하면 바 게이지는 명도를 기준으로 표시가 변화하게 된다.[3]

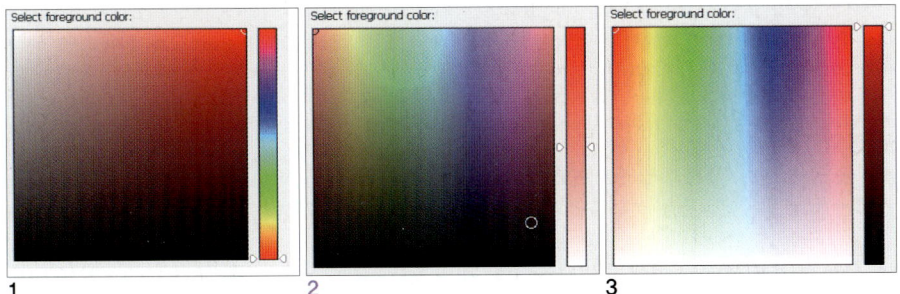

- Lab

L은 명도, a는 적/녹, b는 청/황의 기준으로 표시되는 모드이다. 이것은
CMS(Color Management System)의 일환으로 국제 규격화된 표준 색 체계
로서, 간단히 말하면 색을 구성하는 체계는 적/녹, 청/황이 동시에 지각될
수는 없다는 보색설을 기반으로 한다.
강력한 체계의 호환성으로 인하여 입/출력 장비, 디스플레이 장비의 특성으
로부터 자유로운 독립성을 가지며, 인쇄나 출판 관련 디자이너들이나 색상
연구가들에게 있어서는 널리 일반화되고 있는 색 체계이다.

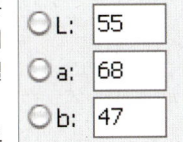

L은 밝기(명도)에 관련된 정보만을 가진다. 따라서 바 게이지를 이동하면 메인 시트의 색조는 밝
기의 영향을 받게 된다.[4]
a를 체크하면 적/녹의 색상 상관관계를 기준으로 색조 스펙트럼이 구성된다.[5]
b를 체크하면 청/황의 색상 상관관계를 기준으로 색조 스펙트럼이 구성된다.[6]

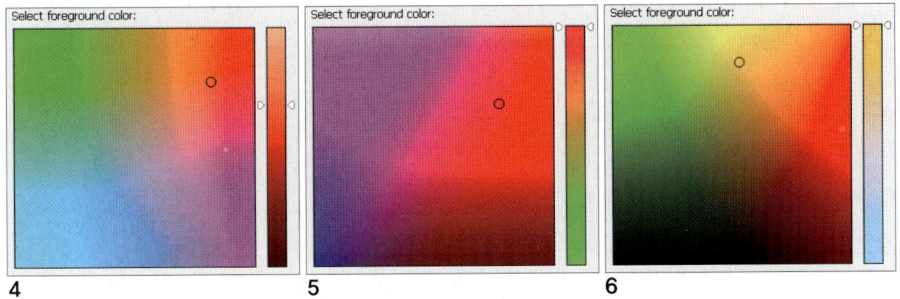

- RGB/CMYK

RGB는 이미 우리에게 친숙한 개념으로 설명할 필요가 없을 것이다. 마찬가
지로 Red, Green, Blue에 해당되는 각 채널을 체크하게 되면 그 채널과 연
동하여 색조 스펙트럼이 표시된다.
선택되고 있는 색상의 CMYK 색상 정보가 나타난다.

- HTML Color Info

웹 기반 작업의 편의를 위하여 HTML 태그 스크립트 색상값을 표시해 준다.

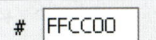

색상 모드의 원리를 재차 파악해 보았다. 하지만 무엇보다도 이 모드 변환의 훌륭한 다른 쓰임새는 페인터처럼 '컬러 믹서' 기능이 없는 포토샵으로 풍부한 주변 색상 추적을 가능하게 해 준다는 것이다.

모드 변환에 따라서 이루어지는 다양한 연계 색상의 스펙트럼을 볼 수 있으므로 응용하면 색상들의 혼합을 미리 폭넓게 알아볼 수 있다.

G 영역(Custom Colors)

버튼을 클릭하면 색 지정 팔레트 창이 그림과 같이 바뀌게 된다. 이 부분도 인쇄나 출력과 깊게 관련된 부분일 수 있는데, 이를테면 '색상 견본 인덱스'라고 생각하면 되겠다.

⑴ 선택 항목을 통해서 인쇄 출력 색상값을 미리 정해 놓은 '견본 모음'(book)으로, 앞에 언급되었던 'Lab' 모드를 기준으로 삼고 있다.

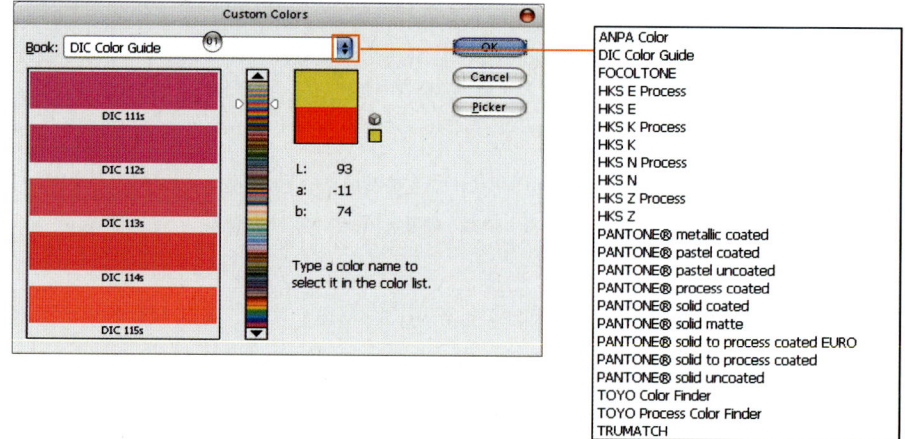

관심이 있을 사용자를 위해 몇 가지 견본만 설명하면, 상단의 ANPA 컬러는 신문 매체용으로 적합한 색상이다. TOYO 인쇄용 컬러 인덱스들이고 TRUMATCH는 CMYK 색상값을 지정해 놓은 컬러 인덱스이다.
색상 견본 인덱스의 활용은 포토샵의 Swatch 기능에서 활용하는 쪽이 더 수월할 수 있다.

Color Palette

프로그램에 띄워둘 수 있는 컬러 매니지먼트 윈도우이다.

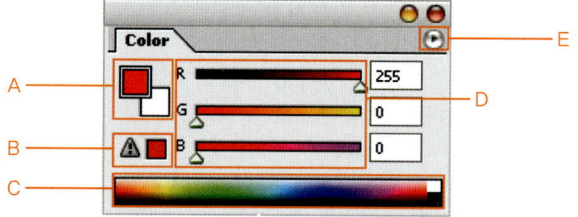

A 영역 : 전경색과 배경색을 표시한다. 도구 상자의 그것처럼 클릭하면 Color Picker가 열린다.

B 영역 : Gamut Color, CMYK모드 전환 시, 표시 불가능한 색상을 경고한다. 버튼 아이콘을 클릭하면 현 색상에서 가장 근사치의 CMYK 컬러를 자동으로 반영시킨다.

C 영역 : 임의의 색상을 선택할 수 있는 색조 스펙트럼이다.

D 영역 : 현재 선택되어 있는 모드를 기준으로 각 속성별로 분류된 채널의 내비게이션 역할을 한다. 전경색의 색상값을 수치로 표시해 알려 주며, 슬라이더를 조정하여 바로 색상 변화를 적용할 수 있다.

E 영역

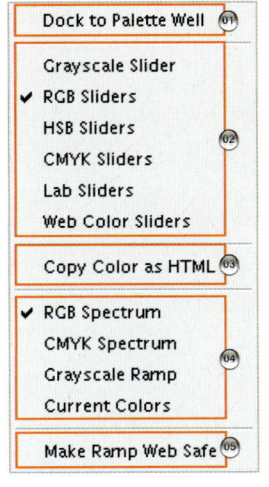

① Dock to Palette Well로, 팔레트 창을 포토샵의 상단 프로퍼티 메뉴 우측 트레이에 축소시켜 둘 수 있다.
② 슬라이더 내비게이션의 기준 컬러 모드를 선택한다(D).
③ 색상값을 HTML 용 스크립트로 저장한다.
④ 하단의 색조 스펙트럼의 기준 칼라모드를 선택한다(C).
⑤ 하단의 색조 스펙트럼을 웹 작업용 범위 색상으로 변환한다.

Color Swatches

앞의 페인터의 팔레트에서의 Color Set과 대동소이하다. 회화적인 컬러링을 위해서라기보다는 보다 정교한 이미지의 보정 및 출력 인쇄를 위한 색상 가이드로 이해하면 되겠다.

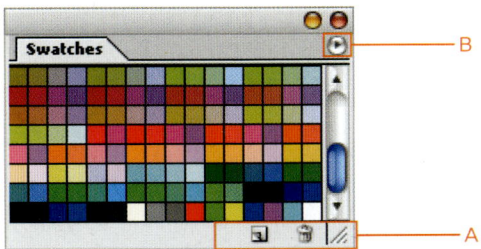

Tip

디자이너를 위한 웹 컬러 스펙트럼의 인덱스 전개이다. 굳이 웹 작업이 아니더라도 색상들의 계열 묶음을 살펴보면 속성 이해에 좋은 참고가 될 것이다.

Alias of Anti Picture

A 영역 : 사용자가 임의의 색상을 인덱스 시트에 추가/삭제할 수 있다.

B 영역

- ① Dock to Palette Well 로, 팔레트 창을 포토샵의 상단 프로퍼티 메뉴 우측 트레이에 축소시켜 둘 수 있다.
- ② 신규 인덱스 시트를 생성한다.
- ③ 인덱스 보기 방식을 설정한다.
- ④ Preset Manager로 여러 항목 세트 관리 창이 호출된다. Swatch뿐만 아니라 브러시 모양이나 그라데이션 타입 등의 프로그램이 제공하는 다양한 Preset 을 관리할 수 있다.
- ⑤ 인덱스 세트를 저장하거나 불러내고, 새로운 세트를 덮어씌우거나 초기로 되돌리는 명령어들이다.
- ⑥ 앞서 Custom Colors에서도 언급되었던 다양한 색상 견본 세트들로 목적에 맞게 선택하면 된다.

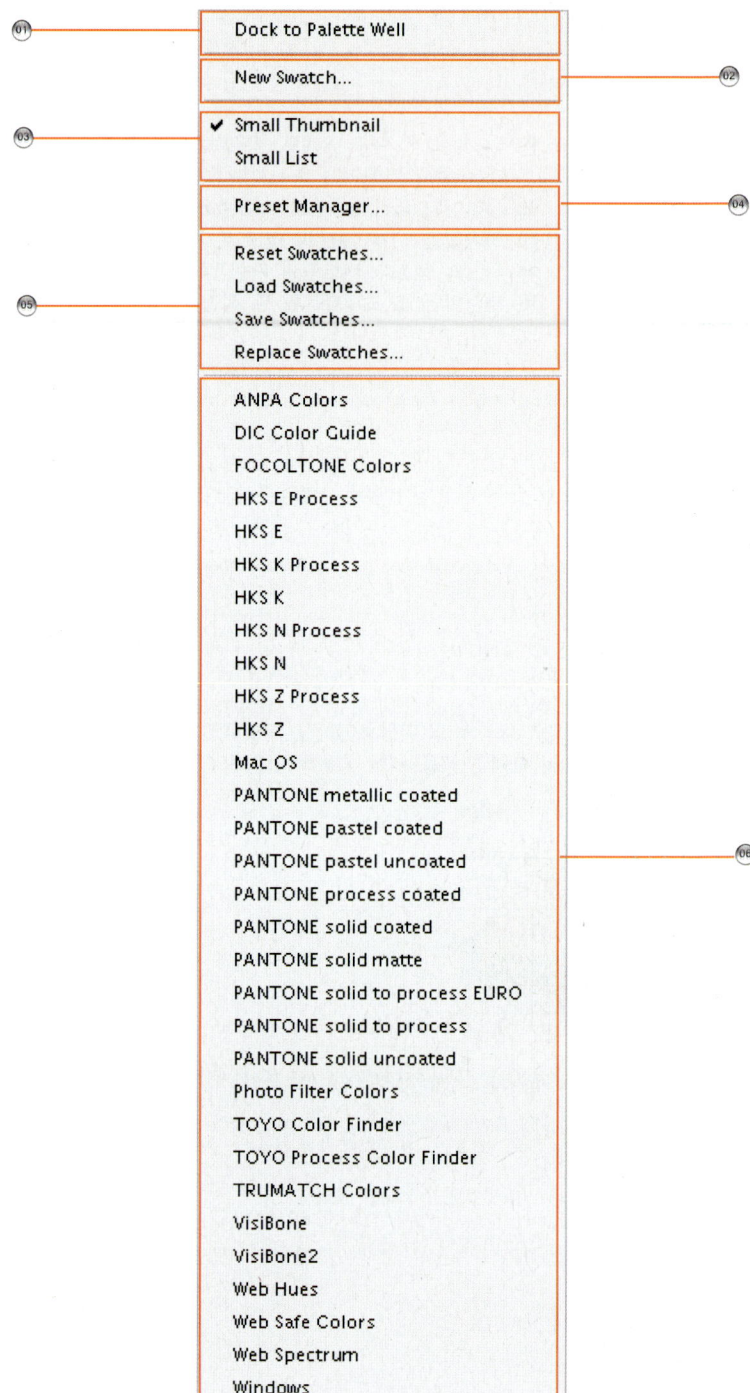

Character Sketch Collection
2006 / PSP RPG GAME 'Dragoneer's Aria' (NIS Japan) / Photoshop CS

Character Sketch Collection
2006 / PSP RPG GAME 'Dragoneer's Aria' (NIS Japan) / Photoshop CS

Dragoneer's Aria
Vice Dragon

STEP
02

Tutorial
Painting Works
프로그램의 기본 툴을 사용한 컬러링 작업

페인터를 이용한 컬러링 작업 (심플 커버 브러시의 활용과 페인터 레이어)
170
포토샵을 이용한 컬러링 작업 (포토샵의 브러시 운용과 레이어 관리)
198

Frenzwerg

2007 / PSP RPG GAME 'Dragoneer's Aria' (NIS Japan) / Photoshop CS / 3341*4500 Pixel

페인터를 이용한 컬러링 작업
(심플 커버 브러시의 활용과 페인터 레이어)

페인터를 이용하여 기본적인 컬러링 작업을 해 보자.
앞 단원에서 완성된 스케치를 활용하여 컬러 일러스트 작업을 시작해 보기로 한다. 컬러링에 있어서도 무엇보다 먼저 선행되는 부분은 화구의 선택이다. 스케치와 비교하여 훨씬 복잡다단한 과정을 수행해야 하므로 상당히 까다로운 고민이 될 것이다.

심플 커버 브러시(Simple Cover Brush)

첫 페인터 컬러링에서 필자가 소개하게 될 브러시는 일명 심플 커버 브러시이다. 이 화구는 필자도 애용할뿐더러 페인터 일러스트레이터로 국내에서도 인기 있는 일본의 Terada Katsuya 작가나 역시 국내에서 인기높은 김형태 작가의 기법과 유사한 느낌으로, 페인터 유저들에게 널리 애용되고 있는 무난한 브러시라 할 수 있다.

그럼 먼저 이 심플 커버 브러시를 만들어 보자. 딱히 정해진 것은 아니지만 베이스는 수채화의 Simple Water가 가장 무난하다고 알려져 있다(X에서 추가된 Digital Simple Water도 크게 다르지 않다).

디지털 워터 컬러의 심플 워터 배리언트 브러시이다. 이 배리언트 브러시가 베이스로 활용되는 이유는 군더더기 없는 깨끗한 스트로크와 기본 Dab 모양을 가지고 있어서이다.

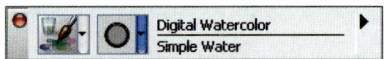

그럼 우선순위에 따라 설정 에디트를 알아본다. 앞 단원 Chapter 1 > Step 3의 페인터 브러시 속성 관리를 같이 참고하며 이해하도록 한다.

먼저 가장 주요 전제가 되는 속성을 변경한다. Method를 Cover(불투명) 속성으로 바꾸어 주고, Subcategory를 Grainy Soft Cover로 변경해 준다. Opacity나 Grain 항목의 Expression 방식은 Pressure로 둔다. 여기에서 설정 변경의 의미는 수채화 고유 속성 자체를 불투명으로 만들어 주되 부속성을 Grainy Cover로 설정하여 Grain 수치의 영향을 받을 수 있도록 한다. 붓 모양의 밀도나 브러시의 투명도의 스트로크 표현 방식은 Pressure로 두어 필압에 따른 변화를 기준으로 한다.

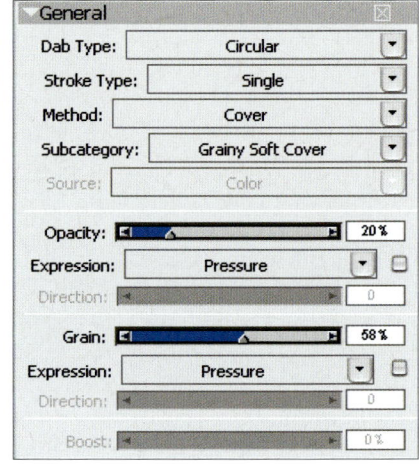

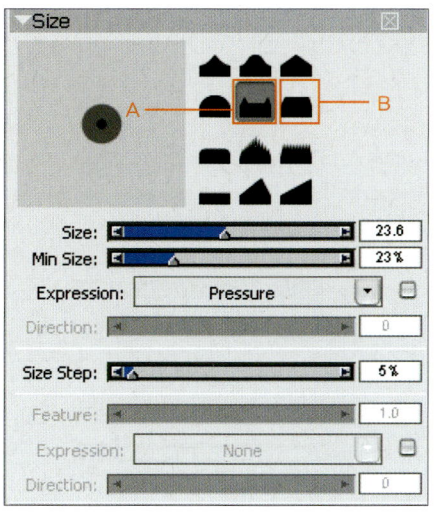

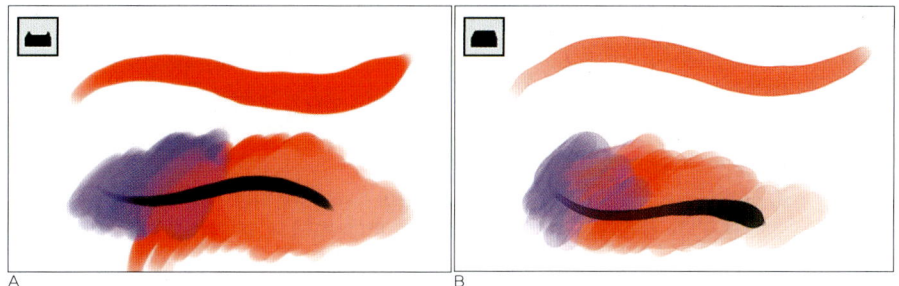

Size 관련 메뉴에서는 붓 형태의 지정에 의미가 있다. 취향에 따라 달라질 수 있겠지만, 포토샵의 기본 브러시나 페인터의 파인 브러시와 같은 깔끔하고 단단한 스트로크 형태를 위해서는 체크된 2가지 형태를 추천한다.

붓 형태 B는 스트로크 안쪽과 바깥쪽이 균일한 농도로 의도하는 기본 브러시에 가깝다. 붓 형태 A는 약간 스트로크 바깥쪽, 즉 아웃라인에 물감이 좀 더 진하게 맺힘으로써 면을 쪼개는 표현을 만들 때나 붓 결을 의도적으로 보여주고 싶을 때 그 쓰임새가 좋다.

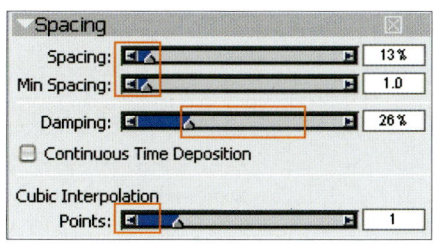

Spacing은 대략 체크된 범위 안에서 스텝이 너무 넓지만 않다면 취향에 따라 설정해 주면 된다. Damping이나 Cubic Interpolation은 일종의 스트로크의 부드러움과 관련된 수치이다. 너무 차갑지 않되 적당히 회화적인 느낌을 얻고자 한다면 Damping은 중간 범위의 수치에 두고, Cubic Interpolation은 낮은 수치로 설정한다. 사용자의 필압이나 지속력에 따라 운용 체감이 다를 수 있으므로 적당히 취향에 맞는 범위에 둔다.

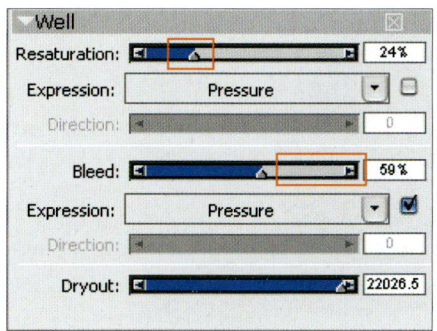

Well은 컬러링 브러시를 에디트할 때 중요한 부분이다. 사용자의 지정색 스트로크 시 캔버스 색상과의 혼합 표현이나 하위에 칠해진 색상과의 혼합 표현 관계를 조절해 주기 때문이다.
Resaturation 항목은 스트로크를 개시할 때 물감의 농도와 관련된 수치이다. Opacity(투명도)의 수치와는 다른 개념으로, 수치가 너무 높으면 스트로크 시 농도 조절이 힘들어진다. 따라서 15~25% 정도 범위의 낮은 수치로 설정한다. 수치가 너무 낮게 설정되면 아예 선택된 지정색이 반영되지 않으므로 주의한다(하위의 색상이 딸려 온다).
Bleed는 하위 색상과의 관계 수치로, 회화적인 주변색을 발생시키기 위하여 60~80% 사이의 높은 쪽을 권한다. 단, 의도하지 않은 주변 색상이 방해가 된다면 이 항목 수치를 줄이면 된다. Dryout은 스트로크를 개시할 때 하위의 색상들과의 혼합 영향률을 지정하게 된다. 이 항목의 수치가 낮을수록 하위 색상의 영향이 커져서 현재 사용자의 지정색이 반영되지 않게 된다. 따라서 이 항목 수치는 거의 최대치에 놓는다.

Alias of Anti Picture

브러시의 성질과 관련된 부분은 아니지만 좀 더 페인팅을 쾌적하게 하기 위하여 조금 만져 주면 좋다. 기본 Dab 모양은 완전한 라운드로, 아무래도 날카로운 묘사를 소화하기에는 다소 둔한 느낌이 있다. Squeeze 값을 조금 떨어뜨려 타원을 만든다. 너무 날카로운 타원은 오히려 의도대로 다루기 어려우므로 40~50% 정도의 수치가 적당하겠다(평붓이나 컬러 마커 펜을 생각하면 이해가 쉬울 것이다).

Angle은 대략 대각선 방향으로 사용자 취향에 맞게 좌, 우 방향을 결정해 주고, 상황에 따라서 돌려가며 쓰도록 한다.

Ang Range/Ang Step 스트로크의 곡선 주행 시 각도에 따라 연동되는 부분들로, 수치가 높아지면 찌그러짐으로 인한 효과가 완화된다고 이해하면 된다. 따라서 필자는 그 수치를 거의 최저로 낮게 설정한다.

Angle 항목은 타원형 브러시가 오히려 위화감이 있거나 익숙지 않은 사람이라면 따로 에디트 하지 않고 사용해도 무방하다.

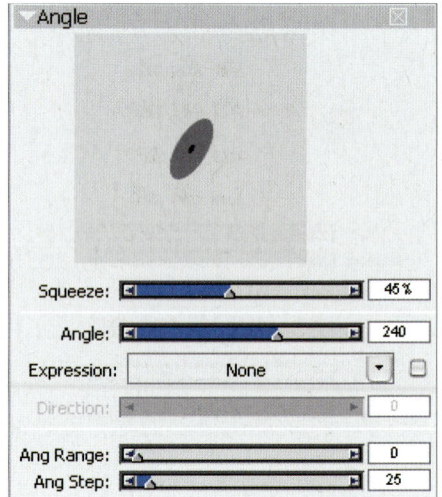

대략 이 항목들의 변경으로 인하여 디폴트 디지털 브러시에 가까운 무난한 Cover 브러시를 만들어 냈다.
그림과 같은 느낌의 브러시를 얻었다. 이로써 메인으로 사용할 브러시가 완성된 것이다.

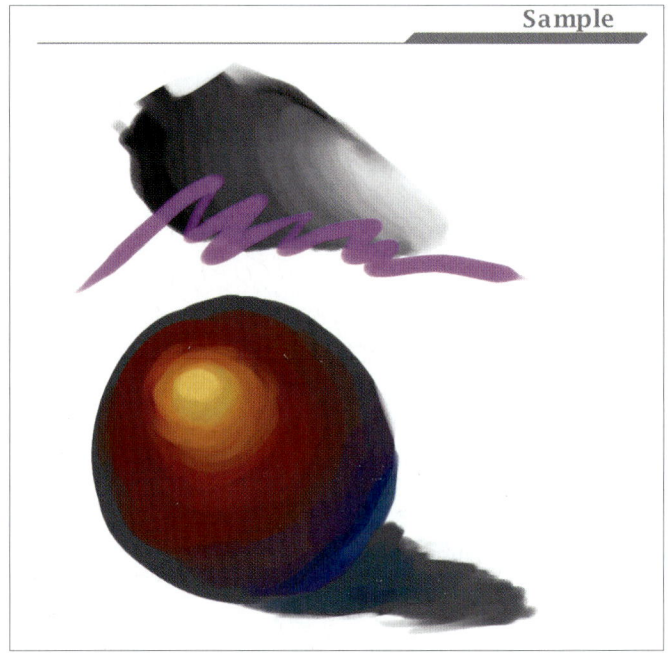

페인터의 레이어 관리

A 영역 : 레이어 기능 명령어 메뉴

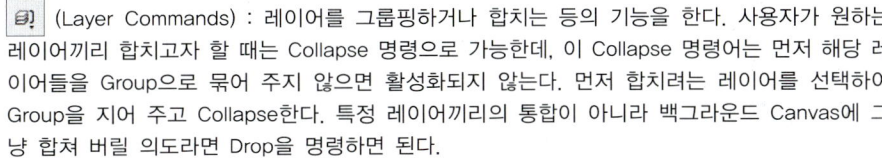

(Layer Commands) : 레이어를 그룹핑하거나 합치는 등의 기능을 한다. 사용자가 원하는 레이어끼리 합치고자 할 때는 Collapse 명령으로 가능한데, 이 Collapse 명령어는 먼저 해당 레이어들을 Group으로 묶어 주지 않으면 활성화되지 않는다. 먼저 합치려는 레이어를 선택하여 Group을 지어 주고 Collapse한다. 특정 레이어끼리의 통합이 아니라 백그라운드 Canvas에 그냥 합쳐 버릴 의도라면 Drop을 명령하면 된다.

(Dynamic Plugins) : 포토샵의 필터나 보정 기능처럼 간단한 보정 기능이나, 다채로운 이미지 변환 효과들을 제공한다. 일러스트레이션 제작 튜토리얼에서는 다루지 않을 부분으로 대략적인 기능의 역할 정도만 언급하도록 하겠다.

- Brightness and Contrast : 명도/대비를 조절한다.
- Burn : 이미지의 외곽에 종이를 태운 듯한 효과를 준다.
- Tear : 이미지의 외곽에 젖은 듯한 혹은 찢긴 듯한 효과를 준다.
- Bevel World : 이미지에 입체 효과를 적용한다. 양각 텍스트나 버튼 제작 등에 응용할 수 있다.
- Equalize : 이미지의 명도 레벨을 조절한다.
- Glass Distortion : 이미지에 유리 표면 효과를 준다.
- Kaleidoscope : 만화경과 같이 기하학적인 대칭 이미지를 생성시킨다.
- Liquid Lens : 활성화하면 메뉴에 제공되는 샘플에 따라 다양한 형태의 왜곡을 이미지에 가할 수 있다.
- Liquid Metal : 금속 질감을 적용시킨다.
- Posterize : 지정해 준 레벨 수치를 기준으로 일정 영역의 색들을 묶어 단순화한다.
- Image Slicer : 웹 작업 관련 지원 기능이다. 웹 페이지에 들어가는 이미지를 여러 조각으로 분할하고 이미지의 특정 영역에 링크를 걸어 준다.

(New Layer) : 신규 일반 레이어를 추가한다.

(New Watercolor Layer) : 신규 수채화 전용 속성 레이어를 추가한다.

(New Liquid Ink Layer) : 신규 리퀴드 잉크 전용 속성 레이어를 추가한다.

(Create Layer Mask) : 마스크 레이어를 생성한다.

(Delete) : 선택된 레이어를 제거한다.

Alias of Anti Picture

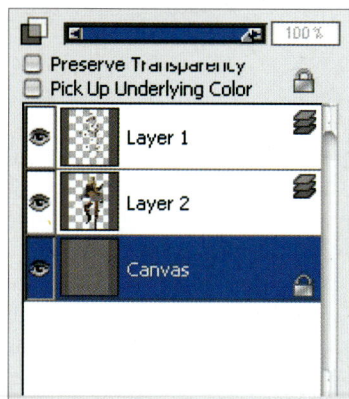

B 영역 : 레이어 관리 메뉴
- Opacity : 상단의 바 형태의 게이지로 해당 레이어의 투명도를 %로 조절한다.
- Preserve Transparency : 체크하게 되면 해당 레이어상 데이터가 있는 영역에만 효과가 적용된다.
- Pick Up Underlying Color : 레이어를 다단으로 분할하여 페인팅하는 사용자라면 주목해야 할 부분으로, 체크하게 되면 하위 레이어에 그려진 색상이 상위 레이어상의 페인팅 시에도 반영되어 묻어나오게 된다.
- Lock Layer : 우측의 자물쇠 모양의 아이콘을 클릭하면 해당 레이어상에 자물쇠 모양이 생성되면서 이후 해당 레이어에서는 아무런 작업을 할 수 없게 된다. 작업 간에 레이어를 보호하기 위한 기능이다.
- 레이어 창의 좌측 눈 모양의 아이콘을 클릭함으로써 해당 레이어의 보이기/숨기기를 할 수 있으며, 좌측에는 해당 레이어의 속성(일반, 수채화, 리퀴드 잉크), 잠금 표시의 정보가 나타난다.

C 영역 : 레이어의 혼합 방식 관리 메뉴

상단에 위치한 혼합 방식 지정은 포토샵의 블랜딩과 유사하다. 레이어 블랜딩이란 하위 레이어와 상위 레이어 간의 색상 혼합 방식을 의미하며, 프로그램은 고유한 혼합 모드를 제공하고 있다. 일러스트레이션 작업 전반에 걸쳐서도 매우 요긴하게 활용할 수 있으므로 잘 파악해 두도록 한다.

우선 크게 좌측이 Composite Method로 일반적인 레이어의 혼합 방식을 제공하고, 우측이 Composite Depth로 Impasto 브러시와 같은 깊은 두께를 가진 화구 사용 시 레이어 간의 혼합 방식을 제공한다.

그럼 먼저 Composite Method를 알아보자. 이하 혼합 샘플을 위한 2장의 이미지를 준비했다.

2007 / 〈Dragoneer's Aria〉 / NIS(Japan)

첫 번째 하늘 이미지가 블랜딩 하위에 사용될 이미지이고, 캐릭터 이미지가 상위에 사용될 이미지이다.

Default : 의미 그대로 기본 상태이다. 표준 모드이며 어떤 변화도 가하지 않는다.

Gel : 이미지의 혼합 시 겹쳐지는 색상 하위의 색상과 어둡게 겹쳐지나 명도가 밝아질수록 적용치는 무시되어 투명하게 표시해서 Multiply 모드와 유사한 성질을 가진다.

Colorize : 하위 이미지의 색조를 상위 이미지의 색조로 덮는다.

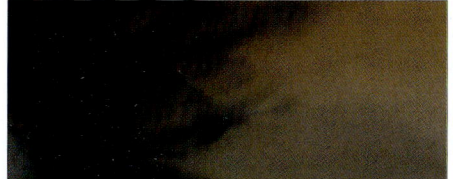

Reverse-Out : 상위 이미지의 색조는 관계없이 하위 이미지의 겹치는 부분의 색조는 반전시켜 표시한다.

Shadow Map : 하위 이미지와 대조하여 어둡게 판정되는 부분을 기준으로 표시한다.

Magic Combine : Shadow Map과 대립되는 개념으로, 하위 이미지와 대조하여 밝게 판정되는 부분을 기준으로 표시한다.

Pseudocolor : 레이어의 밝기를 색조로 반영시킨다.

Normal : Default와 동일한 표준 상태이다.

Dissolve : 상위의 데이터(이미지)를 화소화로 표현한다. 마치 모래 같은 파티클이 뿌려지는 느낌이며 거친 이미지로 보인다. 불투명한 상태에서는 효과가 나타나지 않으므로 Opacity의 조절이 필요하다. 그림은 Opacity 60%의 상태이다.

Multiply : 곱하기란 의미로, 이미지의 혼합 시 겹쳐지는 색상은 배수 개념으로 색상이 추가 합성된다. 결과적으로 전반적으로 어두워지게 되며, 색상이 밝아질수록 적용치는 무시되어 투명하게 반영된다.

Screen : Multiply와는 반하는 개념으로 상/하위 간 대조 색상을 더욱 밝게 표시하며, 하위 색상보다 어둡게 계산되는 부분은 없으므로 전체적으로 밝아지게 된다.

Overlay : 하위와 상위의 이미지를 대조하여 어두워지는 부분은 곱하기(Multiply) 모드로, 밝아지는 부분은 Screen 모드로 계산하여 표시한다. 따라서 일반적으로 이미지의 대비와 채도가 상승하는 효과를 볼 수 있다.

Soft Light : Overlay와 유사한 효과가 유도되나, 하위 이미지가 더 많이 반영되어 덜 극단적으로 표현된다.

Hard Light : Overlay와 유사한 효과가 유도되나, 더 강한 대비 효과로 표현된다.

Darken : 상위, 하위의 두 이미지 색상이 대조되어 더욱 밝아지는 부분은 표현되지 않고, 더 어두워지는 색상은 어둡게 보여진다.

Alias of Anti Picture

Lighten : Darken과 반대되는 속성으로, 색상 대조 시 더욱 밝은 값으로 계산하여 나타낸다. Screen과 유사한 효과를 가지나, 검은 색조에 대한 반영이 나타나지 않는 차이가 있다.

Difference : 상위, 하위의 이미지를 대조하여 그 색상차가 하위보다 어두우면 하위의 색상을 드러내고, 밝은 부분은 상위의 이미지를 표시한다.

Hue : 하위 이미지의 색조를 상위 이미지에 반영시키며, 명도와 채도에는 변화가 생기지 않는다.

Saturation : 하위 이미지의 명도와 채도를 기준으로 하여, 상위 이미지의 채도에 따라 영향을 받는다. 쉽게 말하면, 상위 이미지의 채도의 영향이 크게 반영되어 보인다.

Color : 상위 이미지의 명도, 대비 등에는 영향을 받지 않고 오직 색상 값을 하위 이미지에 더하는 표현 방식이다.

Luminosity : 하위 이미지의 색조와 채도를 기준으로 하되, 상위 이미지의 명도를 합성하여 하위의 색상은 상위 이미지의 밝기에 따라 변화가 나타난다. 일반적으로 Luminosity 적용 시 상위의 이미지는 무채색으로 보인다.

Gel Cover : Gel 속성을 기본으로 하되, 상위 이미지의 고유 색조를 반영시킨다. 페인터의 특화된 화구를 사용한 경우가 아닌, 일반적인 이미지 블랜딩에서는 Default 상태와 별 차이를 느끼기 힘들다.

다음으로 Composite Depth 혼합 속성에 대하여 알아보도록 하자.
동일한 이미지를 샘플 베이스로 놓고 Impasto의 Texturizer_Heavy 배리언트 브러시로 스트로크하였다.

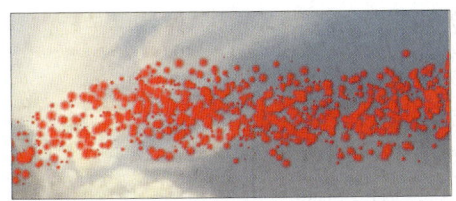
Ignore : Impasto 고유의 엠보싱 효과가 사라지고 일반적인 Bristle 브러시처럼 표시된다.

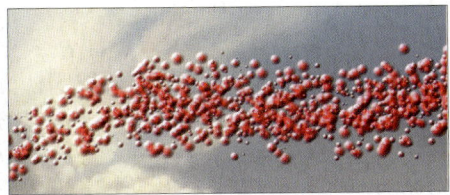
Add : Impasto 브러시 적용 시 기본 상태가 이 Add로 지정된다. 표준 적용 상태이다.

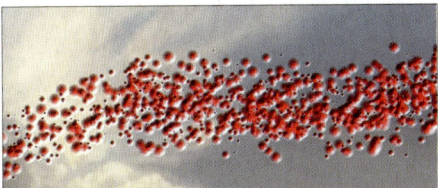
Subtract : '빼내다', '감하다'란 의미로 양각 효과가 음각 효과로 바뀐다.

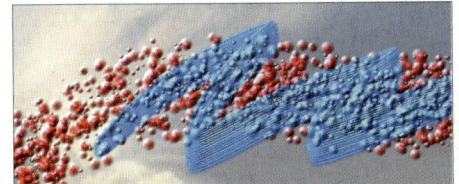
Replace : '덮어쓴다' 는 의미처럼, 하위에 적용된 엠보싱 Depth(깊이)를 무시하고 상위 레이어를 기준으로 덮어씌워 적용시킨다. Replace 적용 전, Add 모드로 새로운 Impasto 브러시로(푸른색) 스트로크 추가.

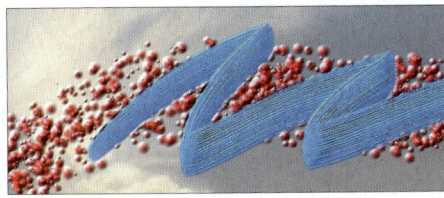
Replace 적용 후, 하위의 엠보싱 효과를 무시하고 덮는다.

Alias of Anti Picture

컬러링의 시작

페인터에서 선을 분리해 둔 스케치를 파일을 열었다. 흰색의 캔버스 배경이 아니라 조금 어두운 스튜디오 배경을 설정하기 위해 조명을 잡아줄 공간에 회색으로 밑색을 깔아가면서 빛 방향도 고민해 본다.
페인터의 메뉴 배치는 자주 사용하지 않는 윈도우는 닫아두고, 배치는 포토샵의 동선과 유사하게 맞춰두었다.[1]

먼저 기본이 될 색상들을 지정한다. 이것이 피부 색상과 헤어 컬러, 오브젝트들의 재질을 설정하는 기초 작업이 되어 줄 것이다. 셀 컬러를 칠하는 느낌으로 부담 없이 분할된 면들을 채워 준다.[2]

정준호의 비주얼 일러스트레이션 제작노트

빛의 방향을 결정하고 그에 맞추어 기초 암부를 설정한다. 이 단계에서는 자잘한 디테일이나 질감에 대한 고민은 할 필요가 없다.
쓰이고 있는 커버 브러시의 운용 팁은, 색상 간 경계 부분을 가볍고 부드럽게 지속적으로 문지르듯이 그러데이션을 만드는 것이다. 섬세한 필압의 컨트롤이 중요하며, 익숙해진다면 따로 프로퍼티의 조정 없이 단단한 경계면부터 아주 부드러운 블러링까지 가능할 것이다.[3]

3

묘사를 해보겠다. 가벼운 터치의 스트로크를 누적시키는 방법으로 빛 방향에 따른 하이라이트 광원을 추가로 끌어오고, 그에 따라 연계된 색상들을 반영하여 면(面) 단계를 좀 더 치밀하게 쪼개어 나간다. 이 과정에서는 주(主) 광원과 보조 광원이 설정되고, 따라서 반사광의 색상과 명도 설정 등이 이루어져 최종 과정까지 가이드가 될 전반에 걸친 명암 설정이 결정되었다.[4]

4

Alias of Anti Picture

주광원은 백색에 가까운 '주광색'을 설정하였으며, 주광원이 지면에 반사되어 발생하는 반사광 색은 청록색에 가까운 색상으로 설정하였다. 보조 광원의 필요성은 다음과 같다. 의도적인 상황이나 환경이 아니라면 극단적으로 단일한 빛만이 존재하기란 힘들다. 따라서 빛이 공간에 머무르며 발생하는 난반사나 반사, 혹은 또 다른 예비광원 등을 임의로 배치하여 너무 인위적인 조명 설정을 피하고 보다 자연스럽게 물체의 양감을 얻기 위함이다.

정준호의 비주얼 일러스트레이션 제작노트

머리카락의 세부, 얼굴의 면 분할, 근육의 디테일 등의 묘사를 진행한다.

묘사의 진행이 어느정도 진행되었다면 외곽선(스케치)에 대해서 고민할 차례이다.
스케치 선 자체를 완성까지 유지하려는 의도라면 상관없다. 그러나 본 일러스트의 경우는 좀 더 회화적 기법을 의도하고 있으므로, 필요한 부분 외에는 스케치 선이 굳이 살아 있을 필요가 없을뿐더러 오히려 사실적인 표현에 방해가 될 수 있다.

여기서는 두 가지의 선택을 할 수 있다. 그 하나는 미련 없이 레이어를 '드롭(Drop)' 시켜서 백그라운드와 통합한 후 수작업처럼 진행하는 것이고, 다른 하나는 스케치 레이어 상위에 새로운 레이어를 생성시켜 스케치가 존재하는 레이어의 상위 레이어에 작업하는 것이다.

Alias of Anti Picture

필자는 배경 캔버스에 캐릭터 컬러링 완료 후 효과를 추가할 계획이므로 레이어를 캔버스에 Drop시키지 않고, 스케치 레이어와 기본 컬러링 작업이 완료된 레이어를 통합시킬 것이다.

스케치 선을 알파 채널로 분리해 놓은 Layer 1과, 선화 밑의 기본 컬러링 작업을 진행했던 Layer 2를 Shift나 Ctrl 키를 누르면서 클릭하여 활성화시킨다.

포토샵 레이어와는 달리 페인터에서는 캔버스 상위 임의의 레이어들을 바로 통합시켜 줄 수 없다. 선택된 레이어들의 통합 명령어는 표시된 Layer Commands의 Collapse지만 그냥 복수 선택된 상태에서는 명령어가 활성화되지 않는다. 이 상태에서 하단의 아이콘을 눌러 Group을 명령하여 두 레이어를 그룹 지어 준 후에 다시 아이콘을 클릭하게 되면 Collapse 명령어가 활성화된다.

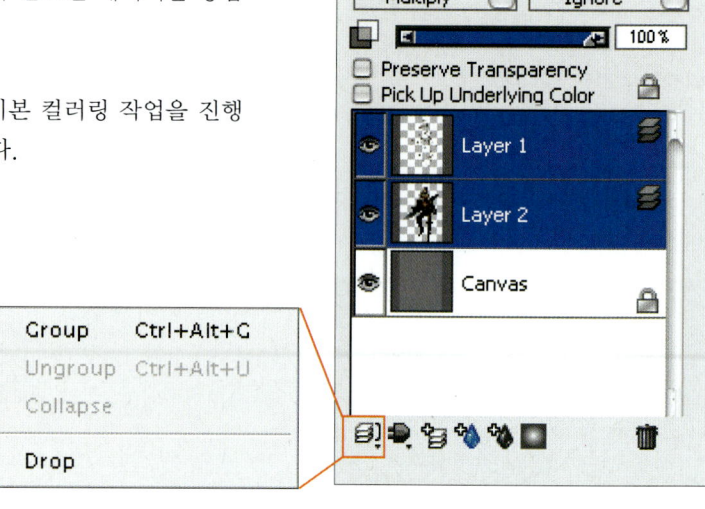

이제부터 본격적인 묘사 진행을 위하여 스케치와 기본 컬러링을 통합시키고, 상위에 새로운 레이어를 생성시켜 그곳에서 덧칠해 나간다. 작업 성격상 레이어 개수가 많아지면 체계적인 작업 환경을 위해서라도 해당 레이어에 착실히 네이밍해 두는 습관을 갖는 것이 좋다.

Tip

다음 공정을 위하여 마지막으로 알아두어야 할 사항이 있다.
캔버스상에 바로 작업하는 경우가 아니라 상위 레이어상에서 스트로크 작업을 할 경우 사용자의 눈에는 비어 있는 투명 공간으로 보이지만 스트로크를 시작하는 기점에서 임의의 보이지 않는 흰 바탕색이 묻어나와 당혹스러울 것이다. 페인터라는 프로그램의 태생적인 특성이랄까, 문제점일 수 있겠는데, 2가지 요령으로 우회할 수 있겠다.

첫 번째 요령으로는 브러시 Edit 메뉴 중 Well을 상기해 보자.
Well의 제어 항목 중에 Resaturation이 바로 스트로크를 개시하는 시점에서 바탕색과의 섞임 및 농도를 조절해 주는 부분이다. 이 Resaturation 수치를 최대치 수준으로 크게 높여 주면 바탕색과의 간섭이 사라져 결과적으로 흰 바탕색이 묻어나오지 않게 만들 수 있다. 그러나 하위 색상과의 풍부한 섞임을 원하는 경우라면 색 농도가 너무 강해져서 의도대로 색이 섞이지 못한다는 단점이 있다.

두 번째는 레이어 관리 메뉴에서 설명했던 Pick Up Underlying Color 옵션의 활용이다.
레이어 관리 메뉴 상단에 위치한 이 메뉴는 레이어 간의 구분에 상관없이 상위 레이어에서 스트로크를 더할 때도 하위의 색상이 반영될 수 있도록 해 주는 기능이다. Well 메뉴의 Resaturation 수치가 낮게 잡혀 있더라도 이 옵션을 켜 두고 스트로크를 해 보면 캔버스 바탕이 묻어나오지 않는 것을 확인할 수 있다. 페인터에서 커버 속성 브러시로 다단 레이어 작업을 하는 경우 보편적으로 사용되는 방법이 아닐까 생각된다. 다만, 이 경우도 하위의 색상이 묻어나오는 것을 원하지 않는 작업에서는 적합하지 않을 수 있다.

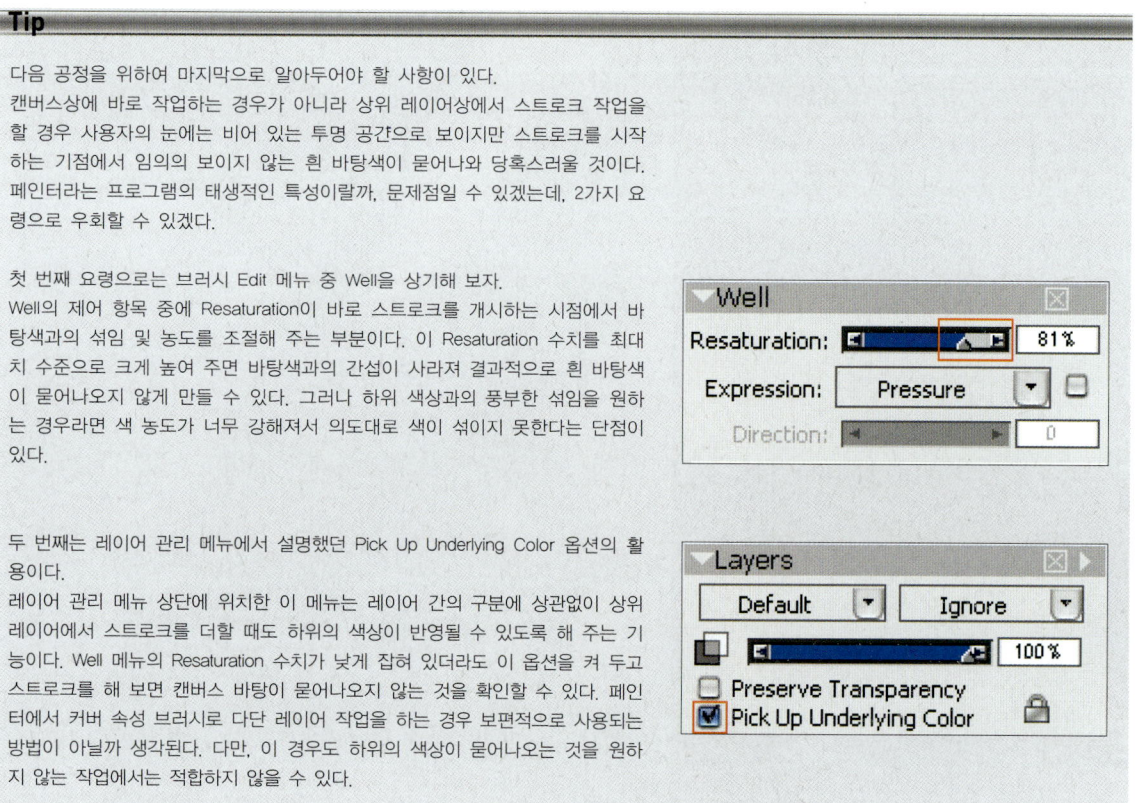

지금부터는 선(스케치)과 면의 경계를 의식하지 않고 밀도를 높여 묘사를 진행해 나간다.[1]

불필요한 선들을 덮어 간다는 느낌으로 덧칠하며, 머리카락이나 이목구비 같은 기존의 모호했던 디테일들을 명확하게 정리해 나간다.[2]

Alias of Anti Picture

이 단계에서의 공정은 별다른 것이 없다. 그저 얼마나 성실하고 꾸준하게 디테일을 정리해 나가는가 하는 인내의 과정이며, 가장 고된 과정이기도 하다.

따로 다루겠지만 가슴 갑주나 가죽 부분에는 부분적으로 질감 표현을 더하고, 눈동자나 입술, 버클 등 리플렉션이 필요한 경우나 단단한 물체에 하이라이트가 더해진다.[1]

1

대부분의 불필요한 잔선들의 정리가 마무리되었으며 디테일들도 제법 명확해졌다. 빛 방향을 따라 파생되는 하이라이트들의 흐름을 잡아 주며 묘사는 계속 진행된다.[2]

2

가슴 갑주의 문양 및 가죽의 스티치 등을 포함하여 웨더링 마무리까지 대부분의 디테일 마무리가 어느 정도 완료된 단계이다.[3]

Alias of Anti Picture

전체 이미지를 점검한다. 아직 완성이라고 하기에는 이르지만 대부분의 디테일 묘사가 완료된 단계에 이르렀으므로 이제 특정 표면의 질감 웨더링 작업과 액세서리 디테일 작업 등 진행 편의상 표현되지 못했던 세부 디테일 묘사 방법을 다루어 보겠다.

정준호의 비주얼 일러스트레이션 제작노트

쇠, 가죽 등 특정 질감의 표현

본 작업에 활용된 심플하면서도 활용 범위가 넓은 보편적인 방법을 소개하겠다. 조금 거창한 제목과는 달리 페인터에서 제공하는 종이 텍스처를 활용한 방법이다. 사용자의 응용에 따라 다양한 재질 표현에 사용할 수 있는, 단순하지만 매우 유용한 팁이다.

아무런 효과 처리가 가해지지 않은 상태

먼저 기본 명암 처리만 되어 있는 흉갑과 어깨 너머로 조금 드러난 견갑(肩甲)이다.
종이질감을 활용한 질감 웨더링에 용이한 브러시는 당연히 일반적으로 종이 질의 영향을 크게 받는 화구들이면 다 활용 가능하나, 필자가 추천하는 화구는 파스텔 계열의 브러시이다.
콘테나 크레용도 효과는 비슷할 수 있지만, 기본 속성이 Cover가 아닌 Build up으로 다루기 까다로울 수 있으며 본래의 속성을 변화시키면 종이 질감의 영향이 감소하므로, 애초에 Cover 속성을 지니되, 종이 질감을 잘 반영하는 파스텔로 기초 웨더링 작업을 시작한다.

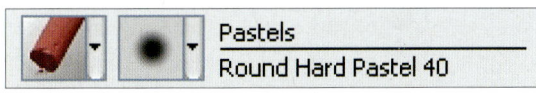

선택한 파스텔 배리언트 브러시는 Round Hard Pastel

Alias of Anti Picture

캔버스 페이퍼 관리

적절한 화구를 선택했다고 해도 그림의 전체 해상도나 분위기에 따라 적절한 종이 상태가 필요하다. 이제 캔버스 페이퍼 제어를 알아보자.

A 영역

사용자가 원하는 질감의 입자 크기를 만들기 위해서는 페이퍼 관리 창의 하단 게이지 중 가장 위의 Paper Scale을 조절해 준다. 그리고 웨더링 입자가 좀 더 강렬하고 분명하기를 원한다면 가운데의 Contrast 바의 수치를 올려 주어 대비를 강하게 하거나 낮출 수 있고, 가장 하단의 Brightness 조절을 통하여 전체적인 어둡기를 조절할 수 있다.

본 작업물은 4,500×6,200 Pixel의 크기로 작업하고 있다.

B 영역

선택되어 있는 종이의 모양과 수치 정보를 보여 준다. 우측의 2개의 아이콘은 각각 Directional Grain과 Invert Paper이다. Directional Grain을 체크하게 되면 입력 도구의 스트로크 방향이나 필압에 따라 질감 적용이 섬세하고 부드러워진다. Invert Paper는 말 그대로 종이 표면의 엠보싱을 반전시켜 준다.

C 영역

페인터답게 사용자의 편의를 위한 다양한 종이들이 제공되어 있다. 아이콘을 클릭하면 다양한 종이들의 리스트가 열린다.

본 작업에서는 디폴트 상태인 Basic Paper를 사용했다.

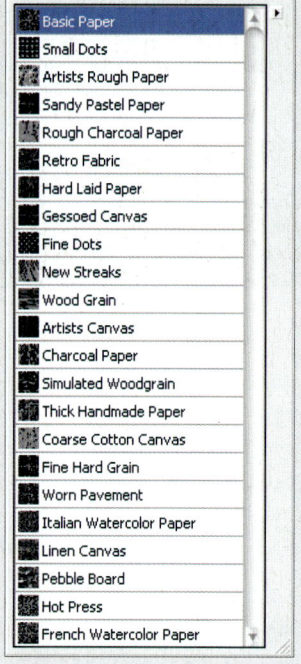

바탕에 적용해 본 Pastel 브러시 웨더링 샘플이다.[1]

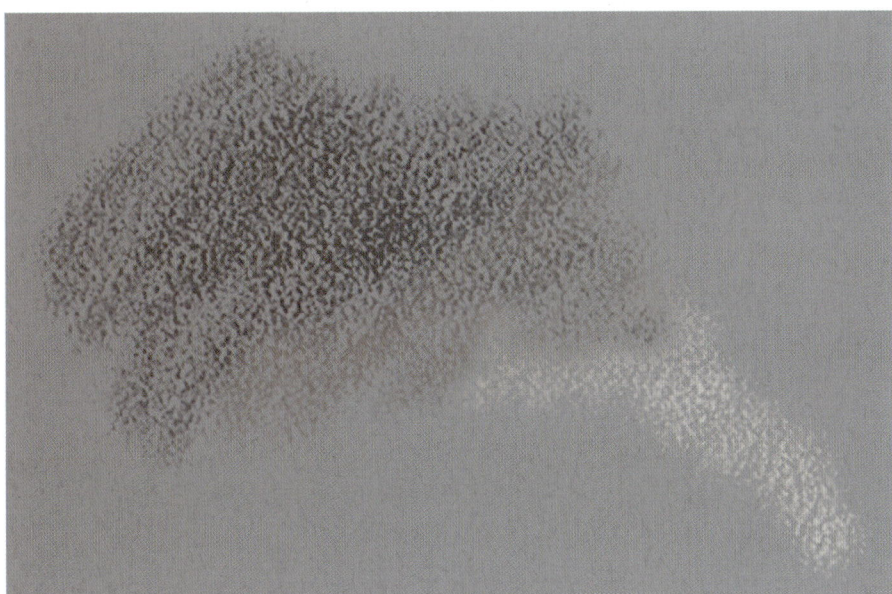

베이스 질감 묘사의 진행 과정이다. 전체적인 덩어리를 고려하면서 살살 문지르듯이 텍스처를 입혀 나간다. 한 번에 끝내고 싶다는 욕심을 버리고, 어디까지나 베이스를 생성하는 단계이므로 전반적으로 펼쳐 나가는 느낌으로 진행한다.[2]

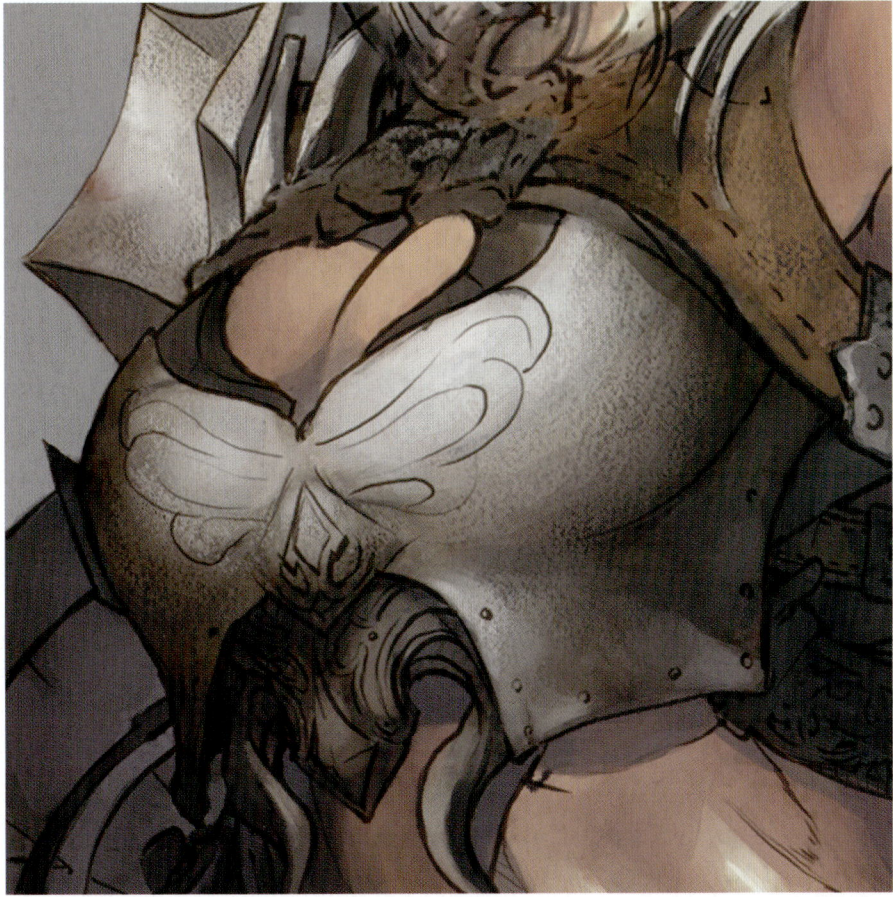

Alias of Anti Picture

갑주 부분만이 아니라 다른 부분도 전반적으로 묘사가 더 진행되었다. 부족했던 중간 톤을 더 만들어 주고, 버클 등의 오브젝트들도 모양을 명확히 결정한다.

> **Tip**
> 좀 더 풍부하고 극단적인 대비를 원한다면 신규 레이어를 생성하고 블렌딩 모드를 Overlay로 지정하여 그 위에 톤 채색을 함으로써 좋은 효과를 볼 수 있다.

갑주 표면의 상처나 어둠 안의 하이라이트 묘사 등을 구체화하여 설득력 있게 만들고, 웨더링 표현으로 인하여 퍼석퍼석해진 조형물을 단단하게 만든다.

묘사가 최종에 이르러, 마지막으로 흉부의 문양 묘사까지 마무리하고 갑주의 디테일 정리를 끝낸 상태이다. 최종 단계의 마스터링은 라이팅을 명확하게 정리하는 데 있다고 해도 과언이 아닐 것이다. 밀도를 원하는 그림이라면 최종 단계에서 그 어느 단계보다 꼼꼼한 마무리 체크가 중요하다.[1]

이제 같은 방법으로 질감과 묘사를 진행했던 다른 부분도 따로 살펴보자. 번쩍거리는 황금색 버클들의 묘사 진행을 본다.

색 배치와 기본적인 톤만 구성된 초기 상태이다.[2]
면의 양각과 음각을 구체화하여 형태를 명확히 결정한다.[3]
갑주 묘사와 마찬가지로 파스텔 브러시를 활용하여 하이라이트 부위에 질감을 더하면서 모양을 구체화한다.[4]
마스터링 작업까지 마무리를 거친 완료 상태이다. 언급했듯이 좀 더 번쩍거리는 효과를 위하여 블랜딩 모드의 Overlay 레이어를 생성시켜서 톤 작업과 질감 작업을 최종적으로 더했다.[5]

또한 피부에 맺힌 땀에는 송골송골한 윤기를 표현하고 싶었다. 오톨도톨한 표면을 가진 물체나 피부도 페인터 브러시의 제어 기능 하나로 손쉽게 얻을 수 있다.

1

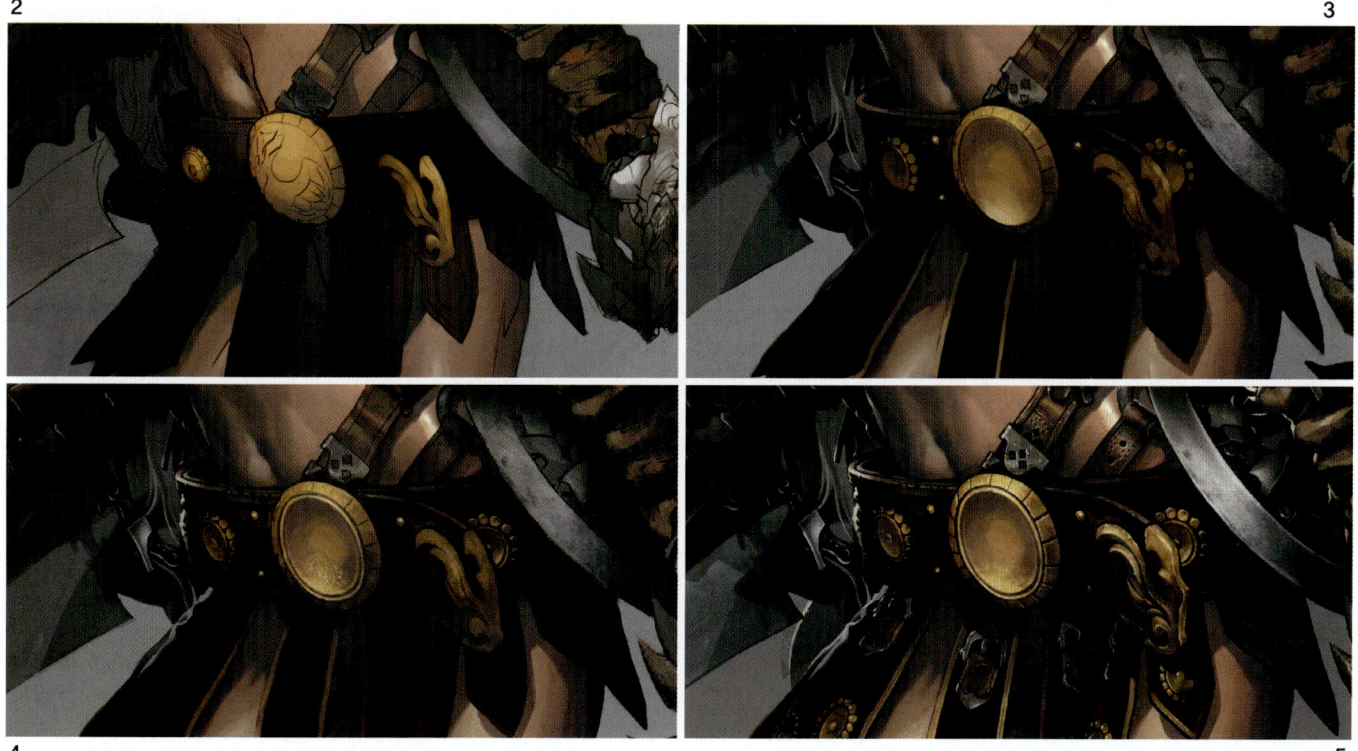

2   3
4   5

Alias of Anti Picture

하이라이트 표현(피부 질감 마무리)

포토샵의 Spacing가 일률적으로 스트로크의 간격만을 제어하는 개념이라면, 페인터는 Dab과 스트로크의 구분된 개념과 심지어 스트로크조차도 각 화구에 대응하는 복잡한 알고리즘을 내재하고 있다.

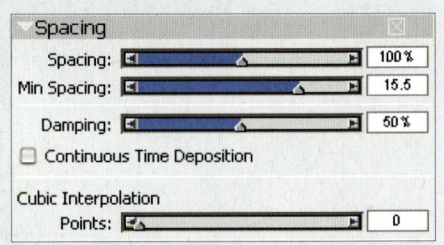

다시 한 번 Spacing의 각 기능별 제어 내용을 환기하면서 보도록 하자.
화구 중 Pens의 배리언트 Round Tip Pen을 예로 들어 보겠다. 아래쪽이 Round Tip Pen의 일반 스트로크 형태이고, 위쪽이 Spacing의 Min Spacing 값을 최대로 올려 준 스트로크 형태이다.

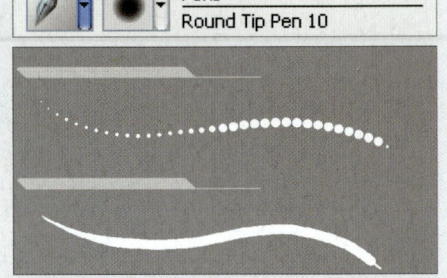

필자가 필요로 하는 너무 인위적이지 않은 파티클 효과를 위하여 본 작업에 선택된 브러시는 Pens의 배리언트 Leaky Pen이다.
둥근 Dab들이 랜덤 동선을 그리며 띄엄띄엄 스트로크를 따라온다. Spacing 값을 항목별로 줄여 보면 이 브러시의 Spacing 원리가 이해될 것이다.

이제 이 브러시를 적절한 간격으로 커스텀하여 피부 질감에 맺힌 하이라이트 처리를 해보자.

다리의 묘사 과정이다.[1]

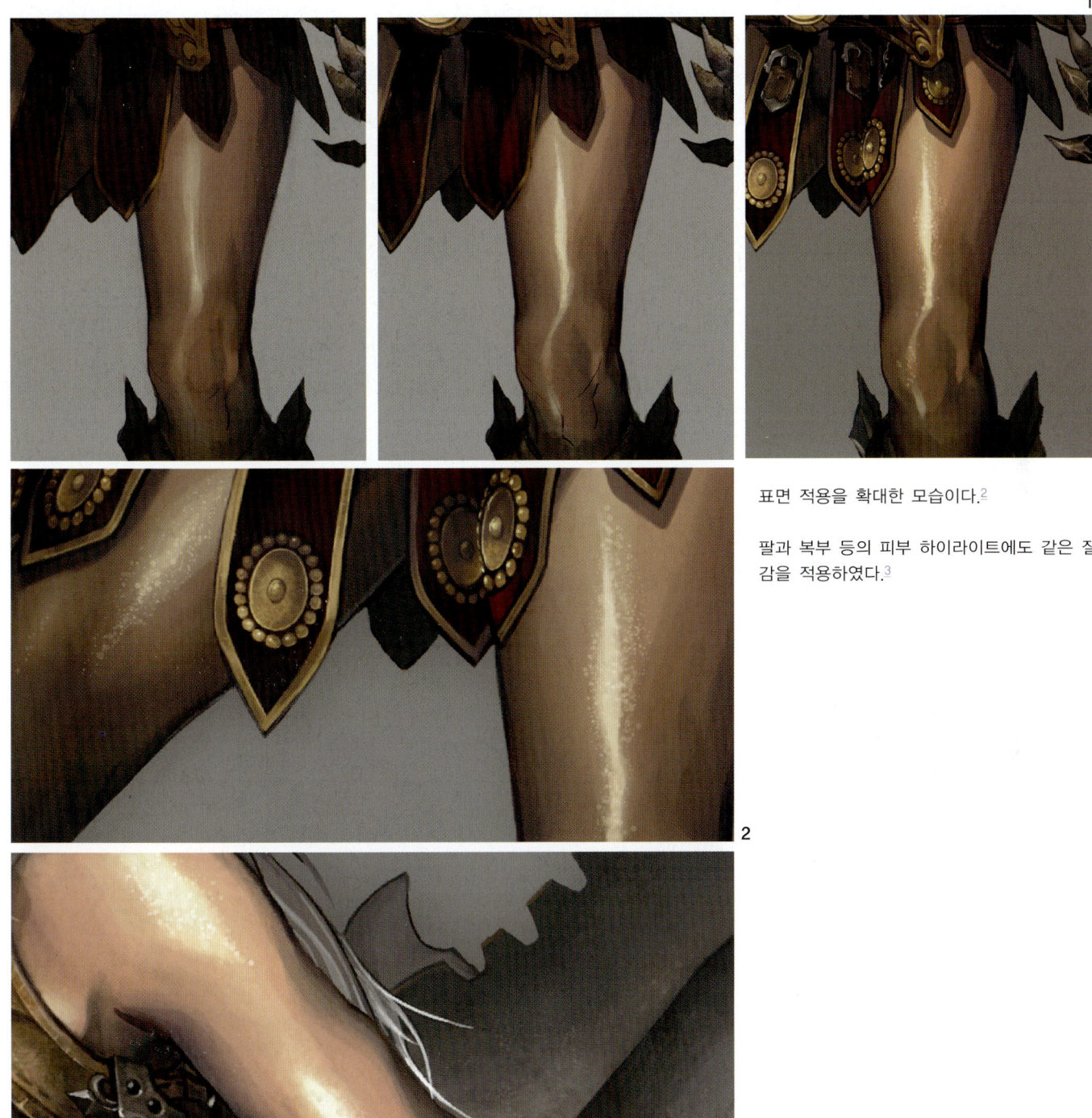

표면 적용을 확대한 모습이다.[2]

팔과 복부 등의 피부 하이라이트에도 같은 질감을 적용하였다.[3]

캐릭터를 레이어로 분리해 작업한 덕분에 그림자 작업도 독립적으로 후반에 추가하였다.

이제 최후 과정으로 캐릭터를 꾸며 줄 배경 패턴을 제작, 삽입하도록 하겠다.
오랜만의 페인터 작업인 만큼 페인터 브러시만이 가능한 아이디어를 생각해 보았다.

거친 동양화의 붓결을 흉내 내기 좋은 브러시들이다. 스트로크 샘플은 변경 사항이 없는 기본 배리언트들이다.

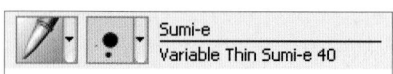

Sumi-e의 배리언트 브러시들로, 위에서부터 순서대로 다음과 같다.
- Thick Blossom Sumi-e
- Opaque Bristle Sumi-e
- Soft Bristle Sumi-e
- Variable Thick Sumi-e
- Variable Thin Sumi-e

정준호의 비주얼 일러스트레이션 제작노트

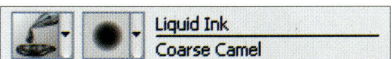

어찌 보면 동양화라는 이름의 Sumi-e보다 더 동양화적인 터치를 표현하는 데 좋은 속성을 가진 것이 Liquid Ink 브러시이다.
Liquid Ink의 추천 배리언트 브러시들로, 위에서부터 순서대로 다음과 같다.
- Coarse Camel
- Coarse Bristle
- Graphic Camel
- Smooth Thick Bristle
- Sparse Flat

Alias of Anti Picture

캐릭터를 꾸미기 위한 요소이므로 캐릭터 실루엣을 마스크로 놓고 상위 몇 가지의 배리언트 브러시들을 조합하여 그림과 같은 스트로크 패턴을 만들었다.

Tip

Sumi-e 브러시의 특성상, 레이어 위에서는 원래의 성질을 제대로 나타내지 못하는 경우가 많기 때문에 부득이하게 기본 캔버스에 다이렉트로 그려 넣은 후 다시 분리하는 번거로운 과정을 거쳤다.

분리 방법은 앞 단락에서 익혔던 채널을 활용하여 정교한 결과물을 얻는다.

작업 간 색 보정과 레벨 보정이 지속적으로 병행되었으나, 포토샵에서 이루어졌으므로 전개상 일관성을 위하여 생략되었다. 색조와 대비 보정에 대해서는 관련 단원에서 자세히 다루도록 한다.
칼날과 일부 재질 표현에 사용된 텍스처 기법도 차후 단원에서 따로 다루게 되므로 생략되었음을 알린다.

이제 분리한 장식용 패턴을 캐릭터 하위에 배치하고, 적당히 어울리는 색조를 지정함으로써 최종 마무리한다.

정준호의 비주얼 일러스트레이션 제작노트

Warrior Female
2007 / MO GAME 'Project Versus' (NPLUTO) / Painter 9 / 4718*6500 Pixel

포토샵을 이용한 컬러링 작업
(포토샵의 브러시 운용과 레이어 관리)

포토샵을 활용한 컬러 일러스트 작업을 진행해 보자.
실제 컬러링 작업에 들어가기 전에 먼저 브러시 커스텀과 레이어 활용기법에 대해서 살펴보고자 한다.

정준호의 비주얼 일러스트레이션 제작노트

브러시 커스텀

포토샵을 사용한 본격적인 채색 작업에 들어감에 있어 채색용 화구를 언급하자면 사실 페인터와는 달리 포토샵은 딱히 화구 선택이라는 표현이 의미가 없을 수도 있다. 이전 버전과 비교하여 훨씬 풍부해진 표현력을 가지고 있다고는 하나, 페인터와 비교해 보면 제공되는 많은 배리언트들이 어차피 일률적인 스트로크 알고리즘을 표현 기반으로 두고 있다. 그러므로 화구 선택을 통한 표현의 분기라기보다는 단지 브러시 모양 선택에 가깝다고 이해하는 쪽이 맞을 것이다.

포토샵 브러시 제어 파트에서 이미 설명한 내용이지만 필자가 포토샵 작업 시에 애용하는 브러시 형태를 다시 한 번 소개하고 진행하기로 한다.
포토샵 브러시 커스텀에 대한 자세한 부분은 Chapter 1 > Step 3을 참고한다.

Tip

이 브러시를 만들게 된 계기와 용도는 일반적인 샤프펜슬이나 HB 정도의 연필 선과 유사한 감각의 브러시를 만들고자 하는 의도에서였다. 현재까지 포토샵으로 작업된 결과물들은 대부분 이 계열의 브러시로 작업된 것이다. 페인터에 비해 회화적인 질감 표현이 약했던 터라 커스텀 브러시들은 대부분 하드 웨더링 위주로 세팅되었다.

이 브러시의 커스텀은 포토샵에서 기본 제공된 브러시 템플릿 중에서 이름이 Chalk 계열의 브러시라면 무엇이라도 상관없이 베이스가 될 수 있다 (브러시의 고유 이름은 해당 브러시를 2번 클릭하면 확인할 수 있다).

포토샵의 브러시 에디팅에서 가장 중요한 옵션 항목은 공통적으로 단연 Shape Dynamics이다.

Shape Dynamics 항목을 체크하면 다음의 메뉴가 활성화되는데 여기서 가장 핵심적인 조정은 Size Jitter와 Angle Jitter의 수치 상향이다. Size Jitter는 10~30% 정도의 낮은 수치에서 변화 폭을 주고, Angle Jitter는 50~80% 정도의 수치로 일률적인 결 방향을 깨뜨린다.
이것만으로도 최소한 의도했던 기능에 가까워졌다.

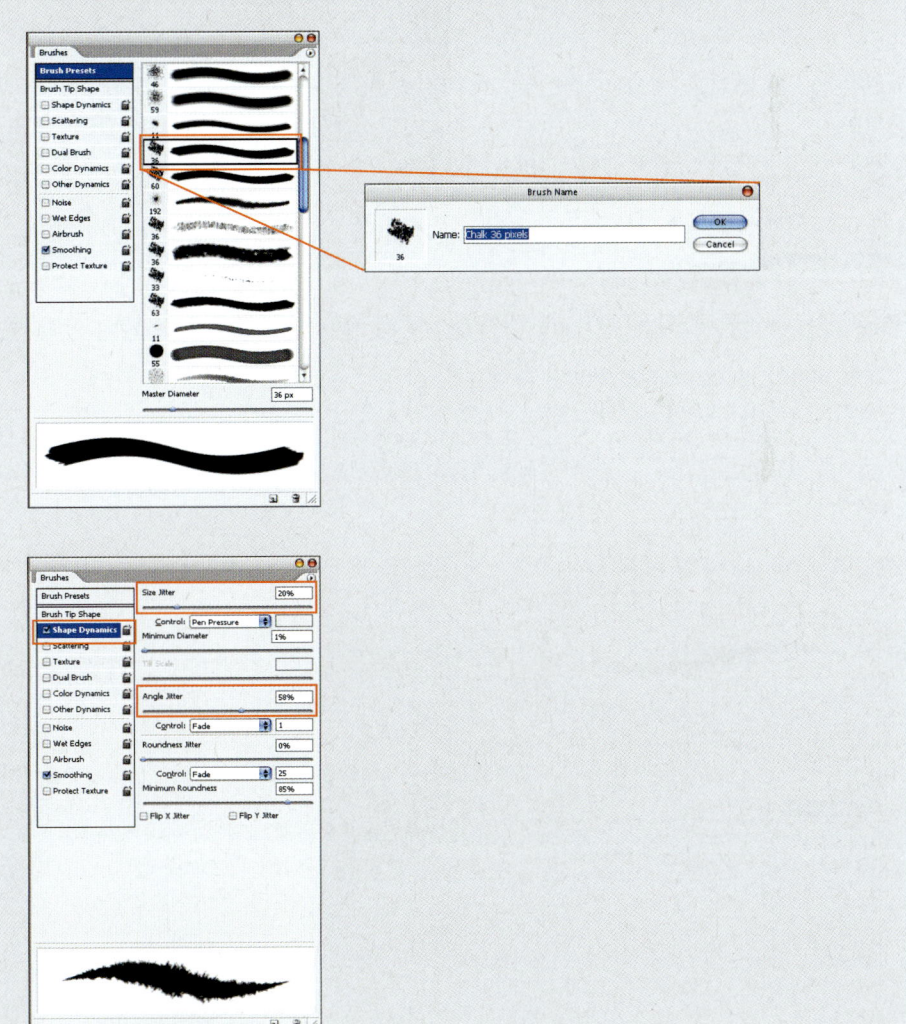

Alias of Anti Picture

다음으로 두드러지는 영향을 미치는 커스터마이즈 항목은 단연 Brush Tip Shape이다.
변화의 체감 차가 큰 메뉴는 브러시의 지름(Diameter) 값과 Spacing 이다. Spacing은 스트로크의 간격 차가
실제 태블릿 운용 시 브러시의 체감 차이가 확연히 달라지기 때문이고(Hard/Soft 체감) Angle, Roundness
도 역시 브러시 모양 자체에 영향을 미치는 큰 체감 차이를 가져온다.

Diameter 수치는 40~60Pixe의 중간 수치로, Roundness는 대략 50 정도로, 찌그러뜨릴수록 스트로크 자체의
중심 결은 줄어들고 주변의 결들이 살아 더 거친 모양으로 변하는 걸 확인할 수 있다. Angle은 페인터 때와
마찬가지로 사용자의 편의에 맞는 방향으로 지정해 주면 된다.

커스텀 항목 하단의 Noise와 Smoothing 옵션은 사용자의 의도에 따라 결정하면 된다.

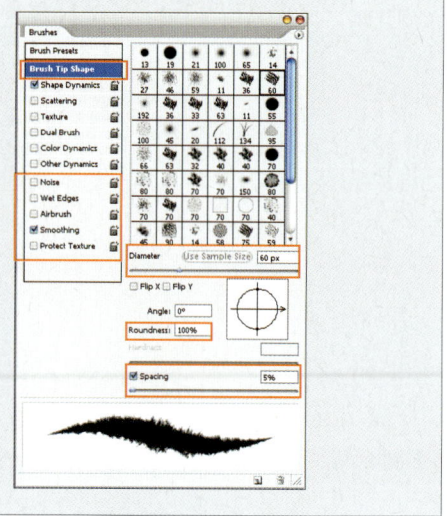

동일한 브러시 형태를 토대로 더욱 거친 버전과 좀 더 부드러운 버전을 생성하여 등록
하였다.

①은 설명한 커스텀 브러시, ②은 세팅값을 변경시켜 붓 모
양을 더 거칠게 만든 하드 버전, ③은 Scattering을 적용시
켜 더 부드럽게 만든 소프트 버전이다.

Tip

하드 버전과 소프트 버전의 에디팅 수치

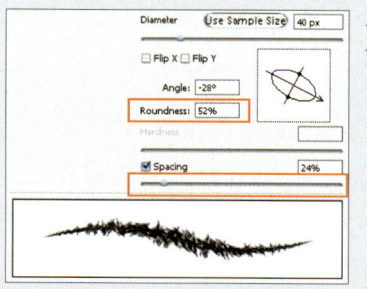

스트로크를 거칠게 만들고 싶다면 Brush Tip Shape 메뉴에서 Roundness 수치를 낮추거나 Spacing의 수치를 키워
준다. 찌그러뜨림은 주변의 결을 더욱 살리는 결과를 만들고, 간격(Spacing)은 붓 모양을 이격시킨다.

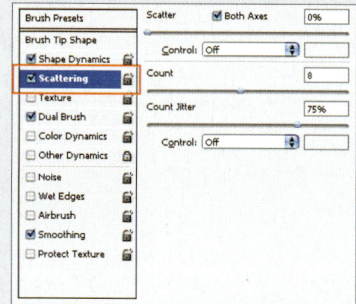

부드러운 스트로크 버전은 고유 속성을 다치지 않게 하기위하여 근본적인 부분에 손대지 않고 Scattering 옵션을 활
성화시킴으로써 해결하였다. 체크 시의 디폴트 옵션 레벨로 특별한 문제가 없을 것이다.

Chalk 계열 커스텀 브러시의 성격별 배리언트의 스트로크 샘플이다.

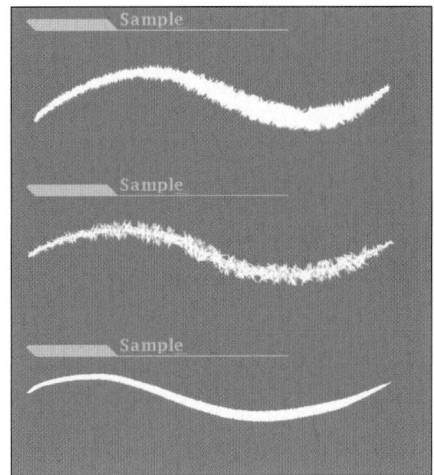

이것으로 본 작업에서 메인으로 사용될 브러시의 커스텀이 끝났다. 이 브러시는 수작업의 연필 스케치와도 잘 어울리므로 스캔 받은 선 정리에도 유용하지만 포토샵에서 직접 디지타이저(태블릿)를 활용하여 밑그림을 그릴 때에도 무척 다루기가 매우 편하며 위화감이 적다.

포토샵의 레이어 다루기

편집 능력이 강력한 포토샵답게 아무래도 페인터보다는 훨씬 강력하고 다양한 편의 기능들을 갖추고 있다. 레이어에서 제공하는 기능들만 잘 이해하고 활용할 수 있게 되어도 일러스트레이션 제작을 위한 포토샵 환경의 많은 부분을 익히게 되는 것이다.

A 영역

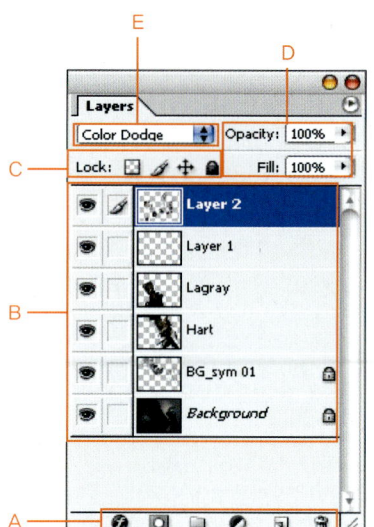

① (Add a layer style) : 레이어 스타일을 추가한다. 레이어 스타일이란 포토샵의 강력한 디자인 편의 기능으로, 순수한 일러스트레이션 제작에 있어서 그 비중은 상대적이겠지만 과거부터 현재까지 디자이너들에게 요구되는 각종 이미지 효과들을 일종의 필터처럼 체계적으로 제공하고 있다.

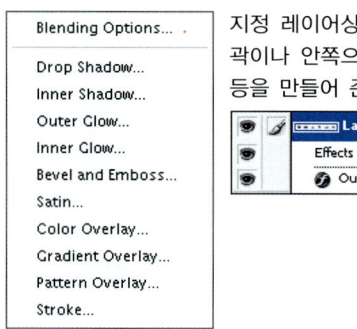 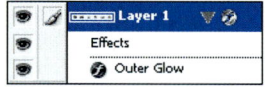

지정 레이어상의 이미지에 그림자 효과, 다양한 '양각 효과', 이미지 외곽이나 안쪽으로 '발광 효과', 특정 '패턴'이나 '질감 효과' 및 혼합 모드 등을 만들어 준다.

효과가 적용되면 레이어상에 그림과 같은 정보 표시가 나타나며 언제든지 따로 재편집할 수 있다(스타일만 따로 다루기에도 몇 페이지 분량이 소요되므로 스타일의 각 항목들은 후반 텍스트 운용 편에서 자세히 다루기로 한다).

② (Add layer mask) : 레이어 마스크를 추가 생성한다.

③ (Create a new set) : 새로운 세트를 만든다. 쉽게 설명하면 폴더를 생성하여 레이어 개체들을 정리할 수 있다. 작업에 따라 너무 많아진 레이어를 사용자가 체계적으로 파악하고 관리할 수 있도록 해 준다.

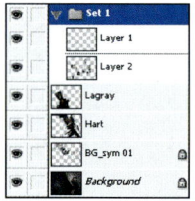

④ (Create new fill or adjustment layer) : 새로운 색 채우기나 조정 레이어를 생성한다.
포토샵 프로그램의 일반적인 색상 변환, 명도나 대비 조절 등의 여러 보정(조정) 기능들은 메인 메뉴의 Image의 Adjust의 하위 메뉴들로 구성되어 있다. 이 항목의 명령은 일반 Fill이나 Adjustment와 기능 수행은 동일하나 큰 차이가 있으니 주목하도록 한다.

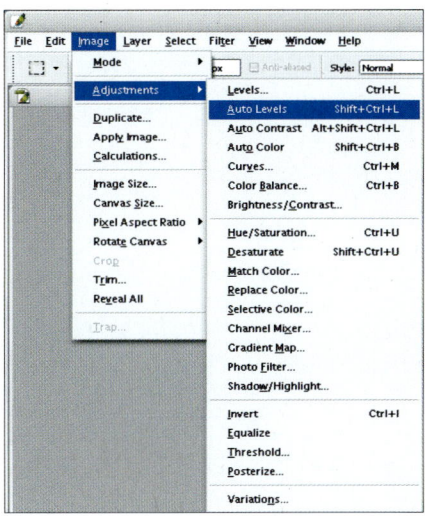

본 Create new fill or adjustment layer의 조정 레이어를 통하여 명령이 수행된 결과물들은 그림과 같이 레이어상에 레이어 마스크를 생성시키며 적용되어 레이어 구분에 상관없이 하위 모든 레이어에 그 효과를 적용시키며, 중요한 것은 작업 중에 언제든지 무제한 수정이 가능하다는 점이다.

그림은 Level 명령을 적용한 것이며, 이처럼 기능이 수행되면 보기와 같이 마스크 레이어를 생성시키면서 적용된다. 이는 레이어가 여러 개로 구분되어 있을 경우 레이어를 합치지 않고도 하위 모든 레이어에 효과를 적용시켜 볼 수 있으며, 적용 부분의 수정/삭제가 언제든지 가능하다. 레이어 분할이 많은 작업 방식을 선호하는 사용자라면 필히 이 내용을 잘 숙지하고 활용할 수 있도록 한다.

⑤ (Create a new layer) : 새로운 일반 레이어를 추가한다. 이미 존재하는 대상 레이어를 드래그하여 아이콘으로 옮기면 기존 레이어가 복제 생성(Duplicate Layer)된다.

⑥ (Delete layer) : 지정된 레이어를 삭제한다.

Alias of Anti Picture

B 영역

레이어 내비게이션 윈도우이다. 보기와 같이 다양한 레이어의 지정 상태를 표시해 주며, 원하는 레이어를 지정할 수 있다. 앞에서 언급되었던 기능들이 적용된 다양한 속성의 레이어들이다.

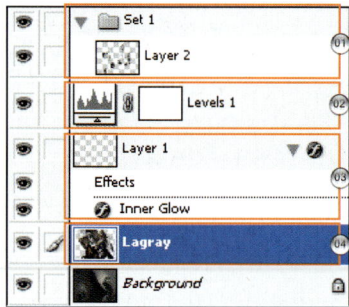

① 세트 명령으로 폴더에 귀속된 레이어의 상태 표시이다.
② 마스크 형태로 기능이 적용된 레이어의 상태 표시이다. 이미지 보정 명령이나 패쓰 정보 등 다양하게 적용될 수 있다.
③ 스타일이 적용된 레이어의 상태 표시이다.
④ 일반 레이어의 상태 표시이다. 레이어의 보호 기능이 적용되면 자물쇠 모양의 아이콘이 표시된다.

Tip

포토샵 버전 CS1과 CS2의 레이어 제어의 변화

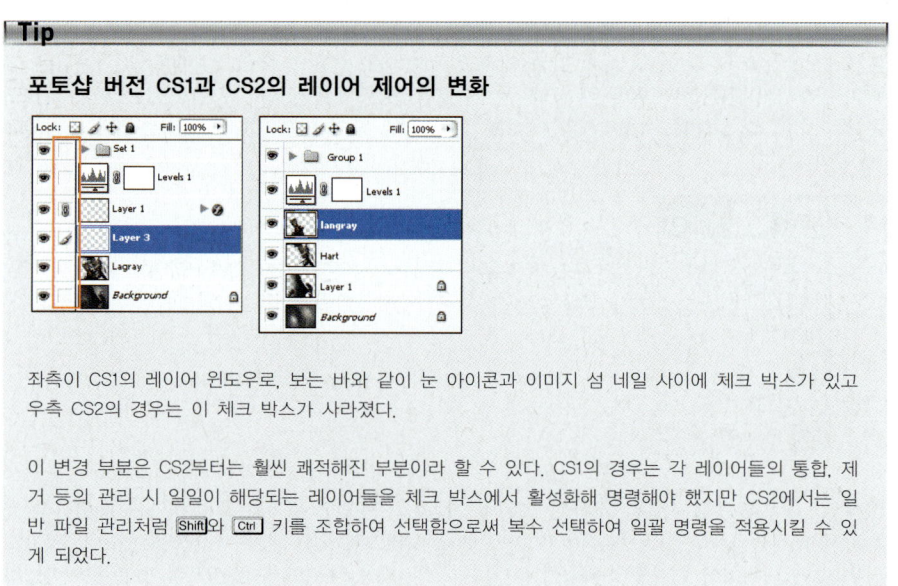

좌측이 CS1의 레이어 윈도우로, 보는 바와 같이 눈 아이콘과 이미지 섬 네일 사이에 체크 박스가 있고 우측 CS2의 경우는 이 체크 박스가 사라졌다.

이 변경 부분은 CS2부터는 훨씬 쾌적해진 부분이라 할 수 있다. CS1의 경우는 각 레이어들의 통합, 제거 등의 관리 시 일일이 해당되는 레이어들을 체크 박스에서 활성화해 명령해야 했지만 CS2에서는 일반 파일 관리처럼 Shift와 Ctrl 키를 조합하여 선택함으로써 복수 선택하여 일괄 명령을 적용시킬 수 있게 되었다.

C 영역

각종 레이어의 잠금 기능이다.

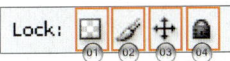

- (Lock transparent pixels) : 해당 레이어에서 투명 영역에 대한 작업을 보호한다. 투명하지 않은 데이터 영역은 작업이 가능하다.
- (Lock image pixels) : 선택된 레이어상에 이미지가 보호되어 그리기 작업이 불가능해진다.
- (Lock position) : 선택된 레이어상의 데이터의 위치 이동이 불가능해진다.
- (Lock all) : 상위 모든 속성들에 대하여 잠금 보호된다. 어떤 작업도 불가능해진다.

D 영역

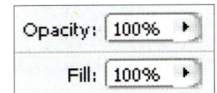

- Opacity : 불투명도, 선택된 레이어의 투명도를 조절한다.
- Fill : Opacity와 혼동되는 부분이다. 상단 Opacity가 레이어 이미지 전체의 투명도를 조절한 다면, Fill 투명도는 작업 중인 레이어상에서 스타일 등의 효과들이 적용되지 않은 단지 채색된 이미지 부분의 투명도만을 조절한다.

E 영역

```
Normal
Dissolve

Darken
Multiply
Color Burn
Linear Burn

Lighten
Screen
Color Dodge
Linear Dodge

Overlay
Soft Light
Hard Light
Vivid Light
Linear Light
Pin Light
Hard Mix

Difference
Exclusion

Hue
Saturation
Color
Luminosity
```

레이어 혼합 방식(블랜딩 모드)을 지정한다. 앞의 페인터 레이어에서 알아 보았던 혼합 방식과 겹치는 방식도 눈에 띌 것이다. 같은 이름의 혼합 방식은 거의 유사하게 양 프로그램에서 호환 가능하다. 당연한 이야기겠지만 포토샵이나 페인터만의 고유한 블랜딩 모드는 서로 호환이 되지 않으므로 병행 작업 시 착오가 없도록 한다.

부득이한 경우라면 아예 레이어를 캔버스에 Drop시키거나, 아직 레이어를 병합하기 어려운 상황이라면 아예 파일을 하나 더 복제해서 작업한 후 포토샵에서 동시에 작업하는 등 다소 원시적인 방법을 취할 수밖에 없다.

포토샵의 블랜딩 모드에 대해서 알아보도록 한다.

하위 이미지가 될 하늘 그림 / 상위 이미지가 될 캐릭터 일러스트 샘플

Normal : 혼합 모드의 표준 모드로, 상위의 이미지는 아무런 효과 없이 적용된다.

Dissolve : 상위 이미지가 모래 등의 파티클을 뿌린 것 같은 효과를 가지며 겹쳐진다. Opacity를 줄이면 입자의 밀도가 줄어드는 듯이 표시된다(Opacity 70% 적용).

Darken : 상위의 이미지가 하위의 이미지보다 밝은 부분은 투과시키고 어두운 부분만을 반영시켜 결과적으로 어둡게 표현된다.

Multiply : 상위 이미지의 색상과 하위 이미지의 색상이 곱하기로 추가되며 겹쳐진다. 따라서 2배 어두워지는 체감을 주며, 상위의 밝은 부분은 밝은 만큼 투명하게 투과되는 효과를 가진다.

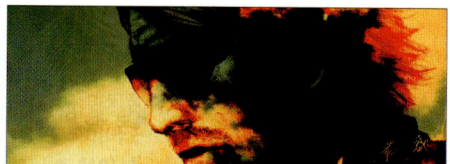

Color Burn : 색상(色相) Burn이다. 상위 이미지의 어두운 부분을 유지하면서 하위와 겹치는 이미지를 어둡게 만들어 명도와 채도를 상승시킨다. 이로 인하여 전반적으로 강렬하고 어두워지는 효과를 가지며, Color Dodge 와는 반대 개념이 된다.

Linear Burn : 선형(線形) Burn이다. 상위 이미지와 하위 이미지를 비교하여 흰색에 가까운 밝은 부분에 라이팅 효과를 더하고, 보다 어두운 부분은 제외하여 이미지를 태운 듯한 효과를 준다.

Lighten : 상위 이미지의 더 밝은 이미지는 그대로 보여주며, 어두운 영역은 투과되어 하위의 이미지를 보여 준다. Darken과는 반대 효과를 가진다.

Screen : 상위 이미지와 하위 이미지의 색상을 비교하여 밝아진 부분을 더욱 밝게 만들어 전반적으로 이미지가 빛을 받은 듯 밝아진다. 두 레이어의 밝음이 합쳐지는 것이다.

Color Dodge : 색상(色相) Dodge이다. 채널의 색상 정보를 기반으로 하여 전반적인 이미지를 밝게 구성한다. 상위의 흰색에 가까운 부분은 유지하되 겹치는 부분의 채도가 상승하여 극적인 색감을 가지며 밝아진다.

Linear Dodge : 선형(線形) Dodge이다. 상위 이미지의 흰색에 가까운 부분을 제외하고 하위 이미지보다 어두운 부분에 빛을 추가하여 밝게 표시한다.

Overlay : 이미지의 기본 명암 톤은 유지하되 하위 이미지와 비교하여 어두워지는 부분은 Multiply 방식으로 배수로 어둡게 만들고, 밝은 부분은 Screen 방식으로 더욱 밝게 계산하여 채도와 대비가 강렬하게 상승한다.

Soft Light : Overlay와 유사한 방식을 기반으로 하고 있으나, 상위 이미지 암부를 크게 잡아 결과적으로 하위 이미지가 더 많이 반영되며 색상 대비값이 상승하여 표시된다.

정준호의 비주얼 일러스트레이션 제작노트

Hard Light : Overlay와 유사한 방식을 기반으로 하고 있으나, 대비 효과를 기반으로 하여 상위의 이미지가 부각되는 계산 방식을 가진다.

Vivid Light : 검은색 부분은 그대로 두되 밝은 부분에 라이팅을 추가함으로써 전반적으로 빛이 덧대어져 강렬하게 반사되는 듯 밝아지는 결과를 얻는다.

Linear Light : 어두운 부분은 그대로 두되 밝은 부분을 더 밝게 처리하여 상위 이미지와 하위 이미지의 밝기 대비를 크게 만들어 이미지를 선명하게 만든다.

Pin Light : 상위 이미지와 하위 이미지를 비교하여 흑백 영역은 적용시키지 않고, 중간치의 색상들은 반전 색조를 생성시켜 표시한다.

Hard Mix : 색상, 명도 등의 혼합 비율을 추적하여 강렬한 대비와 색조로 섞이게 된다. 따라서 극단적인 밝기 차이와 색조만을 남기는 결과물이 나타난다.

Difference : 상위 이미지와 하위 이미지의 밝기를 대조하여 상위 이미지의 밝은 부분은 하위의 색상을 반전시켜 반영한다.

Exclusion : 기본적으로 Difference와 동일한 방식이나 중간 톤의 저채도(회색) 표현이 반영되어 좀 더 부드럽고 탁한 결과물이 된다.

Hue : 상위 이미지의 색상이 하위 이미지의 명도와 채도에 의하여 변경되며, 하위 이미지의 색상을 상위 이미지의 보색 색상으로 적용시킨다. 색조 변화 외에 다른 변화는 반영되지 않으므로 하위 이미지의 명도와 채도는 그대로 유지된다.

Saturation : 상위의 레이어 이미지의 채도만이 반영된다. 하위 레이어의 색상과 명도에 상위 레이어의 채도가 합쳐지는 결과물이 표현된다.

Color : Hue와 유사하나 상위의 레이어 색상과 채도를 반영한다. 하위 레이어의 명도에 상위 레이어의 색상과 채도가 합쳐지는 결과물이 나온다.

Luminosity : 하위 이미지의 색상 및 채도는 그대로 유지하되 상위 이미지의 명도만을 반영하여 하위 이미지 위에 표시한다.

Tip

레이어 다루기의 끝으로 유용한 레이어 명령어 단축키를 몇 가지 소개하도록 하겠다.

- (New Layer) 신규 레이어(일반) 추가 : Shift + Ctrl + N
- (Merge) 하위 레이어와 병합 : Ctrl + E
- (Merge Visible) 보이는 레이어들 병합 : Shift + Ctrl + E
- (Layer via Copy) 대상 레이어의 영역 선택된 이미지를 : Ctrl + J 복사하여 신규 레이어로 추가한다

여기까지 포토샵의 레이어 활용 관리법에 대해서 알아보았다.
포토샵에서 회화적인 페인팅 기법을 사용하려면 레이어 블랜딩의 일부 모드들이 필수, 활용되므로 잘 숙지하기 바란다.

Alias of Anti Picture

이제 포토샵을 활용한 컬러 일러스트 작업을 진행해 보자.

이번 과정에서 소재가 될 그림은 2007년 초경 일본 게임 회사인 NIS(니폰이치소프트웨어)에서 퍼블리싱하고 SEGA의 분사 스튜디오 HIT MAKER에서 제작한 Dragoneers Aria라는 PSP용 게임의 홍보용 일러스트 중 하나이다.

2007 / 〈Dragoneer's Aria〉 / NIS(Japan)

본래 작업자가 단품 계약 작업이든 회사나 스튜디오의 근속된 용역 형태의 작업을 하든 스튜디오 디자이너(원화가), 혹은 일러스트레이터가 큰 예산이 할당된 마케팅 작업을 위한 리소스를 제작함에 있어서는 작업 개시 사전에 반드시 프로젝트 디렉터나 해당 마케팅을 전개할 사업팀과의 충분한 이해 조율이 우선적으로 병행되어야 한다.

당연한 과정으로 여겨질는지 모르지만 이는 막상 실작업자에게는 큰 부담으로 다가오기 마련인데, 문제는 작업자 자신이 잘 그릴 수 있는 주제 혹은 그리고 싶은 주제와 그 방향성이 일치하지 않을 수도 있고 설상가상으로 그 방향성이 아주 동떨어질 수도 있다는 것을 숙고하고 대비해야 한다.

본편 작업에서도 언급한 프로세스대로, 마케팅 퍼블리셔인 NIS 측과 사전에 충분한 커뮤니케이션을 통하여 방향성을 공유하고 몇 장인가의 러프를 주고받으며 컨펌을 거쳐 본 작품의 주인공인 Hart(하르트)와 라이벌 캐릭터인 Langry(랑그레이)의 대비 구도의 레이아웃으로서 캐릭터 투 샷으로 최종 결정되는 과정을 거쳤다.

스케치와 선 추출

최종적으로 의견 조율이 완료된 스케치가 이것이다. 일정이 다소 빠듯했고 사측과의 협의를 거치느라 디테일이 가벼운 스케치 상태였지만 별도의 추가 작업 없이 바로 컬러링으로 들어가게 된다. 본 일러스트가 잡지 게재나 동영상용 리소스 등의 용도로 활용되는 측면을 사전에 고려하여 세로 방향(Vertical)이나 가로 방향(Horizontal)의 양쪽 편집에 대응될 수 있도록 작업 간 레이어에 의한 명확한 개체 구분을 염두에 두고 작업한다.

작업 해상도는 최소 6,000Pixel 이상에서 8,000Pixel 정도가 적정하다고 판단하였으나, 초반부터 캔버스 이미지 사이즈가 너무 크면 베이스 컬러링이나 톤 보정 작업에 있어 PC에 가해지는 부하가 제법 커서 효율이 떨어질 수 있으므로 초반에는 5,000~6,000 정도로 세팅하여 작업을 개시하고, 마무리 공정에서 이미지를 예정대로 확대하여 마스터링을 하는 것도 요령이 될 수 있겠다.

Tip

선화(線畵) 자체를 최종까지 살려서 갈 의도라면 작업 초반에 지정되는 해상도의 의미가 중요하겠으나, 앞 단락의 페인터 작업처럼 스케치 자체가 가이드가 되어 줄 뿐 특별히 그 이상의 의미가 아니라면 너무 부담스럽지 않은 적정한 해상도의 이미지로부터 수정하여 컬러링이나 필터링이 일단락된 상태에서 다시 이미지를 키워 디테일에 들어가는 방법도 하나의 요령이다.

수작업의 경우도 스케일의 압박을 결코 무시할 수 없듯이 캔버스 사이즈 자체가 비대하게 클 경우 전체적인 작업의 흐름을 파악하는 것이 둔해질 수 있다. 또한 브러시 스트로크 러쉬에 의한 처리 부하 등 사용자의 PC의 사양에 따른 스크래치 버퍼로 인하여 처음부터 물리적인 스트레스와 심적 부담을 일으켜 소극적인 작업을 유발할 수 있으므로 참고하자.

Alias of Anti Picture

우선 포토샵으로 러프 스케치를 호출한 뒤 선 추출은 앞 단락의 방식대로 채널(Channel) 방식
을 동일하게 적용한다.

정준호의 비주얼 일러스트레이션 제작노트

추출한 선 레이어의 블랜딩 속성은 Multiply로 변경하고, 스케치 선의 자체 색상은 옅은 갈색 톤으로 지정한다. 채널을 통하여 깨끗하게 구분된 선화인데도 레이어 속성을 따로 지정하는 이유는 순수한 검은색이 아닌 임의의 색상을 선화에 지정해 주었을 경우 하위의 채색 색상보다 선화가 밝아질 수 있기 때문이다(예를 들어 어두운 영역). 선이 분명하게 분리되어 있는 것과는 별개의 문제인 것이다.

이런 경우 결코 하위의 채색보다 상위의 스케치 선화가 밝아질 수 없으므로 얼마든지 스케치 선화의 색상을 부드러운 색으로 지정할 수 있고, 따라서 밝은 영역이나 전반적인 부분에 있어서 채색과 어울리는 선화의 색을 알아서 손쉽게 만들어 주기 때문이다.

> **Tip**
>
> 필자가 일반적으로 선에 갈색 톤을 선호하는 이유는 본인의 주류 컬러가 난색 계열인 영향도 있지만, 본래 Cover 속성의 수작업 도료들에서도 노란색이 밑그림 컬러로 애용되어 왔듯이 노란색 특유의 뉴트럴 속성이 여러 톤의 대응에 무난하기 때문이다.

선을 추출해 낸 뒤에는 잔여의 불필요한 선이나, 컬러링 전에 가이드해 둘 필요성이 있는 선들을 수정 및 보완한다. 선 정리 작업은 Channel 추출 작업 전이든 후이든 상관없다. 그러나 의도적으로 스캔한 선을 웨더링으로 활용할 경우 꼼꼼한 정리는 따로 필요 없을 듯하다. 이로써 컬러링을 위한 사전 작업이 종료되었다.

Alias of Anti Picture

색 계획(Color Plan) 1차 기초 페인팅

페인터 컬러링에서도 반복되는 과정인 '색 계획'이다. 이번 작업의 경우는 캐릭터들의 복장이 사전에 설정 진행되었기 때문에 복장에서의 일차적인 컬러 고민은 덜게 되었지만 지정되어 있는 컬러를 잘 살리면서도 환경과 어울릴 수 있는 무드(mood)를 충족시키기 위한 고민은 피할 수 없는 과정이다.

초기 의도대로 두 캐릭터를 레이어 분할하여 여러 역할의 리소스로 활용할 계획이었으므로, 밀도 높은 배경 묘사는 배제하되 심플하고 시크한 분위기로 접근하기로 결정하였다.

무속성 색상인 그레이(Gray)를 역시 베이스로 깔고 캐릭터를 러프하게 칠해 나간다. 마찬가지로 애니메이션의 셀 컬러링과 비슷한 감각의 작업으로 브러시의 Opacity 수치를 100%로 채워 주고 작업하면 페인터의 브러시보다는 한결 정교한 감각으로 진행할 수 있을 것이다.

꼼꼼하고 정밀한 운용에 쓸데없는 시간을 소비하지 말고 큼직하게 덩어리를 중심으로 색을 채워 나간다. 이는 전체적인 흐름을 쉽게 파악하고 세부 묘사 작업 전에 최종적인 분위기를 미리 추리해 보는 데 그 목적이 있다.

Tip

페인터와 비교해서 기계적인 포토샵의 브러시 스트로크는 넓은 면에 색을 채워 넣을 시 정교한 느낌을 주기는 수월할지 모르겠으나 붓 크기의 운용이나 회화성에서 오히려 피곤할 수 있다. 기본 면 채우기 과정에서 필자가 사용하는 방법이 있는데, 사실 아주 기본적인 기능이지만 툴의 응용과 단축키 소개 정도로 짚어 볼까 한다.

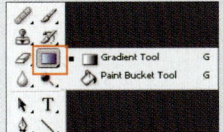

도구창(Tools)의 그라데이션(Gradation Tool) 메뉴를 클릭 상태로 지속시키면 하위 항목이 생성되며 페인트 통 툴(Paint Bucket Tool)을 선택할 수 있다.

이렇게 통합되어 숨겨진 Tool 기능들은 Shift를 누른 상태에서 해당 단축키를 눌러 주면 차례대로 번갈아 선택 변경되므로 단축키를 운용하는 사용자라면 참고하자.

예를 들어 어깨의 십자 심벌 주변을 채우고자 할 때 외곽선이 뚫린 곳 없이 브러시로 막아 준 상태에서 페인트 버킷 툴을 선택한 후 찍어 주면 다음 그림과 같이 채워진다.

막힌 구간은 모두 채워졌다.

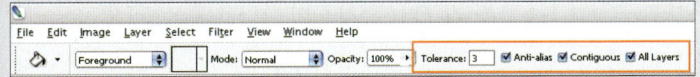

포토샵 상단의 프로퍼티 메뉴를 통하여 적용 구간에 대한 범위값(Tolerance)이나, 레이어 범위 적용 등의 옵션 설정(All Layers)이 가능하다.

Fill 명령어의 단축키

캔버스 전체 혹은 영역 선택된 부분에 일괄적으로 색을 채워 넣는 Fill 명령어는 다음과 같다.

〈 Shift + BackSpace 〉

〈 Shift + F5 〉

Alias of Anti Picture

특별한 묘사 과정이 아니므로 디폴트 브러시와 에어브러시 등을 이용하여 대략적인 명암 톤이나 무드가 잡힐 때까지 베이스 톤을 잡아 간다.

색 계획(Color Plan) 2차 - Color Variation

컬러 플랜(Color Plan)의 배리에이션을 검토하는 단계이다. 묘사가 진행되기 시작하면 쉽게 색 계획을 변경할 수 없으므로 기초 페인팅이 끝난 지금 단계에서 다른 가능성을 검토하기도 한다.

다른 설정으로 접근하고 있는 컬러 플랜이다. 잿빛 일색이 화면을 너무 건조하게 만들지 않을까 하는 생각에 강렬한 원색과의 대비 구도를 시도해 보았다.

Alias of Anti Picture

Hart(우측 캐릭터)에 설정한 빛 방향(광원)을 바꿔 그려 보았다.1

베이스 색감 및 기초 작업은 이 정도로 하고, 방향성을 결정한다. 참고로 작업 상황에 따라서 초반부터 색이나 조명 계획을 확고히 하고 들어가는 경우를 제외한다면 실제 수작업 시에도 동일하게 이루어지는 사전 작업으로 다소 번거롭고 기계적인 과정일 수 있으나, 작업 중 후반의 시행착오를 효과적으로 제한하여 결과적으로 상당한 효율성을 만들어 주는 프로세스가 되어 준다.2

레이어 블랜딩 모드를 활용한 양감 더하기

앞서 포토샵 레이어 블랜딩 모드에 대한 이해가 여기에서 바로 활용된다. 작업을 감각적으로 진행하다 보면 큰 덩어리의 양감이 충분하지 못한 상태에서 앞질러 여러 가지 복잡하게 분할된 면들이나 오브젝트들의 묘사가 선행되어 버리곤 한다. 아무리 초반 톤 잡기 작업에서 충분히 고민하여 풍부한 명암을 잡아 주어도 항상 전체적인 빛과 어둠의 흐름과 균형은 작업 중간 중간에 새삼 발견되기 마련이다.

이런 경우 밑색 작업이 풍부하게 진행되어 버린 상황에서 덧칠을 통하여 어두운 영역이나 밝은 광원을 추가하는 데에 있어 아무리 레이어 분할을 충분히 해 두었다 하더라도 경우에 따라서는 여간 번거롭고 곤란한 상황이 아닐 수 없다. 필자는 이런 경우 레이어의 블랜딩 모드를 응용한 방법을 적극 활용하고 있다. 여기서 대표적으로 자주 활용되는 블랜딩 모드들을 꼽아보면 Darken, Multiply, Lighten, Overlay 등이 있다.

어두운 톤을 추가할 때는 Darken과 Multiply를, 광원을 추가하거나 밝게 수정할 때는 Lighten과 Overlay를 주로 활용하게 된다. 이제 실제적인 예제를 통하여 알아보겠다. 먼저 Multiply 블랜딩 모드를 이용한 암부(暗部)의 톤 추가를 보도록 한다.

아무 적용이 없는 원본 이미지이다.

블랜딩 모드의 Multiply 모드로 얼굴 안쪽을 잡아 준 상태이다.

포토샵의 기본 제공 브러시 중 Soft Round나 Airbrush Soft Round 등 경계가 부드러운 것을 골라 적당한 사이즈로 조절한 뒤, 브러시 Opacity 10~30% 사이의 옅은 수치로 조심스럽게 눌러 주듯이 칠해 주었다.

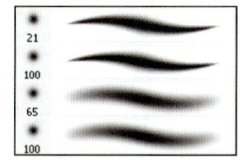

Alias of Anti Picture

결과는 기존에 묘사된 얼굴의 면들을 뭉그러뜨리거나 유실하지 않고 충분히 어두운 톤을 추가하게 되었다. 그리고 Multiply의 블랜딩 속성상 부분적으로 채도가 상승하는 효과도 볼 수 있었다.

또 다른 예로, Darken 블랜딩 모드는 어떤 용도로 활용할까?

예를 들어 보기의 캐릭터의 뺨 부분에 사전에 미리 면들이 구성된 음영을 방해하지 않고 임의의 색상으로 중간 톤을 추가하고 싶다고 가정하자. 페인터라면 Well 속성 등을 조절하여 그다지 어렵지 않게 회화적인 별색들을 유발할 수 있으나, 프로그램 특성상 기계적이고 정확한 도출을 해내는 포토샵으로서는 대단히 손이 많이 가는 공정이 될 수도 있을 것이다.

여기서 앞의 Multiply로 톤을 추가했던 것과 같은 방법으로 새로운 레이어를 Darken으로 블랜딩 모드를 지정하여 청록 빛깔의 색상을 옅게 스트로크해 보았다.

정준호의 비주얼 일러스트레이션 제작노트

예시를 위하여 약간 투박하게 적용되긴 했으나, 녹색 색조를 띤 중간 톤을 확인할 수 있다.

Darken의 블랜딩 속성에 있어 지정색(Foreground Color)이 하위의 색상보다 밝은 컬러 위에서만 드러나게 되고, 지정색보다 어두운 영역에는 크게 드러나지 못하는 부분을 응용한 것이다. 유실된 중간 톤을 추가하고 싶거나 회화적인 중간색을 의도하고 싶을 때 그 쓰임새가 좋다.

다음은 밝은 톤의 추가, 즉 Lighting이다. 적용 논리는 어두운 톤을 운용할 때와 반대로 생각하면 된다. 밝은 색끼리 겹칠 때 배수로 밝아지는 Overlay 블랜딩 모드를 활용한다.

효과 적용 전 원본 이미지이다.

Alias of Anti Picture

Overlay 블랜딩 레이어 위에서 라이팅 추가 스트로크를 더한 결과물이다.

Overlay의 모드 특성상 단지 색이 밝아지는 효과 외에도 채도를 가진 색을 가하면 자체적인 대비도 높아진다.

라이팅 효과에 사용된 지정색은 흰색에 가까운 옅은 오렌지색을, 그리고 중간 톤에는 잿빛에 가까운 푸른색도 가하여 좀 더 높은 채도를 끌어냈다. Overlay 속성을 잘 응용하면 다양한 이펙트 연출 등 폭넓은 쓰임새를 찾을 수 있을 것이다. 여러 가지 방법을 시도하여 많은 경험을 쌓아 보는 것이 중요하다 하겠다.1

1

Lighten 블랜딩 모드는 Darken의 반대 개념으로 생각하고 응용하면 된다.
Lighten 속성은 지정색(Foreground Color)보다 밝은 부분에는 효과가 크게 반영되지 않고, 그보다 어두운 색조 위에서는 쉽게 반영된다. 따라서 밝은 영역이 아닌 중간 톤이나 어두운 영역 쪽을 밝게 치고 싶을 때 활용한다. 앞의 Overlay와는 그 용도가 구별되는 것이, Overlay처럼 극적인 대비를 가지며 밝아지는 의도가 아니라 보다 매트하고 부드럽게 어둠에서 밝은 부분을 끌어내고자 할 때 사용한다.

2. 적용 전 원본 이미지이다.
3. 안면에 드리워졌던 그림자를 Lighten 블랜딩 레이어상에서 밝게 지워 보았다. 이런 블랜딩 모드를 응용하는 것이 그냥 일반 레이어 상의 과정보다 수월하기 때문이다.

2

3

정준호의 비주얼 일러스트레이션 제작노트

언급한 블랜딩 모드의 활용은 비단 레이어에서만이 아니라 브러시 프로퍼티 메뉴에서도 따로 지정하여 브러시 자체에 블랜딩 모드의 속성을 부여할 수 있다.

또한 각 속성과 속성이 일으키는 화학적인 2차 효과들이 더해지면 응용 폭은 상상 이상으로 넓으므로 단계별로 파악해 가되, 보다 많은 시도들을 통해 그 응용 감각과 상상력을 숙련시키도록 한다.

참고로 레이어의 블랜딩 모드의 속성을 활용한 페인팅은 Painter의 레이어에서도 동일하게 활용할 수 있는 기법이다. 물론 포토샵과 블랜딩 방식이 모두 호환되고 있는 것은 아니지만, 응용 요령은 동일하게 발생할 수 있다는 말이다(언급된 대표적인 블랜딩 모드는 두 프로그램에서 서로 호환되고 있다).

예시에서 다루지 못한 다른 블랜딩 모드들도 그 속성에 따라 묘한 활용도들을 가지고 있으니, 본서에서 다루지 않는 부분이라도 각자 연구해 보고 개척해 나가길 바란다.

베이스 작업이 충분히 진행되었으므로 이제 망설임 없이 묘사 작업에 들어가도록 한다. 이제부터는 앞서 준비했던 초크 계열의 커스텀 브러시를 사용한다.

묘사 진행

[Opacity : 30], [Flow : 55], [Size : 30~50]을 브러시 프로퍼티 수치로 두고, 면과 면의 경계를 부분적으로 뭉개기도 하고 쪼개기도 하면서 밀도를 높여 나간다.

Alias of Anti Picture

페인터와 달리 포토샵의 스트로크는 그 기계적인 특성상 지속적으로 Opacity와 Size를 적절히 조절해 가며 꾸준히 겹쳐 쌓는 느낌으로 진행한다. 옷의 주름과 머리카락의 디테일, 이목구비 등을 구체화하고 있다.
앞의 페인터 페인팅 편에서와 동일하게 스케치 선화 레이어 상위에 새로운 레이어를 만들어, 스케치 선과 하위 채색과의 경계를 무시하고 묘사로 덮어 간다.[1]

앞의 레이어의 블랜딩 모드를 이용한 톤 잡기를 적극적으로 병행하며 면 정리와 디테일을 지속한다.[2]

Tip

포토샵의 브러시 운용

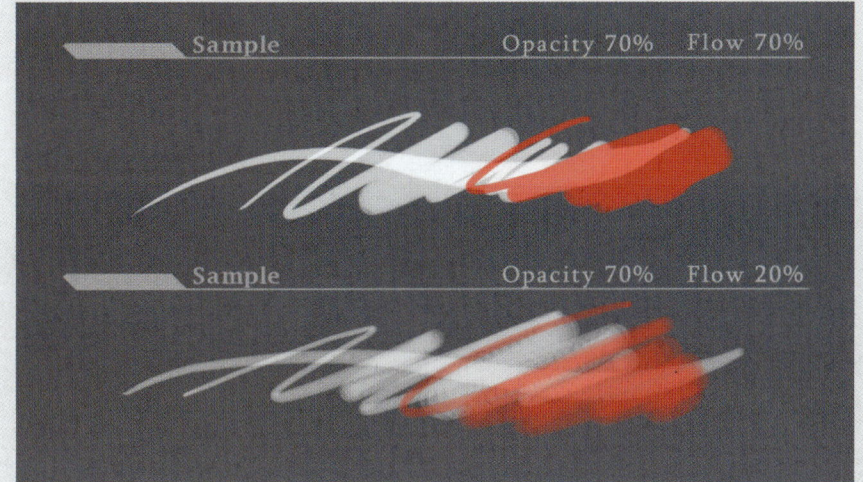

포토샵 브러시를 제어하는 부분은 표면적으로는 매우 심플하다. 프로퍼티에서 기본적으로 제어하게 되는 항목은 Opacity와 Flow 수치이다. Opacity는 익히 이해하고 있는 화구의 불투명도 수치를 의미하고, 또 다른 Flow는 브러시의 압력 수치라고 이해하면 된다. 과거의 에어브러시 압력(Pressure)과 유사한 기능이다.

샘플은 같은 Opacity 70%에서 각기 Flow 수치가 70%, 20%인 스트로크의 전개이다. Flow 수치가 낮으면 섬세하고 부드러워 경계 처리에 좋으나 너무 낮으면 보이는 바와 같이 붓 모양의 간격(Step)이 드러나거나 스트로크의 힘이 떨어지게 되니 자신에게 적절한 수치를 찾도록 한다.

포토샵의 브러시 크기 조절은 단축키 [로 축소,]로 확대한다. 확대와 축소의 비율은 키를 누를 때마다 브러시 크기에 상대해서 적게는 일의 자리, 크게는 수십 단위로 이동한다.
Opacity의 수치도 키보드의 숫자 키로 단축 입력이 가능하다. 단, 브러시에 따라 Flow 수치가 단축으로 입력되기도 한다.

Adobe®Photoshop®CS2

어느 정도 전체적인 면 정리가 완성된 상태이다. 치렁치렁한 오브젝트들을 명확하게 구분 정리하고 비어 있는 면이 없도록 공간을 메워 주었으며 다음 세부 작업을 위한 톤 정리와 보정이 완료되었다.
불필요한 레이어들은 병합시키면서 작업하고 있지만 두 캐릭터와 배경은 확실히 레이어 구분을 유지하고 있다.

정준호의 비주얼 일러스트레이션 제작노트

이제부터는 장신구의 문양 묘사나 웨더링 등 보다 세밀한 디테일 정리 단계로 들어가겠다. 각 부분의 디테일 변화를 주목해서 보도록 한다.

액세서리 디테일

어깨 장식 부분의 디테일 정리와 웨더링

Alias of Anti Picture

머리카락과 이목구비의 정리와 마무리

포토샵의 브러시 웨더링

묘사에 있어 필수라고 할 수 있는 질감 묘사로, 풍부한 질감을 얻기 위한 기초 웨더링은 필수이다.

당연한 이치를 다시 한 번 환기하자면, 그림과 같이 평탄하고 매끈한 물체에 빛이 반사될 때는 다시 반듯하게 빛을 반사해 냄으로써 표면의 빛이 균일하게 펼쳐져 보이게 된다.

정준호의 비주얼 일러스트레이션 제작노트

그러나 울퉁불퉁한 표면에 맺힌 빛은 매끄럽게 맺히지 못한다. 이 이치로부터 표면 질감이나 표면 웨더링이 시작되는 것이다. 이런 현상을 표현한 웨더링은 사용하기에 따라서 그 효과가 아주 극대화되는데, 가령 거친 금속 재질의 표면이나 동물의 가죽, 클로즈업된 사람의 피부 등에 유효하다.

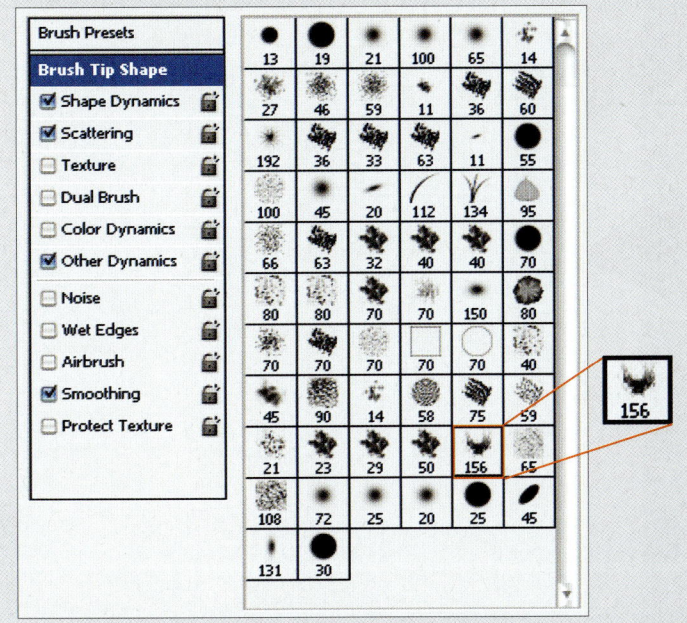

능숙한 요령과 기술에 따라서는 다소 난이도가 있는 '털' 재질이나 복잡한 부조 문양에 이르기까지 응용 범위는 다양하다. 본편에서는 포토샵에서 디폴트로 제공되는 브러시를 사용하여 간단한 적용 예를 만들어 보겠다.

브러시 관리 윈도우에서 Brush Tip Shape 항목을 클릭하여 연다. 제시된 브러시의 붓 모양 리스트에서 하단의 체크된 개체로 골라 준다.

새로운 붓 모양이 세팅되는 것이므로 기존에 선택된 브러시는 관계없다.

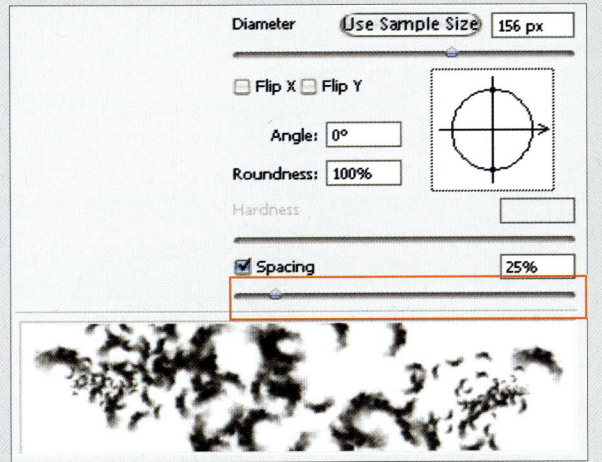

일반적으로 거친 느낌의 텍스처라면 스페이싱(Spacing) 수치를 어느 정도 벌려 놓는 것만으로도 제법 거친 텍스처 브러시를 얻을 수 있다.

에디팅에 익숙해지면 듀얼 텍스처(Dual Brush)나 컬러 지터(Color Jitter) 등을 활용하여 더욱 거칠고 변칙적인 성질을 끌어낼 수 있으므로 적합한 형태를 연구해 보는 것도 좋을 듯 싶다.

웨더링 적용 전의 이미지이다.

대상 커스텀 브러시로 스트로크를 적용하였다.

좀 더 부드럽게 다듬고 마무리한다. 이렇듯 광원을 활용한 가벼운 질감 표현이나 웨더링 정도라면 그다지 어렵지 않게 얼마든지 만들어 낼 수 있다.

정준호의 비주얼 일러스트레이션 제작노트

2명의 주인공 캐릭터가 깨끗하게 레이어로 분리된 채 세부 묘사가 완료되었다.

그러나 아직 최후 공정으로 배경의 추가 작업이 남아 있다.

페인터에서 Pen 브러시를 사용하여 동양적인 나뭇가지 패턴을 그렸다. 역시 알파 채널을 사용하여 데이터로 따로 분리해 낸다.

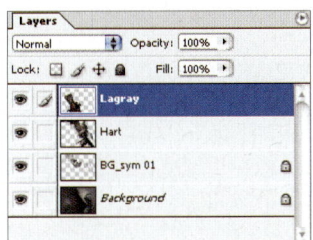

알파 채널 추출 작업이다.

Alias of Anti Picture

적당히 어울리는 색조로 채워 배경에 꾸밈용 오브젝트로 활용되었다.[1]

트라이벌 문양과 나뭇가지 오브제로 백그라운드 디테일을 더해 주었다.[2] 초도 기획에 비해 다소 조잡해진 듯하여 썩 만족스럽지 못하지만 다음 기회를 기대하며 최종 마무리 작업에 들어가겠다.

1

2

정준호의 비주얼 일러스트레이션 제작노트

마무리 디테일(이펙트 추가)

본 작업의 일러스트에서는 구성 성격상 별달리 이펙트가 필요한 부분은 없을 것 같지만 금장으로 처리된 부분의 질감이나 금속 부분에 조금씩 하이 톤으로 마무리하는 정도는 효과적일 듯하다.
그럼 여기서 또 재미있는 레이어의 블랜딩 모드의 쓰임새를 하나 소개하겠다.

텍스처 소스와 레이어 블랜딩 모드를 활용한 이펙트 효과

보기의 텍스처 소스는 포토샵의 기본 필터인 Noise와 Sharpen을 이용하여 만든 이펙트용 텍스처이다. 필터의 활용이 아직 익숙지 않다면 앞 단락의 페인터 페인팅 때 사용했던 Pens 브러시의 배리언트 Leaky Pen이나 F-X 브러시의 배리언트 Fairy Dust 등을 활용하여 만들어 보는 것도 한 방법일 것이다.

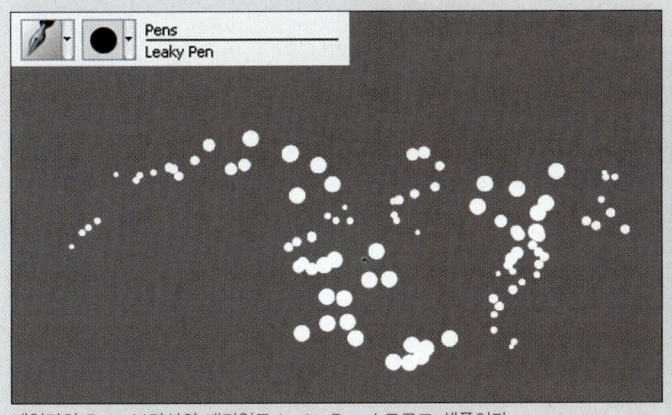

페인터의 Pens 브러시의 배리언트 Leaky Pen 스트로크 샘플이다.

페인터의 F-X 브러시의 배리언트 Fairy Dust 스트로크 샘플이다.

Alias of Anti Picture

효과 적용 전의 원본 이미지이다.

효과를 적용할 부분에 텍스처 소스를 얻은 상태이다.

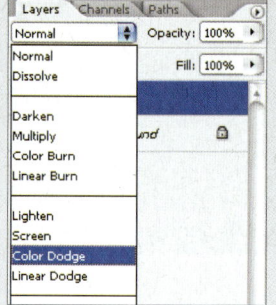

레이어의 블랜딩 모드를 Color Dodge로 변경한다.

텍스처의 변화를 확인한다. 적용 후에는 효과가 의도대로 적절히 나타났는지 확인한 뒤 지우개 툴 등으로 불필요한 부분을 지워 내고 텍스처의 스케일 감각이나 Opacity 등을 적절하게 조절해서 너무 이질감을 유발하지 않고 자연스럽게 어울릴 수 있도록 한다.

질감 텍스처 또는 이펙트 텍스처는 절대 남용하지 말고 절제하여 사용하도록 한다. 모니터상에서는 당장 그 부조화가 확인되지 않더라도 기계적인 텍스처 남발은 출력이나 인쇄 시 일반 스트로크들과 위화감을 일으켜 일러스트의 퀄리티를 손상시키기 마련이다. 조심스럽게 단계적으로 운용해 보되 자신의 그림에 잘 어울릴 수 있는 적절한 스타일을 찾아 요령을 익히는 것이 중요하겠다.

정준호의 비주얼 일러스트레이션 제작노트

Versus
2007 / PSP RPG GAME 'Dragoneer's Aria' (NIS Japan) / Photoshop CS / 5000*5934 Pixel

참고로 마케팅 리소스로서 활용되기 위하여 변경된 레이아웃 구성을 첨부하였다. 각 캐릭터의 싱글 샷과 세로 버전(Vertical)이다.

정준호의 비주얼 일러스트레이션 제작노트

Versus - Vertical
2007 / PSP RPG GAME 'Dragoneer's Aria' (NIS Japan) / Photoshop CS / 5000*5934 Pixel

STEP 03

Tutorial
Correction Works

프로그램의 각종 보정 기능 및 텍스처 제작

이미지의 명도 보정 기능 활용
238
이미지의 색상 보정 기능
250

디지털 일러스트레이션 작업 환경의 큰 수혜이자 필수 과정에 속하는 각종 이미지 보정에 대해 알아보겠다. 이미지의 보정은 크게 명도 보정과 색상 보정으로 구분하여 명도 보정에서는 이미지의 명암 대비에 대한 조정을 다룰 것이며, 색상 보정에서는 색상, 색조 대비, 채도 등의 이미지의 컬러 조정 기능에 대하여 설명하겠다.

디지털 일러스트레이터에게 페인터와 포토샵의 병행 운용을 권하는 중요한 이유 중 하나도 이 보정 기능들 때문이라 할 수 있다. 순수한 드로잉 기능 자체는 아무래도 페인터 쪽이 다채롭고 풍부하다면, 이미지의 편집이나 보정 능력은 포토샵 쪽이 기능 지원이나 편의성에서 한수 위라고 할 수 있다. 따라서 보정 기능은 포토샵에서 제공되는 기능들을 기준으로 설명하면서 페인터에서 제공되는 보정 기능들을 추가로 비교 분석하며 진행하도록 한다.

이미지의 명도 보정 기능 활용

예시의 샘플에 사용될 그림은 2007년 한국의 대원 CI 비주얼 노벨 사업 팀의 신규 브랜드 전개 홍보용으로 작업된 티저(Teaser) 이미지이다.

정준호의 비주얼 일러스트레이션 제작노트

Brightness / Contrast(명도 / 대비)

포토샵의 대표적인 명도 대비 제어 기능이다.

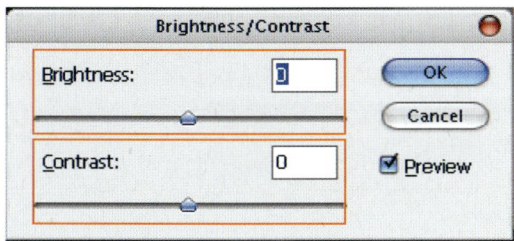

이 메뉴는 의미 그대로 이해하면 된다. Brightness는 이미지의 일괄적인 밝기를, Contrast는 명도 대비(대조)를 조절한다. 복잡한 적용 옵션은 없으며, 직관적으로 두 항목의 수치만 조절해서 사용하면 된다. 다양한 톤 레벨을 세밀하게 제어할 수는 없고, 일괄적인 조정에 주로 이용된다.

> **Tip**
>
> Alt+I를 누른 후 바로 A, 그리고 C를 이어서 순서대로 누른다. 무려 3번을 거치니 단축키라 부르기가 무색할 수도 있으나, 포토샵의 파워 유징을 위해서는 2, 3단계의 단축키 정도는 익숙해질 필요가 있다.

아무런 조정이 가해지지 않은 원본 이미지이다.

Brightness(밝기) 항목 수치를 60으로 올린 상태이다. 이미지의 톤 레벨의 구분 없이 총체적으로 같은 범위로 밝아지고 있다.
효과 적용의 차이점을 잘 구별할 수 있도록 레이어로 구분된 캐릭터 부분에만 변화를 적용하고 있으므로 참고한다.

Contrast(대비) 항목 수치를 60으로 조정한 상태이다. 명부와 암부의 차이가 커져 중간색이 유실되고 있으며, 색상의 대비도 커져 채도도 상승했음을 확인할 수 있다.

Level(레벨)

명도와 대비 제어 기능이라는 점은 Brightness/Contrast와 같지만 채널을 구분하여 적용할 수 있고, 이미지의 톤 레벨 중 중간 톤에도 기준점을 제공하여 보다 정교한 조정이 가능하다. 사진이나 스캔 이미지 등 일반적인 포토샵 사용자들이 이미지 대비 조정에 가장 많이 활용하는 기능 중 하나이다.

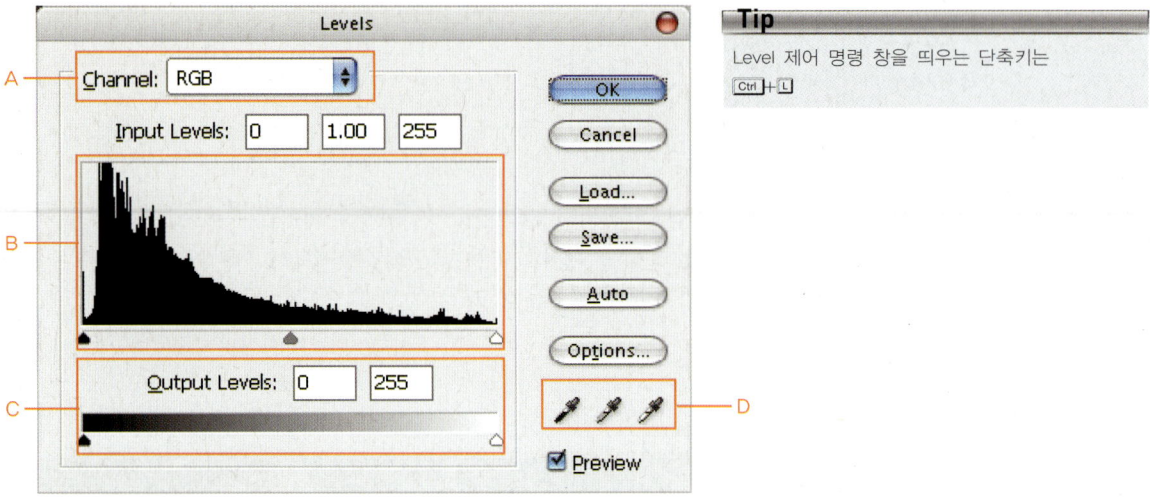

A 영역(Channel Selection)
클릭하면 R, G, B의 각 색상 채널별로 선택 구분하여 명도 대비를 보정할 수 있다.

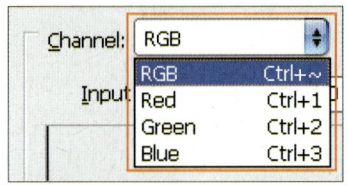

B 영역(Input Levels)
이미지의 암부와 명부의 분포를 히스토그램으로 표시해 주며, 그 하단의 슬라이더 바의 기준 포인트로 수치를 조정한다.

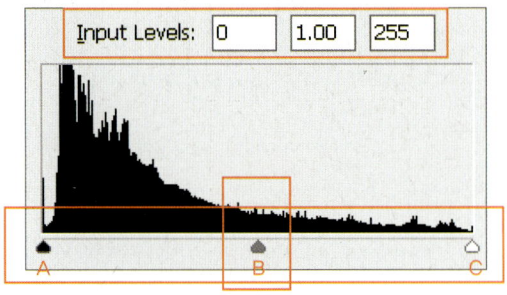

순서대로 A 포인트가 암부 톤(Shadow Slide), B 포인트가 중간 톤(Midtone Slide), C 포인트가 명부 톤(Highlights Slide)으로 포인트를 슬라이드 시켜 실시간으로 이미지의 변화를 확인할 수 있다.
상위의 Input Levels 문장 옆의 입력 항목은 각 부의 슬라이드 위치를 수치화하여 참고하거나 따로 수치로 입력하여 조정할 수 있게 해 준다.

C 영역(Output Levels)
이미지의 검은색 및 흰색을 조정하여 출력하는 레벨을 조정한다. 마찬가지로 상위의 Output Levels 문자 옆의 직접 입력 항은 슬라이드 위치를 수치화하여 보여 주며 사용자의 직접 입력을 가능하게 한다.

D 영역(Eyedropper, 스포이트)
슬라이더를 사용하지 않고 순서대로 암부 부분과 중간 음영 부분, 명부 부분을 직접 클릭하여 이미지를 보정할 수 있다.
통상 사진 등의 이미지 보정에서는 어두워야 할 부분을 검은색(암부) 스포이트로 찍어 주고, 가장 밝아야 할 부분은 흰색(명부) 스포이트로 찍어 주어 간단하게 효율적인 보정 효과를 볼 수 있지만 일러스트레이션 작업에서는 적절한 효과를 보기 어려우므로 알아만 두도록 한다.

> **Tip**
>
> **Auto Level(자동 레벨) 단축키** ⟨Ctrl + Shift + L⟩
> 따로 팝업 메뉴가 뜨지는 않으며 프로그램의 독자적인 판단을 근거로 이미지의 레벨을 자동 조정해 준다. 마찬가지로 일러스트레이션 작업에는 적절하지 않지만 참고로 알아둔다.
>
> **Auto Contrast(자동 대비) 단축키** ⟨Ctrl + Shift + Alt + L⟩
> 동일한 개념으로 프로그램이 자동으로 이미지의 명도 대비를 조정해 준다.
>
> **Auto Color(자동 색조) 단축키** ⟨Ctrl + Shift + B⟩
> 동일한 개념으로 자동으로 이미지의 색상을 보정해 준다.

원본 이미지이다.

기능 응용 예제이다. 이미지를 잘 보면 암부의 명도는 고정한 채로 중간 톤과 하이라이트 부분의 톤만 조정하여 Brightness/Contrast에서의 조정처럼 이미지가 극단적으로 타 버리지 않게 하면서 채도 대비의 효과는 상당히 끌어낼 수 있다.

Alias of Anti Picture

Curve(커브, 곡선으로 보정)

필자가 작업 간에 가장 많이 사용하는 보정 기능이다. Curve도 마찬가지로 명도와 대비를 조정하는 기능이지만 감마 곡선을 사용하여 보다 세밀하고 정교한 영역별 톤 조정을 가능하게 한다.

슬라이드 조절 방식과 비교하여 다소 난해할 수도 있으나 일러스트레이션 제작의 페인팅에 있어서는 과정 중 보정, 작업 완료 후 마스터링 작업 등 전반적으로 대단히 활용성이 좋으므로 잘 이해하여 활용할 수 있도록 한다.

곡선 그래프 외에 사용자의 자유 입력(드래깅)도 지원하여 더욱 자유롭고 변칙적인 왜곡 보정이 가능하다.

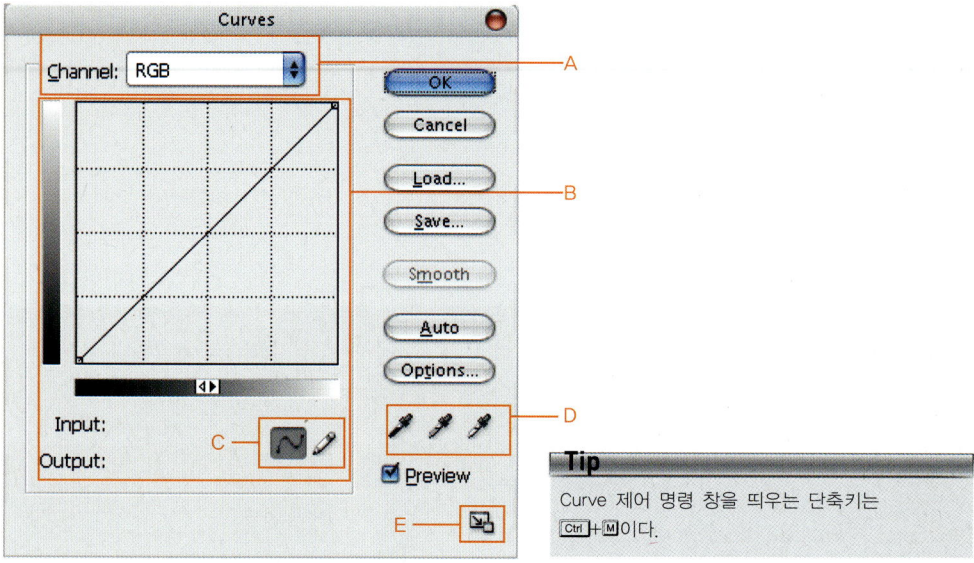

A 영역(Channel Selection)
앞의 Level에서와 같이 R, G, B 색상 채널별로 구분 선택하여 Curve 조정을 적용할 수 있다.

B 영역(Curve Control)
매우 중요한 부분이므로 잘 이해하도록 한다.

Curve Graph이다. 먼저 내비게이션의 X축은 Input Levels, Y축은 Output Levels의 개념으로 이해한다. 좀 더 쉽게 접근하자면 다음을 참고하도록 하자.

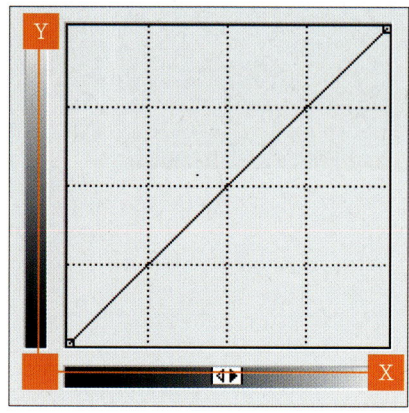

A 구간을 이미지의 어두운 영역, B 구간을 밝은 영역으로 이해해 보자. 기초 수치 값이 기본으로 있는 사선(斜線)을 클릭하여 기준점을 사용자 임의로 늘려 가면서 벡터 커브를 조정할 수 있다.

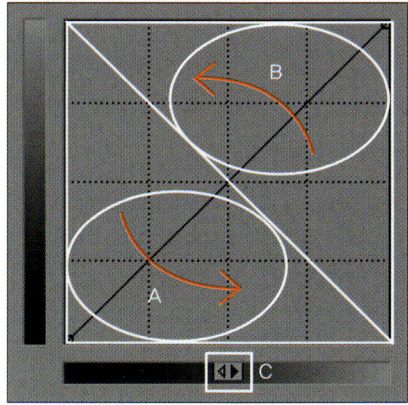

사전의 Brightness & Contrast나 Level은 기준 구간이 연동되어 일괄 변화했다면, 커브는 사용자가 훨씬 능동적으로 원하는 특정 구간을 변화(왜곡)시킬 수 있다.

A 구간의 라인을 아래쪽으로 떨어뜨리게 되면 그림의 어두운 영역은 더욱 어두워진다. B 구간의 라인을 위로 올려 주면 밝은 영역이 더욱 밝아진다(화살표 참고). A와 B 구간 사이를 추적하면 의도하는 중간 톤 영역을 찾을 수 있게 되는 것이다.

C 부분을 클릭하면 A와 B 구간이 반전된다. 이제 예시를 보면서 이해하도록 하자.

오리지널 이미지이다.

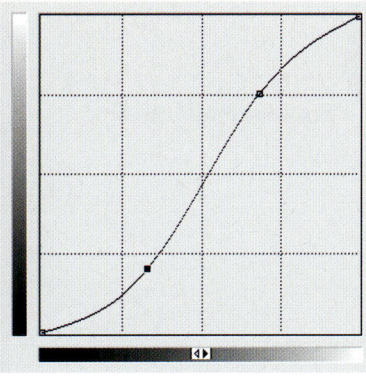

감마 라인에 보기와 같이 2개의 기준점을 만들어 밝은 영역은 올리고 어두운 영역은 더 낮추어서 결과적으로 대비를 높여 보았다.

Alias of Anti Picture

 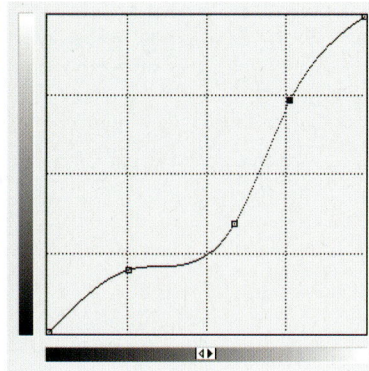 

오리지널 이미지이다.

감마 라인에 중간 톤의 기준점을 더 추가하여 중간 톤을 임의로 낮춘 결과물이다.

 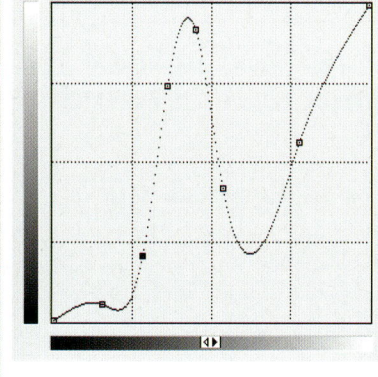 

오리지널 이미지이다.

보다 많은 기준점을 추가하여 임의로 난곡선을 생성해 보았다. 그림과 같이 논리적으로는 불가능한 특정 영역만의 급격한 수치 조정으로 인하여 왜곡에 가까운 결과물이 나왔다.

윈도우 하단의 Input, Output 문자가 있는 영역에서는 지정한 좌표의 수치를 확인하고 사용자가 직접 입력할 수 있다.

C 영역(Curve Mode)
기본은 좌측의 곡선 아이콘으로 지정되어 지금까지와 같이 벡터 조정 방식으로 좌표를 추가하여 조정 곡선을 제어하는 방식이지만, 우측의 연필 모양의 아이콘을 클릭하면 언급했듯이 사용자가 그림을 그리듯 임의의 곡선을 그어 넣을 수 있도록 모드를 전환해 준다.

D 영역(Eyedropper)
앞의 Level에서의 Eyedropper와 동일하게 운용되는 기능이다(참고).

E 영역(View Expansion)
상황에 따라서는 많은 기준점을 정밀하게 조종할 필요가 있으므로 팝업 윈도우의 확대 모드를 지원한다.

정준호의 비주얼 일러스트레이션 제작노트

Shadow / Highlight(암부/명부)

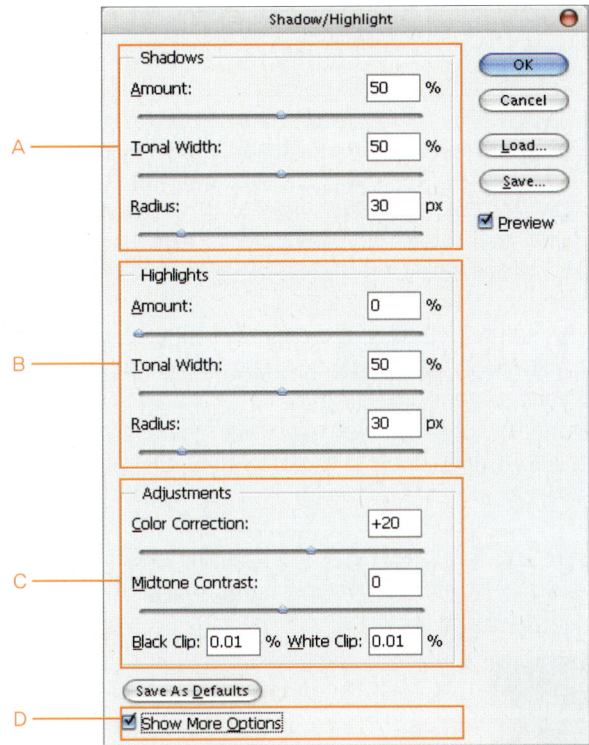

사진 등의 이미지 보정에 유용한 기능으로 제공되고 있지만 Curve와는 또 다른 의미로 대단히 유용하다. Curve의 기능 특성이 물리적인 부분을 초월하여 사용자 임의의 조건을 직관적으로 제공하는 데 있었다면, Shadow/Highlight는 명암, 색상 등 좀 더 넓은 범위로 보정 영역을 제공하며 각 보정 영역의 강하기, 적용 반경 등을 제공한다. 마스터링 작업 보정 등에 유용하니 이 기능도 관심을 가지고 살펴보길 권한다.

A 영역(Shadow)
이미지의 어두운 부분을 조절한다.
- Amount(적용량) : 효과가 적용되는 양을 조정한다.
- Total Width(총면적) : 보정되는 경계 범위를 설정한다. 수치에 따라 적용 경계가 부드러워진다.
- Radius(반경) : 보정 대상 영역의 주변 명도와 비교하여 범위가 결정되므로 이 수치는 명도를 비교할 범위 면적을 설정한다.

B 영역(Highlights)
이미지의 밝은 부분의 명암을 조절한다. 하위 조정 항목은 Shadow와 동일하다.

C 영역(Adjustments)
이미지의 채도와 명도를 조절한다.
- Color Correction(색상 수정) : 수치에 따라 색상의 채도가 변화한다.
- Midtone Contrast(중간 톤 색상 대비) : 중간 톤 영역의 명암 대비를 조절한다. 실제 적용에서는 일종의 Contrast 조정과 비슷한 과정을 보여 준다.
- Black/White Clip(블랙/화이트 클립) : Black Clip은 검은색에 가까운 색상을 일정 범위 영역을 갖고 더 어둡게 만든다. White Clip은 반대로 흰색에 가까운 색상을 일정 범위의 영역으로 잡고 더 밝게 만들어 준다. 수치 조절은 사용자의 직접 입력 방식이며, 디폴트 수치는 0.01로 시작하여 최대 50까지만 의미가 있다. 수치가 커질수록 흑/백에 가까워진다.

D 영역(Show More Options)
박스를 체크하면 명령 창이 간이 형태로 축소된다. 크게 위쪽이 암부에 대한 양을 수치로 조절하고, 아래쪽이 명부에 대한 양을 수치로 조절한다. 기능의 간단 모드로 생각하면 될 것이다.

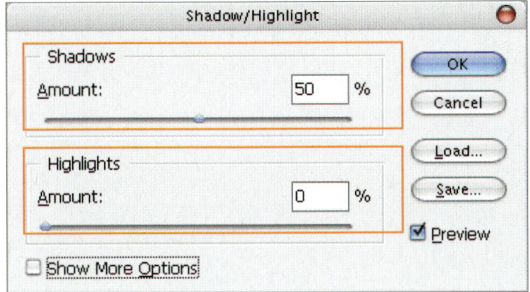

원본 이미지이다.[1]

Shadow 수치는 극단적으로 낮추고, Highlight 수치는 높여서 극 대비 조정을 가해 본 상태이다. 앞의 Brightness/Contrast나 Level 등에서의 극 대비 조정 상태와는 분명한 차이점이 있다는 것을 알 수 있다.[2]

이번에는 반대로 Shadow 수치를 높이고, Highlight 수치를 낮춘 상태이다. 지면의 한계로 자세한 차이를 일일이 보여 줄 수는 없으나 백문이 불여일견, 직접 수치 조절 옵션들을 만져 보면 기존의 명암 조절 기능과는 다른 그 느낌의 차이를 어렴풋이나마 깨달을 수 있을 것이다. 언급했듯이 Shadow/Highlight의 명암 조절은 적용 범위가 사전 기능들과는 확연히 달라서 사용자에 따라서는 Curve보다 손쉽게 섬세한 명암 보정이 가능할 수 있다.[3]

Color Correction 항목 수치를 최저로 끌어내린 보정 이미지이다. 채도를 상실하는 결과를 가져오긴 하지만 극단적으로 Saturation을 잃지는 않는다. 반대로 수치를 최대치로 올려 주어도 범위 내에서 상승하며 극단적인 결과가 나오지 않는다.
필자가 이해하고 있는 대로라면 이 기능은 이미지의 채도 자체를 변화시키고자 하는 의도에서 출발하기보다는 상위 Shadow/Highlight 보정 중 불가피하게 변화되는 채도를 잡아 주는 보조 기능의 역할로서 의미가 있다.[4]

마찬가지로 Shadow/Highlight 보정 중에 유실된 중간 톤을 교정하기 위해서 준비된 기능인 듯하지만, 보기와 같이 손쉽게 중간 톤 영역만을 추적해서 대비를 조절할 수 있다는 점에 착안하여 회화적인 응용법을 충분히 고려할 수 있다.[5]

정준호의 비주얼 일러스트레이션 제작노트

Threshold(고대비)

포토샵의 다양한 보정 기능들 중에 본 튜토리얼과 거리가 있거나 일러스트레이션 제작에 활용성이 적은 메뉴는 생략하며 진행하고 있으나, Threshold 기능은 코믹스와 같은 강렬한 명암 대비를 이루는 흑백 이미지를 자주 활용하는 사용자에게 유용한 보정 기능이라는 판단에서 소개한다.

대상 이미지의 선택된 영역에 대해서 슬라이드를 조절하여 지정해 준 레벨 톤을 기준으로 하여 기준보다 밝으면 흰색, 기준보다 어두우면 검은색으로 뚜렷하게 구분한다.

명령 단축키는 따로 없으며 포토샵 메인 메뉴의 Image의 하위 메뉴 Adjustment의 부속성에서 찾을 수 있다.

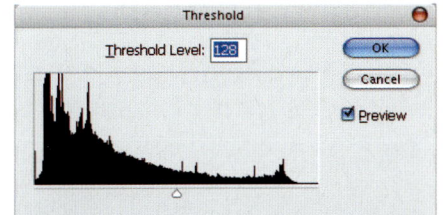

원본 이미지이다.

수치 95가 적용된 결과이다.

수치 1560이 적용된 결과이다.

여기까지 일러스트레이션 작업에 도움이 될 만한 이미지의 명도를 보정하는 기능들에 대하여 알아보았다.

Alias of Anti Picture

페인터 프로그램에서도 유사한 보정 기능들이 존재하지 않는 것은 아니다. 포토샵과 동일하거나 흡사한 필수 이미지 보정 기능들을 충분히 지원하고 있다. 그러나 작업 환경에 따라 양쪽 프로그램을 병용하기 힘든 상황이거나 애초에 보정에 대한 기여치가 낮은 작업자를 위하여 페인터의 이미지 보정 기능들도 소개하도록 하겠다.
페인터의 이미지 명도 보정 기능이다.

Brightness / Contrast(명도 / 대비)

포토샵의 Brightness/Contrast와 동일하다. 상위의 슬라이드 바로 이미지의 밝기(Brightness)를, 하위의 슬라이드 바로 이미지의 대비(Contrast)를 조절한다.

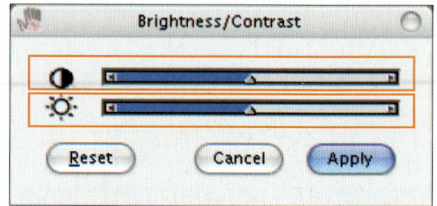

단축키 Alt + T 를 누른 후 바로 T, 그리고 B

Equalizer(균등 조정)

언뜻 인터페이스나 그 역할은 포토샵의 Level과 닮았다. 상단의 게이지의 좌, 우 축의 Black/White 마커를 움직여 이미지의 흑/백의 양으로써 대비를 조절하며, 하단의 Brightness 슬라이드 바로 일괄적인 명도를 제어한다.

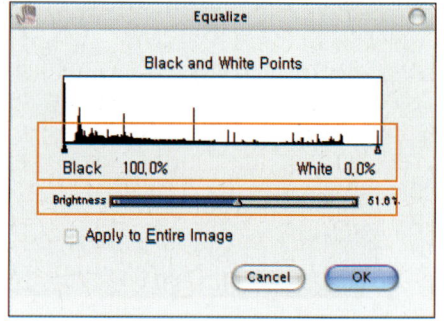

단축키 Alt + T 를 누른 후 바로 T, 그리고 E

Color Correction(색 교정)

포토샵의 커브와 유사하다. A가 컨트롤 내비게이션이고, B에서 제어 모드를 선택한다. C에서는 색상 채널을 선택하며, D에는 B의 모드 선택에 따라 해당하는 명령 메뉴가 나타난다.
차례대로 명령 모드를 알아보자.

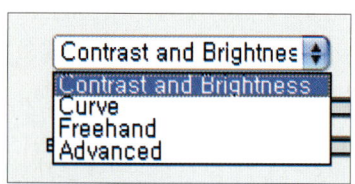

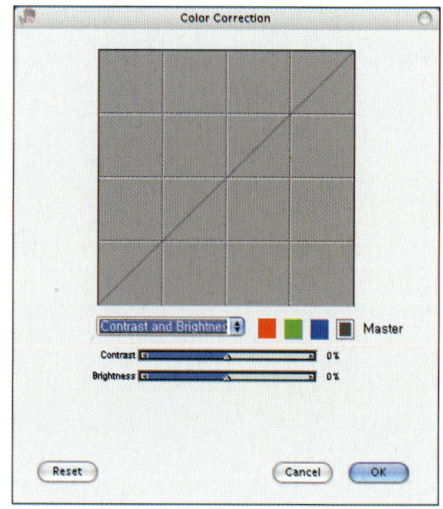

단축키 Alt + T 를 누른 후, 바로 T 그리고 C

- Contrast and Brightness(대비와 명도)

이 모드에서는 따로 내비게이션 컨트롤이 되지 않으며, 하단의 슬라이드 바를 옮겨서 전체 혹은 각 채널별로 명도와 채도를 조절하게 된다.

- Curve(커브)

커브를 선택하면 포토샵 커브와 유사한 방법으로 조절할 수 있게 된다. 다만, 포토샵처럼 임의의 기준점을 제한 없이 추가하는 방식이 아니라 일관된 곡선 조절이 가능한 형태이다. 모드가 활성화되면 제어 명령 영역(D)은 그림과 같이 나타나는데, 포토샵과 비교하여 조절이 약간 난해하다. 이 명령 창의 Effect 수치가 적으면 커브 곡선의 적용 범위가 줄어들며 이 수치가 커지면 곡선 이동 범위가 넓어진다. 기준점이 되는 마커가 표시되지 않는 것도 포토샵과 비교하여 불편한 점이다.

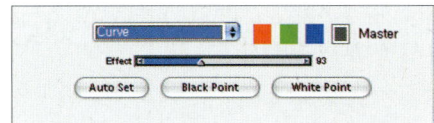

커브 곡선은 색상 채널별로 구분하여 해당 색상별로 표시된다.

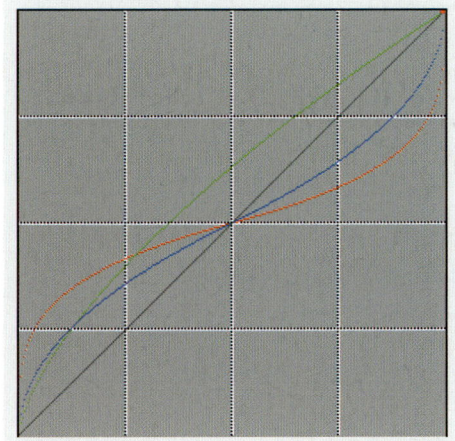

- Freehand(자유 곡선)

포토샵 커브의 핸드 모드와 같은 기능이다. 사용자가 임의의 스트로크나 마우스 드래깅으로 커브를 그려 넣는다.

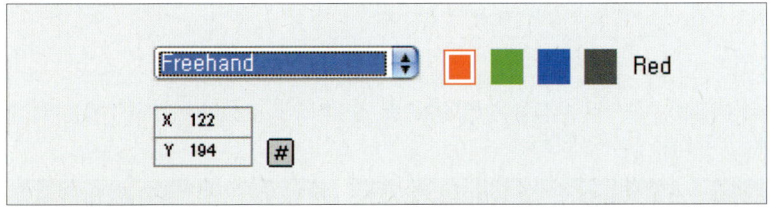

- Advanced(숙련자 모드)

고급 모드로서 사용자가 색상 채널별로 명도값을 직접 수치로 입력하여 컨트롤하는 모드이다.

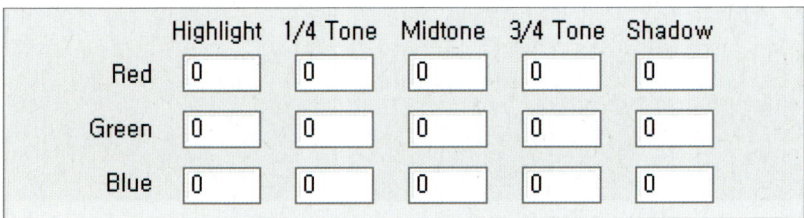

Alias of Anti Picture

이미지의 색상 보정 기능

이번에는 이미지의 색상 조절에 관련된 조정 기능들을 소개한다.

Hue / Saturation(색조 / 채도)

Hue / Saturation은 이미지의 간단한 색상 보정에 있어서 보편적인 기능 중 하나이다.

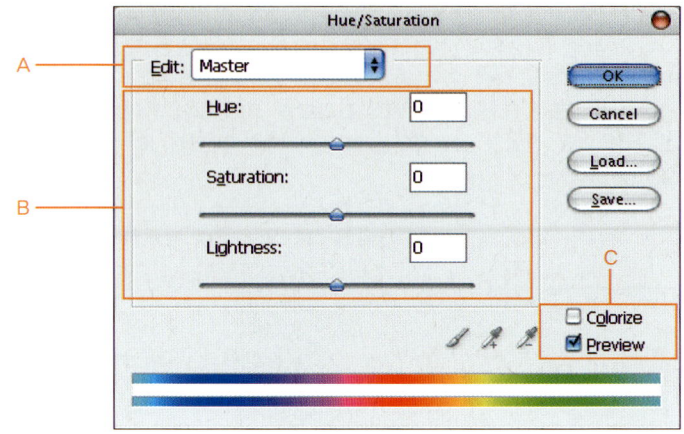

A 영역(Edit)
기본은 Master로 전체 색상으로 설정되어 있으며, 목적에 따라 보기와 같이 각 색상별로 제한시켜 특정 색상 범위만 제한 적용하여 보정할 수 있다.

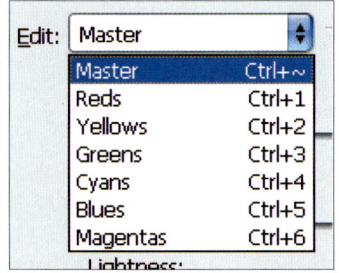

B 영역(Control Slide Bar)
각 보정 항목들을 제어하는 슬라이드 바 화면이다.

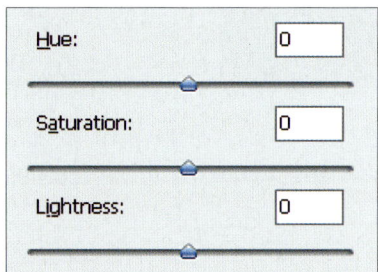

- Hue(색조) : 색상의 색조를 다채롭게 변화시킨다. 이미지 원본의 색상을 기준으로 추적하며 변화하므로 일괄적으로 색상이 변질되지 않는다. 슬라이드 바의 위치 기준은 관리 창 최하단의 색상 스펙트럼 내비게이션을 참고하면 된다.

원본 이미지

수치 적용 -60

수치적용 -140

수치 적용 +75

정준호의 비주얼 일러스트레이션 제작노트

- Saturation(채도) : 이미지 색상의 채도를 변화시킨다. 수치에 따라 이미지 전체 색상을 일괄적으로 낮추거나 올릴 수 있다.

원본 이미지   수치 적용 : -95   수치 적용 : 75

- Lightness(밝기) : 이미지의 일괄적인 밝기를 조절한다.

C 영역(Colorize)
이 옵션을 체크하면 이미지 전체를 한 가지 톤의 색상으로 변화시켜 일괄 적용시킨다.

Color Balance(색상 균형)

특정 색 영역을 정밀하게 가감하여 색상 분포를 보정, 교정하는 기능이다. 색상 조정의 기준은 색상 체계의 보색 대비를 기준으로 하여 Cyan(청록) ↔ Red(빨강), Magenta(자홍색) ↔ Green(녹색), Yellow(노랑) ↔ Blue(파랑)이다.
이 체계에 대입되어 이미지의 컬러 모드가 RGB, CMYK, Lab 컬러 모드에서만 사용할 수 있다.

또한 하단의 Tone Balance에서 Shadows(암부), Midtones(중간 톤), Highlights(밝은 톤)로 색상 변화를 줄 수 있는 명암 영역을 지정해 줄 수 있다. Preserve Luminosity(광도 유지) 옵션은 기본적으로 체크 상태이며, 색상 조정 작업 간에 밝기 균형이 망가지지 않도록 보호한다.

필자의 경우도 작업 간에 매우 자주 활용하는 보정 메뉴로서, 이 기능이 일러스트레이션 작업에 있어 무척 유용한 것은 어두운 영역과 중간 톤 영역, 밝은 톤 영역을 각기 따로 색 보정을 할 수 있기 때문이다. 내용을 잘 파악하여 적극적으로 활용할 수 있도록 한다.

그림과 같이 명도 영역 Highlights에서 Red와 Yellow 색상 값을 40~50 정도의 수치로 올리고 명도 영역 Shadows에서 Cyan과 Blue 색상 수치를 40~50으로 반영시킨 결과물이다.

이미지의 밝은 부분은 난색(暖色)이 적용되어 채도가 상승하였으며, 옷과 머리카락의 어두운 부분에는 청록색이 가해졌음을 볼 수 있다.

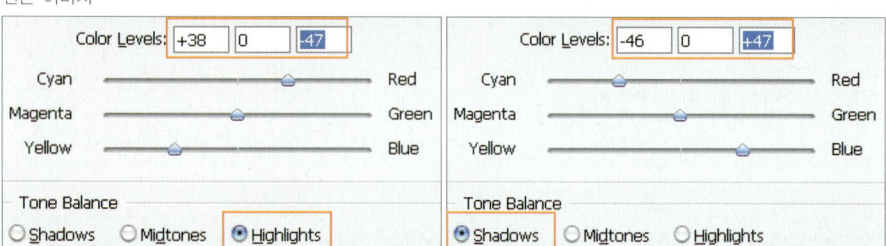

이번에는 세 명암부에 전반적으로 Cyan과 Blue 색상을 20~30 정도 올리고, 중간 톤에는 Magenta 색상 영역을 10~20 정도 주었다.

따라서 결과적으로 보기와 같이 원래 따뜻한 색상이었던 원본 이미지가 차가운 색상 톤으로 바뀌었다

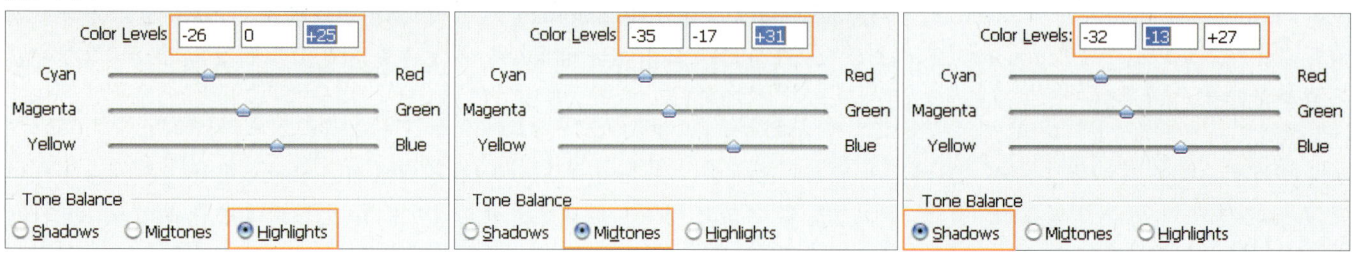

다시 한 번 강조하면 다른 색 보정 기능과 달리 사용자가 원하는 명암 영역을 서로 달리 조절할 수 있으므로 일괄적으로 색을 변화시키지 않으면서 고급스럽고 넓은 범위의 색조 조정이 가능하다는 점을 인지한다.

정준호의 비주얼 일러스트레이션 제작노트

Variations(색상 변경)

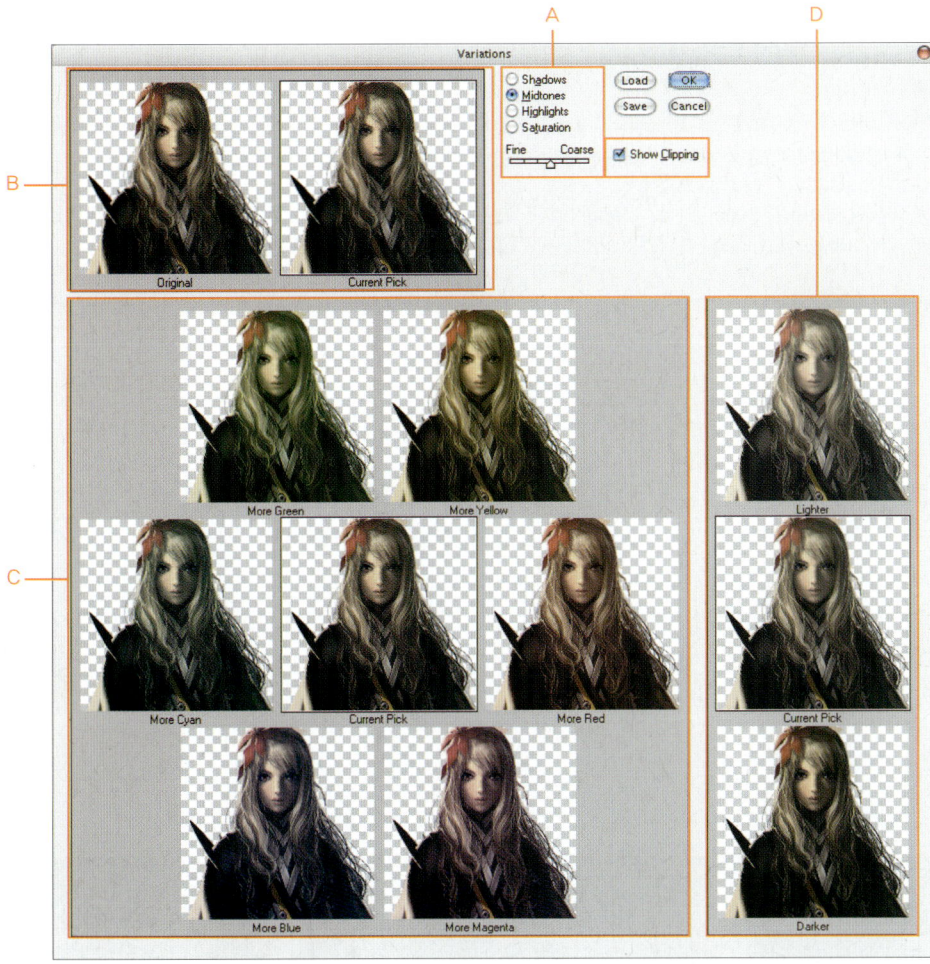

이미지에 색조 변화를 균일하게 적용시켜 보여 준다. 다른 색조 메뉴와 비교했을 때 장점은 옵션 조절을 통하여 세밀한 조정이 가능하며 기존의 정해진 색조 스펙트럼 흐름에 따라서가 아닌, 사용자가 원하는 색조를 자유로이 선택하여 가할 수 있다는 점이다. 그러나 이미지에 균등하게 일괄적으로 변화가 적용된다는 점에서 앞의 Color Balance와 비교하여 그 용도는 다르다고 볼 수 있다.

A 영역(Select Options)
색조 변화를 적용할 명암 영역을 선택해 준다.

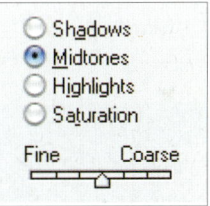

Saturation을 선택하면 보기와 같이 컨트롤 내비게이션 창이 바뀌면서 이미지의 채도를 조절할 수 있게 된다.

Tip
단축키
Alt + I를 누른 후 바로 A 그리고 N
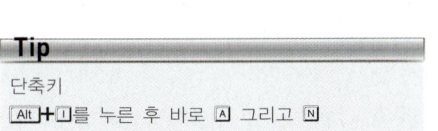

Alias of Anti Picture

메뉴 하단의 Fine, Coarse 슬라이드는 Fine에 가까울수록 적용 세기가 약해지고 Coarse에 가까워질수록 강해진다.
Shoe Clipping 체크 옵션은 이미지 변화 시 한계점에 대한 프리뷰상의 표시 유무를 정하는 것으로, 체크해 두면 조정 한계점을 넘어가는 색상을 보색으로 보여 주게 된다.

B 영역(Image Preview)
좌측에 원본 이미지, 그리고 우측에는 조정된 결과물을 미리 보여 준다.

C 영역(Control Navigation-Color Palette)
원하는 색조를 선택하여 더하는 제어 창이다. Red, Yellow, Green, Cyan, Blue, Magenta의 6가지 색상을 선택하여 더하는 방법으로 조절한다. Color Balance와 같이 서로 보색 배치되어 있으므로 더한 색을 빼고 싶을 때는 반대편 색상을 같은 양으로 더해 주면 같은 결과가 된다.

D 영역(Brightness)
같은 방법으로 이미지의 밝기도 제어할 수 있다.

Posterize(포스터화)

사실 이 메뉴는 색조 조정으로 소개하기 애매한 기능으로 오히려 쓰임새는 필터(Filter) 쪽에 가까울 수 있겠으나 메뉴가 Adjustment에 위치하고 있으며, 사용 빈도는 극히 적으나 작품에 따라 상당히 요긴하게 응용할 수 있으므로 간략히 소개하고 넘어간다.

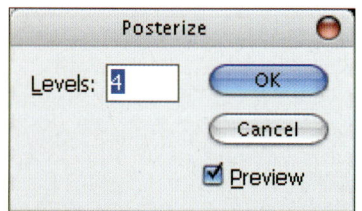

제어 명령은 간단하다. 사용자가 원하는 Level 수치를 입력하는 것으로, Posterize는 이미지를 256 단계의 색상 안에서 지정해 준 수치의 색상만으로 표시한다. 즉, RGB 컬러의 경우 지정 Level의 범위 안의 색상만을 이용하여 표현된다.

원본 이미지이다.

Level 수치 4가 적용된 결과이다.

Level 수치 2가 적용된 결과이다.

메뉴 이름 그대로, 색상 범위를 줄여 팝아트적인 이미지를 만들어 줌으로써 앞에서 소개한 Threshold(고대비)와 함께 코믹스풍이나 팝아트풍의 작품이 어울리는 그림이라면 1차 소스 생산에서 활용될 수 있을 것이다.

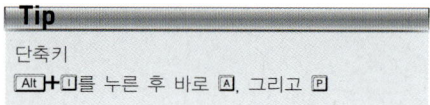

Desaturate(무채도)

선택된 이미지의 채도만을 0으로 만들어 무채도 이미지로 만든다.

이상으로 포토샵의 색상 보정 기능 중 일러스트 제작에 도움이 될 만한 기능들만 몇몇을 추려서 소개해 보았다. 그 밖의 포토샵 Adjustment의 여러 사진 이미지의 편집/수정에 용이한 기능이나 웹 이미지 관리 및 출력에 특화된 기능들은 포함시키지 않았다.

페인터의 색상 보정 기능도 잠시 알아보겠다.

사실 색 보정만큼은 포토샵이 뛰어나다고 알려진 것은 포토샵이 그만큼 기능 지원에 있어 풍부한 이유도 있겠지만 쾌적하고 손쉬운 명령 제어도 그 이유라고 본다. 일러스트 제작에 있어 명암이나 색상 보정에 필수적인 기능들은 페인터에서도 부족함 없이 다룰 수가 있는데, 이 부분이 까다로운 것은 페인터의 경우 기능이 통합되어 다가가기 어려운 구성을 가진 이유도 있고, 기초 색 표현 체계가 RGB 베이스가 아닌 HSV 같은 페인터 고유의 포맷이나 원리 등을 기준으로 하고 있어 일반인들이 접근하기에는 난해함을 더하기 때문일 것이다.

Adjust Color(색상 조절) | 페인터

포토샵의 Hue/Saturation과 유사하게 이해하면 되겠다.
단, 결과물이 동일하지는 않고 페인터만의 특수 기능이 포함되어 있으니 주의해서 알아본다.

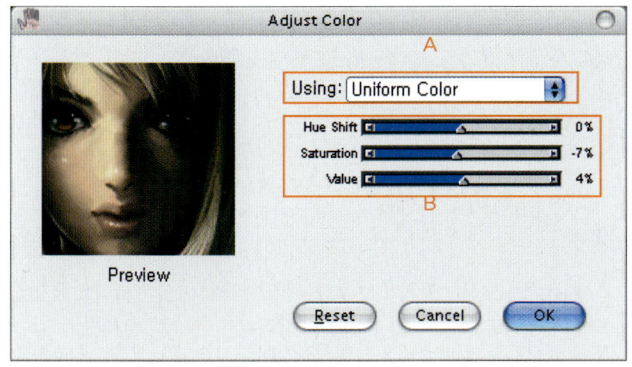

A 영역

이 부분이 포토샵과의 차이점으로, 포토샵과는 달리 색상 범위를 선택하는 기능은 없으나 페인터만의 텍스처가 발광 효과로 적용되는 선택을 할 수 있다. Uniform Color는 일반 적용 상태, Paper는 유저가 지정한 종이 질감을 반영하며, Image Luminance는 발광 효과로 표기하고 있듯 일반 적용 시와는 다른 원리로 수치가 반영되며, Original Luminance는 페인터의 패턴 텍스처가 반영되어 효과가 나타난다.

Paper가 적용된 결과이다.

Original Luminance가 적용된 결과이다.

B 영역

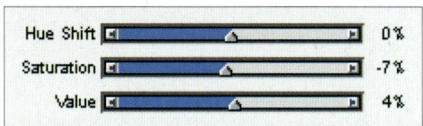

Hue Shift는 색조를 조정하고, Saturation은 채도를 조절한다. Value는 역시 기본적으로는 밝기를 조절하는데, 포토샵의 Brightness와는 달리 일률적으로 어두워지거나 밝아지지 않고, 명도의 가감과 더불어 대비가 변하는 원리를 기반으로 하고 있으므로 사용자가 직접 수치를 만져 보면서 원하는 느낌을 맞춰야 한다.

Adjust Selected Colors(선택 색상 조절) | 페인터

포토샵의 색 보정에서 사용자의 선택 접근이 좋았던 메뉴가 Color Balance였다면, 페인터에서의 색 보정 고급 모드는 바로 이 Adjust Selected Color라고 할 수 있다.

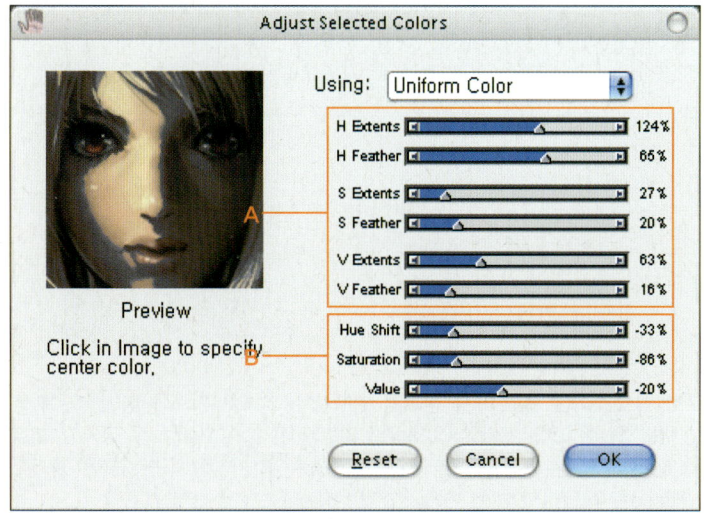

Tip

단축키

Alt + T를 누른 후, 바로 T 그리고 S

A 영역

제어 메뉴의 구성을 파악하는 법은 페인터의 이미지 표현 체계인 HSV의 파악으로, 일반적인 색상을 기준으로 분류된 체계와는 달리 각기 H(색상), S(명도), V(채도)의 개념으로 구성되어 있다. 각 H, S, V의 Extents(적용 범위)와 Feather(퍼뜨림) 값을 조절하여 대상 이미지의 효과 적용의 영역 범위를 먼저 정하게 된다.

B 영역

이 부분은 사전과 동일하게 각각의 Hue(색조), Saturation(채도), Value(명암도) 수치를 조정한다.
색상만 기준이 아닌 명도와 채도가 더해진 개념이라 익숙지 않은 사용자에겐 복잡하고 헷갈릴 수 있겠는데, 이 복합적인 범위 지정을 응용하면 포토샵의 보정 기능에서 쉽지 않았던 놀라운 효과들을 얻어 낼 수도 있으니 흥미가 있다면 반복적으로 적용해 보고 개념을 익히도록 한다.

한 가지 예를 통하여 설명하도록 하겠다. 이 수치 조절의 포인트는 S(명도)의 Extents(범위)와 Feather(번짐)를 적게 잡고, 그 밖의 영역은 Feather 값을 충분히 주어 적용 경계를 부드럽게 만드는 것이다. 색상과 채도의 적용 Feather는 넉넉히 두었다.

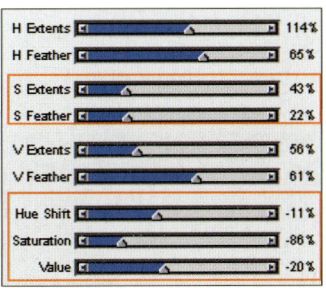

하단의 박스 설정을 통하여 원하는 반영 색상을 만들어 주었다. 색상은 Hue -11, Saturation -86으로, 낮은 채도의 청자색이다.

원본 이미지이다.

Level 수치 4가 적용된 결과이다.

보기의 결과와 같이 명암(S)의 적용 범위 선택 수치에 의하여 필자가 의도한 색상이 얼굴과 머리카락의 밝은 부위의 원본 색상은 제외한 중간 톤의 특정 영역에만 영향을 미쳐, 보라색 반사광 효과를 얻는 결과를 만들어 냈다.
색상(H)이나 채도(V) 적용 범위는 대상 이미지에 분포되어 있는 정보를 기준으로 하여, 이 범위 적용치에 상대하여 Hue(색조), Saturation(채도), Value(명암도) 반영을 최종 포함시키는 방식인 것이다.

Posterize(포스터화) | 페인터

포토샵의 Posterize 기능과 사용법, 결과 모두 동일하다.

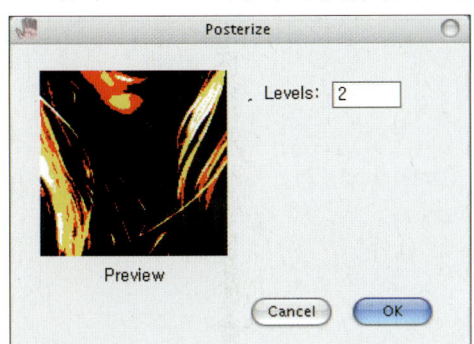

Alias of Anti Picture

Posterize Using Color Set(컬러 세트를 사용한 포스터화) | 페인터

따로 컨트롤 명령 창이 팝업되지 않으며 바로 적용된다. 의미 그대로 페인터의 컬러 세트에 있는 색상을 기준으로 Posterize를 적용시킨다. 당연히 컬러 세트가 바뀌면 색상 적용도 그에 따라 달라진다.

원본 이미지이다.

Windows Default 256 컬러 세트를 적용한 결과이다.

페인터 72 Pencils 컬러 세트를 적용한 결과로, 마치 80년대 도트 시절의 작품 같은 느낌이다.

정준호의 비주얼 일러스트레이션 제작노트

Traveller
2004 / 'EARTHPER' Private Work / Photoshop CS / 4500*6266 Pixel

STEP 04

Tutorial
Texture Works
일러스트레이션 작업을 위한 텍스처 제작 및 활용

텍스처 소스의 제작과 활용
262

비주얼 이펙트 및 파티클 효과의 제작
279

페인터의 텍스처 활용
298

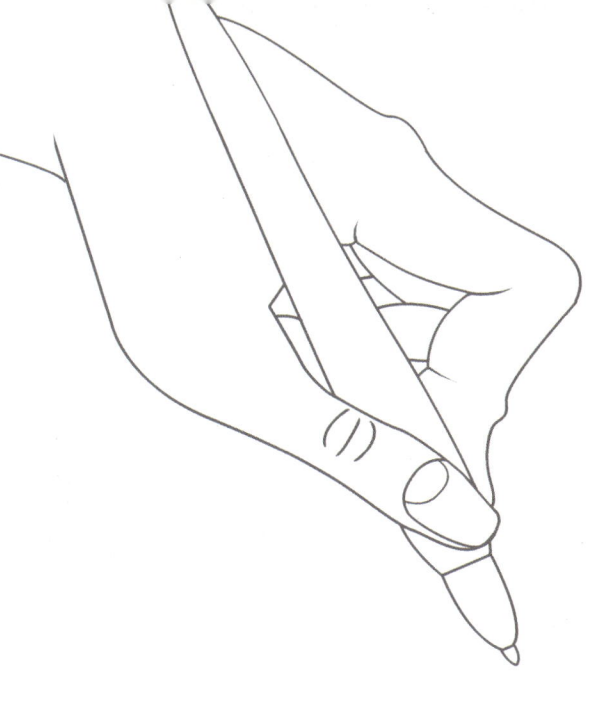

질감 표현이라는 주제 안에서 텍스처 활용이라는 부분을 다루도록 한다. 텍스처(Texture)라 함은 직물 쪽에서 유래한 말로 '직물을 짜다', '무늬를 짜 넣다'라는 뜻으로 조직이나 구성의 짜임새 등의 의미를 가지고 있고, 미술학에서는 질감이나 색조의 묘사에 관련된 표현으로 쓰인다.

최근 출판 미디어나 마케팅 매체에서 고품질 Rendered(랜더러드) 3D 이미지들이 상업용 홍보 목적이나 아트 포트폴리오로서 등장하기 시작하면서 상대적으로 경쟁력을 위하여 2D 분야에도 적극적으로 응용된 현상으로 이해하고 있다.

지금부터 다루게 될 소위 텍스처라이징(Texturizing) 기법은 미술가들 사이에서는 그 활용을 놓고 아직도 호불호가 나뉘며 갑론을박 논란이 많다. 어떤 복잡한 문양이나 재질이라도 그 표현을 위하여 여러 화구와 기법을 개척하고 특화시켜 온 수작업 방식의 아티스트들에게 있어서 디지털 텍스처 기법은 아무래도 편법처럼 여겨지기 마련인데, 필자의 경우는 텍스처 기법을 받아들이는 감상이나 의미를 떠나서 먼저 기술적인 부분만 생각할 때 사전에 충분히 당부하고 싶은 내용이 있다.

디지털 텍스처 기법의 시작에 가까운 3D 업계에서도 그려진 텍스처가 베이스가 되는 논 셰이딩(Non Shading)의 로폴(Low Polygon) 플랫폼과 실사 소스를 주로 활용하는 고품질 하이폴(High Polygon)의 고급 셰이딩 베이스의 플랫폼으로 구분할 수 있는데, 이러한 구분은 2D 아티스트들에게 있어서도 작업 환경이나 목적, 작품에 따라 '그려진 텍스처'와 '실사(實寫) 재질 텍스처'의 적절한 선택을 필요로 하게 한다. 고밀도 표현을 위하여 텍스처를 활용하지만 2D 작업 중에서 일러스트레이션 작업을 전제로 하는 사용자에게 유효한 텍스처 소스는 아무래도 너무 사실적이거나 기계적인 이미지일 경우 그 의도에 부합하기 힘들 것이다.

따라서 이하 다루게 될 텍스처 소스의 제작도 사전의 브러시를 활용하여 질감 표현을 했듯이 그 연장선상에서 되도록 그려 낸 소스를 기초로 하여 페인팅과의 위화감을 최소화하려는 노력을 할 것이다. 여기서 중요한 것은 아무리 적절한 텍스처 소스를 활용했다 하더라도 과유불급(過猶不及)이라 하듯 자신의 화풍에 적절하지 못한 남발은 오히려 밀도 분배의 실패나 감성 유실로 인하여 원작을 망치는 사족이 될 것이다.

이 점을 절대 가볍게 여기지 말기를 바라며, 무엇보다도 사용자의 미술학적인 지식과 기본기 등이 밑받침되어야 하므로 조심스럽게 접근하도록 하자.

텍스처 소스의 제작과 활용

텍스처 소스 제작은 언급한 사항에 따라 크게 Drawing(순수하게 손으로 그려 넣기), Wrapping(소스를 따로 제작하여 씌우기)의 두 공정으로 분류할 수 있다(물론 마스터링 작업 시에는 그림으로서의 완성도를 위해 전, 후 방법이 모두 병행되기 마련이다).
필자의 기존 작업물들의 몇 가지 작례를 통하여 알아보도록 한다.

오브젝트 표면 질감 표현(웨더링)

하나의 예제로 웨더링이 많은 철제 의자의 질감 표현을 소재로 시작해 보자. 측면 각도에서 본 금속 재질의 의자를 디자인하였다. 연필로 스케치하여 스캔 받은 이미지로, 그림의 확대된 그림처럼 종이 위의 연필선 자체도 텍스처의 일부로 활용할 의도가 있었기 때문이다. 마찬가지로 선화만 깨끗하게 알파 채널을 이용하여 따로 추출하였다.

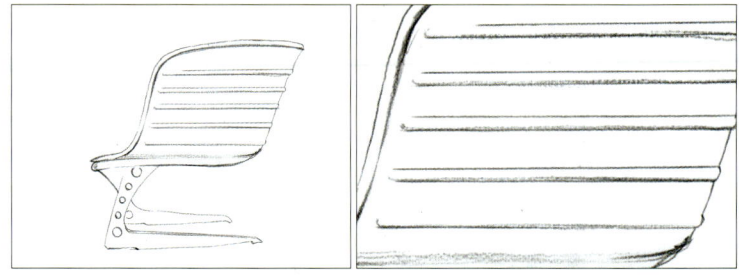

임의의 무난한 색상을 골라서 캔버스에 Fill 등으로 채우고, Ctrl+A로 영역 전체를 선택한 후 포토샵 Filter 메뉴의 Add Noise 명령을 하면 보기와 같은 제어 창이 팝업된다.

제어 창의 하단의 Monochromatic 옵션 박스를 체크하여 모노톤 적용으로 선택하고, 효과량(Amount) 수치는 20으로 하였다.

적용 색상

여기에 포토샵 Filter 메뉴의 Pixelate 항목의 하위 메뉴 Facet을 적용시켜 입자들을 각면(各面)화한다. 이미지상으로는 그 차이를 바로 느끼기 힘들 수도 있겠으나 직접 적용하여 확대해 보면 그 차이를 알 수 있다. 이 과정은 사용자가 지정한 해상도에 따라 다르겠지만 필터 Add Noise의 적용 형태가 일률적으로 너무 잘게 분포되므로 기계적인 이미지도 완화시키고 입자도 단순화시키기 위해서이다.

정준호의 비주얼 일러스트레이션 제작노트

새로운 레이어를 생성하여 보기와 같은 색상으로 전체를 채운 뒤 포토샵 Filter 메뉴의 Render의 하위 메뉴 Clouds를 적용하면 보기와 같은 결과가 된다. 별도의 수치제어가 없는 기능이다.

적용 색상

Clouds를 적용했던 레이어의 블랜딩 모드를 Overlay로 바꿔 주면 그림과 같은 결과가 나온다.

새로운 레이어를 추가하여 원형(Radial) 그러데이션을 그라디언트 툴로 만들어 준다. 그리고 이 레이어의 블랜딩 모드는 Multiply로 해 준다.

세 개체의 레이어가 합쳐진 상태이다. 모두 Merge시켜 준 뒤 Color Balance와 Curve로 보정해 주었다.
이것으로 베이스 소스가 만들어졌다.

Alias of Anti Picture

베이스 소스를 스케치 레이어 밑에 두고 적용 범위 외의 불필요한 부분은 지우개로 지워서 맞춰 넣었다.

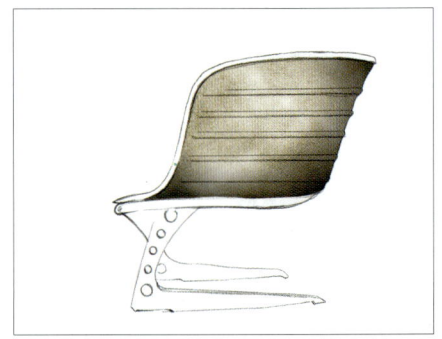

조형에 맞춰 양감을 잡아 주는 과정이다. 질감이 망가지지 않도록 유사한 질감을 가진 브러시를 사용한다.

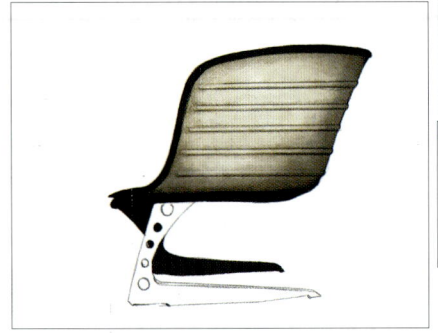
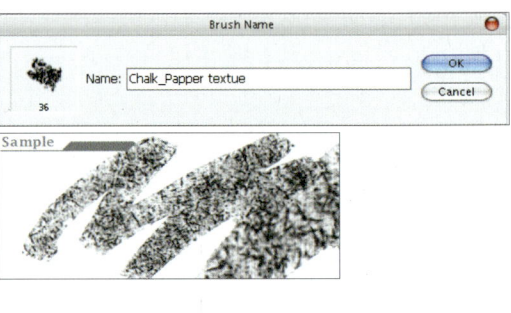

포토샵의 기본 제공 브러시 중 Chalk_Papper texture를 찾아보자. 포토샵 웨더링 작업에 전반적으로 아주 유용한 브러시이므로 잘 기억해 두자. 큼직한 톤을 잡는 데는 부드러운 에어브러시 계열의 브러시를 추천한다.

밝은 톤이나 어두운 톤을 추가할 때는 순수하게 일반 레이어상에 작업을 추가하는 것보다는 사전에 언급했듯이 Overlay나 Multiply, 혹은 Lighten이나 Darken 등을 적절히 활용하는 것이 느낌을 잡기에 훨씬 수월할 것이다.

사전에 작업했던 베이스 텍스처 소스에 이번에는 포토샵 Filter 중 Stylize의 하위 메뉴 Emboss를 보기와 같이 적용시켜 얻은 결과물이다.

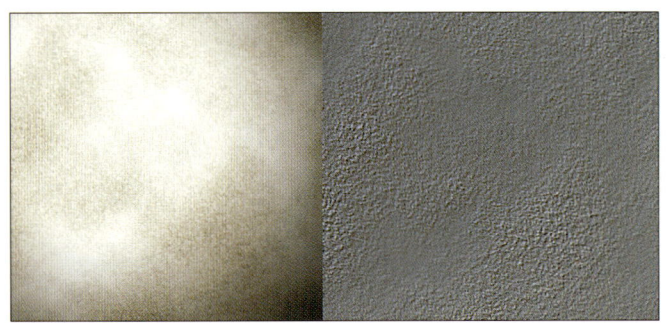
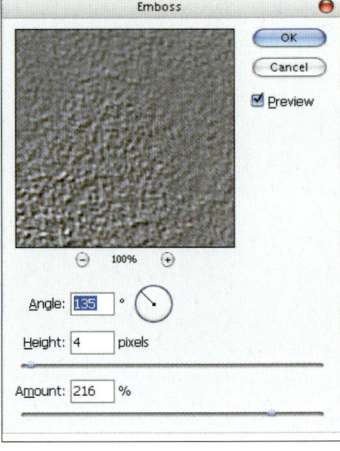

정준호의 비주얼 일러스트레이션 제작노트

앞의 Emboss 적용 텍스처를 레이어 블랜딩 모드 Soft Light로 효과가 너무 튀지 않도록 투명도(Opacity)를 65% 정도로 올린 결과물이다.

Overlay 블랜딩 레이어를 새로 생성하고, 사전과 같은 브러시들로 낮은 명도의 붉은색과 청록색을 선택하여 곳곳에 얼룩을 찍어 넣는다. 풍부한 색조와 낡은 금속 느낌에 효과적이며, 그에 따라 얼룩이나 표면 상처 등의 구체적인 웨더링 효과들도 묘사를 시작한다.

이번에는 보조 웨더링 텍스처를 하나 더 만들어 보겠다.

포토샵의 기본 제공 브러시 모양 중 거친 모양을 골라 보기와 같이 붓자국을 만들어 준다. 그리고 포토샵 Edit 메뉴의 Transform의 하위 항목 중 Distort(자유 변형) 명령으로 모양을 극단적으로 늘려 준다.

Alias of Anti Picture

같은 방법으로 다양한 줄기들을 만들어 낸 후 다양한 레이어 블랜딩 방식으로 겹쳐 보면서 요령껏 느낌을 잡아 본다.
강제로 늘린 이미지의 픽셀이 심하게 깨져서 뿌옇게 보이기도 하지만 어차피 필요한 공정이므로 사전 텍스처 때와 동일하게 Facet 필터를 적용
하고, 이미지 주변에 포토샵 레이어 스타일 블랜딩인 Outer Grow 기능도 적용하였다.
붓결이 너무 뭉쳐 있어 더욱 거칠게 표현할 필요를 느낄 때는 필터의 Distort의 하위 항목의 Ocean Ripple이나 Glass 등으로 사용할 수 있다.

레이어 블랜딩 'Normal'.

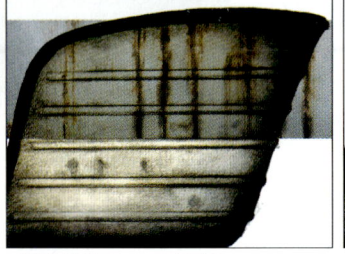
레이어 블랜딩 'Multiply' 적용.

레이어 블랜딩 'Soft Lighten' 적용

레이어 블랜딩 'Color Burn' 적용

보조 텍스처를 더하고 스케치 레이어까지 통합시켰다. 이제부터는 경계 정리와 디테일, 마무리 묘사
단계로 들어간다.

의자 묘사가 완료되었다. 의자 다리 부분에 사용된 텍스처도 색조 조정을 통
한 배리에이션 외에는 상위와 동일한 방식으로 제작되었다. 최종적으로 다리
디자인은 방향이 약간 수정되었다.

정준호의 비주얼 일러스트레이션 제작노트

완성된 의자를 다음과 같이 사용하였다. 개인 작업 시리즈인 H.I.S 이미지 일러스트이다.

2006 / Private Work 〈H.I.S Grow〉 / Photoshop CS

이렇게 만들어진 텍스처 소스는 여러 부분에 활용할 수 있다.

무기 등의 아이템 종류에 적용한 결과물

2005 / 〈Lineage 2〉 Character Image (NCSOFT) / Photoshop CS

텍스처 적용 전의 이미지이다.

텍스처가 적용된 결과물이다. 상위의 질감 텍스처에 사용된 웨더링 소스는 아주 약하게 반영하고(블랜딩 모드나 Opacity 수치 등으로), 녹슨 질감을 상위에 Soft Lighten 블랜딩 속성으로 적용시켰다.

Alias of Anti Picture

− 이미지 왜곡(Shear, Pinch, Free Transform)

평면적인 텍스처 소스를 보다 입체적으로 활용하기 위한 간편한 몇 가지 요령을 소개한다.

Shear :
먼저 포토샵 Filter 중 Shear를 활용해 보자.

사전에 만들어진 녹슨 질감 텍스처 원본을 레이어로 따로 올린 후 좌우 여백을 만들어 준다.

Shear 명령을 지정하면 그림 같은 효과 제어 창이 팝업된다. 수직으로 그어진 중심선에 기준점을 추가하여 원하는 만큼 휘어짐을 설정한다.

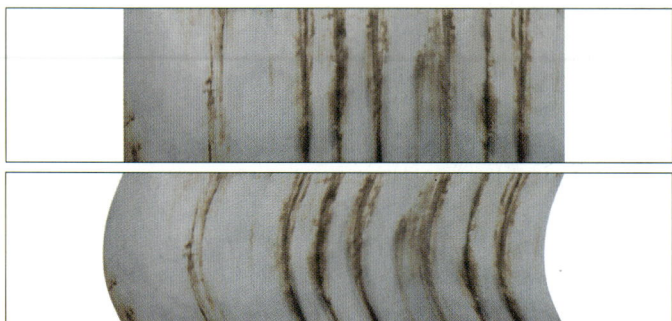
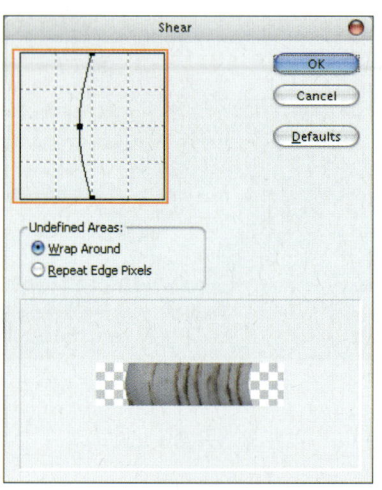

곡선으로 휘어진 소스를 만들 수 있다.

2006 / 〈Dragoneer's Aria〉 (NIS Japan) / Photoshop CS

텍스처 적용 전 이미지   텍스처가 적용된 결과물

Pinch : 표면이 둥글게 부풀어 있는 형태에 텍스처를 활용할 때는 포토샵의 Filter 메뉴 중 Distort의 하위 항목 Pinch를 활용해 본다.

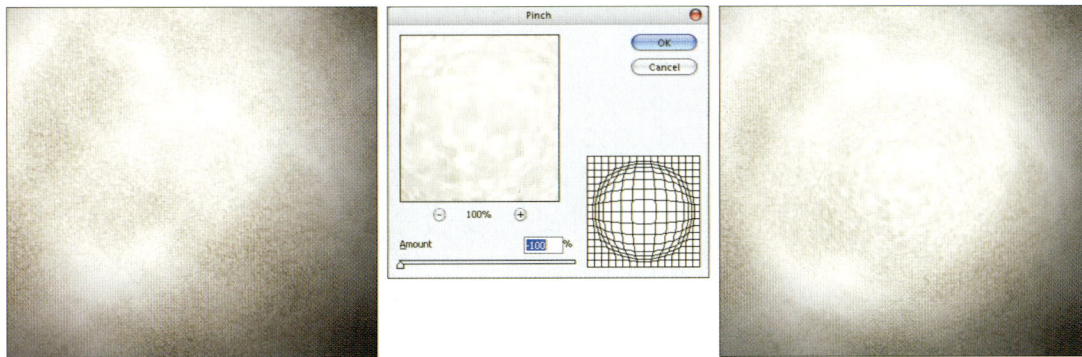

적용 전의 텍스처이다.　　　　　　　　　　　　　　　　　　Pinch가 적용된 결과물이다.

Free Transform

기본 기능이지만 간략히 짚고 넘어가보자.
명령어는 포토샵 메인 메뉴의 Edit 〉 Transform의 하위 항목에 있다.
먼저 원하는 영역을 선택하고 명령을 선택하면 제어 그리드가 활성화된다.

명령이 활성화되면 그림 같이 기준점이 마킹된 그리드가 생성된다. 모서리 사이 변에 위치한 기준점을 이동시켜 이미지의 가로, 세로의 스케일을 변화시킬 수 있다. 각 모서리 기준점의 위치를 이동해 주면 자유롭게 상하좌우 스케일을 제어할 수 있다. Shift키를 누른 상태에서 모서리 기준점을 이동시키면 이미지의 가로, 세로 비율을 유지한 채 전체 스케일만 변형하게 된다.

Alt 키를 누르면서 기준점을 이동시키면 대칭하고 있는 반대편 기준점도 연동하여 따라 움직이게 된다.

Ctrl 키를 누르면서 변에 위치한 기준점을 이동시키면 그림과 같이 변이 이동하여 평행 사변형 형태로 왜곡시킬 수 있다. Alt 키와 같이 조합하면 마찬가지로 맞은편 변도 같이 연동해서 변형된다.

Ctrl 키를 누르면서 모서리 기준점을 이동시키면 해당 모서리만 이동하여 임의의 다각형 형태로 변형하는 것이 가능하다. 마찬가지로 Alt 와의 기능 조합이 가능하다.

Alias of Anti Picture

앞의 운용 방법들을 적절히 혼용하면 여러 투시 표면에 대입할 수 있는 자유로운 이미지 변형이 가능하다.

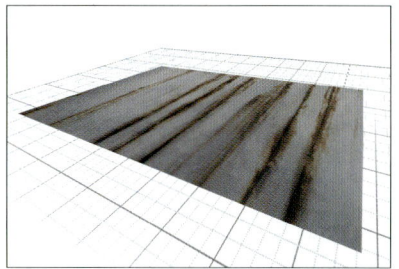

포토샵 필터 Pinch와 Distort의 혼용으로 둥근 표면에 매칭될 수 있는 형태로 변화시킨 예이다.

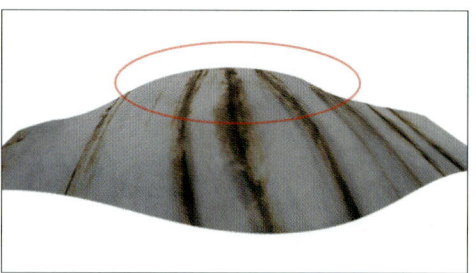

건물 벽면 등의 건축물 표면에 활용

2003 / 〈EARTHPER〉 / Photoshop 7, Painter 6

텍스처 적용 전의 이미지이다.

배경의 인조물들에 웨더링 텍스처 적용 상태

정준호의 비주얼 일러스트레이션 제작노트

페인터의 이미지 변형 기능

페인터 메인 메뉴의 Effects의 Orientation 항목에 이미지 변형과 관련된 명령어들이 모여 있다.

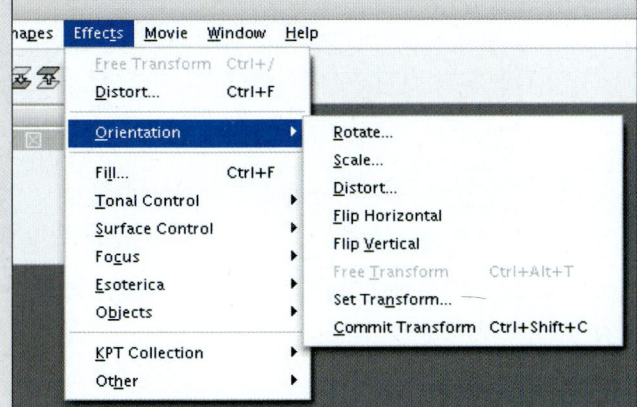

Free Transform 명령을 내리면 그리기가 생성되고 Shift 키를 누르면서 모서리 기준점을 옮기면 가로, 세로 비율을 유지하면서 스케일이 조정된다. 모서리 기준점을 Ctrl 키를 누르면서 조작하면 축 회전(Rotation)이 가능하다. 변에 위치한 기준점을 Ctrl 키를 누르면서 이동시키면 축이 이동하여 평행 사변형의 변형이 가능하다. Alt 키를 누른 상태로 이미지를 드래깅하면 새로운 Transform 레이어로 이미지가 복제된다.
모서리 끝을 각각 이동시켜 변칙적인 다각형으로 변형하려면 Distort 명령에서 수행이 가능하다.
이미지에 Free Transform 명령이 적용되면 레이어의 상태가 Transform 모드로 전환되어 임시 확정 상태가 되며, 변형을 확정할 때는 Commit Transform 명령으로 완료해야 한다. 완료하면 레이어는 다시 일반 모드로 표시된다.

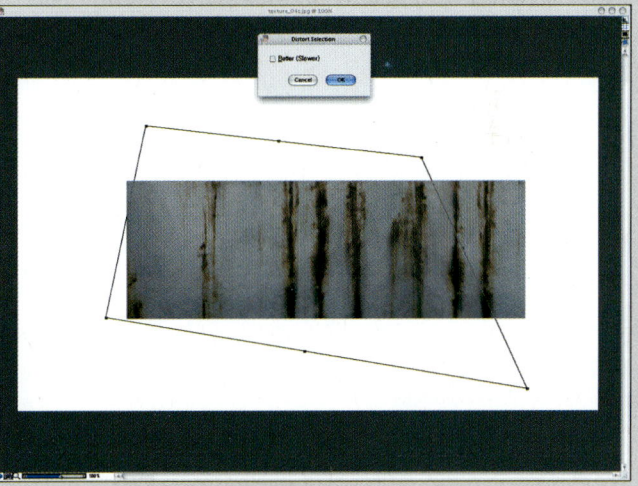

페인터도 이미지 변형을 위한 동일한 기능을 제공하고는 있으나 포토샵의 경우 Free Transform 하나의 명령에서 다양하고 통합된 기능 수행이 가능하며, 이미지 변형 상태의 미리보기(Preview)가 제공되므로 훨씬 다루기가 수월하고 자유로운 이미지 변형에 좋다.

Alias of Anti Picture

– 텍스처의 Lighting Effect 활용

웨더링 텍스처와 같은 크기의 캔버스 위에 의도적으로 약간 거친 스트로크들을 채워 넣는다.

다시 포토샵 필터인 Emboss를 보기와 같이 적용한다. 이렇게 시멘트를 거칠게 바른 듯한 표면 효과를 얻었다.

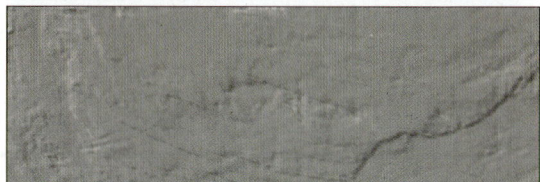

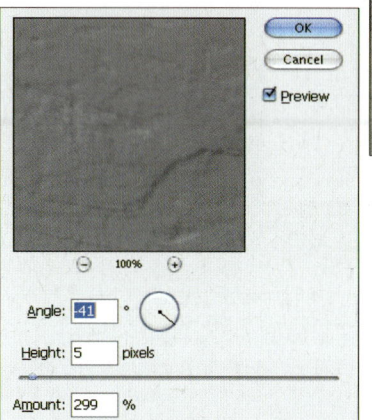

앞의 결과물에 효과를 하나 더한다. 마찬가지로 포토샵 필터 메뉴 중 Render 메뉴의 하위 항목인 Lighting Effects를 명령하면 그림과 같은 제어 창이 뜬다. 내비게이션 윈도우에서 조명의 범위와 방향을 그리드와 기준점을 옮겨 조절해 주고, 우측 슬라이드들은 적용량이나 여러 속성 등을 지정해 준다.

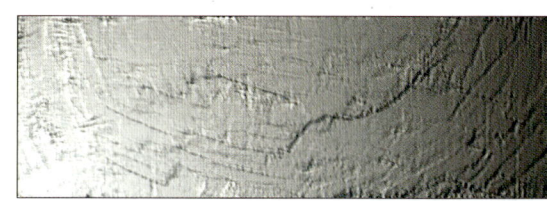

적용 결과 양감 효과가 좀 더 좋아졌다.

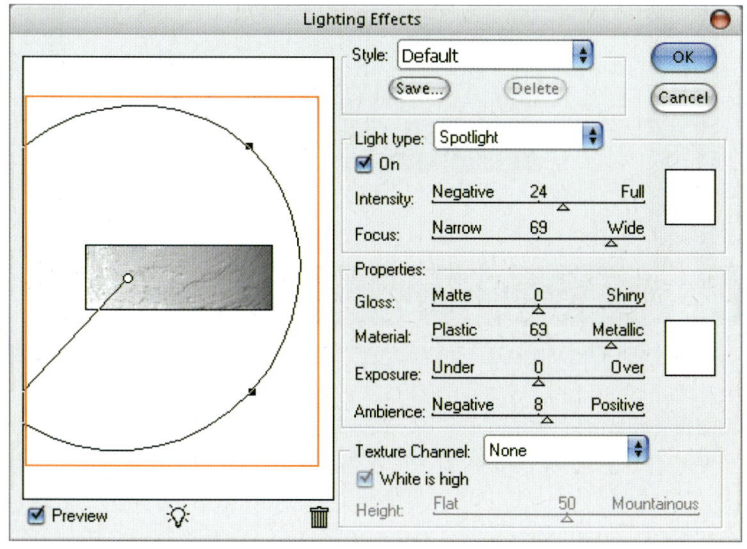

벽면 효과 위에 '녹슨 표현 텍스처'를 블랜딩 모드 Color Burn으로 적용한 결과물이다.

벽면 효과 위에 '녹슨 표현 텍스처'를 블랜딩 모드 Hard Light로 적용한 결과물이다.

정준호의 비주얼 일러스트레이션 제작노트

- Emboss 필터와 Lighting Effect의 활용

빈 캔버스 위에 포토샵 필터의 Render의 하위 메뉴 Clouds를 적용시키면 보기와 같은 결과물이 나온다.

같은 요령으로 필터 Emboss를 적용하여 얻은 표면의 질감이다.

사전과 동일한 과정을 거친 최종 결과물이다. 표면 질감 텍스처 위에 Lighting Effects로 톤 변화를 주고, 색 보정 Hue/Saturation으로 단조로운 회색을 없앴다. 상위의 블랜딩 모드는 Hard Light 적용 상태이다.

이렇게 질감은 얻었으나 너무 단조로운 색감이 불만일 경우 물론 앞에서 공부한 색 보정 기능들을 활용하여 충분히 효과를 볼 수도 있겠지만 이 역시 포토샵 필터 Lighting Effects의 기능을 활용하면 훨씬 손쉽게 뛰어난 효과를 볼 수 있다.

Light type에서 색상 박스를 클릭하여 원하는 조명 색상을 자유롭게 지정해 줄 수 있으며 Properties에서 그림자의 색조도 지정해 줄 수 있다.

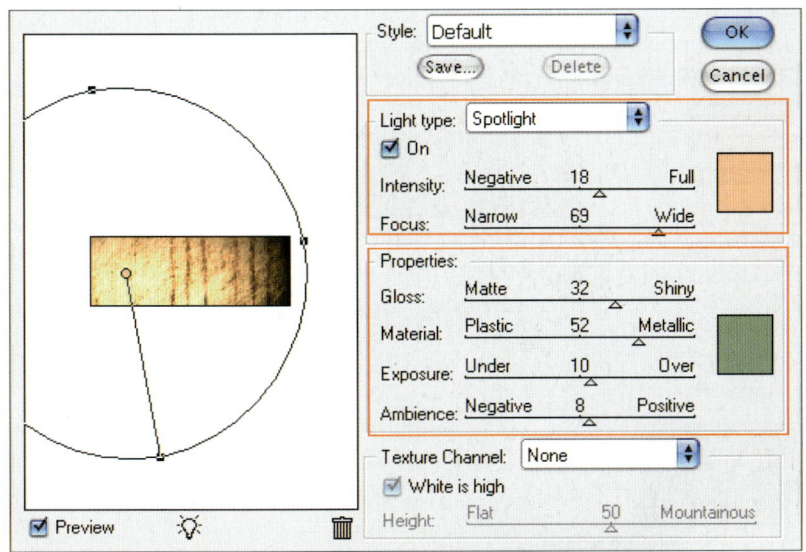

조명은 오렌지 색조로, 암부는 청록색으로 지정하여 얻은 결과물이다.

Alias of Anti Picture

석제 오브젝트 표면의 텍스처 적용 예이다.

2004/Fantasy Novel S,K,T(Book Box)/Photoshop CS

페인터의 조명 효과(Lighting Effect)

- Apply Lighting

페인터의 조명 효과는 메인 메뉴의 Effects에서 Surface Control 항목의 하위 메뉴 Apply Lighting 명령이다.
페인터의 조명 효과 기능은 상당히 막강하다. 제어 항목들은 보기보다 직관적이며 간단한 내용들이니 조금만 만져 보면 쉽게 이해할 수 있을 것이다.

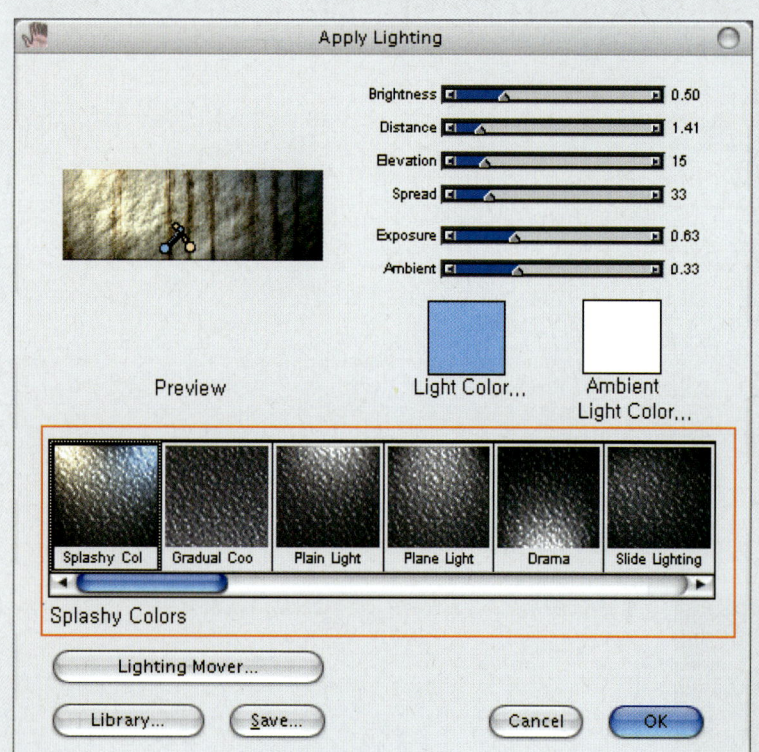

내비게이션 윈도우의 심벌이 조명의 방향과 색상을 나타내며. 사용자가 자유롭게 이동시켜 중심축과 전개 방향을 정해 준다. 조명 심벌을 클릭하면 현재 지정되어 있는 조명 색상이 색상 지정 박스에 표시된다.

사용자가 원하는 조명의 색상(Light Color)과 Ambient Light Color (주위 환경 색상)를 지정해 준다.

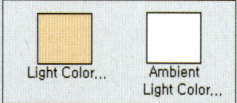

사용자는 프로그램이 제공하는 다채로운 조명 방식을 선택할 수 있으며, 무엇보다도 포토샵과 비교하여 강력한 것은 조명을 병렬로 설치하여 2개의 주 광원과 보조 광원을 설정할 수 있다는 점이다.

정준호의 비주얼 일러스트레이션 제작노트

- 그려서 만드는 기초 질감

페인터를 사용할 수 있는 환경이라면 방향성에 따라서 더욱 쉽게 기초 텍스처를 만들어 낼 수 있다.
일반적으로 페인터의 가장 대표적인 텍스처 브러시인 Impasto 브러시를 이용하는 방법이다.

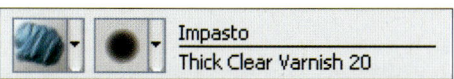

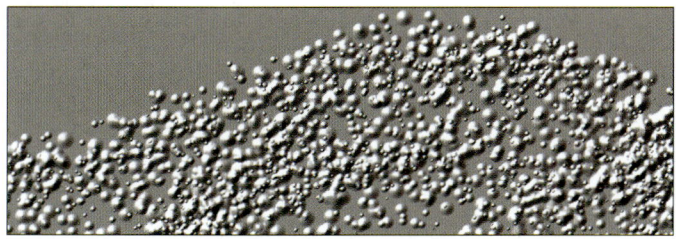

Texturize-Heavy 배리언트 브러시 스트로크이다.

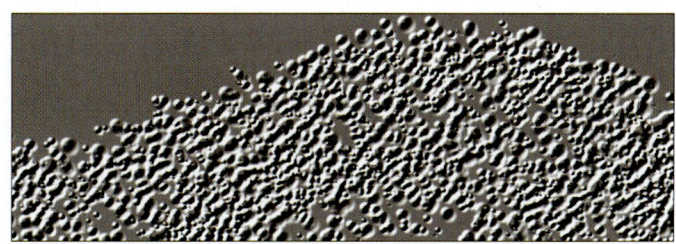

포토샵 필터 Emboss가 적용된 결과이다.

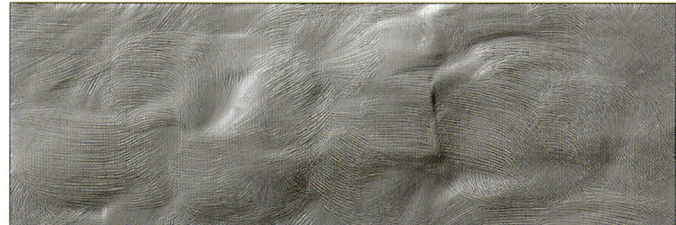

Variable Flat Opaque 배리언트 브러시 스트로크이다.

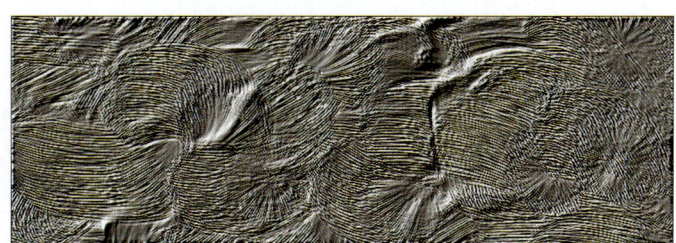

포토샵 필터 Emboss가 적용된 결과이다.

Thick Clear Varnish 배리언트 브러시 스트로크이다.

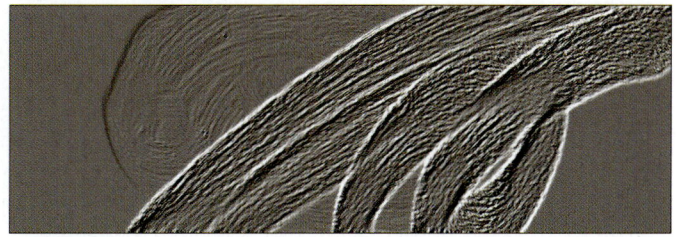

포토샵 필터 Emboss가 적용된 결과이다.

페인터 브러시에서 소개되었던 Image Hose에서 이미지 패턴을 Stucco로 지정하여 그림과 같은 서페이스 텍스처 생성이 가능하다.

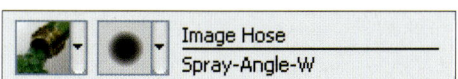

이렇게 페인터에서 손쉽게 만들 수 있는 스트로크 샘플에 포토샵의 Emboss 필터 효과를 더하면 좋은 재질들을 얼마든지 얻을 수 있다.

Alias of Anti Picture

기초 소스를 스트로크로(손으로) 그린 경우 일률적인 형태의 반복을 피하여 인조물뿐만 아니라 자연물 질감에도 응용할 수 있다.

2006 / 〈Dragoneer's Aria〉 Poster(NIS Japan) / Photoshop CS

2003 / 〈Lineage 2〉 Launching Poster(NCSOFT) / Photoshop 7

이런 응용법은 기초 소스에 따라서 얼마든지 배리에이션이 가능하다.
다양한 시도를 통하여 자신만의 텍스처 소스를 만들어 활용해 보도록 하자.

정준호의 비주얼 일러스트레이션 제작노트

- 포토샵의 패턴(Pattern)을 이용한 텍스처 제작

이번에는 자신이 만든 텍스처를 패턴으로 등록시키는 방법과 패턴 메이킹을 참고로 알아보겠다.
보다 일괄적인 이미지의 반복이 필요하거나 디자인적인 요소로 활용할 때 알아 두면 편리하다.
패턴 등록 방법은 패턴으로 삼을 이미지에서 등록을 원하는 영역을 선택하고 메인 메뉴의 Edit 〉 Define Pattern 명령을 선택하면 등록된다.

샘플로 활용하게 될 이미지는 스페이드 에이스이다.

이제 등록된 패턴을 확인해 보자.

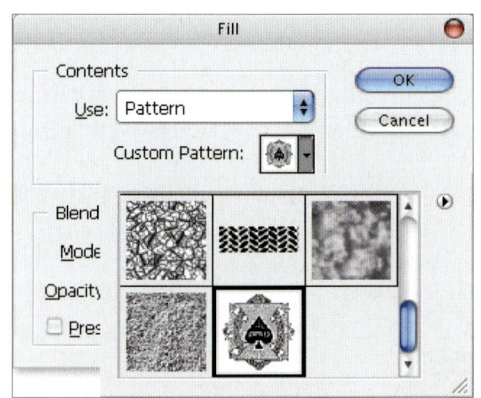

포토샵의 Fill(채우기) 제어 창을 팝업시키고, Contents 항목에서 채우기 소스를 Pattern으로 지정해 주면 기본으로 제공되는 여러 소스들과 같이 지금 패턴으로 등록된 이미지를 확인할 수 있다.

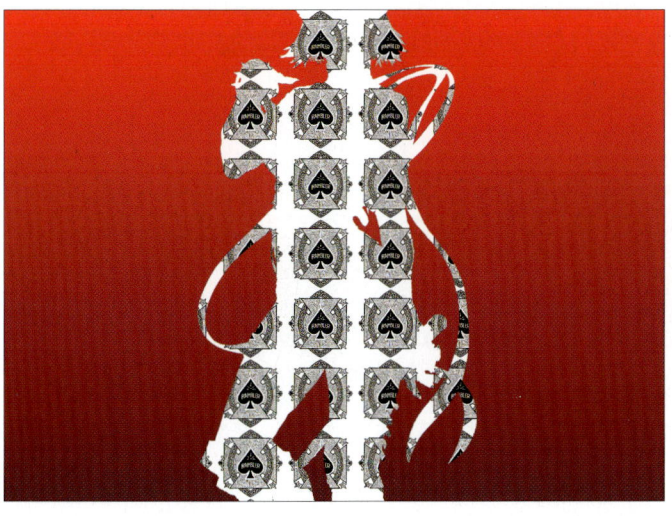

캔버스의 선택 영역 범위 안에 타일처럼 반복되어 채워진다. 단, 패턴 이미지의 스케일 조정을 따로 제어할 수 없으며 등록된 스케일 상태로 뿌려지므로 참고해서 활용한다.

패턴의 기능과 용도를 간단히 살펴 보자.
사용자가 보다 능동적으로 패턴 이미지를 생성시킬 수 있는 포토샵의 패턴 메이커 기능을 알아보도록 하겠다.

Alias of Anti Picture

– 포토샵의 패턴 메이커 활용법

패턴으로 만들고 싶은 대상 이미지를 선택한다. 필자가 카메라로 찍은 유리에 맺힌 물방울 이미지이다.
포토샵의 Filter 〉 Pattern Maker를 선택하면 하단의 좌측 그림과 같은 컨트롤 윈도우가 팝업된다.
좌측 상단의 사각 영역 선택 도구로 원하는 임의의 영역을 선택한다. 그리고 Generate(생성)를 클릭하면 일단 타일화되어 반복 패턴을 임시로 보여 준다. 그러면 버튼이 Generate Again(재생성)으로 바뀐다. 이제 내비게이션 이미지를 참고하면서 믹싱(Mixing) 방식을 제어한다.

조정 메뉴가 복잡한 듯 보이지만 결과물에 대한 예측이 어려운 것이지 제어 자체에 있어 그다지 난해한 항목은 없으므로 만져 보면 쉽게 알 수 있다. 편리한 점은 조정 과정이 History처럼 하단의 Preview 박스로 나타나 원하는 단계로 되돌릴 수 있다는 것이다. 스케일 비율과 경계의 부드러움, 선택 영역의 반복 밀도 등을 조절하면서 원하는 형태를 만들어 간다.
수치 조정이 완료되었다면 하단에 위치한 디스크 모양의 아이콘을 클릭하여 저장하거나 활성화된 OK 버튼으로 승인하면 이미지에 결과가 반영된다. 여기서 저장된 이미지는 패턴 라이브러리에 자동으로 등록된다.

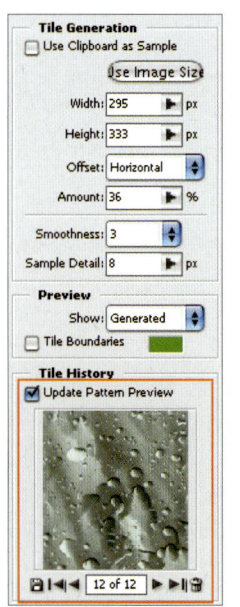
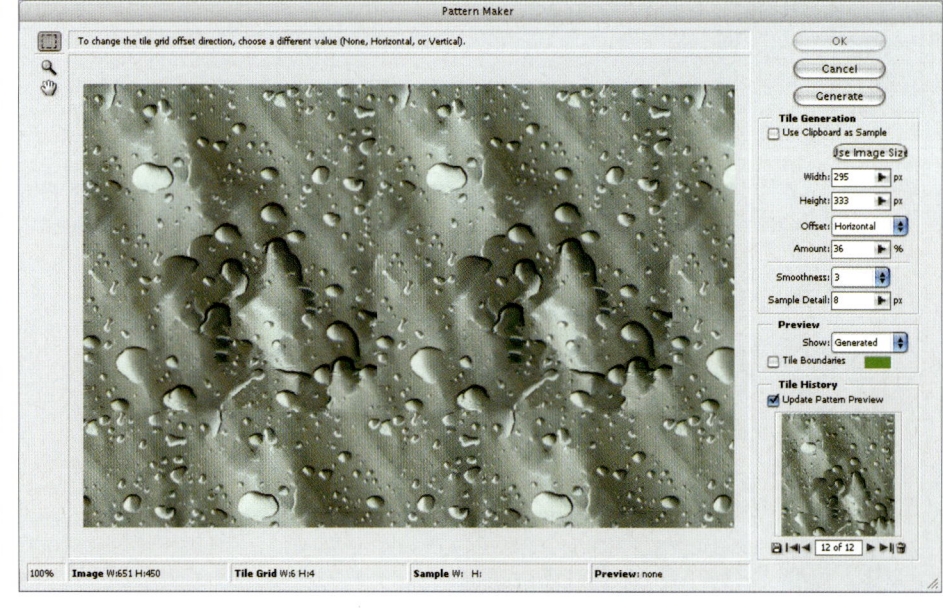

지금까지 표면 질감을 표현하기 위한 텍스처를 생성, 적용하는 방법을 몇 가지 알아보았다. 일러스트 제작을 위한 용도로 필자의 작업 방식을 조금 소개한 것으로, 이 책을 읽는 사용자들은 위의 방법들을 더 넓게 응용하여 자신들만의 효과적이고 효율적인 텍스처들을 사용할 수 있도록 지속적으로 연구하길 기대한다.

정준호의 비주얼 일러스트레이션 제작노트

비주얼 이펙트 및 파티클 효과의 제작

- 발광 효과 표현하기

발광 표현이란 것도 상당히 포괄적인 접근이 있겠지만 이번에는 마법을 전개한다거나 기(氣)를 뿜는 이미지, 그리고 금이나 보석 같은 빛나는 물체 등에 활용되는 텍스처 기법을 소개하겠다. 효과를 위한 기초 소스들을 제작하는 것이 첫 번째 순서일 것이다.
우선 Comix 연출에서 쉽게 볼 수 있는 여러 가지 집중선들을 만들어 보겠다.

캔버스 레이어(Background)를 검은색으로 채우고 신규 레이어를 생성한 후 그림과 같이 구석에 일부 영역을 선택하고 흰색으로 채워 준다(Fill).

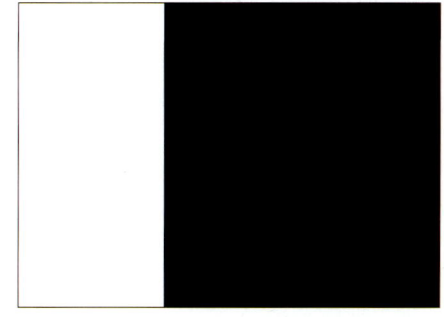

수직, 수평의 정방향 집중이다.

포토샵 필터 중 Stylize 메뉴의 하위 항목에서 Wind를 명령하면 그림과 같은 제어창이 나타난다.
여기서 Method 방식을 Wind로 지정하고 왼쪽, 오른쪽의 방향을 선택해 준다.
Wind 적용은 밝은 색상을 밀어내므로 바탕은 어둡게, 적용 대상은 흰색으로 지정했다.

Wind 필터 효과가 적용된 결과물이다.

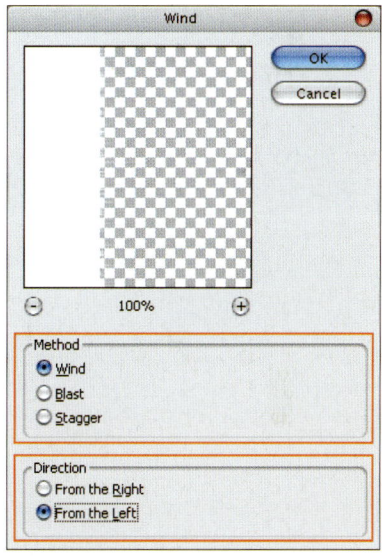

효과가 약하다면 Wind 필터를 반복해서 적용하고, 흩뿌려진 부분이 너무 엷다면 레이어를 복사하여 병합시킨다. 적당한 이미지를 얻은 후 불필요한 부분은 잘라 내서(Crop) 다음과 같은 결과물을 얻었다.

Alias of Anti Picture

앞에서 알아봤던 이미지 변형(Transform)의 Distort(왜곡)를 응용하면 그림과 같이 변형시켜 활용할 수 있다.

이번에는 방사형의 집중선을 만들어 보겠다. 방위별로 상하좌우가 맞물릴 수 있도록 수평 수직을 잘 맞춘 소스를 나란히 복사한다.

포토샵 Edit 메뉴의 Transform의 이미지 변형 메뉴 중 Flip Horizontal(수평 반전)을 명령하여 그림과 같이 맞물리게 만든다.

같은 요령으로 이번에는 이미지를 상, 하로 복사하여 Flip Vertical을 적용시켜 사방 집중선을 만들었다. 그런데 상하좌우가 너무 대칭이 되어 어색하게 보이므로 이미지에 다시 전체적으로 축 회전(Rotation)을 주고, 브러시나 선 그리기 툴(Line Tool)로 필요한 부분은 랜덤하게 지워 내도록 한다.

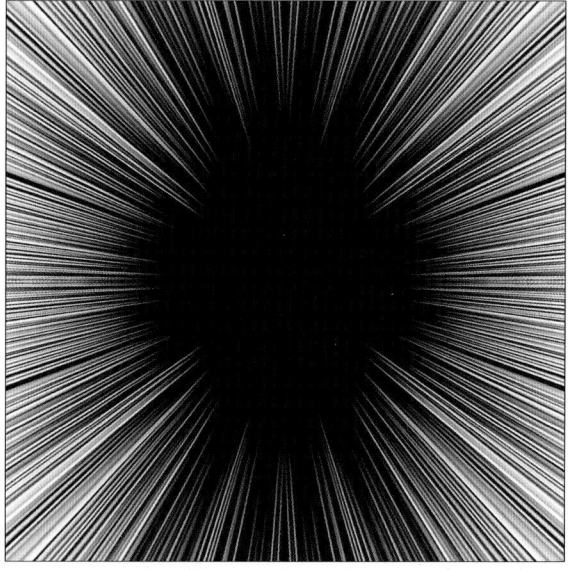

소스를 Invert(반전)시켜 보았다. 밖에서 안으로 들어오는 방사형 집중선이 완성되었다.

이번에는 안에서 밖으로 퍼지는 방사형 집중선을 만들어 보겠다.
다시 처음에 만들었던 수평 집중선을 가지고 시작한다. Ctrl+T를 눌러 D축으로 회전(Rotation)시켜 그림과 같이 수직 방향으로 만든다.

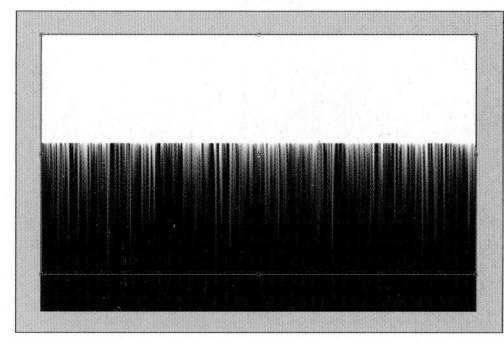

Alias of Anti Picture

이번에는 포토샵 필터의 Distort의 하위 항목에서 Polar Coordinates를 명령하여 제어 창을 팝업시킨다. Option 형태를 극좌표(Rectangular Polar)로 지정하여 적용한다.

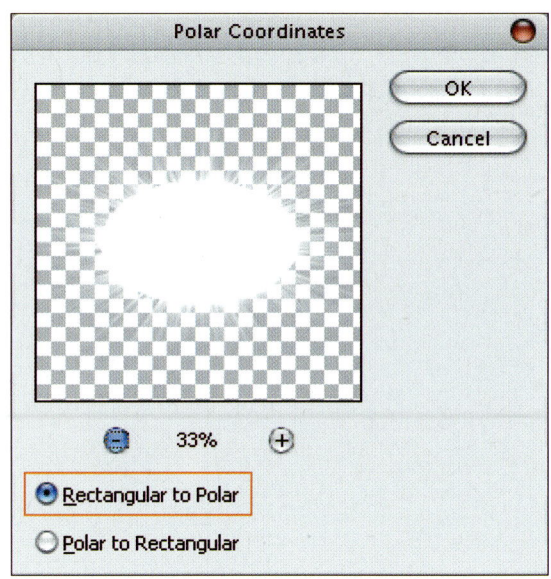

1

필터 극좌표가 적용된 결과물이다.[1]

중심에 채워진 부분이 없는 집중선을 만들고 싶다면 그림과 같이 결만 남기고 채워진 부분은 잘라 낸다.[2]

필터 극좌표가 적용된 결과물이다.[3]

2

3

정준호의 비주얼 일러스트레이션 제작노트

이렇게 얻어진 결과물들에 포토샵 필터 Blur 효과를 더하면 좀 더 부드럽고 극적인 느낌으로 만들 수 있다. 이런 집중선 효과에는 Motion Blur나 Radial Blur가 쓸모가 있다.
효과 적용량을 Amount 수치로 조절하며, Blurring은 Spin(회전)형과 Zoom(집중)형의 선택 적용이 가능하다. 여기서 적용한 것은 Zoom 형식이다.

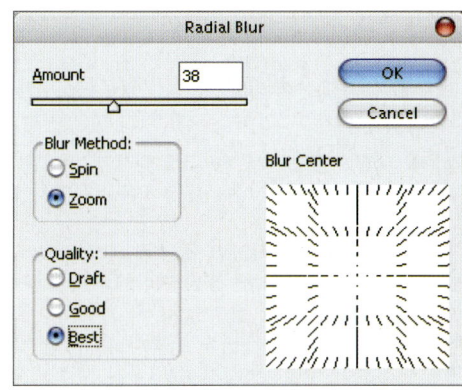

앞의 리소스들에 Radial Blur를 더한 결과물들이다.

Alias of Anti Picture

– 임팩트 효과

임팩트를 위한 집중 효과를 한 가지만 더 만들어 보겠다. 먼저 포토샵이나 페인터에는 따로 점선을 그릴 수 있는 도구가 보이지 않는데, 포토샵에서 간단한 수치 조정으로 점선 스트로크를 할 수 있다.

기본 라운드 브러시를 선택하고, Brush Tip Shape 하단의 Spacing(간격)을 적당 수치로 올려 주면 그림과 같이 브러시 붓 모양의 이격이 발생한다.

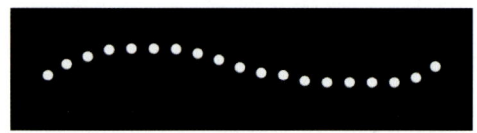

이렇게 점선들에 앞의 방법들을 응용하면 좀 더 다채로운 효과를 볼 수 있다. 이제 영역 선택에 맞춰서 정형화된 구역에 점선을 활용할 수 있는 방법을 알아보자. 이 부분 역시 아주 간단하게 Path에서 제공하는 기능을 활용하여 해결할 수 있다.

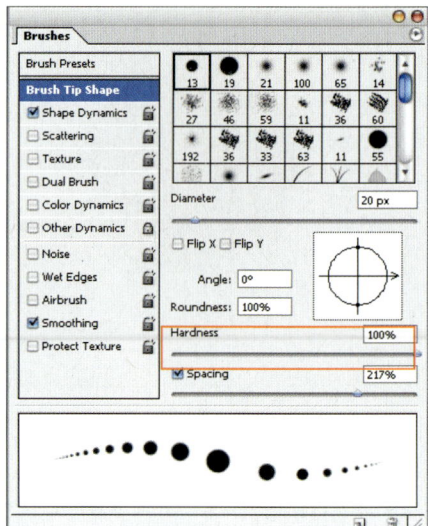

Path에 대한 부분은 후반에 따로 다루게 되므로 자세한 내용은 해당 단락에서 이해하기로 하고, 우선 다음의 내용을 보도록 한다. 도구 선택 창에서 패스를 선택하여 메뉴 상단 프로퍼티에서 그림과 같이 원형 그리기를 선택한다.

그림과 같이 패스 그리드로 원형을 그려 넣었다. 영역 선택 도구와 마찬가지로 Shift를 누르며 드래깅하면 정방향의 원형을 그릴 수 있다.[1]

패쓰 제어 창을 확인하면 그리드와 같이 패스 데이터의 생성을 확인할 수 있다. 여기에 Stroke Path with Brush(그림에 체크된 버튼)라는 편리한 명령이 준비되어 있다. 이것을 클릭한다.[2]

브러시 모양을 기초로 패스에 스트로크가 생성되었다. 더 이상 패스 정보는 필요 없으므로 휴지통 아이콘을 클릭하여 패스를 버리면 레이어상에 그리드는 사라지고 점선 스트로크만이 남게 된다.[3]

여기에 포토샵 필터 Radial blur를 Zoom 타입으로 2~3회 반복 적용한다. Blur 효과로 인하여 데이터가 흐려지면 레이어를 복사, 병합하여 진하기를 조절한다.[4]

데이터를 신규 레이어로 복사하고 스케일로 회전을 조절하여 좀 더 정교한 모양으로 만들어 준다.[5]

영역 선택 툴로 다시 중심 원의 영역을 만들어 준 뒤 포토샵 Edit 항목의 Stroke를 명령하여 그림과 같은 중심선을 만들어 넣는다.[6]

상단 섹션에서 채워 넣을 스트로크의 굵기를 Pixel 단위로 입력하고 색상도 다시 선택할 수 있다. 중단 섹션에서는 영역 선택을 기준으로 스트로크의 적용을 영역의 안쪽에 둘 것인지 중간이나 바깥쪽에 둘 것인지를 지정해 줄 수 있다. 하단 섹션에서는 블랜딩 모드와 투명도도 미리 지정해 줄 수 있다.

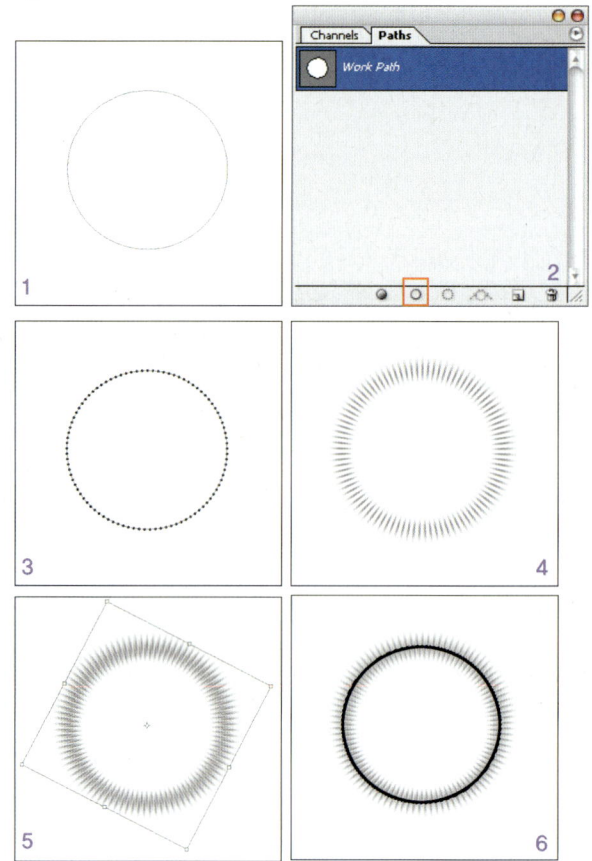

정준호의 비주얼 일러스트레이션 제작노트

생성한 스트로크에 포토샵 필터 Gaussian Blur를 가하고 투명도를 조금 떨어뜨려 그림과 같이 부드럽게 걸쳐진 링을 만들어 준다.

원하는 느낌에 가깝게 앞의 과정을 반복적으로 수행한다. 효과를 위하여 이미지를 반전시킨 결과물이다.

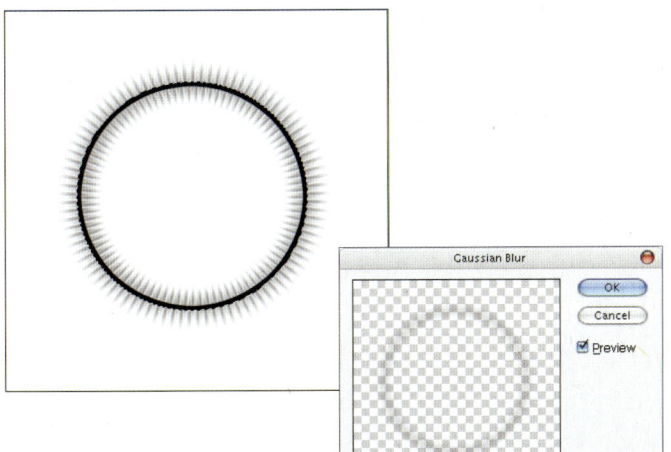
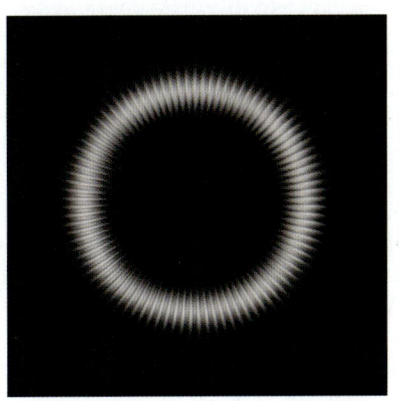

기본 과정을 유사하게 진행하되 점선 스트로크를 보다 촘촘히 그린 후 특정 구간을 지우개로 지워서 불규칙한 점선을 만들고, 리소스들을 겹치는 과정에서도 부분 부분 회화적으로 지워내면 그림과 같이 더욱 정밀하면서 불규칙적인 결과물을 만들 수 있다.

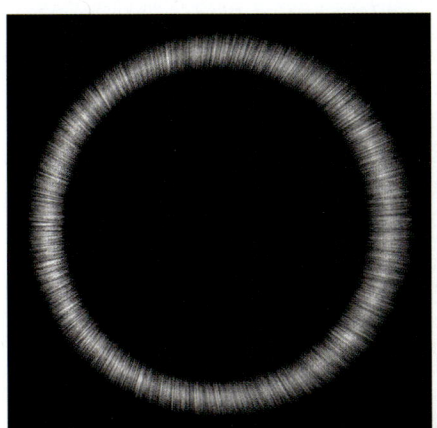

앞의 방법들을 복합적으로 응용한 또 다른 집중 효과의 결과물들이다.

Alias of Anti Picture

집중효과 적용 예

2003 / 'Lineage 2' Chronicle 1 Poster (NCSOFT) / Photoshop 7

이펙트 적용 전의 이미지 원본이다.

파티클 효과 외의 임팩트 축에 적용된 집중 효과들의 적용을 참고한다. 효과를 끌어 내는 데 가장 중요한 요소는 이미지들의 레이어 블랜딩이라고 할 수 있다.
여기서는 대부분 Overlay와 Soften/Hard Light를 적용하였으며, 보이는 것보다 훨씬 많은 이미지들을 낮은 투명도로 겹쳐서 느낌을 살린 결과이다.

2003 / 〈Lineage 2〉 Chronicle 1 Antaras Poster(NCSOFT) / Photoshop 7

이펙트 적용 전의 이미지 원본이다.

거의 같은 의도와 공정으로 진행되었던 이펙트 이미지이다. 마찬가지로 느낌의 핵심 은 적절한 블랜딩 방식을 적용시키는 것이고, 본 이미지를 참고하는 사용자는 현재 이펙트를 적용시키려는 이미지의 톤과 색조에 따라 정해진 답은 없으므로 여러 속성 을 대입해 보며 적절한 방식을 찾아야 한다.

정준호의 비주얼 일러스트레이션 제작노트

- 폭발하는 화염 이펙트의 제작

이펙트를 제작하는 방법은 다양한 접근법이 있겠지만 주제와 관련된 예제를 하나만 더 알아보도록 하자.

폭발하는 화염 이펙트를 만들어 보겠다.
원하는 크기의 캔버스를 생성시켜 포토샵 필터 Render의 Clouds를 적용시킨다.1

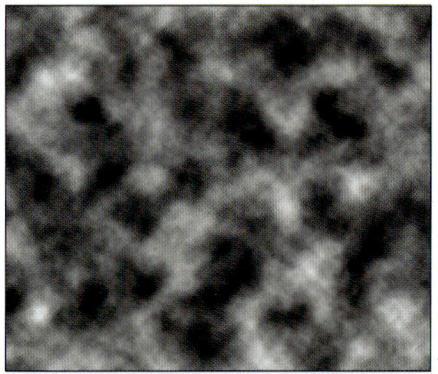

포토샵 필터 Distort의 Pinch를 적용, 중심을 둥글게 부풀린다. 수치는 -50 정도를 주었다.2

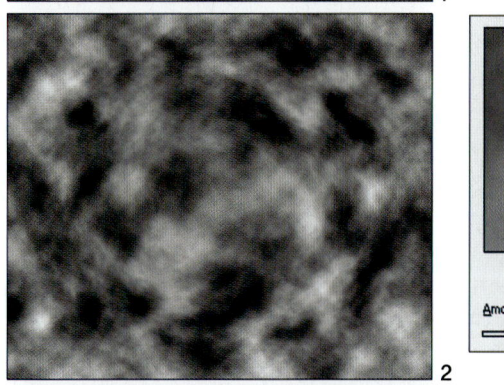 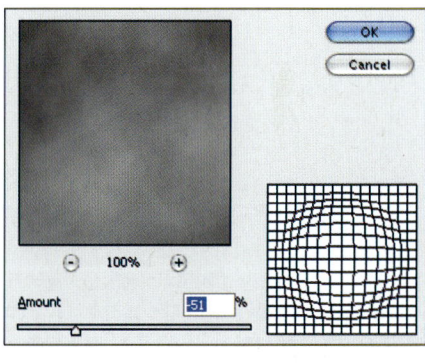

포토샵 필터 Blur의 Radial Blur를 Zoom 타입으로 적당 수치 적용시킨다.3

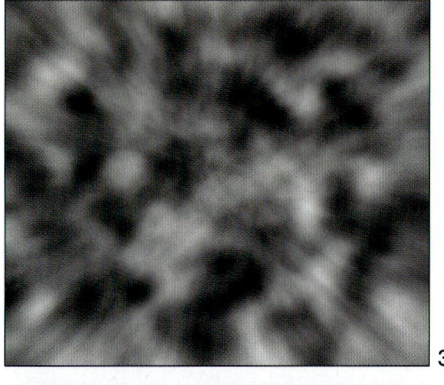 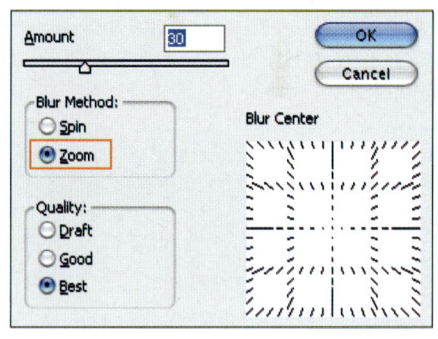

도구 선택 창에서 영역 선택 도구(Marquee)를 선택, 원형 영역 선택으로 지정해 준다.4

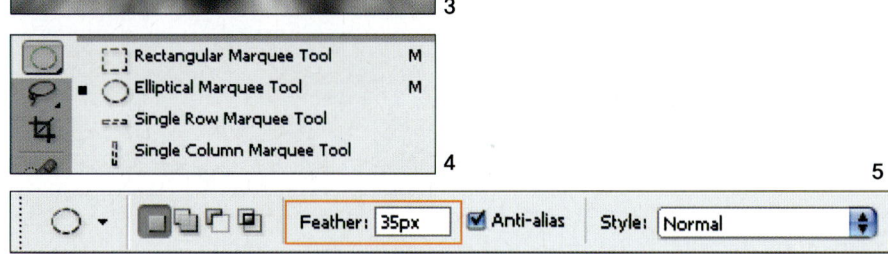

Alias of Anti Picture

Tip

Feather 수치 적용

단축키
Ctrl + Alt + D

그림과 같이 수치 입력 창이 따로 팝업된다.
단축키를 자주 활용하는 사용자의 경우 알아 두면 좋으며, 작업 간에 미리 적절한 Feather 값을 지정해 주지 못한 상태에서 영역 선택을 해 버렸을 때 나중에 적용이 가능하므로 참고하면 편리하게 운용할 수 있다.

상단 프로퍼티 제어 창에서 Feather 수치를 과감하게 높인다. Feather 수치가 높을수록 영역 선택된 경계면이 부드럽게 적용되어 처리된다.[5]

그림과 같은 이미지의 중심을 기준으로 일정 영역을 선택한 뒤 복사/붙여 넣기를 한다 (Copy & Paste).

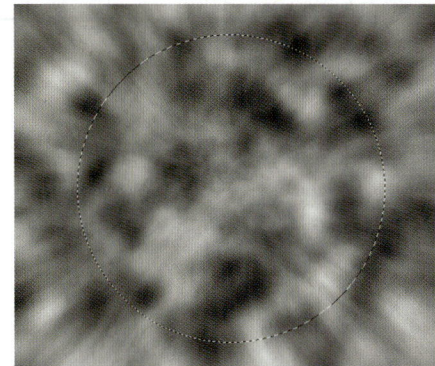

복제된 영역을 Ctrl+T 키로 스케일을 줄이고 각도도 적당히 돌려 배치한다. 그리고 다시 필터 Pinch를 적용시켜 보다 둥글게 강조한다. 지나친 왜곡으로 인하여 픽셀 이미지들이 부옇게 흐려지거나 떠 보이게 되면 Sharpen 필터를 사용하여 날카롭게 보정해 주는 것도 요령이다.

다음으로 Hue/saturation 색 보정 기능을 열어 Colorize 모드로 지정, 일괄적으로 붉은 톤으로 색조 보정을 한다.

색상 보정을 거친 결과물이다.

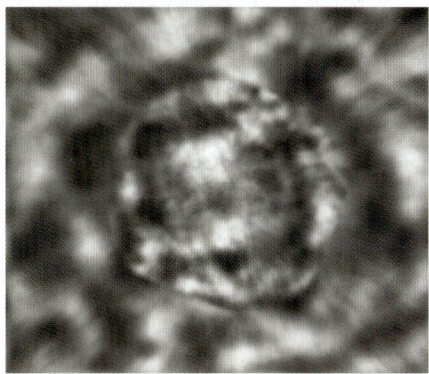

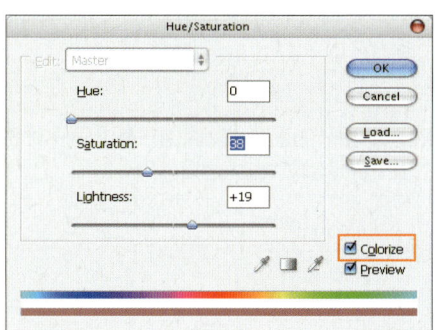

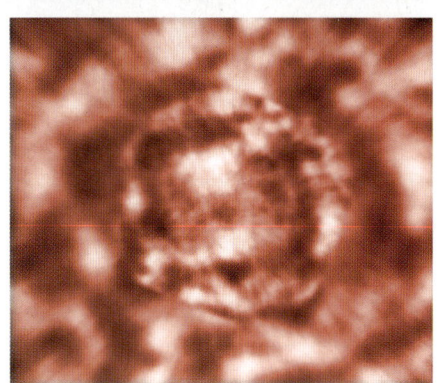

정준호의 비주얼 일러스트레이션 제작노트

원형 그러데이션으로 보기와 같이 채운 레이어를 블랜딩 속성 Multiply로 이미지에 겹친다.[1]

마찬가지로 원형 그러데이션으로 그림과 같은 이미지를 블랜딩 속성 Overlay를 적용하여 다시 겹친다.[2]

앞의 2개의 블랜딩 레이어를 차례로 겹쳐 올린 결과물이다. 중심 광원이 부족하다면 Overlay 속성 레이어를 추가로 겹쳐 주어도 좋다.[3]

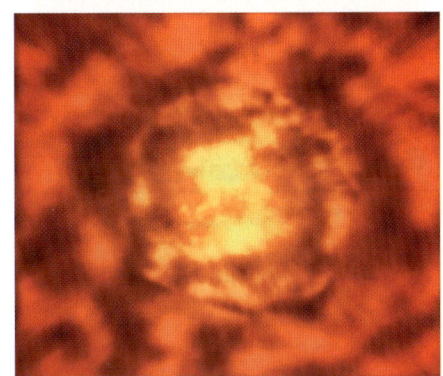

앞의 과정처럼 번짐(Feather) 값을 크게 준 상태로 중심부를 재차 영역 선택하여 복사/붙여 넣기를 해서 각도와 스케일을 틀어 준다. 앞에서 만들었던 집중선 효과들도 추가하여 극적 효과를 더한다.[4]

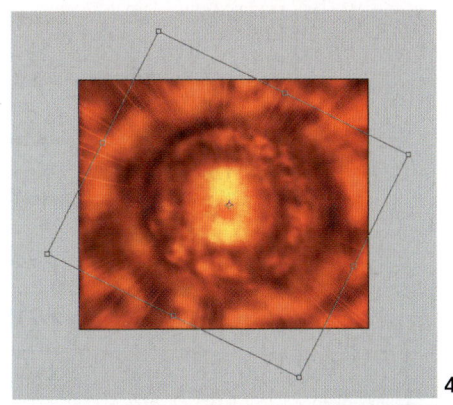

주변을 타원형으로 어둡게 죽이고 마무리 작업을 완료한 결과물이다. 일종의 폭발 이미지로, 생각보다 활용성이 넓은 텍스처이다.[5]

예제들을 통하여 더 넓은 응용 방법을 개척하고 익혀 보기 바란다.

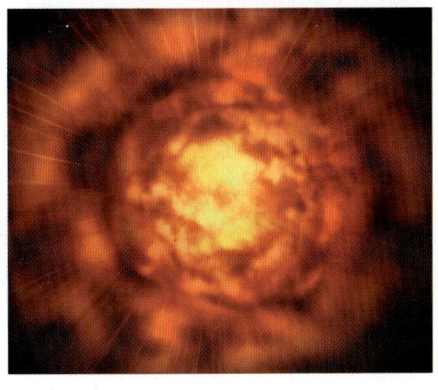

Alias of Anti Picture

- 파티클 효과 만들기

이번에는 상위 예제에서도 계속 사용된 파티클 효과에 대하여 알아보겠다. 일반적으로는 아주 작은 조각이나 미립자의 의미를 가지고 있으며 앞의 예제들에서 보인 이펙트 효과 부분에 터지듯이 퍼져 나가는 입자 효과들로 3D의 파티클 이펙트에서 착안한 것이다.

물론 이 같은 느낌은 그때그때 일일이 수작업으로 해결할 수도 있겠지만 소스를 만들어 두고 필요할 때 적절히 활용할 수 있다면 작업 시간을 단축시켜 공정의 효율화를 꾀할 수 있을 것이다. 이것이 바로 디지털 환경에서의 텍스처 활용의 역할이라고 할 수 있겠다. 그런 의미에서 자신만의 텍스처 라이브러리를 구성하는 것도 작가로서 큰 자산이 될 수 있을 것이다.

작업자에게 필요한 것은 의미 그대로 무언가 흩어지는 것이다. 가장 쉬운 접근 방법은 일괄적인 효과를 적용시키는 필터보다는 브러시 스트로크가 적합할 것이다.

포토샵 브러시로 파티클 스트로크 생성

브러시 선택 메뉴에서 디폴트 Hard Round Brush를 선택한다.

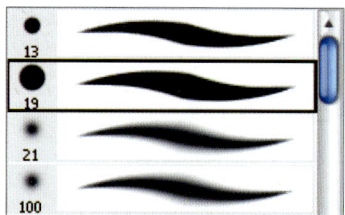

브러시 제어 메뉴의 Scattering(흩뿌리기)를 체크하면 그림처럼 브러시 스트로크가 붓 모양을 토대로 분산된 입자 형태로 뿌려진다.

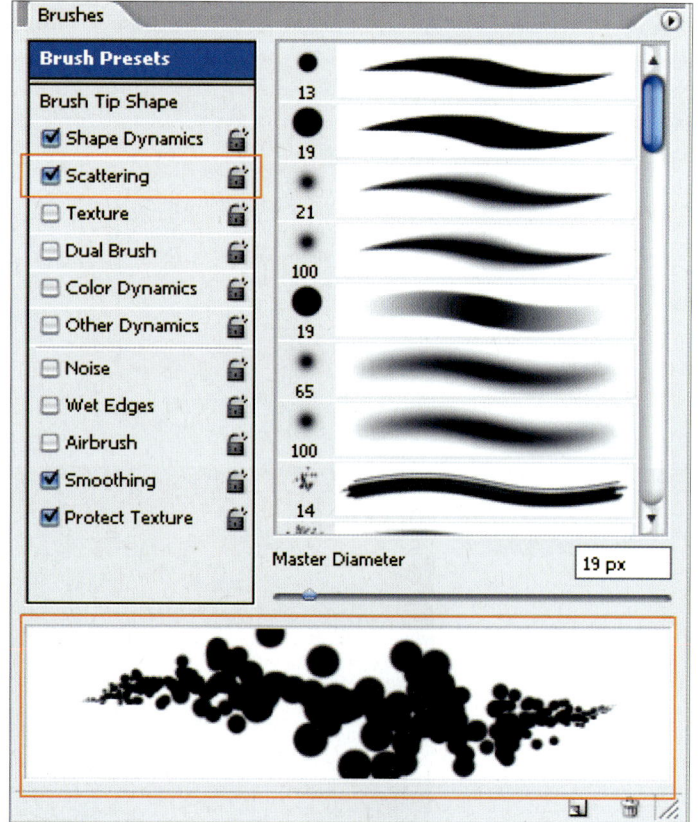

정준호의 비주얼 일러스트레이션 제작노트

Scattering 제어 옵션이 반영된 후 Brush Tip Shape 항목을 클릭하여 관련 항목 윈도우로 전환시킨다. 여기서 하단의 Spacing 수치를 보기와 같이 크게 넓힌다. 내비게이션 프리뷰에서 스트로크 입자 간격과 밀도가 흩어진 것을 확인할 수 있다.

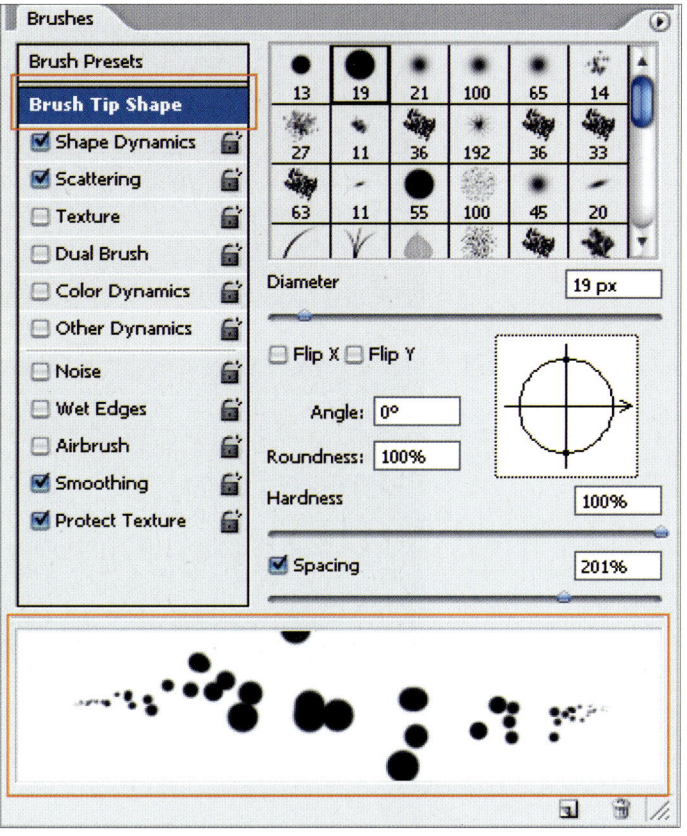

그림과 같이 Diameter에서 붓 모양의 둥글기를 찌그러뜨린 스트로크도 섞어 주면 보다 회화적인 느낌을 줄 수 있다.

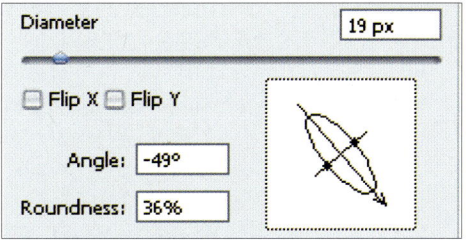

더욱 터프한 입자를 얻고 싶다면 붓 모양 자체를 바꾸어 보는 것도 재미있는 입자를 찾을 수 있는 방법이다.

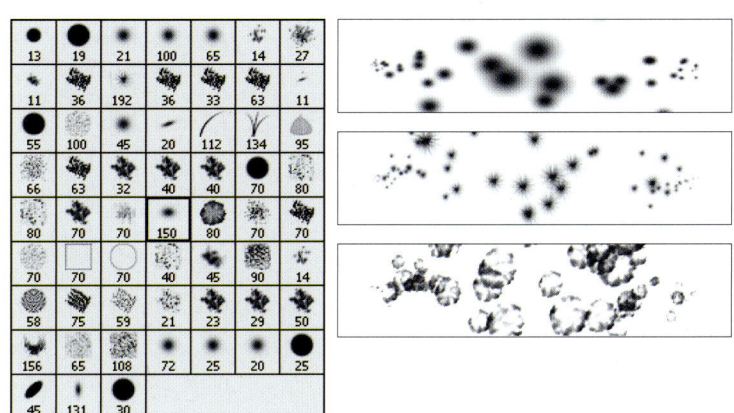

Alias of Anti Picture

앞에서 만든 브러시로 랜덤하게 적당히 스트로크하여 만든 패턴이다.

유사한 방식으로 흐르는 곡선 패턴을 만들어 보았다.

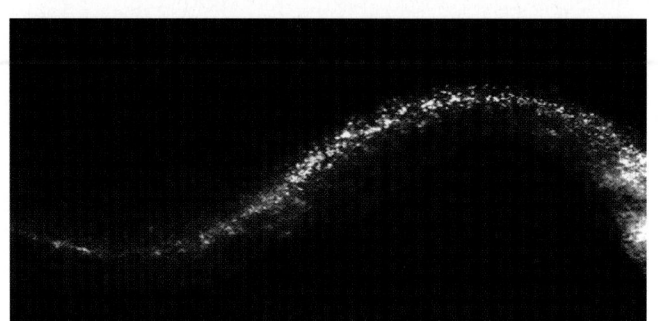

Chapter 2 〉 Step 2에서 페인터 컬러링 부분에 잠시 소개되었던 브러시로 Spacing 수치를 넓혀 파티클 효과를 만들던 요령과 유사하게 이해하면 되겠다.

이렇게 제작하는 파티클 텍스처는 의도적으로 레이어로 구분하여 생성시키지 않고 단일 캔버스상에 흑백으로 제작하여 포토샵의 블랜딩 모드 중 어두운 영역을 투과시키는 ~Dodge 계열이나 ~Light 계열로 지정하여 사용한다. 그 이유는 레이어의 투명한 영역에 걸쳐 있는 엷은 톤과, 색을 지니고 있는 중간 톤의 발색 차이라고 할 수 있는데, 텍스처를 알파로 분리한 후 올려 보는 것과 통째로 블랜딩을 올려 보는 것의 미세한 차이를 느낄 수 있을 것이다.

이 파티클 표현의 넓은 쓰임새를 살펴보면 젖은 피부, 금속 재질이나 물과 같은 액체 등의 표면의 빛 맺힘(재질 표현의 넓은 활용도), 땀이나 물방울 등이 흩어지는 효과 등 어디에나 비교적 좋은 효과를 발휘한다. 다만, 어울리지 않는 곳에 굳이 밀도만을 기대하고 억지스럽게 사용하여 사족이 되지 않도록 주의하기 바란다.

Tip

원하는 모양의 브러시를 제작 등록시키는 방법

- 포토샵의 브러시 모양 등록(Define Brush)

방법은 아주 간단하다.
그림과 같이 되도록 정방형의 사각형 안에 사용자가 원하는 임의의 모양을 만들거나 붙여 넣는다. 브러시의 텍스처로 등록될 이미지는 당연히 색상의 영향을 받을 필요가 없으므로 색상값은 반영되지 않는다. 다만, 명도는 반영되므로 필요하다면 참고해서 제작하도록 한다.

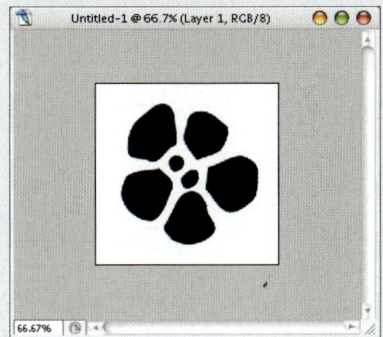

포토샵의 메인 메뉴의 Edit의 부항목에서 Define Brush Preset을 클릭한다.

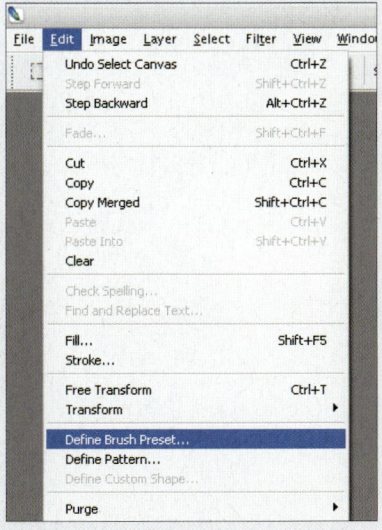

그림과 같이 등록 화면 창이 나타나며, 여기에 이름을 붙일 수 있다.

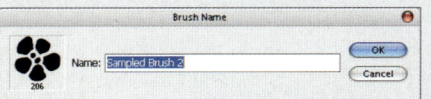

이제 브러시의 Brush Tip Shape 제어 창을 열어 인덱스를 살펴보면 사용자 정의된 브러시를 확인할 수 있다. 좋은 소스나 아이디어가 있다면 브러시 모양 등록을 활용하여 자신만의 오리지널 브러시를 구성해 보자.

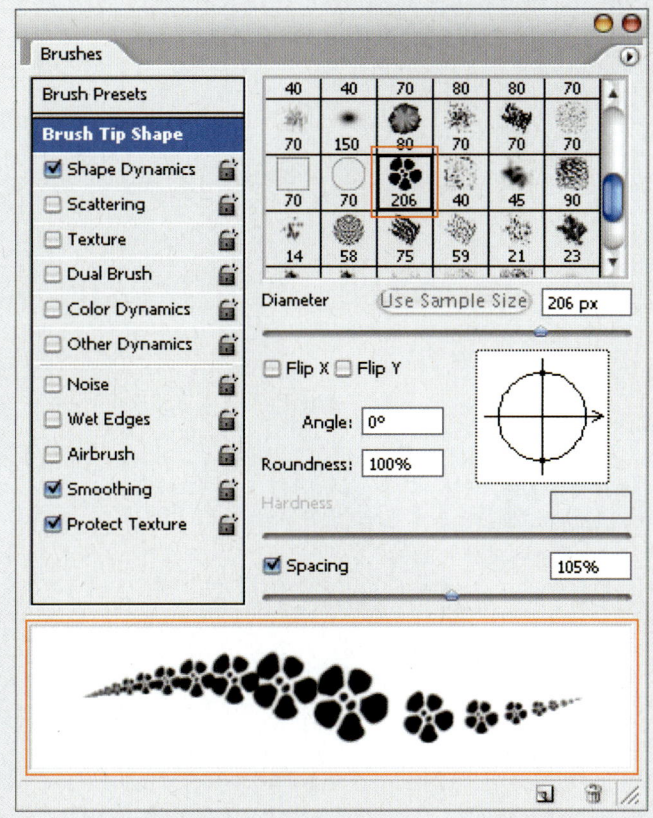

Alias of Anti Picture

필자의 실제 작업물을 통하여 활용된 파티클 이펙트들의 응용 사례를 참고하도록 한다.

극적인 역광 연출을 위하여 활용된 이펙트 효과의 예이다.

2001/G3 Congratulatory Pic(SOFTMAX)/Painter 5

정준호의 비주얼 일러스트레이션 제작노트

마력 효과를 버프 이펙트의 표현에 응용한 결과물이다. 집중선 효과가 활발히 사용되었다.

2003 / 〈Lineage2〉 Chronicle 1 Launching Poster(NCSOFT)/Photoshop 7

Alias of Anti Picture

대기 중의 먼지나 꽃가루들이 반사된 표현을 위하여 활용된 파티클 텍스처이다.

2005/Lineage2 Chronicle 3 Poster(NCSOFT)/Photoshop CS

정준호의 비주얼 일러스트레이션 제작노트

물방울이 튀는 표현에도 응용하였다.

2004/Private Work Boxer/Photoshop CS

Alias of Anti Picture

페인터의 텍스처 활용기법

페인터의 배리언트 브러시에서 스트로크 샘플로 소개되었지만
필자가 자주 활용하는 페인터의 서페이스 작업용 브러시 몇 가지를 소개하도록 하겠다.

- 페인터의 파티클 브러시

 페인터의 F-X 브러시

 페인터의 Liquid Ink 브러시

 페인터의 Pens 브러시

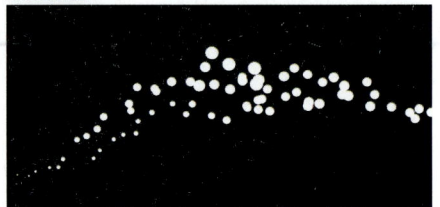

Fairy Dust 배리언트 브러시이다. 페인터에서 제공하는 브러시만으로 간단하게 파티클 효과를 얻을 수 있다. 디폴트 세팅에서 Spacing 수치만 적당히 넓혀서 사용하면 충분하다.

Velocity Sketcher 배리언트 브러시이다. 은은하되 아주 촘촘한 파티클을 스트로크로 뿌리고 싶다면 추천한다. 문제가 있다면 페인터의 특수 속성(Liquid Layer)을 가지므로 포토샵에서 작업을 해야 할 경우 일체화시켜 다시 알파로 추출해서 써야 하는 불편함이 있다.

Leaky Pen 배리언트 브러시이다. 앞서 컬러링 튜토리얼에서도 사용했던 브러시이다. 마찬가지로 Spacing 간격을 충분히 벌려 주고 쓰는 쪽이 다루기 수월하다.

 페인터의 Water Color 브러시

 페인터의 Digital Water 브러시

 페인터의 Airbrush 브러시

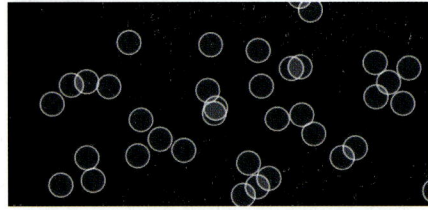

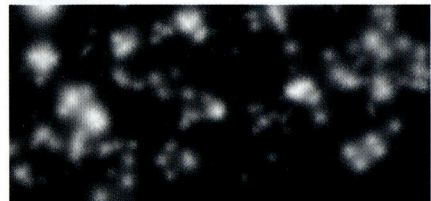

Splatter Water 배리언트 브러시이다. 브러시의 속성이 특수 속성(Water)이므로 Cover로 변경하여 사용하면 편리하다. 쓰임새가 제한적이긴 하지만 그림과 같이 외곽이 망울진 입자가 필요할 때 활용한다.
Digital Water의 Splatter Water 배리언트도 마찬가지이다.

Salt 배리언트 브러시이다. Digital Water를 사용하여 바탕을 먼저 칠한 뒤 지워 내면서 효과가 만들어지므로 따로 포토샵에서 채널 분리 작업이 필요하다.

Variable Splatter 배리언트 브러시이다.

Pepper Spray 배리언트 브러시이다. 입자가 곱고 촘촘한 느낌의 파티클 표현에 적합하다.

페인터의 Artist 브러시

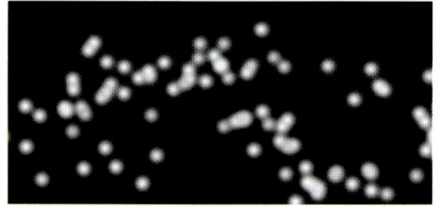

Seurat 배리언트 브러시이다.
경계면이 부드러운 원형 파티클이 필요할 때 사용하면 좋다.

 페인터의 Impasto 브러시

Texturizer-Clear 배리언트 브러시이다. Im-pasto의 특성상 캔버스에 도료가 뿌려진 느낌 보다는 두께를 가진 느낌으로 입체적인 파티클을 원할 때 또한 쓰임새가 구별된다.

Texturizer-Fine 배리언트 브러시이다. 파티클 효과 시리즈로, 스트로크 성질의 차이는 보기의 그림을 참고한다.

Texturizer-Heavy 배리언트 브러시이다. 보다 크고 두터운 입자를 만들어 낸다.

Texturizer-Variable 배리언트 브러시이다. 느낌 차이는 보기의 그림을 참고한다.

포토샵에서 사용자 정의로 패턴과 브러시 모양을 등록하는 기능이 있었듯이, 페인터에서도 가능하다.
페인터에서도 사용자 정의의 노즐 소스를 만드는 기능에 대해 알아 보자.

- 페인터의 노즐 소스 만들기

노즐 등록에 사용할 오리지널 샘플로 나비들을 준비하였다. 캔버스 위에 그림과 같이 복사/붙여 넣기를 한다(혹은 레이어상에 직접 그려 넣는 것도 물론 마찬가지이다). 해당 레이어를 선택하고 표시된 레이어 명령어(Layer Commands)를 열어 그룹(Group)해 준다.

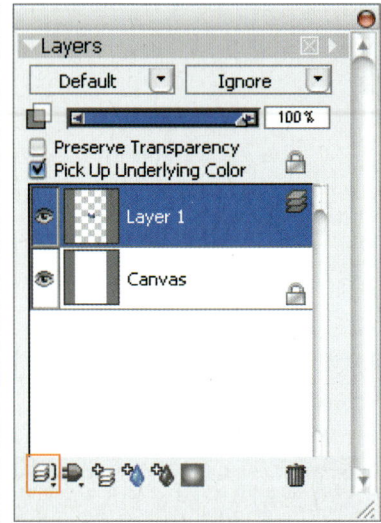
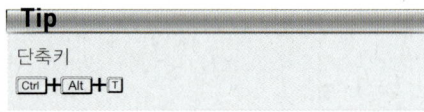

Nozzle 컨텐츠 박스를 눌러 확장시키면 그림과 같이 노즐의 각종 텍스처 인덱스가 있는 창이 열린다.
이 창의 우측 상단의 화살표를 클릭하면 부가 명령어들이 나타난다. 여기서 Make Nozzle from Group을 선택한다.

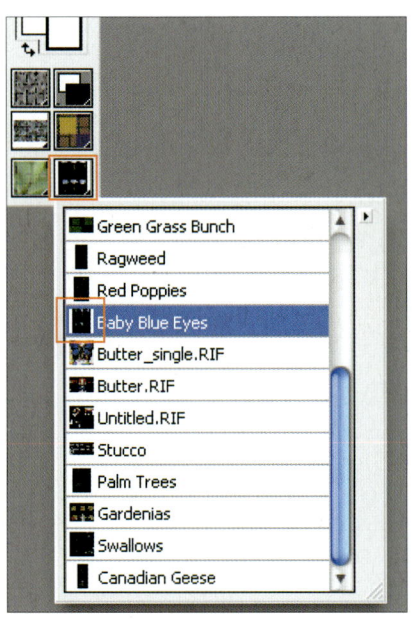
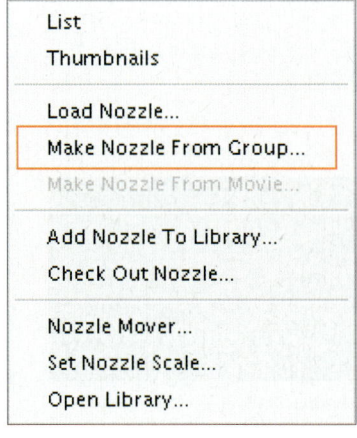

정준호의 비주얼 일러스트레이션 제작노트

그림과 같이 새로운 창에 해당 이미지가 생성된다. 배경이 깨져 보이거나 구간이 발생한다거나 하는 부분은 신경 쓸 필요 없다.

해당 신규 윈도우를 그대로 저장한다. 파일 이름은 Butter_single로 저장해 주었다. 그리고 New 명령으로 신규 캔버스를 새로 생성한다.

비어 있는 신규 캔버스상에 다시 노즐 컨텐츠 박스의 부가 명령 중 Load Nozzle을 명령한다. 그러면 파일 불러 오기가 나타나는데, 여기서 아까 저장한 Butter_single 파일을 선택한다.

아무런 변화가 나타나지 않지만 그냥 그대로 Add Nozzle To Library를 한 번 더 명령한다.[1]

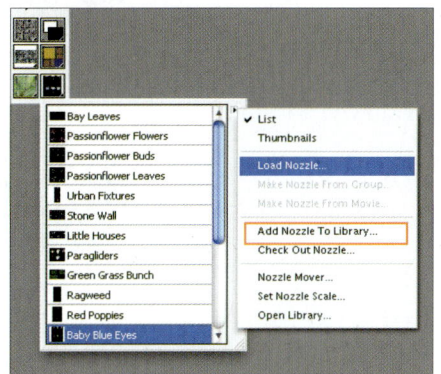

1

Save Nozzle 팝업 창이 나타난다. OK로 수락하면 이것으로 등록이 완료된다.[2]

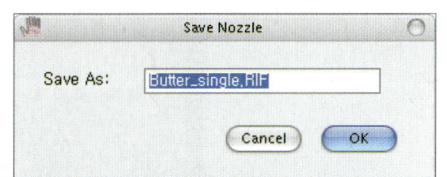

2

인덱스에서 등록한 Butter_single 노즐 소스를 확인할 수 있다.[3]

3

결과물의 스트로크 샘플이다. 이미지 소스의 방향을 랜덤하게 하기 위하여 Brush Control의 Angle 제어 항목에서 Expression 속성을 Random으로 지정해 주었다.[4]

4

Alias of Anti Picture

이러한 과정에서 착안할 수 있듯이 단일 이미지가 아닌 복수의 이미지들도 물론 등록시킬 수 있다. 앞의 등록시키고자 하는 이미지를 그룹화(Group)하는 과정에서 단일 레이어가 아닌 사용자가 원하는 여러 이미지를 붙여 넣거나 그려 넣고, 해당 레이어들을 같이 그룹핑하면 된다.

5종의 여러 형태의 나비들을 그림과 같이 레이어마다 하나씩 올려 두었다. Shift를 누르면서 각각의 레이어를 클릭하여 복수 선택을 하고 같은 방법으로 레이어 명령어(Layer Commands)를 클릭하여 그룹화한다.

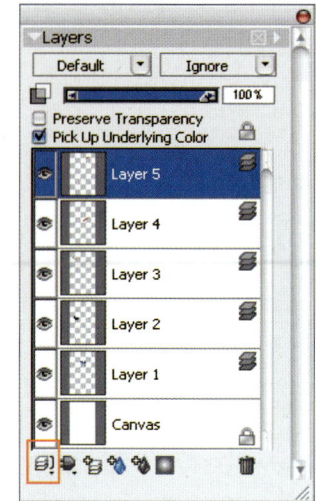

Make Nozzle From Group을 명령하면 이렇게 복수로 등록 이미지가 추출된다. 다른 모든 등록 과정은 앞의 내용과 동일하게 진행하면 된다.

결과물의 스트로크 샘플이다. 보기와 같이 등록시킨 여러 종류의 나비들이 반복해서 뿌려지고 있음을 확인할 수 있다.

이상으로 페인터의 노즐 이미지 등록을 알아보았다. 이미지 노즐 분사를 잘 활용하면 훨씬 복잡하고 독특한 형태의 오리지널 파티클 효과를 만드는 데 용이할 것이다.

정준호의 비주얼 일러스트레이션 제작노트

- 페인터의 Depth(깊이) 개념을 활용한 캔버스의 표면 질감 반영

일러스트레이터에게 텍스처라고 하면 마치 수작업 그림처럼 특정 종이에서 느낄 수 있는 특유의 아날로그한 느낌에 대한 집착도 빼놓을 수 없을 것이다. 그런 의미에서 테크닉적으로는 대단할 것이 없겠지만 그냥 지나치기에는 관심이 있는 사용자가 제법 있을 것이라는 판단하에 가볍게나마 다루고 본 단락을 마무리하겠다.

페인터는 회화적인 이미지 표현에 집착이 큰 만큼 기본 화구들만 잘 응용해도 어렵지 않게 이미지에 표면 질감을 가하는 것이 가능하다. 예를 들어 추천을 한다면 화구의 한 종류인 Impasto 브러시를 활용하는 방법을 들겠다.
먼저 Impasto의 Grain Emboss 배리언트 브러시를 선택한다.

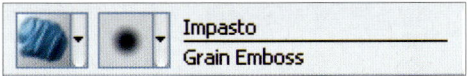

그리고 사용자가 필요로 하는 임의의 사이즈로 신규 캔버스를 생성한다.[1]

빈 캔버스에 스트로크를 가하면 현재 설정되어 있는 종이 질감 모양이 그대로 요철처럼 드러나는 것을 확인할 수 있다. 현재는 페인터의 디폴트 상태인 Basic Paper로 반영된 상태이다.[2]

1   2

적용 전의 원본 이미지이다.   종이 질감을 더한 결과물이다.   2002/Private Work AGI/Painter 6

Alias of Anti Picture

일일이 스트로크로 캔버스를 채워 가며 효과를 주어야 하는 방법이 번거롭기도 하지만 입력 장치의 필압을 조절하여 종이 표면 질감의 Depth(깊이) 정도를 임의로 조절할 수 있다는 장점도 있다. 이 방법은 아주 간단하게 종이 질감을 가할 수 있는 반면, 다소 기계적인 느낌은 어쩔 수 없는 부분이다. 사용자의 목적성을 잘 고려하여 적절하게 활용한다.

앞의 메뉴 리뷰에서 알아보았듯이 페인터에서는 다양한 종이 질감을 제공하고, 또 사용자가 임의로 제작하거나 임의의 이미지에서 캡처하여 사용자 정의 소스를 등록시켜 활용할 수도 있다. 참고로 페인터가 제공한 종이 질감들도 알아두도록 하자.

페이퍼 제어 창에서 표시된 부분을 클릭하면 페인터에 등록된 여러 종류의 종이 인덱스가 나타난다.

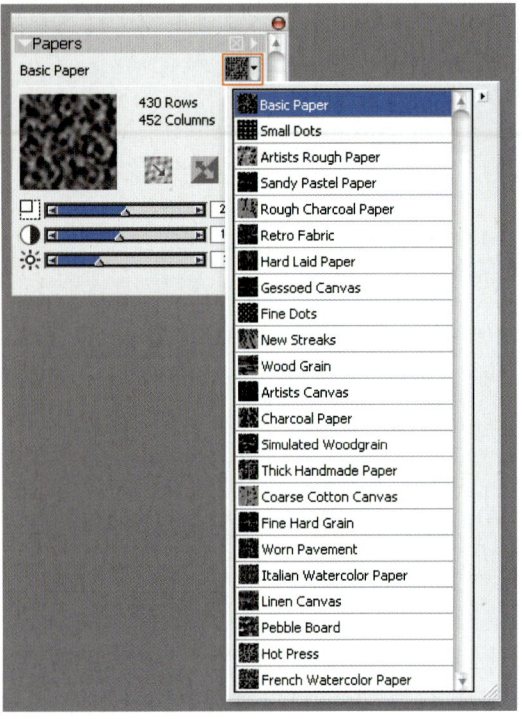

- 페인터의 종이 재질 텍스처

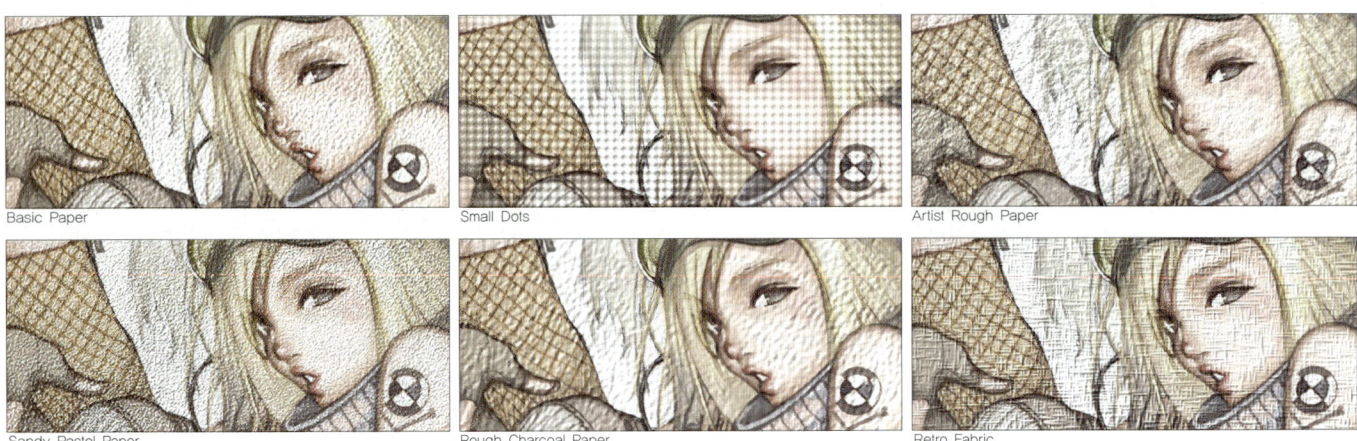

정준호의 비주얼 일러스트레이션 제작노트

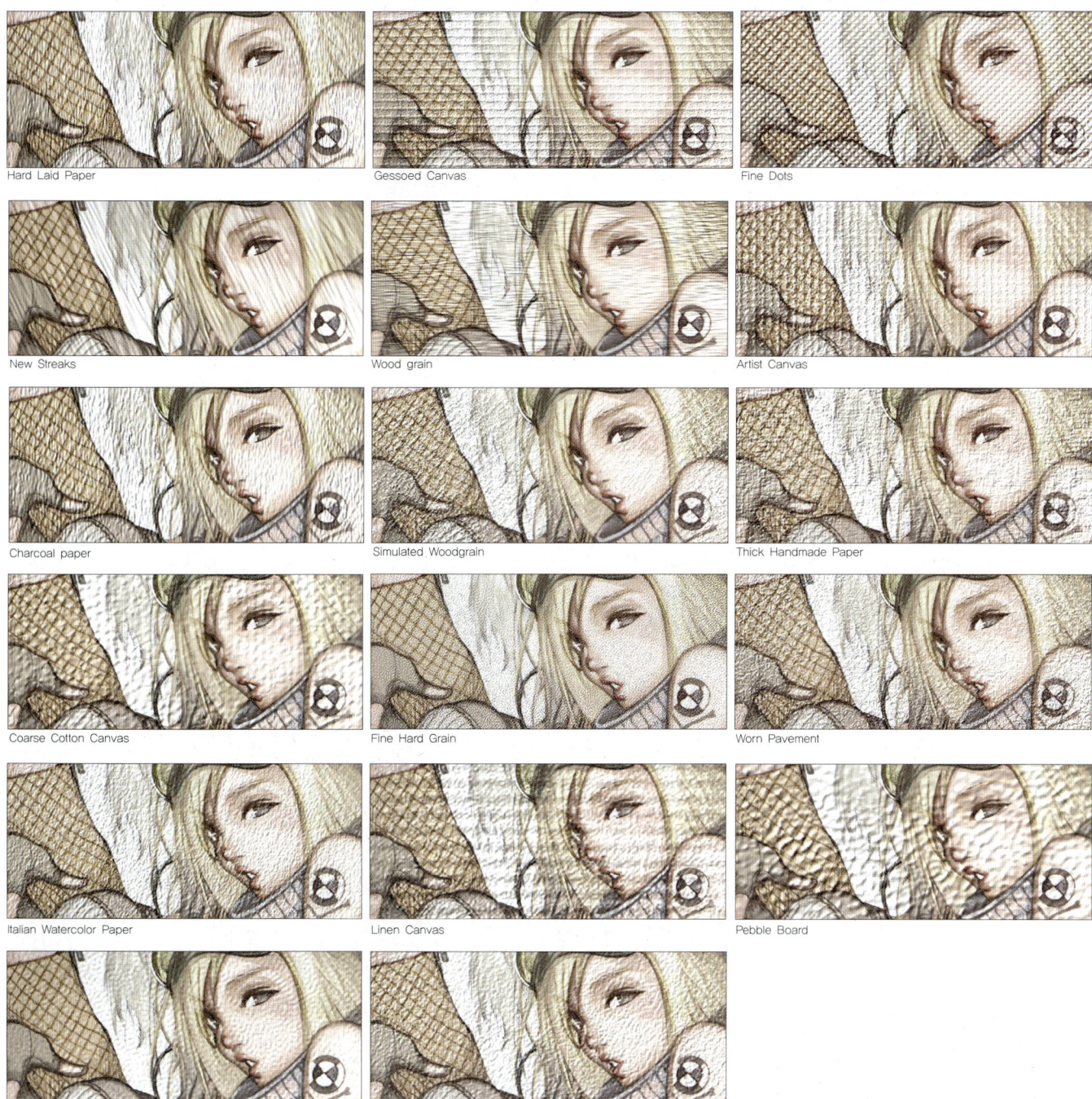

Alias of Anti Picture

Make Paper

페인터 페이퍼 관리 창에서는 사용자가 프로그램이 제공하는 기초 소스를 바탕으로 자신의 취향에 맞게 임의의 종이 표면 패턴을 제작하는 기능도 준비되어 있다. 제어 창의 우측 상단의 화살표 아이콘을 클릭하면 부가 명령어 리스트에 Make Paper 항목을 찾을 수 있다.

상단 Pattern에서는 종이 질감의 기본적인 형태를 선택할 수 있다. 그 밑의 Spacing 슬라이드의 수치로는 요철들의 간격을 조절하여 결과적으로 텍스처의 스케일을 지정하게 되고, Angle 슬라이드로 모양의 기울기를 조절한다. 하단의 Save As에 이름을 지정한 뒤 OK로 수락하면 페이퍼 텍스처 인덱스에 바로 등록된다.

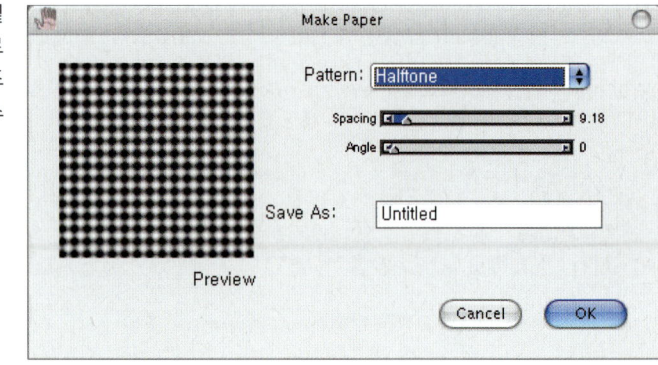

Capture Paper

보다 더 변칙적이고 회화적인 페이퍼 텍스처를 원한다면 아예 사용자가 임의의 이미지를 캡처하여 패턴으로 등록시킬 수도 있다. 동일한 부가 명령어 리스트에서 Capture Paper를 찾아보자.

샘플 이미지, 본인이 직접 그려 놓은 이미지도 좋고, 마음에 드는 재질의 실제 종이에서 스캐닝한 이미지도 무방하다. 단, 포토샵에서의 브러시 등록 때처럼 페이퍼 패턴으로 등록된 이미지는 색조의 영향을 받지 않으며, 단지 명암값으로만 반영된다.

먼저 패턴으로 등록할 영역을 이미지에서 선택하고 Capture Paper 명령을 선택한다.

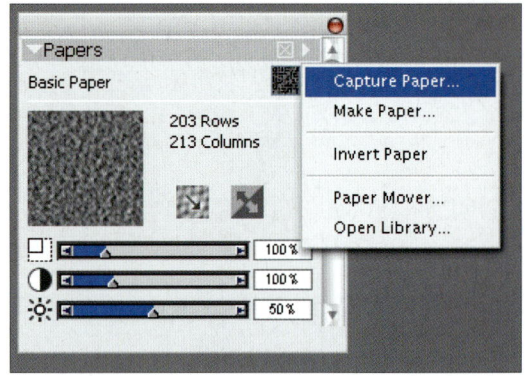

등록할 패턴 텍스처의 이름을 정해 주고 수락하면 등록이 완료된다. Crossfade 슬라이드 수치는 등록된 이미지가 타일화되어 반복될 경우 타일 간 경계의 부드러움을 정하게 된다. 수치가 너무 낮으면 격자처럼 경계가 드러나므로 의도하는 경우가 아니라면 수치를 충분히 올리는 것이 좋다.

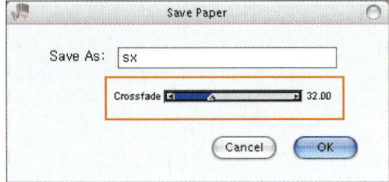

정준호의 비주얼 일러스트레이션 제작노트

사용자 정의로 등록된 종이 질감이 반영된 결과물이다.

Alias of Anti Picture

- 스캐닝 텍스처를 활용하여 질감과 무드 연출하기

이미지에 아날로그 감각의 종이 질감을 반영한다는 부분에서는 같은 선상에 있으나, 그 목적과 결과에 따라서는 달라질 수 있다. 지금까지 앞에서 다룬 내용이 단지 이미지에 요철 같은 종이 질감을 더하기 위한 의도였다면, 다른 한 가지는 이미지의 무드를 더하기 위한 수단으로 캔버스의 질감을 끌어오는 경우가 있다. 이 경우는 이미지를 덧씌우는 방법이 보편적이므로 종이 질감이나 특수한 화구의 질감이 있는 텍스처를 준비하는 것이 순서가 되겠다.

주위에 흔한 황색 갱지의 스케치북을 대상으로 선택한다. 흰색 종이보다는 어느 정도 색상을 가진 쪽이 질감 추출에 수월하다.

스캐닝 직후의 이미지이다. 이 상태로는 표면 질감 웨더링으로서의 활용 의미가 거의 없다.[1]
Hue/Saturation 보정으로 방해가 되는 색조를 없애고, Brightness/Contrast로 대비를 키워 종이 표면의 거친 질감과 얼룩을 추출한다.[2]
Color Balance 색조 보정 기능을 사용하여 적당히 의도하는 색조를 잡아 주어 완료한 결과물이다.[3]

1　　　　　　　　2　　　　　　　　3

정준호의 비주얼 일러스트레이션 제작노트

원본 이미지이다.[4]

텍스처 소스를 포토샵 레이어 블랜딩 모드 Overlay로 겹쳐 적용한 결과물이다.[5]

텍스처 소스를 포토샵 레이어 블랜딩 모드 Multiply로 겹쳐 적용한 결과물이다.[6]

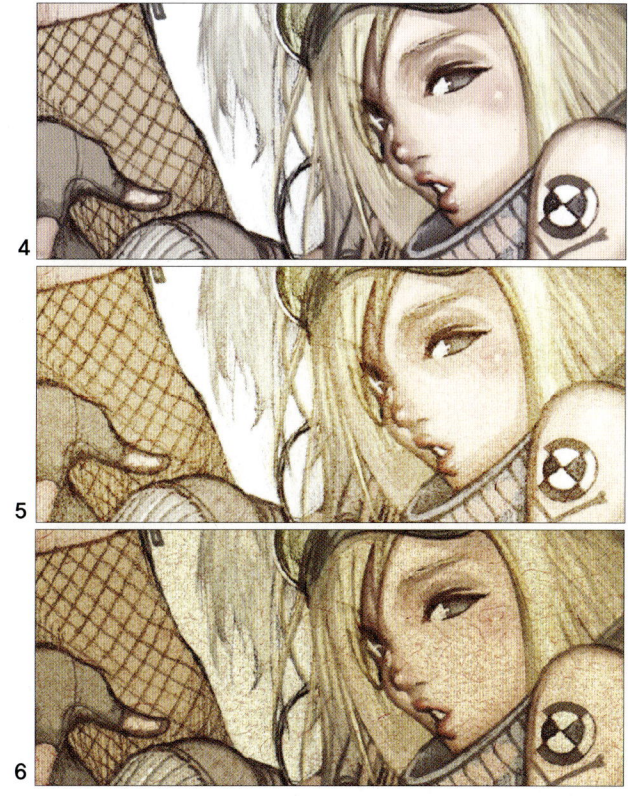

질감 효과를 통하여 이미지의 무드를 더하는 용도의 텍스처 리소스들은 그 의도하에 특정 화구를 활용하여 그려 쓰기도 한다.

오일브러시 등으로 그린 유화풍의 텍스처 리소스이다.[1]
Watercolor 등으로 만든 수채화 캔버스의 텍스처 리소스이다.[2]
표면이 부들부들한 질감의 종이를 스캐닝해서 얻은 종이 질감의 텍스처 리소스이다.[3]

Alias of Anti Picture

다른 일러스트의 적용 예시

2003 / Private Work Space China / Photoshop CS

원본 이미지이다.

블랜딩 모드 Multiply가 적용된 결과물이다. Opacity 수치를 조절한다.

2003 / Private Work 〈Lineage 2〉 - Dark Elf (NC Soft) / Photoshop CS

원본 이미지이다.

본 일러스트는 캐릭터와 배경 레이어가 따로 분리되어 있는 점을 활용하여 배경은 블랜딩 Multiply로 지정하고 캐릭터는 블랜딩 모드 Overlay로 각기 따로 효과를 준 결과물이다.

정준호의 비주얼 일러스트레이션 제작노트

Over Driver

2005 / Private Work / Photoshop 7.0 / 2988*3900 Pixel

| H.Y.S 'World'
2005 / Private Work / Photoshop CS / 4827*3500 Pixel

| H.Y.S 'Grow'
2005 / Private Work / Photoshop CS / 4827*3500 Pixel

| H.Y.S 'His'
2005 / Private Work / Photoshop CS / 4827*3500 Pixel

| H.Y.S 'Love'
2005 / Private Work / Photoshop CS / 4827*3500 Pixel

Lineage2 'Chronicle 1'
2003 / MMO GAME 'Lineage 2' (NCSOFT) / Photoshop CS / 3896*5348 Pixel

Lineage2 'Antaras'

2003 / MMO GAME 'Lineage 2' (NCSOFT) / Photoshop CS / 3896*5348 Pixel

Lineage2 'Chronicle 3'
2005 / MMO GAME 'LENEAGE 2' (NCSOFT) / Photoshop CS / 11638*8500 Pixel

| Pi Pi
2002 / Private Work / Photoshop 6.0 / 2952*3280 Pixel

Lineage2 'Venus'
2003 / MMO GAME 'Lineage 2' (NCSOFT) / Photoshop CS / 6000*3429 Pixel

CHAPTER 03

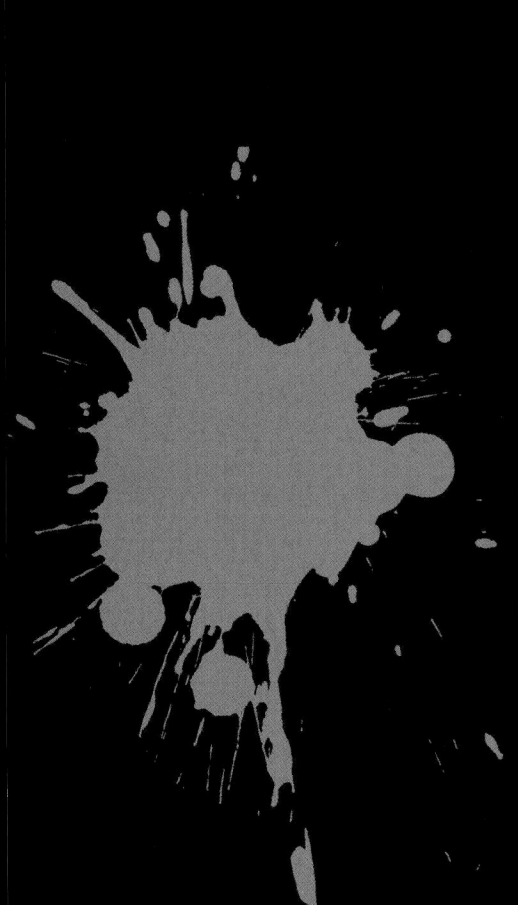

TUTORIAL
How To Painting

STEP 01

TUTORIAL
How To Painting
페인팅 기법〈화구의 운용〉

면(Surface)의 이해
324

면 묘사를 위한 스트로크 기법들
331

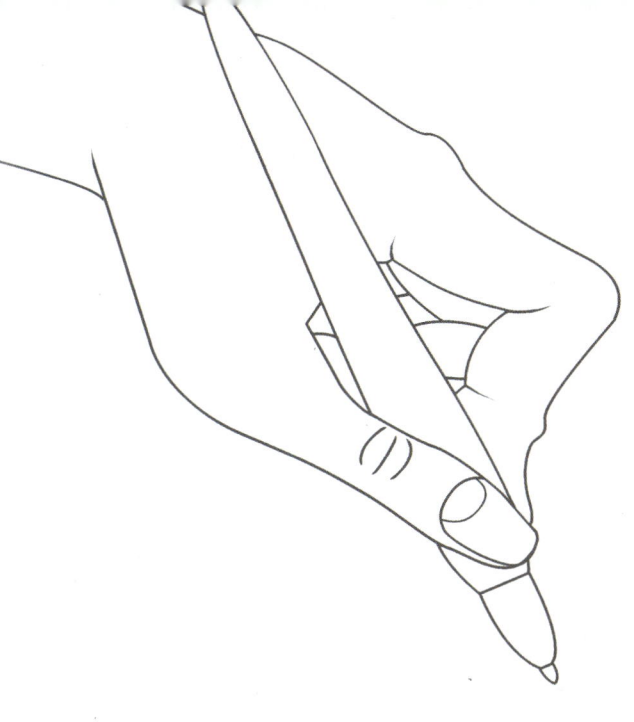

일러스트레이션 진행에 있어 가장 핵심적이고 본질적인 요소라면 어떤 방법으로 면을 해석하여 채워나가는가, 즉 바로 '묘사'를 하는 방법일 것이다.

여기서는 필자의 작업 프로세스를 기준으로 삼아 프로그램이 제공하는 다양한 화구들 중 대표적인 몇 가지를 구분하여 소개하고 그에 따른 컬러링 방식을 다루도록 한다.

프로그램에 등록되어 있는 다양한 기능들은 특화된 목적과 쓰임새를 가지고 개발되어 제공되고 있으나, 사용자가 사용하기에 따라 그 기능들은 또 다른 기법을 탄생시키거나 끊임없이 다른 용도를 만들어 활용되어 왔다.

따라서 앞으로 다루게 될 화구의 활용법은 필자의 작업 방식을 기준으로 전개하겠지만, 어디까지나 내용을 참고하되 보다 적절하고 효과적인 방법을 찾아내는 것은 모든 사용자들의 몫이다.

면(Surface)의 이해

미술이 익숙한 숙련자에게는 진부한 이야기겠지만, 과정의 내러티브라 생각하고 이해해 주길 바란다. 혹은 극화적인 묘사가 아닌 툰풍의 강한 데포르메 화풍을 지향하는 사용자라 하더라도 환기 차원에서 읽어보기 권한다.

왜 새삼스럽게 〈면〉에 대한 이야기를 다시 꺼내는가 하면, 어떤 물체가 조형적으로 인지되려면 필연적으로 빛이 존재해야만 하며, 빛의 반사를 통해서만이 비로소 소위 〈명암〉이라고 부르는 밝음과 어둠이 발생하여 우리가 시각적으로 그 물체의 빛깔과 형태를 인지할 수 있게 되기 때문이다. 컬러링이라 불리는 부분도 엄밀히 말하면 묘사의 한 부분이자 그 연장으로, 작가가 사물의 면을 이해하는 방법이자 감상자를 위한 해설이며 설득이라 할 수 있다.

이해를 돕기 위하여 소위 기본 도형이라 일컫는 〈육면체〉, 〈구체〉, 〈원뿔〉을 예로 들어 설명한다.
일단 일반적인 입체로 인지되는 이 도형들을 '와이어 프레임(Wireframe)'을 둘러 각면화(各面化)해 보았다.

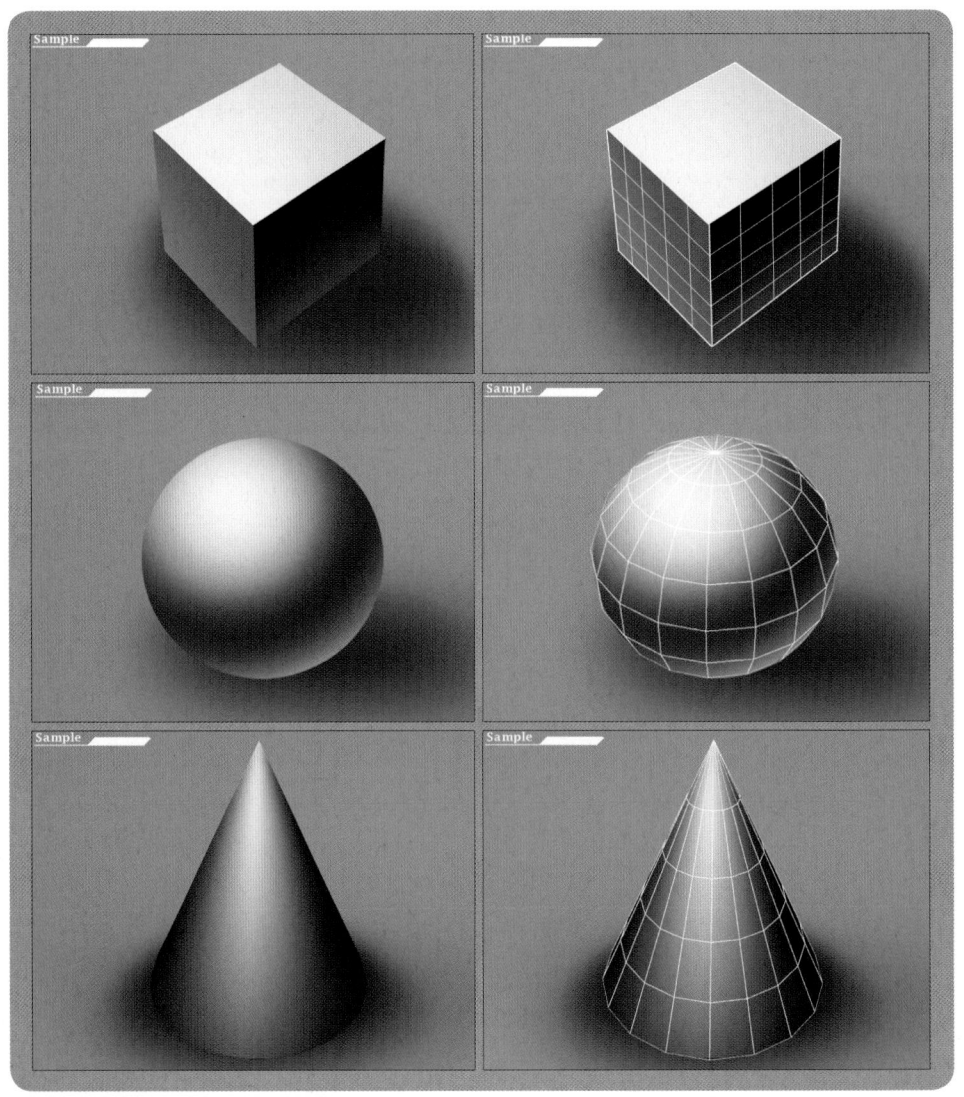

정준호의 비주얼 일러스트레이션 제작노트

이 와이어 프레임을 기준으로 단면화한 결과물을 보도록 하자. 일반적인 시각으로 느낄 수 없었던 매끄러운 표면 위의 다양한 명암층을 발견할 수 있을 것이다.

육면체의 각면화 결과물 　　　 구체의 각면화 결과물 　　　 원뿔의 각면화 결과물

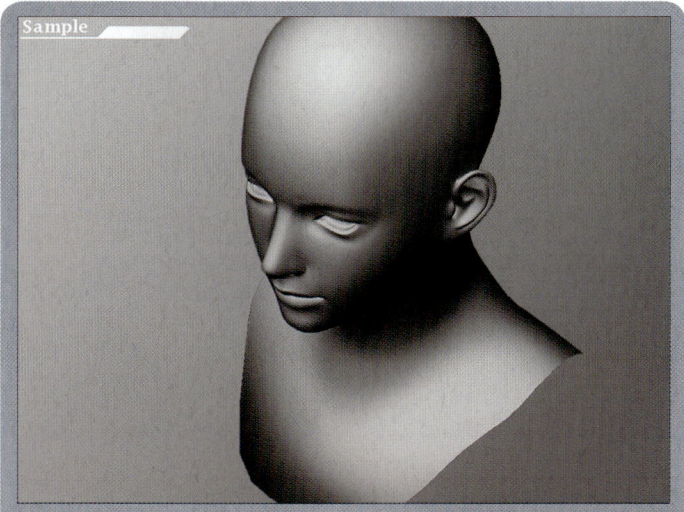

이렇게 표면을 분해하여 면을 구분해 내는 작업이 숙련된다면, 더 정교하고 복잡한 조형을 대상으로 하더라도 근본적으로는 같은 원리가 적용된다. 이를테면 인체도 마찬가지이다.

스케치에서 얻은 분할된 면들에 색상을 지정하여 입히는 작업도 바로 이 면의 해석과 근본적으로 다르지 않다.

색을 지정하는 작업도 결국은 면을 해석하는 것의 연장선이라는 의미이다.

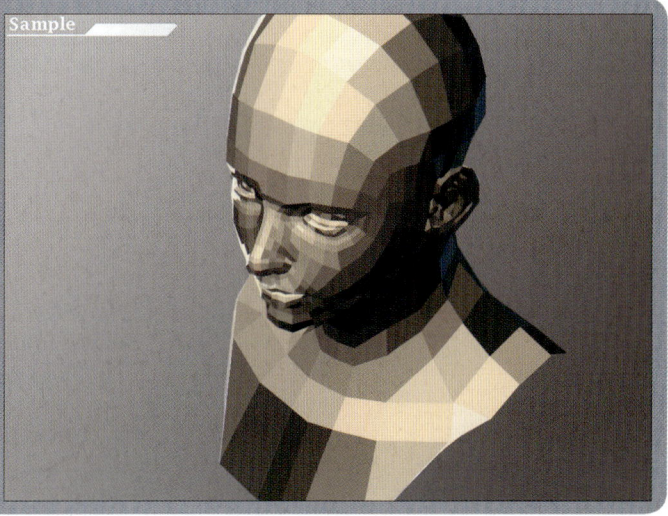

Alias of Anti Picture

> 일반적으로 팬시 스타일이나 툰(Toon)풍의 작업자들은 태생상 정규 미술 교육이나 체계적인 조형 논리보다는 좋아하는 작가의 기존 화풍에서 '코드화'된 기법을 통하여 숙달되는 경향이 많다.
>
> 공부 방법의 비중 차이는 있겠으나 원론을 경시하고 조류에 편승한 기술은 자기 발전의 가능성이나 지속성이 얕을 수밖에 없다는 것을 인식하고, 항상 원론적인 미술적 접근에 대해 절대 간과해서는 안 된다는 점을 염두에 두고 작업에 임하는 것이 좋다.

면의 해석은 사용자의 센스와 훈련도에 따라 보다 정밀하고 복잡한 면들을, 나아가 자신만의 독창적인 구성을 찾아낼 수 있게 된다. 따라서 가능한 한 더 정밀하게 분석할 수도 있고, 의도에 따라서 더 단순화할 수도 있는 것이다. 이러한 조형의 이해와 그에 따른 면의 해석이야말로 소위 '터치'라고 하는 작가만의 큰 개성의 근간으로 이어지는 것이라 할 수 있다.

이것은 셀풍(애니메이션 스타일의 작풍) 혹은 드로잉 스타일(의상이나 산업 디자인 계열)의 작풍 등 묘사 성향이 정교한 표현과 거리가 있다고 하는 사용자들에게도 해당되는 사항이다. 'Optimizing(간략화)'도 체계적인 이해가 결여되면 예리한 감각을 발전시키고 자신만의 기법을 개발하는 데 있어 그 한계가 명백하게 드러나기 마련이다.

색과 면을 찾는 고민은 '극화체'나 '데포르메 지향체'의 어느 쪽에 있어서나 근간을 공유하고 있다는 점을 잊지 말고, 포괄적인 의미에서 자신만의 터치를 지속적으로 찾고 꾸준히 노력해야 한다.

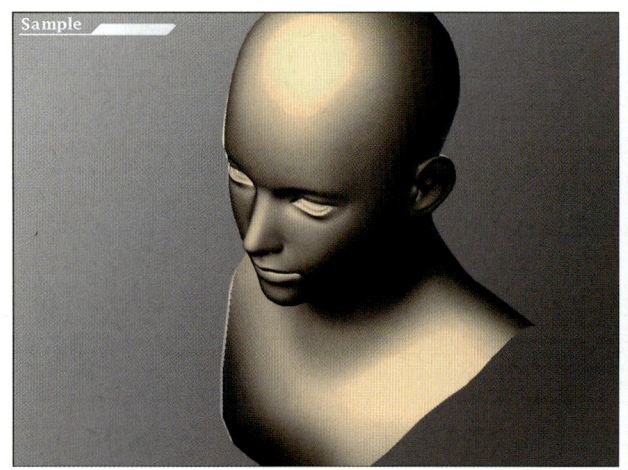 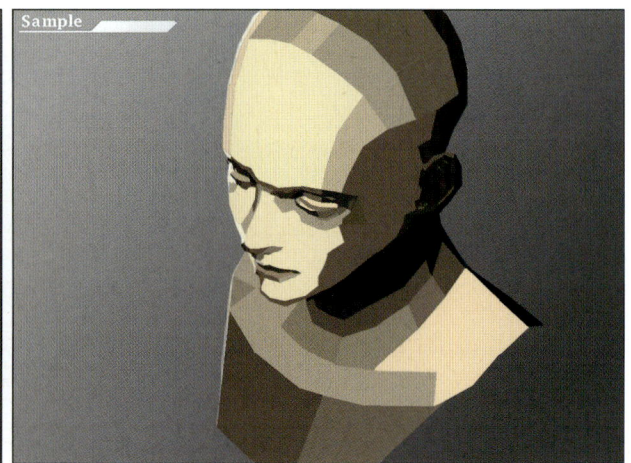

면 그리고 색을 구성하는 면, 그것이 터치의 접근과 이어진다는 논리를 돕기 위하여 좀 더 단순한 물체인 구체를 통해 다시 보도록 하자.

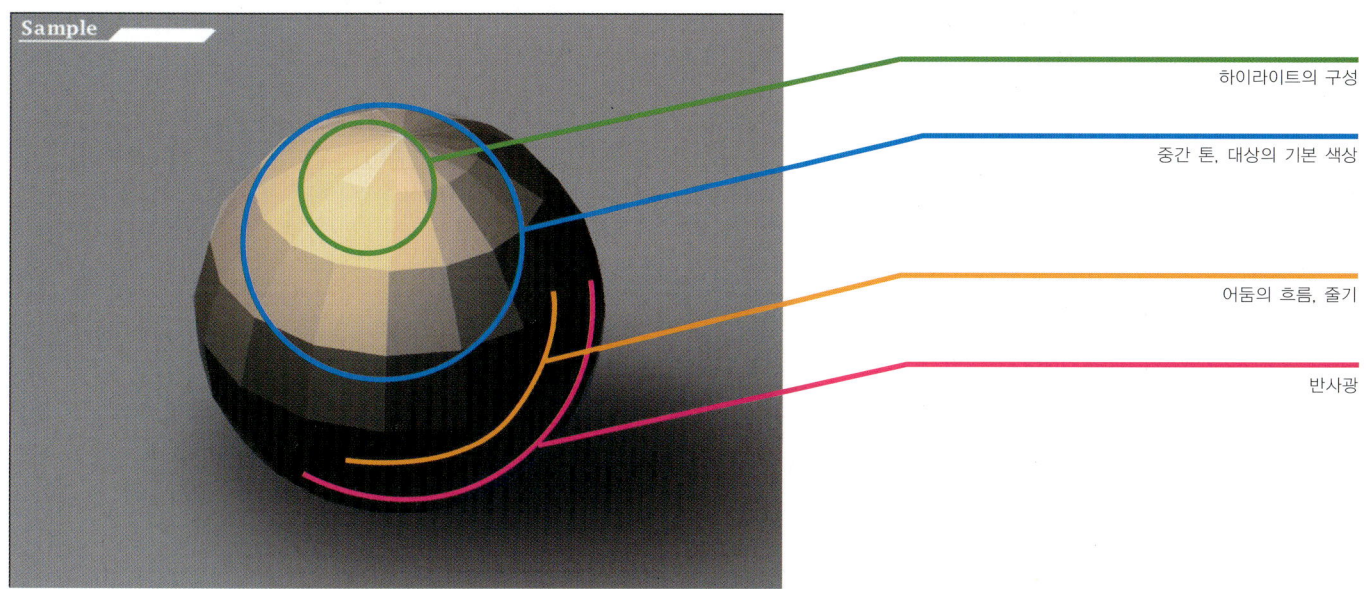

	하이라이트의 구성
	중간 톤, 대상의 기본 색상
	어둠의 흐름, 줄기
	반사광

이 분할된 면 구조는 각기 색상과 명도를 표시하고 있는 것이 아니라, 모여서 총체적인 조형을 형성하고 있는 것이다.

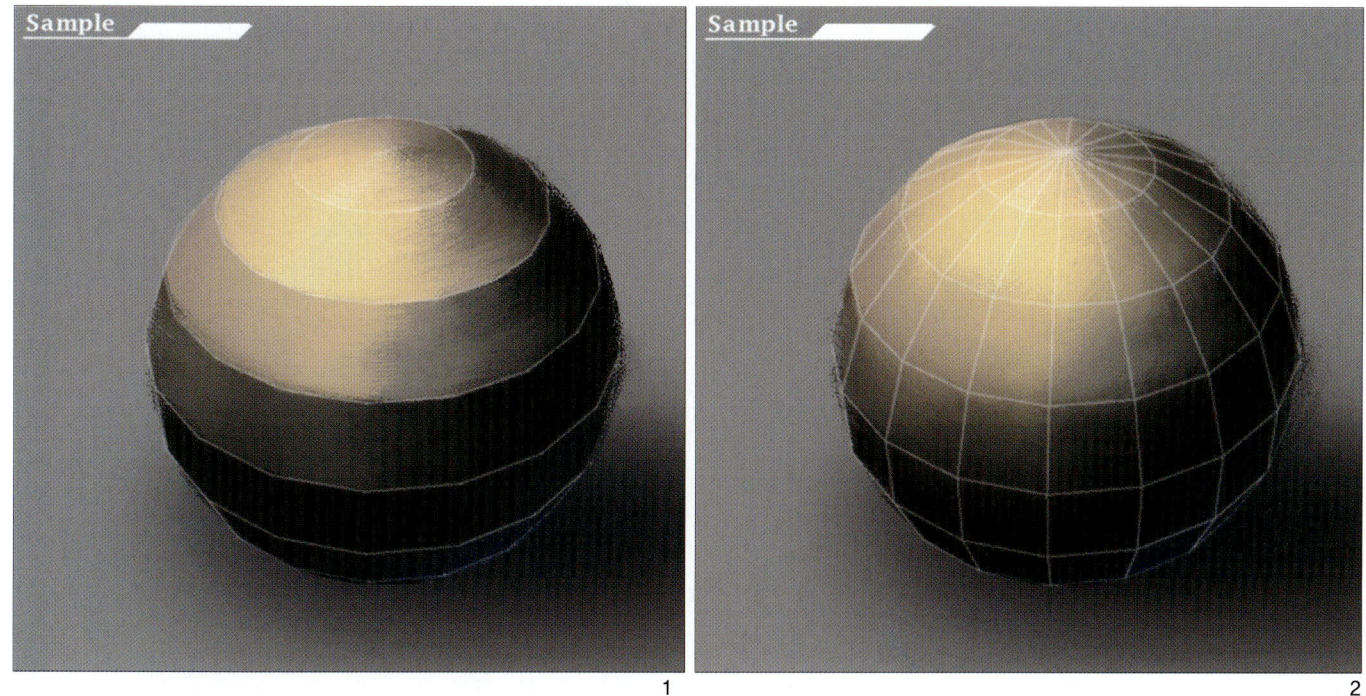

1   2

그리드로 분할된 면의 경계를 먼저 횡 방향으로 희석(Blending)시킨 상태를 참고해 보자.[1]
종과 횡으로 모든 면들의 경계를 희석(Blending)시킨 결과이다. 필자가 전달하고자 하는 색과 면의 해석과 터치의 관계이다.[2]

Alias of Anti Picture

물론 이렇게 기계적으로만 접근해서는 소위 '그림의 맛'이라는 것을 담을 수 없다. 필자가 여기서 언급한 내용은 단지 원론적인 이론 체계일 뿐 나아가 보다 창의적이고 독자적인 해석을 해 나가는 과정이야말로 바로 회화일 것이다.

이제 묘사에 있어서 몇 가지 다른 방식의 터치 표현을 보도록 하자.

면의 해석을 부드럽게 처리한 묘사의 예이다.

수채화 등 멍울진 느낌의 터치로 묘사에 접근한 예이다.

유화의 거칠고 찰진 느낌을 주는 터치의 예이다.

좀 더 정교한 인물의 이목구비 묘사를 통하여 접근 방법의 차이에 따른 터치의 해석을 구별해 보자.

면을 크게 이해하고 터치의 경계를 거칠게 살려 묘사한 예

2003 / Private Work / Photoshop 6

2006 / 〈S.K.T〉 Fantasy Novel Cover / Photoshop CS

면을 덩어리로 접근하면서 경계를 부드럽게 해석하여 묘사한 예이다.

2007 / Private Work / Photoshop CS2

면의 해석 방법보다는 브러시의 텍스처 자체의 질감을 주제로 묘사에 접근한 예이다.

2005 / 〈S.K.T〉 Fantasy Novel Cover / Photoshop CS

면이나 명암의 정교한 해석은 지양하되 색조 위주의 묘사로 접근한 예이다.

2003 / Private Work / Photoshop 6

셀 스타일의 이미지를 위하여 극단적으로 면을 해석한 예이다.

정준호의 비주얼 일러스트레이션 제작노트

면 묘사를 위한 스트로크 기법들

필자는 튜토리얼을 위하여 사전 단락에서 태블릿(필압 감지형 펜 마우스)의 펜 스트로크 운용 방법을 크게 '문지르기(Scrape)', '굴리기(Rolling)', '찍어 내기(Stamping)' 등으로 구분하여 언급하였다.

포토샵이나 페인터나 태블릿의 펜 마우스를 물리적으로 운용하는 방법에는 큰 차이가 없으나, 프로그램의 특성상 면의 묘사를 위한 접근 방법에 있어서는 두 프로그램 사이에 상당한 차이가 있다고 볼 수 있다.(Chapter 1 > Step 3의 '포토샵과 페인터의 브러시 알고리즘 차이' 참고)

그 운용의 차이를 문자로 전달한다는 것에 여전히 어려움을 느끼지만, 본 튜토리얼을 함께하는 사용자에게 조금이라도 도움이 될까 하는 생각을 하며 소개한다.

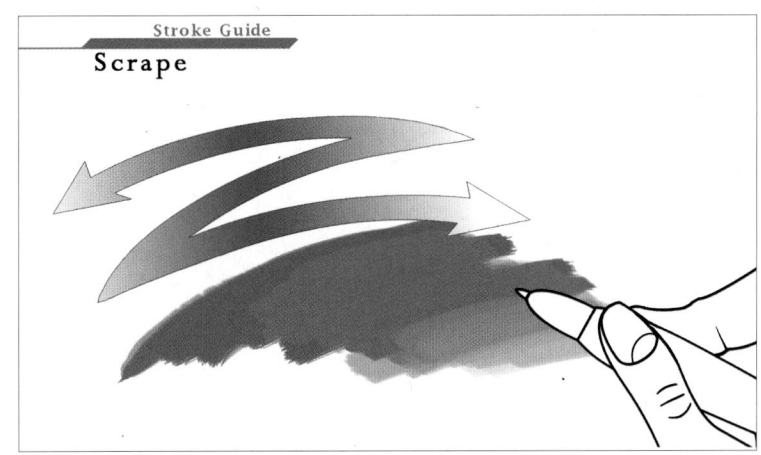

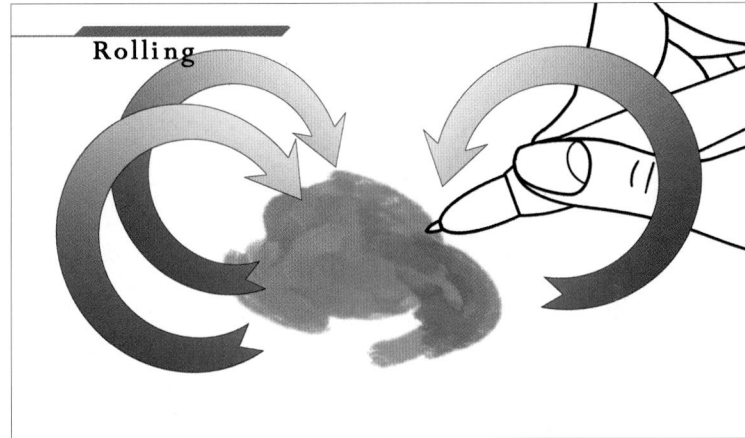

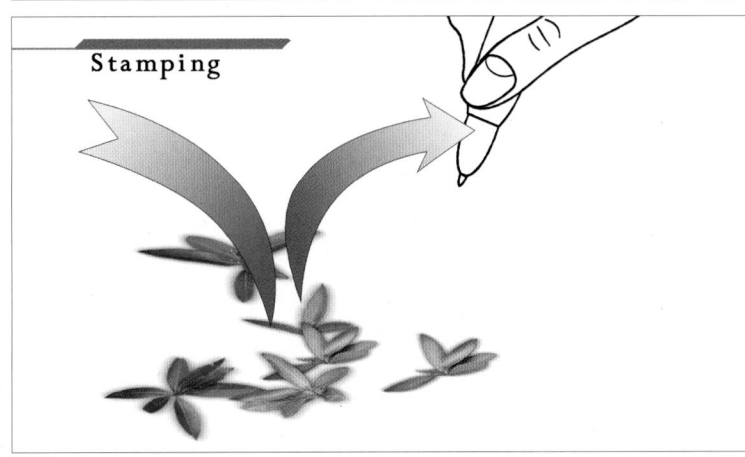

태블릿(펜 마우스) 스트로크 운용 방법 참고

Alias of Anti Picture

STEP 02

TUTORIAL
How To Painting
포토샵의 페인팅 기법

포토샵의 스트로크 운용(겹쳐 칠하기)
334

포토샵의 디폴트(기본 속성) 브러시를 활용한 인물 묘사의 과정
336

지터(Jitter) 수치가 강한 브러시로 회화적인 느낌 내기
338

흑백으로 그린 이미지를 후(後) 컬러링하는 글레이징 기법
342

포토샵의 Quick Mask 활용 기법
351

포토샵의 스트로크 운용(겹쳐 칠하기)

앞서 포토샵의 브러시는 마치 투명 셀로판을 겹겹이 쌓듯이 페인팅되는 느낌이라는 표현을 썼다. 포토샵의 다양한 브러시들은 단지 브러시의 형태만 달라질 뿐 본질적으로 브러시의 구현 방식이 달라지는 특수한 속성의 화구가 따로 존재하지 않는다. 따라서 포토샵 브러시 운용은 먼저 사용자에게 적절한 '투명도(Opacity)'와 '흐름의 지속(Flow)' 설정이 중요하다.

포토샵으로 컬러링 작업을 많이 하는 필자의 경우는, 일단 Flow 수치를 55~65%로 하여 스트로크의 성질은 약간 강하고 단단한 느낌으로 둔다. Opacity는 과정에 따라 지속적으로 바꿔줘야 하지만, 베이스 컬러의 페인팅이 완료된 후 면을 덮거나 쪼개어 나가는 묘사 과정에서는 대부분 30~40% 정도의 수치를 기본으로 설정하여 사용한다.

이제, 면과 색의 경계를 풀어주는 포토샵의 기본 스트로크(Stroke) 전개를 알아보자.

포토샵의 스트로크는 셀로판을 겹치는 것과 비슷하다고 표현했던 부분을 다시 환기해 보자. 페인터의 경우라면 기본색으로 지정한 밝은 살색과 어두운(저채도) 보라색 사이의 경계면이 프로그램 자체적으로 색과 색의 섞임으로써 표현하게 되지만, 포토샵의 경우는 지정해 준 투명도를 가지고 겹쳐진 색상만을 산출해서 표현할 뿐이다.

따라서 그림과 같은 경계의 그라데이션은 포토샵의 기초 스트로크의 '굴리기' 기법보다는 '찍고', '문지르기'의 연속적인 반복 운동으로 운용되는데, 풀어지는 경계면 사이를 '스포이트'(Eye Dropper, 단축키 Alt)로 작업 간에 지속적으로 추출하며 겹쳐나가야 하기 때문이다.

> **Tip**
>
> **Opacity 단축키 활용(숫자 키)**
> 포토샵의 Opacity 수치 조절 단축키는 도구가 브러시로 선택되어 있는 상태에서 키보드의 숫자 키로 사용이 가능하다.
>
> 예를 들어 1을 누르면 10%, 5를 누르면 50%의 식으로 대응되는데, 더 정밀하게 수치를 입력하고 싶다면 숫자를 이어서 눌러주면 2자리 수치가 입력된다. 수치 24%를 원한다면 숫자 2와 4를 이어서 눌러주면 된다.

정준호의 비주얼 일러스트레이션 제작노트

면의 경계를 부드럽게 블랜딩하지 않고 단계가 거친 묘사를 의도거나 경계의 구분이 필요할 때는, 숫자 단축키를 활용하여 브러시의 투명도(Opacity)도 작업 간에 실시간으로 신속하게 조절해가며 운용한다.

설명만으로는 상당히 소모적인 느낌이 들지 모르겠지만, 약간의 적응만 된다면 생각만큼 번거롭거나 부담스럽지는 않다. 블랜딩되는 영역을 기계적으로 겹쳐주어야 하는 본 공정은 사용자 역량에 따라서 색조의 운용이나 면 분할 설정에 있어 보다 직관적으로 계산된 컨트롤이 가능할 수 있다.

그러므로 이러한 운용 방법에 대한 장·단점의 관점보다는 포토샵의 특성으로 받아들이는 편이 옳다고 볼 수 있다.

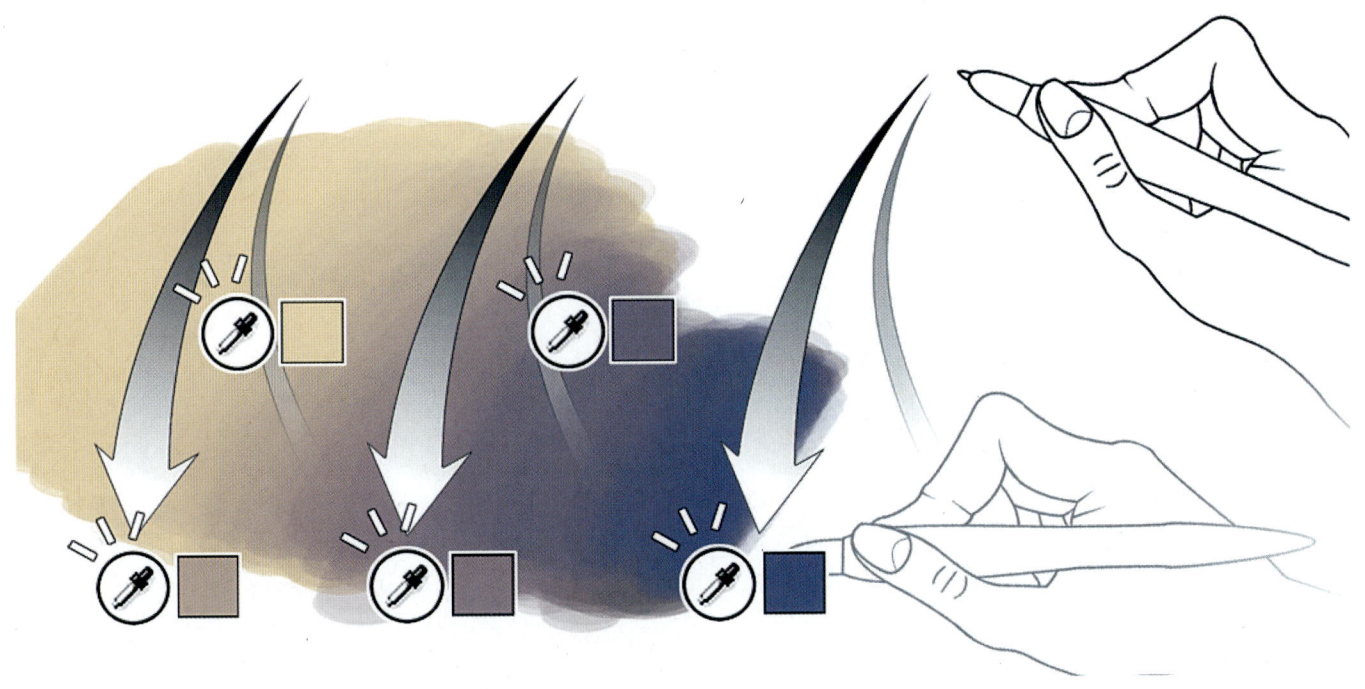

Alias of Anti Picture

포토샵 디폴트(기본 속성) 브러시를 활용한 인물 묘사 과정

2008년 여름, 서울 비주얼 웍스 출판사의 일러스트 잡지인 〈Apple〉 3권을 위하여 제작된 일러스트의 인물 부분이다. 앞에서 다루었던 기본 브러시 활용과 다르지 않으므로, 별도의 설명 없이 묘사의 진행 과정을 참고하도록 한다.

Alias of Anti Picture

지터(Jitter) 수치가 강한 브러시로 회화적인 느낌 내기

페인터의 회화적인 감각에는 미치기 힘들지만, 포토샵에서도 좀 더 회화적인 '색 섞임'을 기대한다면 브러시 옵션의 조정을 통하여 어느 정도는 접근할 수 있다.

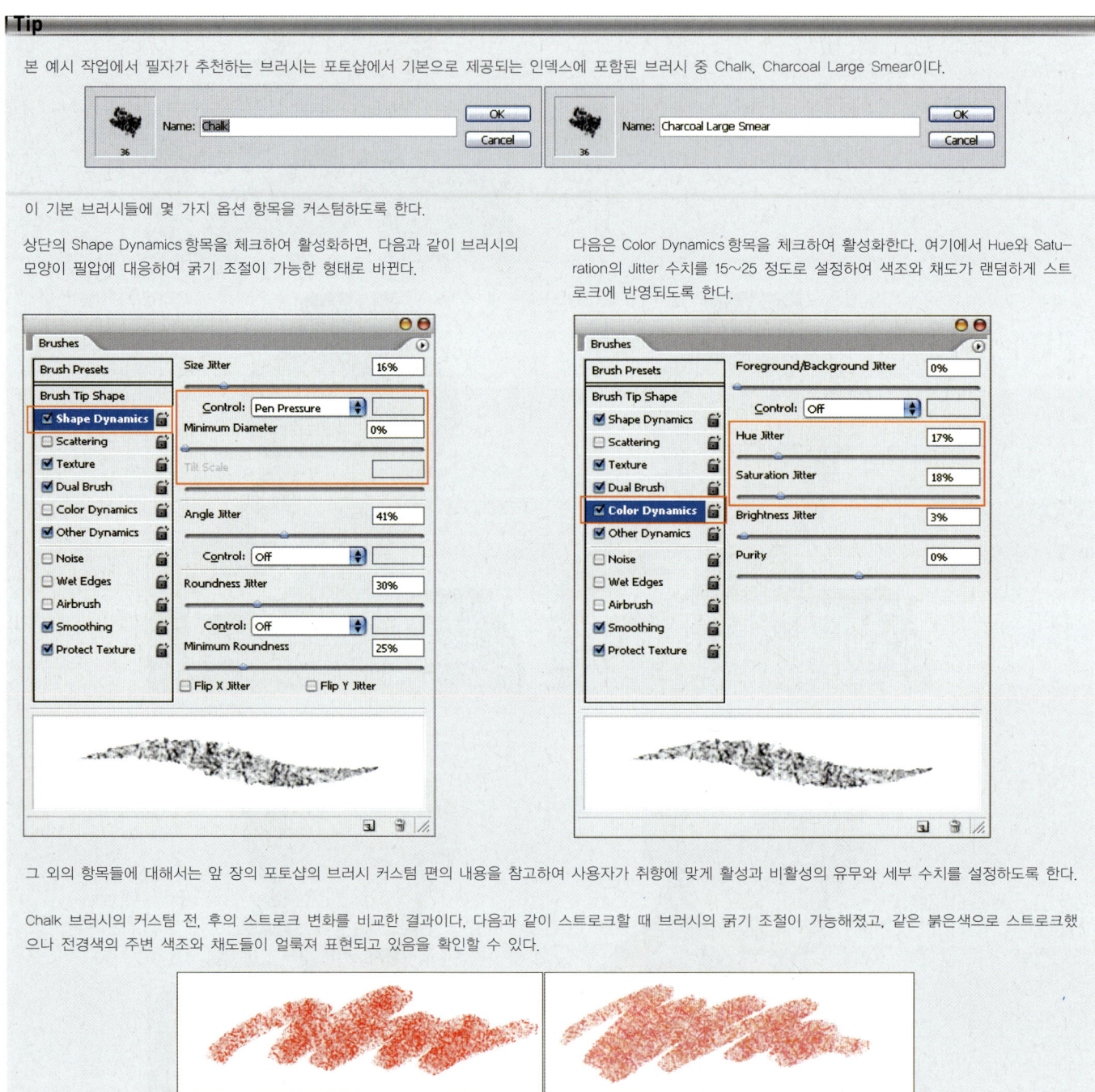

본 예시 작업에서 필자가 추천하는 브러시는 포토샵에서 기본으로 제공되는 인덱스에 포함된 브러시 중 Chalk, Charcoal Large Smear이다.

이 기본 브러시들에 몇 가지 옵션 항목을 커스텀하도록 한다.

상단의 Shape Dynamics 항목을 체크하여 활성화하면, 다음과 같이 브러시의 모양이 필압에 대응하여 굵기 조절이 가능한 형태로 바뀐다.

다음은 Color Dynamics 항목을 체크하여 활성화한다. 여기에서 Hue와 Saturation의 Jitter 수치를 15~25 정도로 설정하여 색조와 채도가 랜덤하게 스트로크에 반영되도록 한다.

그 외의 항목들에 대해서는 앞 장의 포토샵의 브러시 커스텀 편의 내용을 참고하여 사용자가 취향에 맞게 활성과 비활성의 유무와 세부 수치를 설정하도록 한다.

Chalk 브러시의 커스텀 전, 후의 스트로크 변화를 비교한 결과이다. 다음과 같이 스트로크할 때 브러시의 굵기 조절이 가능해졌고, 같은 붉은색으로 스트로크했으나 전경색의 주변 색조와 채도들이 얼룩져 표현되고 있음을 확인할 수 있다.

튜토리얼을 위한 소재를 고민하다가, 최근에 즐기고 있는 PS2용 게임인 〈God of War〉의 주인공 캐릭터의 팬픽을 그려보기로 했다.

2008 / Private Work / Photoshop CS2

회색으로 채운 캔버스상에 대략적인 스케치를 잡는다.1
스케치 레이어의 투명도를 줄이고, 배경에는 빛 설정에 따라 그라데이션으로 암부를 설정해 준다.2
Hue, Saturation에 Jitter가 반영되어 플랫한 색상이 아닌 다채로운 주변 색상이 묻어나는 효과로 베이스 색상을 일괄적으로 깔아준다.3
Chalk 브러시는 스트로크의 밀도가 낮은 특성이 있으므로 Opacity나 Flow 수치를 일반 브러시에 비해 높게 설정하는 것이 다루기 편하다. 같은 화구로 커다란 기초 명암을 잡아준다.4

정준호의 비주얼 일러스트레이션 제작노트

2008/Private Work/Photoshop CS2

기초 명암을 토대로 세부 명암을 쪼개어 나가며, 어둠 안쪽의 반사광도 잡아 준다.[5]

면 설정이 일단락되었으므로 캐릭터 만의 특징인 문신과 상처를 그려 넣었다. 아직 거칠게 잡힌 면들을 풀어 줄 부분은 뭉개 주고, 잡아 줄 부분은 날카롭게 맺어 주면서 더욱 세부적인 묘사에 들어간다.[6]

최종적인 세부 묘사 진행 후 완료된 결과물이다.[7]

Alias of Anti Picture

흑백으로 그린 이미지를 후(後) 컬러링하는 글레이징 기법

일반적인 컬러링에서는 사용자가 선택한 화구가 무엇이든 '색을 지정하는 작업'과 '면을 분석하여 묘사하는 작업'이 동시에 이루어졌다면, 이번에 소개하고자 하는 방법은 이 과정을 분리해서 작업하는 방식이라 할 수 있다.

이런 방식은 일반 회화에서 '글레이징 기법'으로 불리는 채색 방식에서 응용된 것으로, 디지털 작업에서도 많은 작가들에게 애용되고 있는 방법 중 하나이다. 엄밀히 말해서 회화의 글레이징 기법과 동일하다고 할 수는 없으나, 그 접근법이 상당히 유사하다는 부분을 참고하여 들어가 보자.

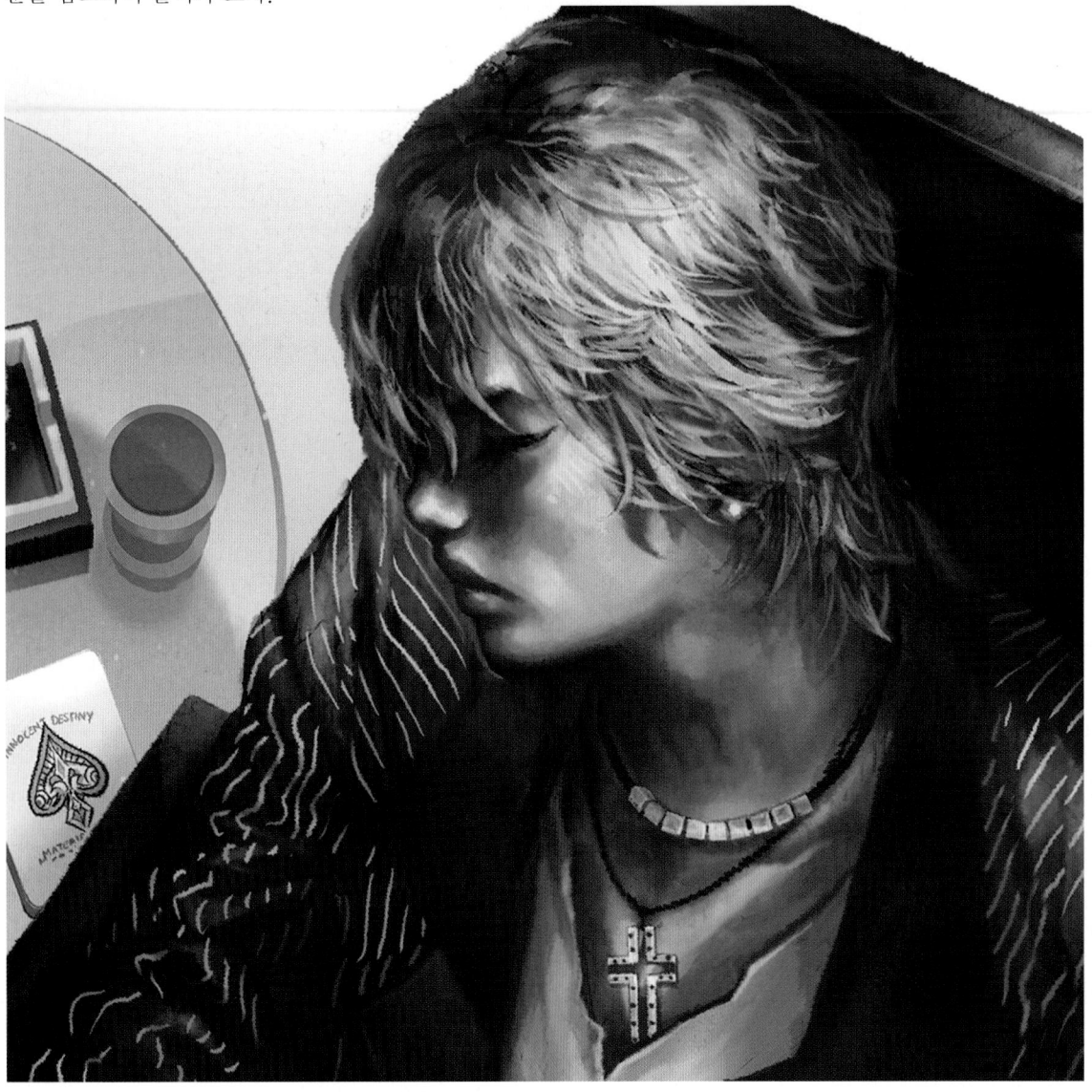

정준호의 비주얼 일러스트레이션 제작노트

그림은 2006년 소설 〈S.K.T〉를 위한 일러스트 작업으로 대비가 강한 그림의 특성상 글레이징 기법을 활용한 케이스다. 흑백으로 완료된 이미지 위에 따로 색조 작업과 보정만으로 표현하였다.

2006 / 〈S.K.T〉 Fantasy Novel Cover / Photoshop CS

Tip

글레이징 기법

목탄이든 연필이든 특정 화구로 그린 흑백의 이미지 위에 묽게 희석한 여러 도료들의 투명 속성과 불투명 속성을 골고루 활용하여 색을 겹쳐 올려 표현하는 작업 방식이다.

간단히 설명하자면 먼저 색조, 색상은 상관없이 명도만으로 이미지의 묘사를 완성한다. 그리고 명도만이 존재하는 흑백의 이미지 위에 화구의 특성들을 활용하여 겹침 방식 등으로 색상을 후반 작업에서 덧입히는 방식이다. 디지털 작업 환경의 분할된 작업 방식도 약간의 요령을 통하여 손쉽게 글레이징 기법을 흉내낼 수 있다. 분할된 두 번의 작업이 다소 번거롭게 여겨질 수도 있는 이 글레이징 기법의 장점은 빛과 오브젝트와의 관계, 즉 명암의 분석에 있어서 색조라는 개념이 포함되면서 발생할 수 있는 오류를 줄일 수 있다. 색상의 보정 및 수정에 있어서도 상당히 편리하여 보다 수월하게 깊이감 있는 이미지를 얻을 수 있다.

Alias of Anti Picture

이제 어떻게 후반 색조 작업을 진행하게 되는지 각 과정을 참고한다.

러프 스케치의 이미지다.[1]

오랜만에 선을 살린 묘사를 하고 싶어져서 러프 스케치를 토대로 수작업 연필 묘사를 해 보았다.[2]

수작업 묘사를 스캔받아 톤을 보정한 상태다.[3]

글레이징 기법으로 작업할 예정이므로, 흑백 상태에서 원하는 브러시를 선택하여 명암 작업을 추가 완료하였다.[4]

Alias of Anti Picture

이제는 컬러링을 위한 사전 단계로, 바탕에 난색조의 배경 색상을 선택하여 칠해 주었다. 캐릭터 부분은 순수한 흑백이 너무 강하게 튀지 않고 색조 작업과 잘 어울릴 수 있도록 다시 Curve를 이용한 톤 보정과 Color Balance를 통한 난색 조정을 가하였다. 전반적인 작업에 있어 수월하도록 캐릭터 부분은 배경과 분리하여 다른 레이어에 톤 색상을 구별해서 채워 주었다.

정준호의 비주얼 일러스트레이션 제작노트

보통 페인터든 포토샵이든 글레이징 기법을 차용할 때 주색을 깔기 위한 블랜딩 모드로 많이 활용되고 다루기 수월한 모드는 그 속성상 Multiply 나 Hard Light다. 아무래도 톤에 사용된 색상이나 명암에 따라 사용자의 의도에 꼭 부합하지 않는 변수들이 발생하므로 겹침 방식의 개념이 확실 하지 않은 사용자들에게는 많은 시행착오를 요할 수 있다. 특히 지금처럼 바탕에 배경 색상 등이 지정된 경우에는 블랜딩 속성에 따른 색 혼합 관계를 고려해야 하므로 더욱 까다로워질 수 있다. 페인터의 Build Up Method 속성이나, 수작업 시의 수채화나 마커 등의 화구를 다루듯이 생각 하면 된다. 그림은 블랜딩 모드의 Hard Light를 적용시킨 상태이며, 이 블랜딩 모드는 레이어 자체에 속성을 설정하거나 혹은 브러시 속성 자체 에 설정하는 등 사용자의 의도와 편의에 맞게 선택하면 된다.

Alias of Anti Picture

블랜딩 모드의 Hard Light 레이어상에 피부 톤을 덧칠한 상태이다.[1]

같은 요령으로 머리카락과 상의 슈트 부분 등 각각의 오브젝트에 원하는 색조들을 덧칠하여 채색한다.[2]

기본 톤 작업이 완료되었다면 어두운 톤의 추가는 블랜딩 모드의 Multiply나 Darken을 활용하고, 밝은 톤의 추가는 Overlay나 Lighten 등을 활용하여 추가 톤 작업을 하며 밀도를 높여간다.[3]

정준호의 비주얼 일러스트레이션 제작노트

컬러링에 사용된 레이어의 전개를 나열하면, 다음 그림과 같이 표현할 수 있다.

색상이 반영된 바탕 레이어와 그 위에 오브젝트(캐릭터) 분할을 위한 캐릭터 바탕 레이어 그리고 흑백으로 그려진 묘사 이미지, 그 상위에 기초 색조를 잡아 준 Hard Light 레이어, 그 위에 어둠을 잡아 준 Multiply 그리고 최종적으로 라이팅을 잡아 준 Overlay로 구성되어 있다.

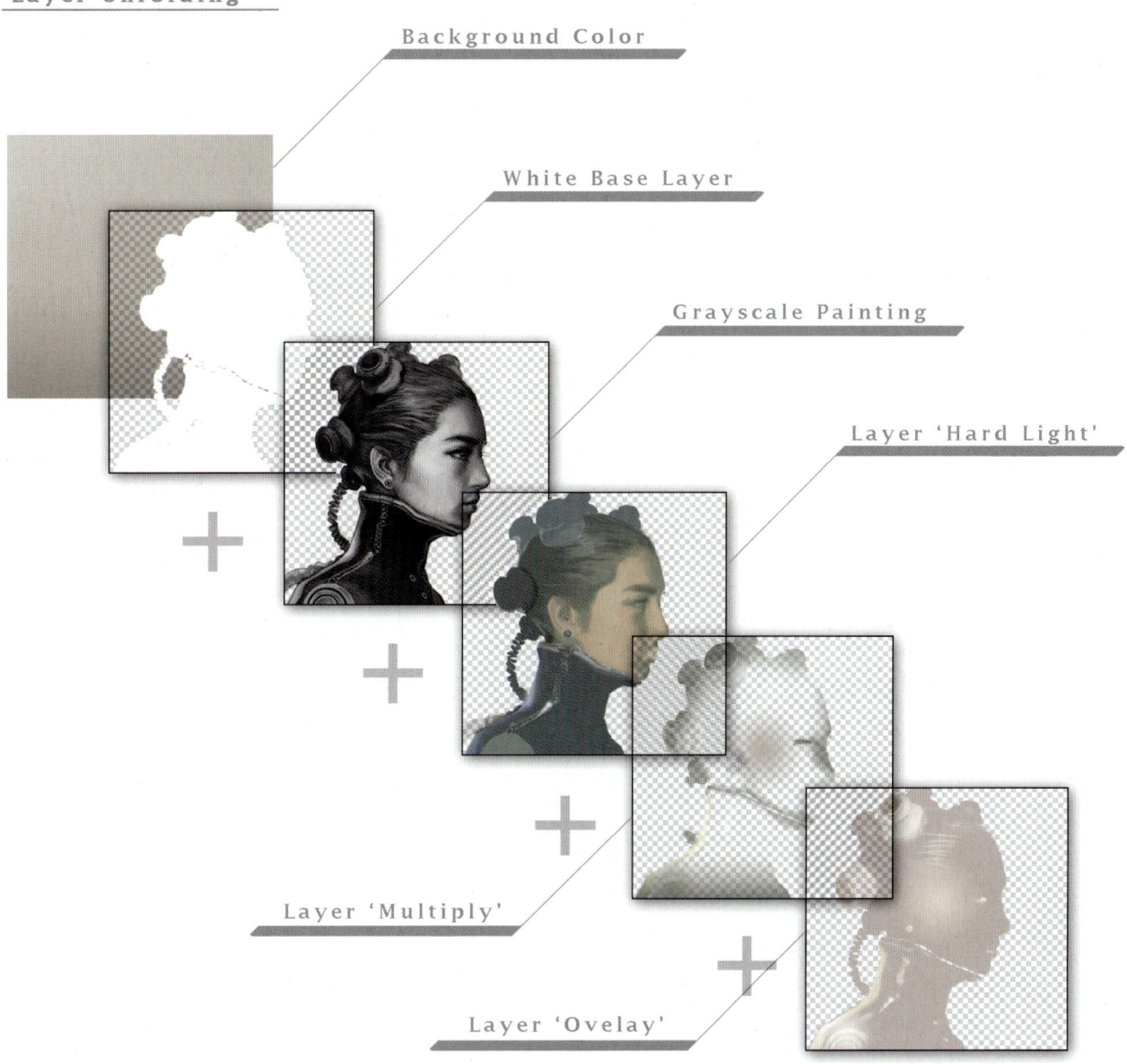

본 기법은 레이어의 블랜딩 속성을 이용하여 글레이징 효과를 유도하는 것으로, 진행 편의상 포토샵에서 다루게 되었지만 이러한 기능은 페인터에서도 동일하게 제공되므로 포토샵에만 국한되지 않고 페인터에서도 같은 방법으로 활용할 수 있다.

Alias of Anti Picture

세부 묘사를 추가하여 완료된 결과물이다.

결국 회화에서의 글레이징 기법도 덧칠에 활용되는 화구의 특성을 폭넓게 이해하는 부분이 관건이듯이, 디지털 작업에서의 글레이징 기법의 차용은 프로그램들이 제공하는 블랜딩 속성을 잘 활용하는 것이 키포인트라 할 수 있다. 자신의 작품에 글레이징 기법이 적절하다면 다양한 블랜딩 모드들을 이해하고, 앞에서 알아보았던 채색 방법들도 병행하여 다채롭게 활용할 수 있도록 연구해 보길 바란다.

정준호의 비주얼 일러스트레이션 제작노트

포토샵의 Quick Mask 활용 기법

글레이징 기법을 응용할 때나 혹은 레이어가 분할되어 있지 않은 이미지의 특정 부분을 수정 및 보정할 필요가 있을 때 Quick Mask 기능을 활용하면 편리하다.

Quick Mask 기법은 일러스트 작업보다는 일반적으로 사진 이미지 편집의 색조 추가 작업에서 자주 활용되는데, 포토샵의 레이어를 이용한 Load Selection으로 잘 분할된 작업이라면 필요성이 크지는 않겠으나 알아두면 편리할 수 있으니 간단히 다루고 넘어가도록 한다. 일러스트 작업에서 자주 사용되지 않는 만큼 난해하게 생각하는 사람들도 있는데, 보다 정교하고 직관적인 영역 선택에 용이한 기능으로 이해하면 된다.

가령 글레이징 작업에 사용된 그림은 덧칠해서 색을 씌운 방식이지만, 색을 덧칠하지 않고 특정 영역만을 선택해서 색을 보정하는 방법으로 색조를 만들어낸다고 가정해 보자. 이마와 머리카락의 경계 또는 입술처럼 경계면이 모호하거나 상당히 복잡한 부분을 구분해서 영역을 선택하려 한다면, 일반적인 영역 선택 도구인 올가미 도구(Lasso Tool)나 마술봉(Magic Wand Tool) 등의 도구로는 여간 번거롭고 어려운 일이 아니다. 이런 경우 Quick Mask의 쓰임새가 아주 적절하다.

한 장으로 제작된 흑백의 이미지다.

Alias of Anti Picture

Quick Mask 모드로의 전환은 아주 간단하다. 포토샵 도구 상자의 하단에 오른쪽 그림과 같은 아이콘이 있다. 오른쪽 버튼을 클릭하면 Quick Mask 모드로 전환되고, 왼쪽 버튼을 클릭하면 일반적인 Standard 모드로 돌아온다.[1]

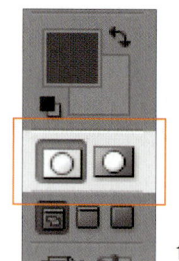

Tip

Quick Mask

〈Shift+Q〉를 추가로 입력하면 모드의 해제와 설정이 반복된다.

Quick Mask 모드가 활성화되면 사용자가 선택한 브러시로 채색이 가능해진다. 마스킹을 위한 구별 색상으로 붉은색이 일괄적으로 칠해지며, 다른 색상은 의미가 없고 적용되지 않게 된다 이 때 일반 브러시 채색 시와 동일하게 마스킹에 투명도가 적용되며, 기존의 영역 선택 툴들을 사용하여 채우는 것도 가능하다.[2]

정준호의 비주얼 일러스트레이션 제작노트

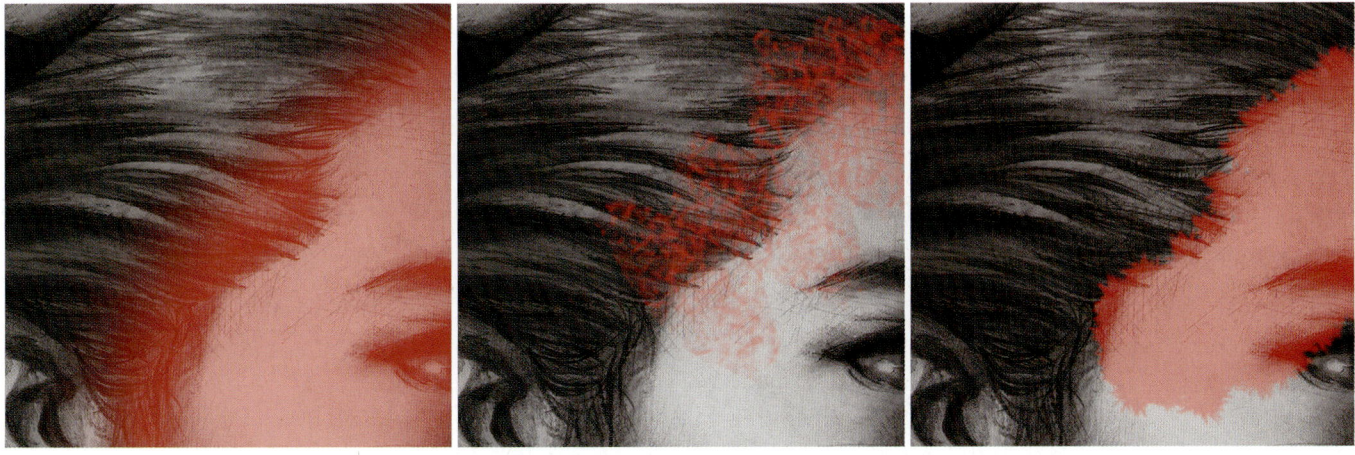

3

4

그림과 같이 부드럽게 퍼지는 영역 설정이나 특수한 브러시의 텍스처 질감까지 모두 영역으로 설정할 수 있다.3

보정을 위해 Standard 모드로 돌아오면 칠했던 부분이 영역으로 선택된다. Standard 모드로 돌아왔을 때의 영역은 마스킹되어 보호되는 부분이므로, 선택 영역 반전(Select Inverse)을 하면 칠해진 부분, 즉 마스킹된 영역에 조정이 가능해진다. 이것을 혼동하지 말고 마스킹 작업 시 고려하거나, 앞에서 소개한 요령대로 영역 반전을 하면 다양하게 활용할 수 있다.4

Tip

단축키 - Select Inverse
Ctrl + Alt + I

Alias of Anti Picture

작업 간에는 오브젝트 별로 여러 개의 분할된 선택 영역이 필요하다.[1]

이런 경우 메인 메뉴의 Select 〉 Save Selection으로 저장해 두면 언제든지 필요한 때에 Load Selection으로 불러올 수 있다. 선택된 영역 정보는 Channel 창에서 확인할 수 있다.[2]

1

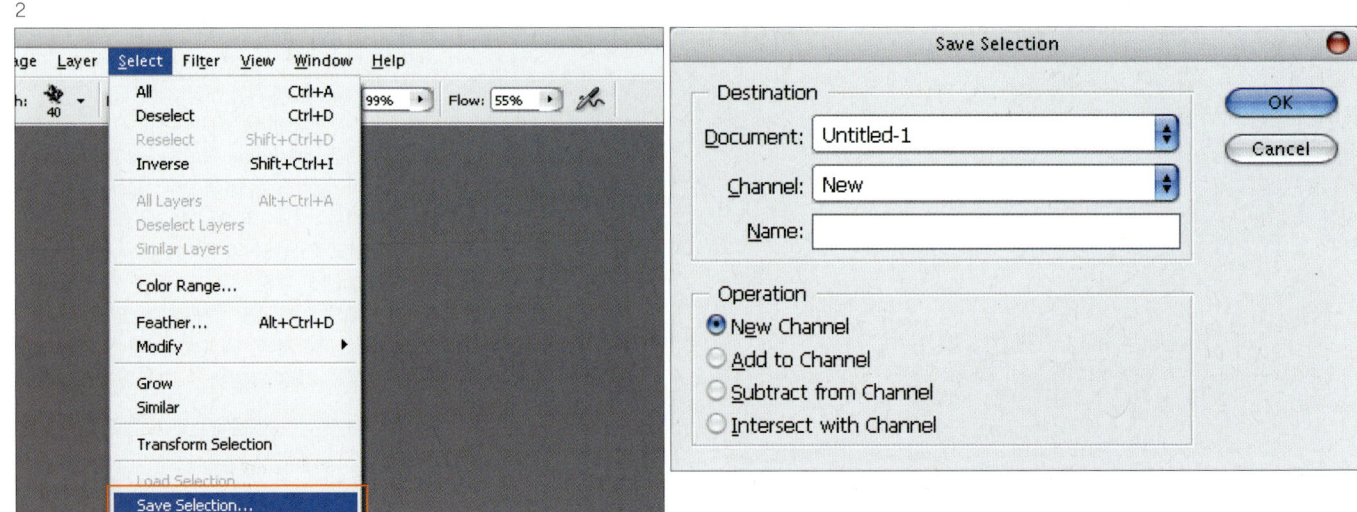

2

정준호의 비주얼 일러스트레이션 제작노트

이렇게 선택된 영역에 여러 색조 보정 기능들을 활용하여 사용자가 의도하는 색상을 끌어낸다. 색조 보정 기능들은 앞의 Chapter 2 〉 Step 3]을 참고한다. 그림은 Color Balance를 사용하여 보정 중인 화면이다.[3]

이상으로 Quick Mask의 활용에 대하여 간단히 알아보았다.

> Quick Mask는 색감이 풍부한 작품을 지향하는 작업에서는 색 보정만으로는 한계가 있으므로 채색을 위한 기법으로 적절하지 못하다. 따라서 Quick Mask 기법은 상황에 따라 정밀한 영역 선택이 필요할 때 환기하며 활용하는 방법을 추천한다.

Alias of Anti Picture

Swallow Knights Tales
the new wave comic fantasy novel. 2006. BOOKBOX. writer Choul-Gon Kim (Billiken) X illustration Juno (3B)

Farewell my friends...

| The End Of Stories 2
2006 / Novel 'S.K.T' (Bookbox) / Photoshop CS / 4543*6500 Pixel

Swallow Knights Tales
the new wave comic fantasy novel. 2006. BOOKBOX.　writer　Choul-Gon Kim (Billiken)　X　illustration Juno (3B)

The End Of Stories 2
2006　/　Novel 'S.K.T' (Bookbox)　/　Photoshop CS　/　4543*6500 Pixel

TUTORIAL
How To Painting
페인터의 페인팅 기법

페인터의 스트로크 운용
360

불투명(Cover) 속성 화구(커버 속성의 뉴트럴 브러시)
364

불투명(Cover) 속성 화구(파스텔 계열)
371

Build Up 속성 화구의 활용(마커, 컬러 잉크 등의 느낌)
377

Impasto 속성 화구의 활용(텍스처 유화)
382

Wet 속성 화구(수채화) – 중첩 기법(Water, Digital Water의 차이)
388

페인터의 스트로크 운용

페인터는 화구의 특성별로 운용 감각이 천차만별이기 때문에 포토샵처럼 일관된 정의를 내리기 쉽지 않다. 따라서 (상대적으로 다루기 쉬운 화구에 속하는) 불투명 계열을 기준으로 페인터의 스트로크 운용 방법에 접근해 본다.

페인터의 색 섞임 감각에 대해 한마디로 표현하면 '문질러 펴 바른다'에 가깝다고 생각한다. 이것은 색 경계면의 중간 색조를 지속적으로 전환·변경하며 수차례 겹쳐 바르는 방식으로 블랜딩하는 포토샵과는 확연한 차이를 만들어낸다. 포토샵이 수분이 적은 매트한 도료를 겹쳐 칠하는 방식이라면, 페인터는 점도가 높은 도료를 펼치듯 바르는 감각이라 할 수 있다.

포토샵에 익숙한 사용자와 페인터에 익숙한 사용자 간의 차이도 기본적인 감각 차이가 큰 위화감으로 작용한 것이라 생각된다.

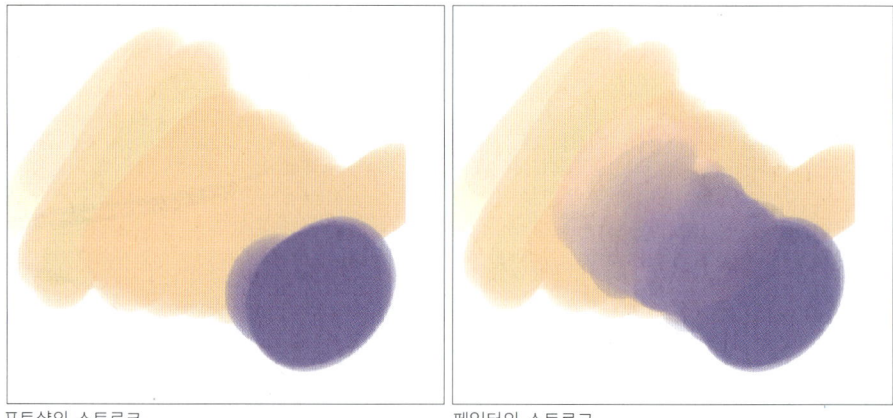

포토샵의 스트로크　　　　　　　페인터의 스트로크

페인터의 경계면 블랜딩은 브러시 투명도의 수치 설정보다 사용자의 섬세한 필압 조절이 중요하다고 할 수 있다.

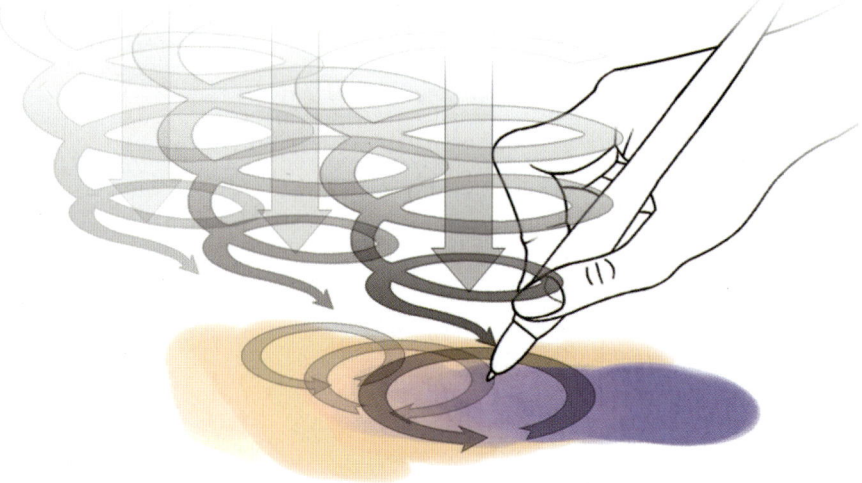

정준호의 비주얼 일러스트레이션 제작노트

찍듯이 짧게 문지르는 것이 아니라, 지긋이 누르거나 굴리면서 문지르는 감각으로 접근한다. 능숙하게 운용한다면 이 행위만으로도 따로 중간 색상을 지정하여 풀어 주지 않더라도 알아서 풍부한 색상이 경계 사이에 생성된다.

다만 색과 색 사이의 성질 차이가 너무 크거나 의도적으로 중간색을 삽입할 때는 따로 색을 지정해 주거나, 스포이트(Eye Dropper)를 활용하여 경계에 색조를 추가해 줄 필요가 있다.

여기까지는 우선 포토샵과 페인터의 근본적인 차이점을 짚어보기 위하여 다소 극단적인 부분을 먼저 언급해 보았으나, 브러시의 옵션 항목들을 이해하고 활용하면 페인터의 단적인 회화적 성향을 누그러뜨려 좀 더 수월하게 다룰 수 있다.

다음은 페인터의 브러시 성질을 조절하는 옵션들 중 투명도와 직결되는 수치들이 이미 인지하고 있는 Opacity 수치와 또 다른 하나인 Resat의 수치다.

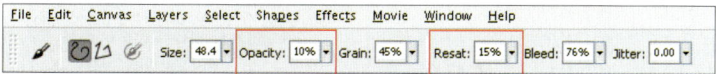

앞에서 브러시의 옵션 항목들을 일괄적으로 다루었을 때 언급했듯이 이 Resat 항목은 화구에 따라 그 효과의 차이가 조금씩 있긴 하지만, 일종의 '농도' 개념으로 이해하면 된다. Opacity의 수치가 단지 투명도 조절과 직결된 수치라고 한다면, Resat 수치는 도료의 농도를 조절함으로써 이 수치를 낮추면 극단적인 섞임이 완화되어 보다 부드러운 블랜딩이 수월해진다.

예를 들어 애니메이션 셀 화풍으로 단단하고 또렷한 경계면을 원한다면 Opacity 수치뿐만 아니라 높은 Resat 수치가 도움이 된다. 반대로 부드러운 경계를 원할 때는 아무래도 필압의 조절만으로는 정교한 면 작업에 부담이 클 것이다. 이런 경우는 Opacity 수치 외에 Resat을 낮춤으로써 보다 균일한 '겹침' 효과를 얻을 수 있다.

Opacity 30%, Resat 10%의 블랜딩 스트로크

Opacity 30%, Resat 100%의 블랜딩 스트로크

투명도는 동일한 30%이나 농도 설정에 따라 달라진 차이점을 살펴보고, 작품 의도에 적합한 농도(Resat) 조절을 활용하여 적절한 효과를 얻도록 한다.

> **Tip**
>
> **Opacity 및 브러시 사이즈 단축키 활용**
> 페인터도 포토샵과 마찬가지로 숫자 키의 입력으로 브러시의 Opacity 수치 조절이 가능하다.
> 그리고 브러시 크기 조절도 기본적으로 〈 Ctrl + Ctrl +스트로크 위, 아래〉로 직관적인 조절이 가능하지만, 보다 정교한 크기 변환이 필요하다면 포토샵의 브러시 크기 조절과 동일한 단축키 [,]를 사용하여 '1' 단위의 조절을 할 수 있다.

Alias of Anti Picture

페인터의 수많은 화구를 모두 개별적으로 소개할 수는 없으므로 크게 3가지로 분류하여,
각 화구별 특징과 운용법을 알아보도록 한다.

1. '불투명 속성'에 속하는 Cover 성질의 화구
2. 마커나 컬러 잉크와 유사한 'Build Up' 성질의 화구
3. 수채화로 대표되는 Wet 속성의 화구

화구의 소개에 앞서 페인터 초보 사용자들을 위해 페인터 프로그램에서 제공되는 몇 가지 편의 기능에 대해 알아본다.

Tip

캔버스 로테이션(Rotate Page, 단축키 E 또는 Spacebar + Alt)

포토샵에는 없는 페인터의 독특한 기능 중 하나가 Rotate Page로, 단어 그대로 캔버스 이미지를 사용자 임의로 회전시킬 수 있다.

다시 정방향으로 되돌릴 때는 화면을 한 번 클릭하면 되고, Shift를 누르면서 회전시키면 90도씩 회전시킬 수 있다.

페인터 커스텀 팔레트 관리

페인터의 너무 많은 배리언트 화구들로 인하여 자주 사용하는 브러시들을 사용자가 따로 모아서 관리할 수 있는 기능이다.

'커스텀 팔레트'를 생성하는 방법은 간단하다. 브러시 선택 창에 선택되어 있는 브러시를 창밖으로 끌어내면 자동으로 생성된다. 생성된 커스텀 팔레트 창에 다른 브러시를 복수로 추가하는 것도 가능하며, 다른 커스텀 브러시 창으로 복수로 추가 생성하는 것도 가능하다.

추가된 브러시를 이동하려면 Shift를 누르면서 원하는 위치로 옮기면 되고, 삭제하려면 Shift를 누르면서 창밖으로 끌어내면 된다.

자신의 커스텀 팔레트에 이름을 지정하고, 관리하는 부분은 프로그램 메인 메뉴의 Window의 하위에 위치한 Custom Palette의 Organize에서 가능하다.

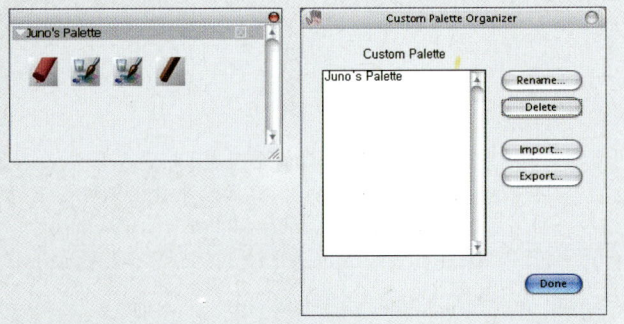

투시 눈금자(Perspective Grid)

포토샵에는 없는 페인터의 독특한 기능 중 하나다. 이미지의 분할 및 오브젝트 배치를 위한 룰러(Ruler)나 눈금자(Grid)는 포토샵에도 제공되는 기능이지만, 입체 투시 눈금자는 페인터에서만 볼 수 있다.

페인터의 메인 메뉴 Canvas 항목의 하위 메뉴에서 찾을 수 있다.

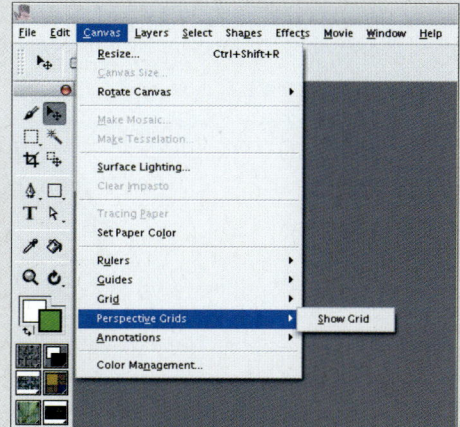

눈금자의 축 끝 부분으로 이동하면 이동 아이콘이 생기면서 임의의 위치로 눈금자를 옮길 수 있다.

카메라의 광각 왜곡이나 특정한 기교가 없는 평면적인 투시에는 나름 쓰임새가 있지만 종과 횡의 한 개의 면밖에 운용할 수 없다거나 소실점의 임의 이동 등이 되지 않는 등 큰 효용성은 기대하기 힘들다.

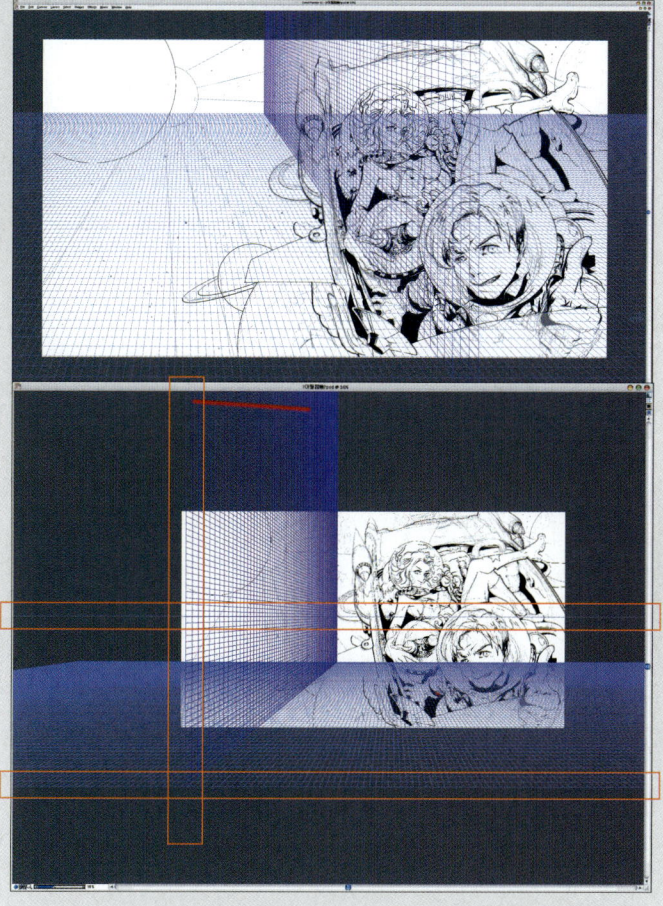

Alias of Anti Picture

불투명(Cover) 속성 화구(커버 속성의 뉴트럴 브러시)

가장 먼저 소개할 화구는 이미 앞의 작업에서 한 번 다루었던 커버 속성의 기본 브러시다. 포토샵의 기본 브러시와도 비교적 닮은 모양새를 가지고 있으며, 다루기 쉽고 색감이 선명하여 널리 애용되는 만큼 '기본 브러시'라 불리기에 손색이 없다.
브러시를 만드는 요령은 'Chapter 2 〉 Step 2'에서 자세히 설명했으므로 참고한다.

정준호의 비주얼 일러스트레이션 제작노트

365

1

스케치가 준비된 상태다. 이번에는 디폼이 많은 캐릭터 작화풍으로 시도해 보았다.[1]

먼저 특별한 요령 없이 설정한 색상을 베이스로 칠하기 시작한다.[2]

2

Alias of Anti Picture

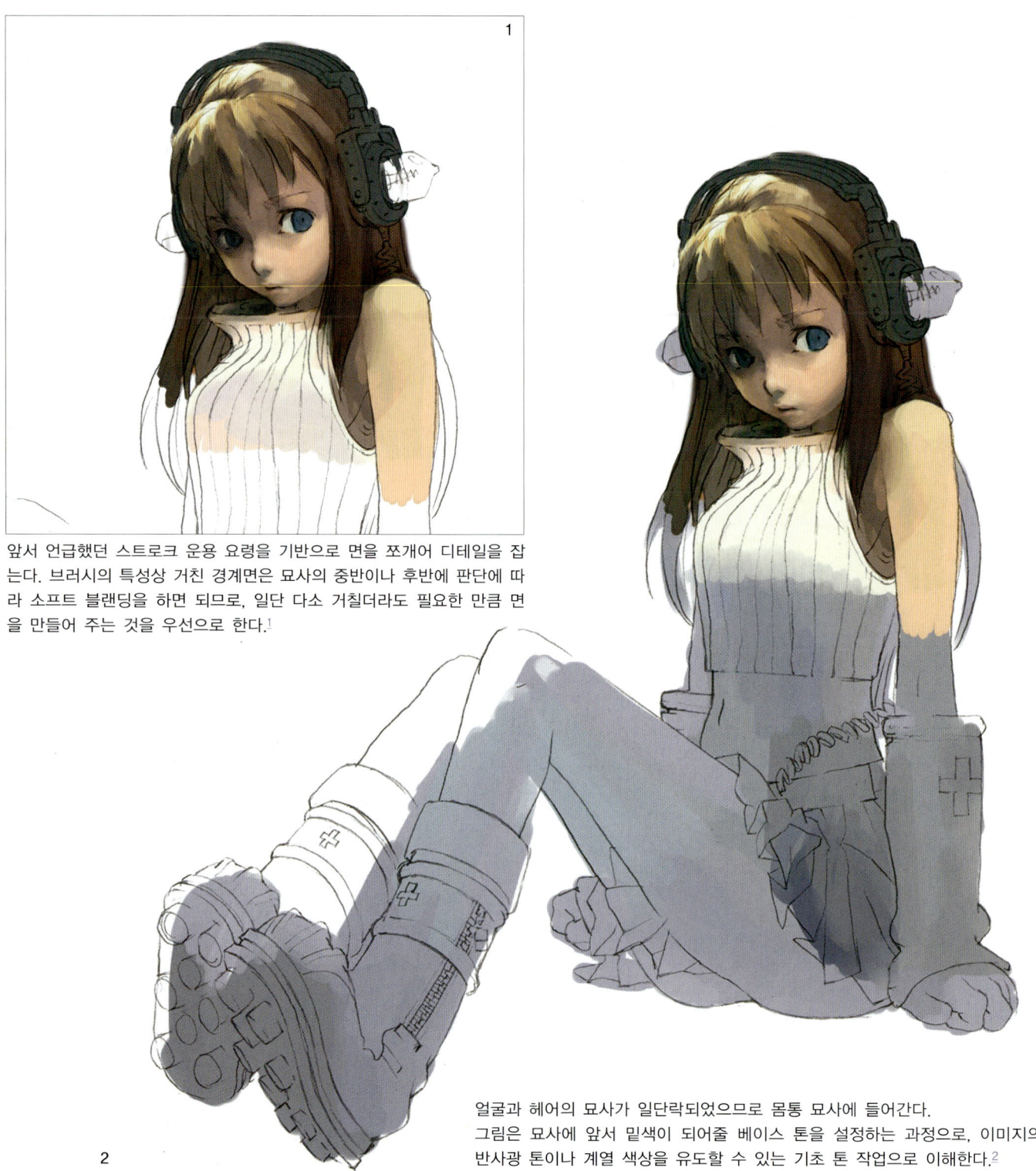

앞서 언급했던 스트로크 운용 요령을 기반으로 면을 쪼개어 디테일을 잡는다. 브러시의 특성상 거친 경계면은 묘사의 중반이나 후반에 판단에 따라 소프트 블랜딩을 하면 되므로, 일단 다소 거칠더라도 필요한 만큼 면을 만들어 주는 것을 우선으로 한다.[1]

얼굴과 헤어의 묘사가 일단락되었으므로 몸통 묘사에 들어간다.
그림은 묘사에 앞서 밑색이 되어줄 베이스 톤을 설정하는 과정으로, 이미지의 반사광 톤이나 계열 색상을 유도할 수 있는 기초 톤 작업으로 이해한다.[2]

정준호의 비주얼 일러스트레이션 제작노트

전반적인 색상 지정과 그에 따른 기초 면 묘사의 정리가 완료된 상태이다.

Alias of Anti Picture

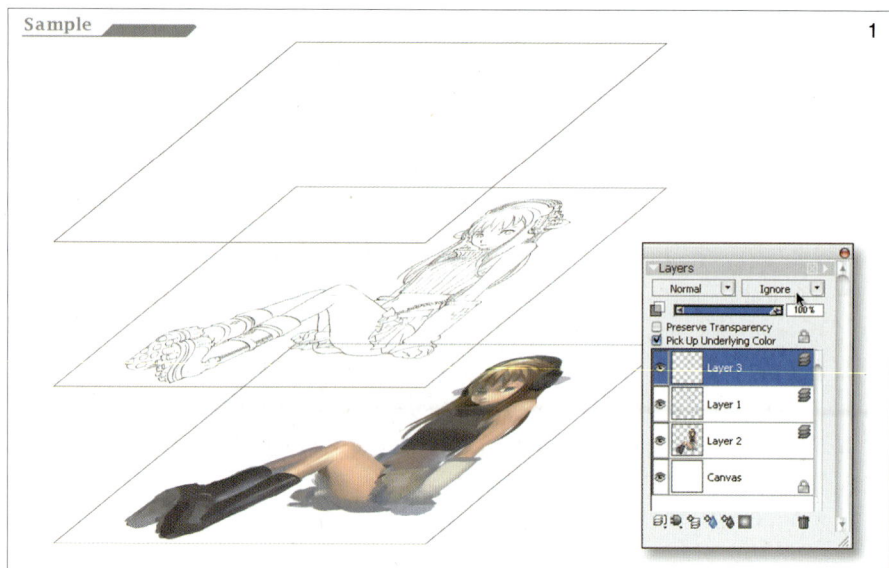

'선화' 하위에서 베이스 톤 과정이 일단락되면 선화 상위에 신규 레이어를 생성시켜 덮어야 할 선화는 덮고, 살려야 할 선화는 다시 정리할 수 있도록 준비한다.

선화 위에 생성한 레이어에서 각부의 세부 질감과 모양 등의 디테일 묘사를 시작한다. 선화의 날카로운 정리에는 지금의 브러시는 적절하지 않을뿐더러 불필요한 공이 많이 들어가므로, 선 정리와 디테일 묘사에 적합한 다른 화구를 병용한다.[01]

필자가 본 작업에서 선택한 브러시는 다음과 같다. 'Pens' 카테고리에서 각각 Croquil Pen과 Thick n Thin Pen 배리언트 브러시들이다.[02]

접근 방법에 따라 날카로운 선화의 정리가 아닌, 보다 거친 선화의 정리를 꾀한다면 Pen 타입의 브러시가 아닌 쵸크(Chalk)나 파스텔(Pastel) 계열의 브러시의 배리언트들에서 적당한 질감을 찾아보는 것도 좋다.

3

4

특정 재질의 질감 표현에는 앞 단락에서의 튜토리얼과 동일하게 파스텔이나 스펀지 계열의 브러시로 간단한 텍스처를 활용한다. 3 4

Blunt Hard Pastel과 Round Hard Pastel 등을 사용하였다. 5

질감 표현에서 하이라이트 색상 선택이 어렵다거나 좀 더 극적인 대비를 의도한다면, 신규 레이어나 브러시의 블랜딩 모드에 Overlay나 Hard Light 등의 속성을 부여하여 이용해 보는 것도 좋은 요령일 수 있다. 참고하여 활용하도록 한다. 5

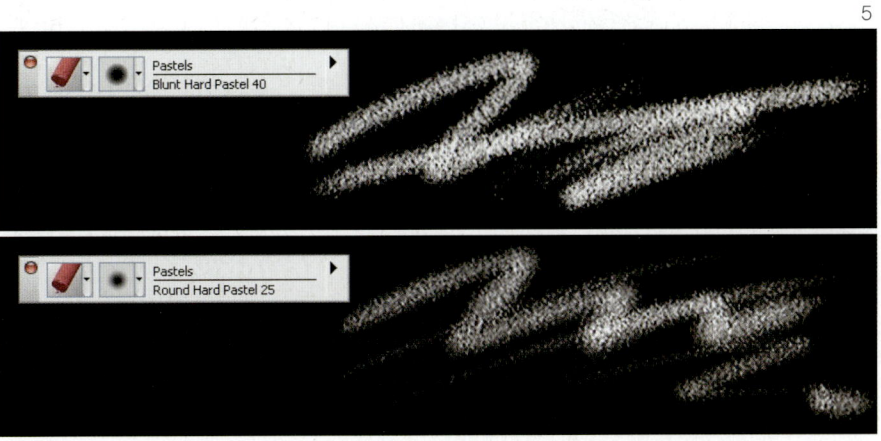
5

Alias of Anti Picture

헤드폰, 스커트의 체크 무늬, 부츠 등 각부의 세부 디테일 묘사가 완료되었다.[1]

색 보정과 텍스처 효과, 그리고 그림자와 꾸밈용 오브젝트인 앰프 등을 추가하여 최종 완료된 결과물이다.[2]

2008 / Private Work for Tutorial / Painter IX

불투명(Cover) 속성 화구(파스텔 계열)

페인터의 화구들 중 특별한 커스텀 없이 쉽게 다룰 수 있는 불투명 속성 화구라면 대표적으로 '콩테'나 '크레용', '초크' 등 파스텔 계열의 화구를 꼽을 수 있다.
재료의 특성상 캔버스 질감을 적당히 살릴 수 있어 회화적인 분위기와 두터운 질감의 채색을 선호하는 사용자에게 적합하다.

이번에 다룰 화구는 무난한 기본 속성으로 초보자나 프로 사용자의 구별 없이 선호하는 'Oil Pastels' 이다.

타 화구에 비해 종류가 간략한 배리언트 브러시들도 화구 접근에 더욱 용이하게 해 준다. 작업에 사용될 'Oil Pastels' 의 각 배리언트 브러시들의 차이점을 살펴보자. 종류에 따라 결의 무딤 정도, 종이 텍스처의 질감 반영 등에 있어 차이가 있다.

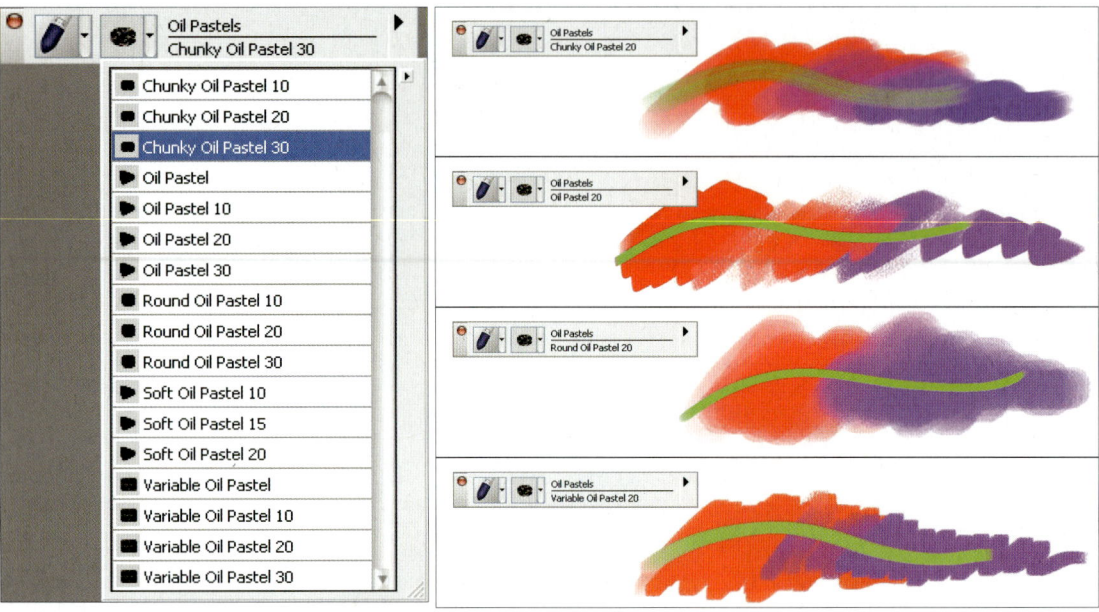

배경에도 터치 질감을 주기 위하여 그림과 같이 공간을 느낄 수 있도록 명암을 만들어 주었다.

정준호의 비주얼 일러스트레이션 제작노트

이미지의 대략적인 스케치를 잡는다.[1]

바탕색을 설정하고 일괄적으로 채워 주는 과정이다.[2]

스케치를 살려 줄 그림이 아니므로, 스케치 선화의 투명도는 알아볼 수 있을 정도로만 낮추고, 면 묘사의 진행을 계속한다.
이 과정에서 대략적인 라이팅 설정과 그에 따른 암부의 톤도 결정되었으므로 바탕에도 우측은 따듯한 색감으로 잡아 주고, 어둠이 깔린 좌측에는 푸른 느낌의 톤을 덮어 주었다.[3]

1

2

3

Alias of Anti Picture

1

2

캐릭터의 구체적인 표정과 그에 따른 근육의 디테일도 잡아주며 비교적 명확한 면 구분이 보이는 단계이다. 헤어스타일이 아무래도 마음에 들지 않아 좀 더 하드보일드한 스타일로 계획을 변경한다.1

면들을 더욱 구체화하며 거친 경계면에 필요한 부분은 부드럽게 소프트 블랜딩시킨다.2

정준호의 비주얼 일러스트레이션 제작노트

대부분의 디테일 묘사가 완성 단계에 이르렀으며 암부의 반사광 표현도 과감하게 터치한다. 살짝 벌어진 입에는 뭔가 물고 있는 것이 어울릴 듯하여 담배를 그려 넣었다.[3]

하이라이트 처리와 디테일 묘사를 계속한다. 완성 단계에 이르러 무드가 약간 부족하다고 판단되어 신규 레이어를 각기 Overlay와 Mutiply로 생성시켜 라이팅을 추가하고, 상단과 하단에 어둠을 더한다.[4]

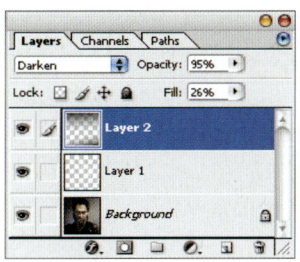

Alias of Anti Picture

명도 보정과 디테일 최종 단계를 거쳐 완료된 결과물이다.

2008 / Private Work for Tutorial / Painter IX

정준호의 비주얼 일러스트레이션 제작노트

Build Up 속성 화구의 활용(마커, 컬러 잉크 등의 느낌)

필자의 주력 화구들은 대부분 불투명 계열로서 서툰 계열의 화구이지만 가벼운 소개 정도로 이해하고 한번 살펴보겠다.
포괄적인 의미로 본다면 마커나 컬러 잉크 뿐만 아니라 과슈나 수성 아크릴, 포스터 컬러 등도 수채화 도료에 속할 수 있다. 그러나 실제 도료에서 본다면 수용성의 차이와 알코올 함유에 의한 휘발성 등의 차이로 인하여 그 용도와 운용 방법은 분명히 구분될 수 있겠다.

2004 / Private Work / Painter 6

Alias of Anti Picture

페인터의 큰 속성 구분의 하나인 빌드 업(Build Up)을 이해하기 위하여 다룰 화구는 마커와 닮은 'Felt Pens'이다.

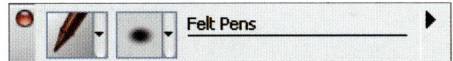

Felt Pens 화구의 배리언트는 대부분 마커로 구성되어 있는데, 본 작업에서는 그중 Blunt Tip과 Thick n Thin Maker 를 사용할 것이다. Blunt Tip 브러시는 경계면이 비교적 부드러워 넓은 면을 균일하게 칠할 때 무난하다.

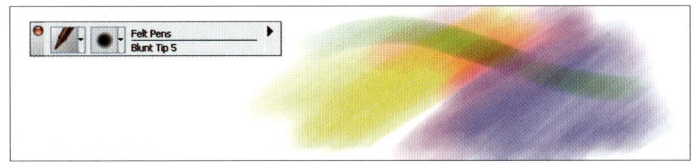

Thick n Thin Maker 브러시는 기존의 마커처럼 그 특유의 결이 도드라진다. 페인터의 마커 브러시는 타 화구와 비교하여 일반적으로도 상당히 까다로운 화구에 속하므로 그 중 다루기 쉬운 배리언트 브러시라 판단되어 사용하였다.

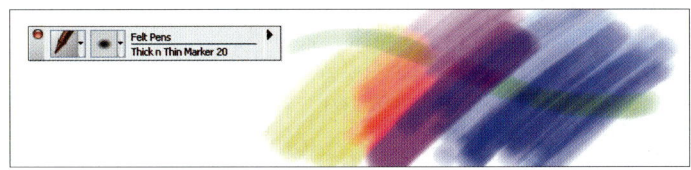

스케치를 준비한다. 마커를 사용한 채색인 만큼 화구의 특성을 살려 무겁지 않게 얇고 투명한 채색을 할 계획이다.

정준호의 비주얼 일러스트레이션 제작노트

스케치의 선화를 그대로 살려서 마무리해야 하므로, 투명한 채색에 어울릴 수 있도록 같은 선화를 하나 더 복사해서 그림과 같이 따듯한 색상으로 변경한다. 레이어 블랜딩 모드의 Overlay로 속성을 지정하여 겹쳐 준다.[1]

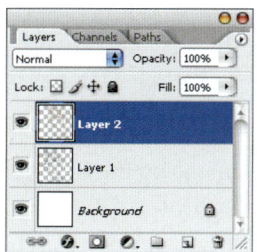

그림과 같이 스트로크의 외곽으로 난색이 반영되어 좀 더 자연스럽고 따뜻한 느낌의 선화가 되었다.[2]

Alias of Anti Picture

Blunt Tip을 사용하여 기초 색상을 채색하기 시작한다. 여기서 투명한 속성의 화구에 익숙하지 않은 사용자라면 시작부터 쉽지 않을 것이다.

첫 번째는 팔레트에서 선택한 색상이 뜻대로 나와 주지 않을 것이고, 두 번째는 결을 만들지 않는 깨끗하고 균일한 착색이 되지 않는 점일 것이다.

이 난점을 극복하기 위하여 우선 투명 도료의 속성을 잘 이해할 필요가 있다.

수채물감 등의 재료를 상상해 보면 도료가 겹칠수록 색상이 진해지는 개념만이 있을 뿐 절대로 더 밝아질 수는 없는 것이다. 따라서 팔레트상에서 명도가 높은 색상일수록 흰색이 포함된 색이라는 불투명 화구의 개념과는 달리 물이나 용제가 더 묽게 희석되어 있다는 개념으로 이해하여야 한다.

의도한 색상보다 진한 색이 나온다면 명도를 더욱 높게 잡아 더 묽게 만들어야 한다. 그리고 스트로크가 겹칠수록 채도가 상승한다는 개념을 이해하고, 묽은 도료로 섬세하게 겹쳐 가면서 명암과 색조를 만들어야 한다.

그리고 불투명 화구를 운용할 때와 비교할 수 없을 만큼 섬세하고 기민한 스트로크 운용을 필요로 하게 된다. 난이도가 높은 화구인 만큼 오랜 시행착오와 숙련을 통하여 익숙해지는 과정이 필요하다.[1]

1

2

밑색 채색 작업을 진행한다. 수작업에서의 마커와 비교하여 무엇보다도 큰 장점은 지워 내기가 수월하다는 점이다. 특수한 속성 제한을 받지 않으므로 그냥 일반 지우개로 수정하면 된다.[2]

정준호의 비주얼 일러스트레이션 제작노트

전체적인 색 지정과 밑색 작업이 일단락되었으므로 명암 작업에 들어간다.

아주 묽은 청자색을 선택하여 인위적인 어둠을 만들기보다는 반사광을 위주로 터치를 추가해 나간다. 이미 탁해진 밑색 위에 보다 높은 채도를 올리고자 할 때는 다시 속성을 잠시 'Cover'로 바꿔서 칠해 주는 요령을 활용한다.

검은 선화의 투명도를 낮춰서 따뜻한 선화가 더 반영되도록 수정하였다.[3]

최상위에 신규 레이어를 생성하여 최종적인 하이라이팅 작업으로 완료된 결과물이다.[4]

3

4

Tip

팁이라고 할 것까지는 없으나 필자도 투명 재료들에 익숙하지 않기에 어렵기는 마찬가지이다.

마커는 수작업에서도 애용하는 재료인 만큼 어떻게든 친숙해지려고 다양한 시도를 해 보다가 발견한 요령을 소개하겠다.

간단한 방법으로 대부분의 마커 브러시들에 통용되는데, 브러시 속성 제어의 General에서 Method 속성의 Build Up으로 되어 있는 고유 속성을 불투명의 Cover로 바꾸어 준다.
그러면 색의 지정이나 스트로크 결을 낮춰주는 부분에 있어 아주 다루기 수월해지면서도 마커 브러시 특유의 고운 색감과 부들부들한 느낌을 제법 살릴 수 있게 된다.

2004/Private Work/Painter 6

Alias of Anti Picture

Impasto 속성 화구의 활용(텍스처 유화)

'회화적인 느낌 만들기'에서 단지 종이 질감을 반영하는 수준에 만족하지 못하고 유화 등과 같은 두터운 느낌의 실제 도료의 질감을 기대하는 사용자라면 여기에 주목할 필요가 있다.

마찬가지로 실제로 해당 수작업의 경험이나 정보가 부족한 사용자들에게 있어서 임파스토 계열의 화구들은 운용 방법과 도구들의 역할이 상당히 모호할 수밖에 없다.

따라서 비경험자에게는 난이도가 높은 화구에 속할 수 있으나, 불투명 계열 재료로 결국 원하는 만큼 덮어 가면서 완성하는 기법이므로 어느 정도 미술의 기본기가 갖춰진 사용자라면 시도해 볼 만하다.

페인터에서 일명 Impasto(임파스토) 계열에 속하는 화구는 Artists' Oils, Oils 등 유화계 화구들의 배리언트 브러시의 일부에서 볼 수 있다.(Chapter 1 > Step 3 참고)

실제 유화가 그러하듯이 색상을 반영하는 Bristle 계열 브러시들이나 나이프(Knife) 등으로 물감을 찍어 바르고, Blenders나 Palette Knives 등의 화구로 찍힌 물감들을 다양한 방법으로 섞고 뭉개 주며, 효과를 만들어 나가는 방식으로 전개된다.

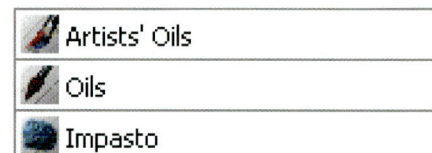

찍어 바를 수 있는 화구들이 포함되어 있는 브러시 군   섞는 효과의 화구들이 포함되어 있는 브러시 군

Impasto 속성을 이용한 작업에서는 일반적인 기본 유화 방식을 차용하여 간단한 개념을 이해해 보자.

필자가 본 작업을 위하여 선택한 주 화구는 Artists' Oils의 Bristle Brush이다.

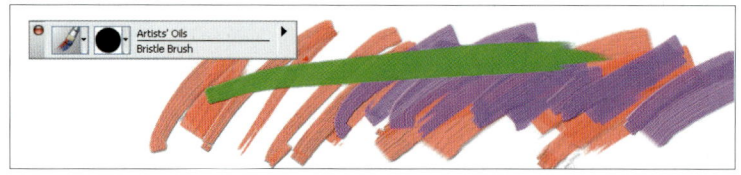

브러시 스트로크를 테스트해 보면 스트로크가 스스로 끊어짐을 알 수 있는데 이것은 붓에 묻힐 수 있는 물감의 양이 한정되어 있는 것이 반영된 것으로, 스트로크를 지속적으로 찍어 쓰듯이 운용해야 하는 것이다. 바로 실제 유화를 그릴 때처럼 말이다.

스트로크를 지속하면 물감은 떨어지지만 물감 위를 계속 문지르게 되면 붓이 물감의 표면을 마모시켜 부드럽게 하는 효과를 보여 우툴두툴한 도료 표면을 부드럽게 블랜딩 할 수 있다. 작업 중간 중간에 너무 거친 스트로크 경계를 뭉개고 싶을 때 이 방법을 적절히 활용하면 매번 번거롭게 다른 블랜딩 화구를 선택하지 않더라도 기본적인 표면 블랜딩이 가능하므로 참고하도록 한다.

작업 캔버스를 생성하고 공간을 위한 배경 톤 작업을 시작한다. 인내심을 가지고 꼼꼼하게 꾸준히 면을 찍어 칠한다.[1]

배경을 다 채우고 인물의 얼굴이 들어갈 위치를 대략 잡아 준다.[2]

화구와 재료의 특성상, 미리 구체적인 스케치 작업 없이 석고 데생을 할 때처럼 면 작업과 연결하여 묘사도 진행할 계획이므로 큰 덩어리를 먼저 분배하며 진행한다.[3]

Alias of Anti Picture

대략적인 이목구비의 위치를 지정하고 몸통 덩어리도 잡았다.[1]
명암의 설정은 빛의 방향을 정하는 것과 동시에 이루어지는 작업이다. 이목구비의 형태도 상상을 구체화한다.[2]
안면에 점묘를 하듯 꾸준히 터치를 추가하면서 인상을 구체화한다.[3]
터치의 추가와 더불어 이목구비의 구체화 작업을 계속한다.[4]

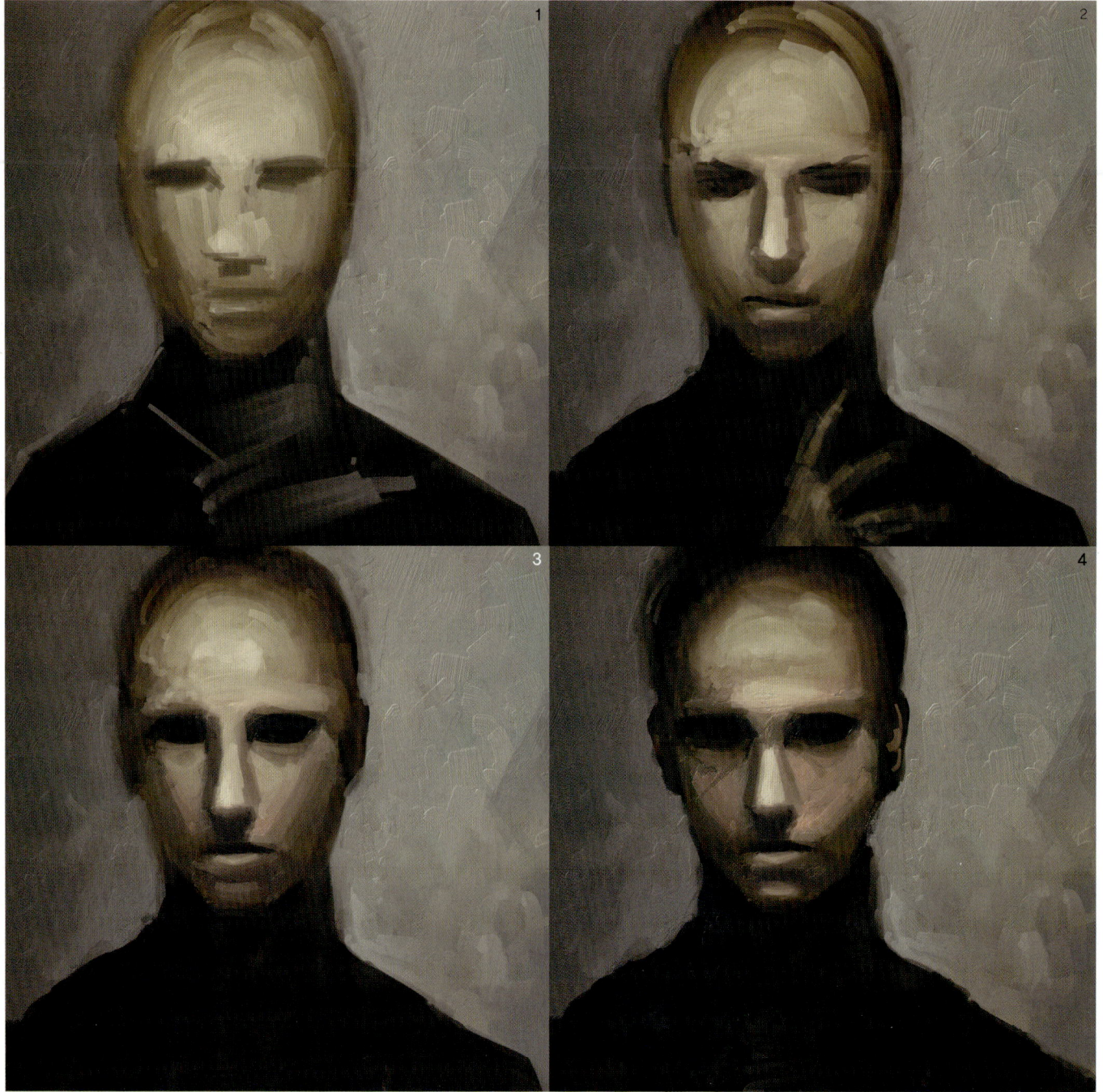

정준호의 비주얼 일러스트레이션 제작노트

적절한 헤어스타일이 떠오르지 않아서 일단 올백으로 정하고 입술과 눈매를 잡아 줌으로써 인상을 제법 구체화 하였다.[5]

이목구비의 면을 정교하게 쪼개 주면서 묘사를 확립해 나간다. 의상은 셔츠에 타이로 결정하였다.[6]

너무 단조로운 톤이 싫증나서 우측 하단에 임의의 오렌지 빛 조명을 끌어왔다. 그로 인해 좌측으로는 푸른빛의 반사광을 더 강조하였다. 좌측 하단으로부터는 붉은 톤이 연계되어 톤이 조금은 풍부해졌다.[7]

Alias of Anti Picture

Impasto의 배리언트 브러시 Texturizer-Variable은 그림의 부분 확대 이미지처럼 유화용 캔버스 표면에 물감이 엉겨 붙은 표현을 만들어 준다.

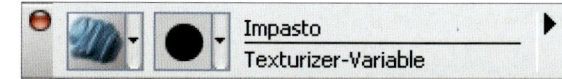

Impasto의 배리언트 브러시 Clear Varnish는 색은 첨가되지 않고 단지 투명하게 결만 만들어 주므로, 밋밋해진 부분에 붓결을 추가하는데 사용했다.

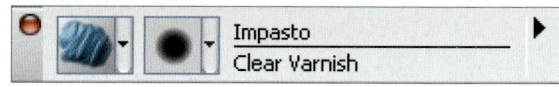

Palette Knives의 배리언트 브러시 Subtle Palette Knife를 이용하여 작업 전반에 걸쳐 의도보다 거친 표면을 누르는 것과 스트로크 경계를 풀어 주는 용도에 활용하였다.

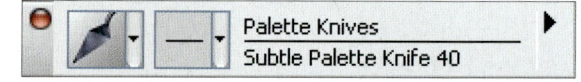

Tip

질감을 제거하는 방법에는 다른 블랜딩 브러시로 텍스처들을 눌러 주는 방법이 있지만, 경우에 따라서 일괄적으로 질감을 제거하고 싶을 때는 메인 메뉴의 Canvas 〉 Clear Impasto 명령으로 활용할 수 있으니 참고한다.

또 다른 방법으로, 텍스처의 요철 질감이 너무 약하다고 느껴지거나 강해서 조절을 원할 때는 제어 메뉴의 Impasto 제어 창에서 그림의 Depth 수치를 조절함으로써 원하는 정도만큼 제어할 수 있다.

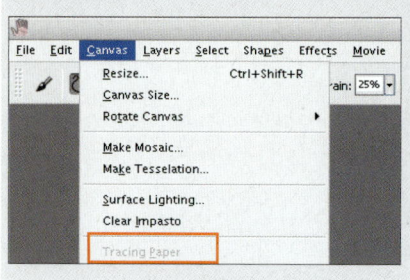
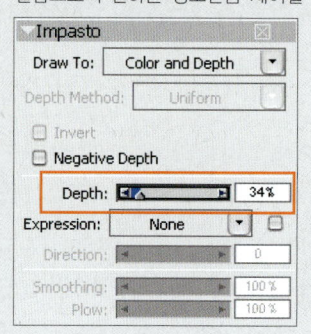

Depth 수치를 200으로 설정했을 때의 스트로크 상태이다.

Depth 수치를 100으로 설정했을 때의 스트로크 상태이다.

정준호의 비주얼 일러스트레이션 제작노트

감정의 표현을 위하여 손을 넣어 주고 액세서리를 추가, 최종 정리를 한 후 완료된 결과물이다.

유화 스타일의 화풍에 적응된 사용자라면 언급되었던 브러시군에서 다른 다양한 임파스토 속성의 브러시들도 두루 만져 보길 권한다. 예제 작업의 일반적인 용도뿐만이 아니라 마른 유화 위에 수성 재료로 글레이징을 시도한다거나 다양한 회화적 접근을 시도해 보는 것도 상당히 좋은 결과를 얻을 수 있을 것이다.

Alias of Anti Picture

Wet 속성 화구의 활용(수채화) - 중첩(重疊)기법(Water, Digital Water의 차이)

수채화의 중첩과 병치(竝置)는 실제 회화에서도 그 나름의 운용 난이도를 무시할 수 없는 부분이다. 페인터가 레스터 방식의 2D 이미지 프로그램 중에서 독보적인 기술력을 인정받는 이유도 이렇게 복잡하고 까다로운 수채화 기법을 제대로 구현해 냈다는 점이 결코 적지 않을 것이다.

페인터에서 분류된 'Wet' 속성은 오직 물을 사용하는 실제 수채화의 성격을 본질적으로 시뮬레이션하고 특화시켰다는 점에서 페인터 내의 다른 투명 속성의 화구와 엄연히 구별하는 것으로 보는 것이 옳다.

더욱이 단지 수채화 같은 결과물을 유도할 뿐만 아니라 불어오는 바람에 따라 물감이 마르는 방향, 시간의 흐름에 따라 증발되는 수분의 양까지도 충실히 구현하고 있다. 그러나 이러한 특징이 사용자에게는 크나큰 매력과 동기 부여를 주기도 하지만 상대적으로 운용이 까다롭기 때문에 선뜻 다가가기 어려운 화구이기도 하다.

최근 버전에서는 Digital Water가 추가로 제공되어 기존 Water color보다는 좀 더 다루기 수월하도록 배려하고 있지만, 역시 수채화라는 기법 자체가 관련된 미술 훈련을 거치지 않은 사람에게는 대단히 난해한 화구이다. 우선은 대략 수채화라는 화구를 맛보기 정도로 살펴보고, 이 화구에 매력을 느끼는 사용자라면 기타 서적과 교육을 병행하여 접근하길 권한다.

그럼 간단한 작업을 통하여 일부 운용 요령을 살펴보자.

정준호의 비주얼 일러스트레이션 제작노트

수채화도 다른 투명 화구를 운용할 때처럼 기초 스케치가 의도적으로 덥거나 흐리게 잡는 경우를 제외하고는 최종까지 남게 된다. 그러므로 이번에는 색연필(Colored Pencils)을 사용하여 수채화에 어울리는 스케치를 만들기로 한다. Colored Pencils의 배리언트 중 Sharp Colored Pencil 을 선택한다.

그림 같이 진한 자색, 짙은 갈색, 그리고 약간 짙은 청색으로 3가지 색상을 선택하여 혼용한다.

스케치가 완료되었다. 이 경우 선화도 채색의 일부라는 생각으로 채색 계획에 맞춰 부분별로 색을 구분하여 그렸다.

기초 채색에 활용될 브러시는 Watercolor의 배리언트 중 Bleach Runny이다.

투명 화구들이 대부분 그러하지만, 스트로크마다 일어나는 붓결의 겹침 효과로 인하여 베이스 톤을 채색할 때는 여간 어려운 일이 아닐 수 없다.

그런 의미에서 Watercolor 브러시 중 특별한 에디트 없이 기초로 제공되는 브러시에서 비교적 균일한 색 번짐이 수월한 브러시가 'Bleach Runny' 이다.

그러나 브러시의 '투명도(Opacity)' 설정과는 별개로 태블릿 펜의 균일한 압력 조절이 따라야만 스트로크 결이 드러나지 않는 균일한 채색이 가능하므로, 섬세한 압력 조절은 필수이다.

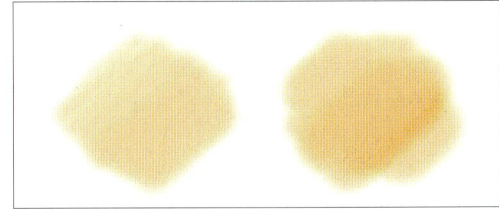

Alias of Anti Picture

베이스 톤을 채색하고 있는 과정이다. 수채화는 완전한 투명 재료이므로 선화를 레이어로 따로 구분하여 운용할 필요가 없기 때문에 바로 캔버스 위에 채색을 시작한다.

일단 수채화 브러시로 채색을 시작하면 페인터는 스스로 '수채화 전용 레이어'를 생성한다. 이는 수채화 브러시가 제공하는 특수한 기능들을 수행하고 관련 정보를 갖기 위함이다.

수채화 전용 레이어는 우측의 물방울 아이콘으로 구별한다.

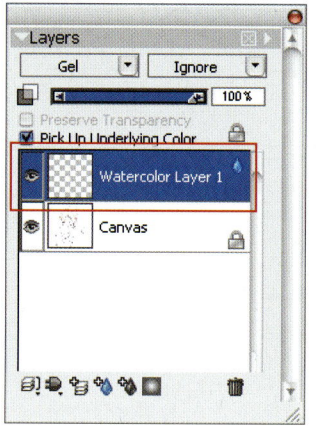

베이스 톤 작업과 일부 명암 톤을 겹쳐 가면서 빛의 방향과 색감을 설정해 나가는 과정이다. 소재 접근이 문제인지 수채화라기보다는 오히려 마커 펜 작업과 유사한 느낌이 든다.

정준호의 비주얼 일러스트레이션 제작노트

디지털 환경에서 수채화 작업의 장점은 편리한 수정에 있다. 실제 작업에서의 수채화는 틀린 부분을 지워 낼 수 있는 경우가 극히 제한적이고, 이미 물감이 말라 버린 후에는 거의 방법이 없다고 보아야 하지만 페인터의 수채화는 이런 단점들이 해방되었다.

경계면을 넘어선 불필요한 채색이나 디테일이 필요한 부분을 꼼꼼히 지우면서 채색을 지속한다.

극단적으로 옅은(묽은) 색상을 선택하여 난색과 자색을 교차로 겹쳐 칠하면서 면을 단조롭지 않게 만든다.

Tip

페인터 수채화 지우개

수채화의 'Wet' 속성으로 그려진 스트로크는 일반 페인터의 지우개로 지울 수 없다. 따라서 배리언트 브러시들 중에는 수채화 전용 지우개가 따로 제공되어 있는데 그 종류와 용도를 살펴보겠다.

앞에서 페인터의 브러시들의 인덱스를 소개할 때 언급했지만 환기 차원에서 본 작업과 함께 구체적인 쓰임을 알아본다.

먼저 Eraser Dry이다. 일반적인 지우개 역할을 하는 지우개 브러시이다.

Eraser Grainy이다. 수채화 캔버스 종이가 흠뻑 젖은 상태에서 붓질이 지나치게 닿으면 종이 표면에 올이 뭉치며 물감이 그 올에 맞히게 되는데, 이런 느낌과 유사한 효과를 만들 수 있는 지우개이다.

Eraser Salt이다. 마르지 않은 수채화 물감에 소금을 뿌렸을 때 그 입자가 물감을 흡수하는 모양의 기법을 만들어 내는 지우개이다.

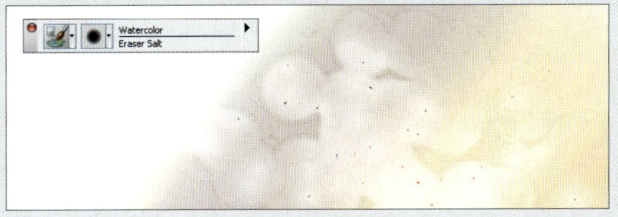

Eraser Wet이다. 이름 그대로 물감 위에 물이 떨어져 멍을 만들며 마른 효과를 만드는 지우개 브러시이다.

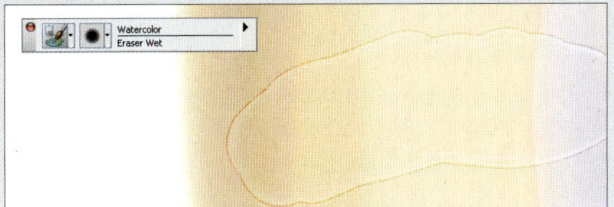

다양한 지우개 브러시들이 제공하는 효과들을 잘 인지하고 활용하면 보다 회화적이고 다이내믹한 수채화 기법에 다다를 수 있을 것이다.

Alias of Anti Picture

면의 묘사가 구체화되는 과정이다.
좀 더 섬세한 운용이 가능하고 수채화다운 브러시가 필요한 시점이다. 따라서 추가로 다른 배리 언트 브러시 중 Simple Round Wash를 선택했다.

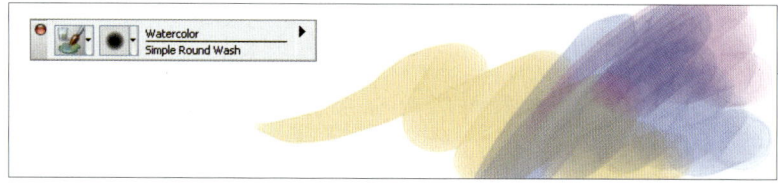

이 브러시는 스트로크 끝 부분에 미묘하게 멍울이 맺히는 성격을 가지고 있어서 넓은 면을 분 포시키기에는 적합하지 않지만 잔면들을 만드는 데는 무난하며 발색이 좋고 다루기 쉬운 장점 이 있다.

Tip

수채화 말리기/적시기

수채화는 물감이 젖은 상태에서 덧칠하는 것과 물 감이 마른 상태에서 덧칠하는 것의 차이를 활용하 여 상황에 맞는 중첩 효과를 얻어 낸다.

페인터의 수채화에서도 마찬가지로 물감이 젖은 상태에서 서로 블랜딩이 되기도 하고, 사전 작업을 '말린 상태'에서 덧칠하게 되면 서로 단단하게 겹쳐 쌓이는 물리 효과가 구현되기도 한다.

사용자가 원하는 임의의 시점에 '말리기'와 '적시 기'가 가능하다.

해당 명령어는 메인 메뉴의 Layer의 하단에 위치 하고 있으며, 명령어는 각각 Wet Entire Watercolor Layer로 전체 적시기, Dry Watercolor Layer로 전 체 말리기이다.

이러한 수채화의 기초 기법을 이해하고 활용하면 사용자의 의도에 보다 가까운 운용이 가능할 것 이다.

수채화답게 시원하고 깔끔한 결과물을 의도하고 있으므로 불필요한 색조 추가나 묘사는 지양하고 현재의 분위기에서 마무리하기로 한다. 하이라이트를 지워내며 마스터링 작업에 이른다.

Tip

수채화(Wet)속성의 부가 제어 기능과 다른 수채화 브러시의 다양한 효과들

수채화에 관련된 기능들을 제어하는 메뉴는 'Water'라는 컨트롤 메뉴에 모여 있다. 여기서는 수분의 양, 즉 젖은 정도, 마르는 시간, 번지는 양 등 사용자의 편의에 맞게 다양한 환경 설정이 가능하다.

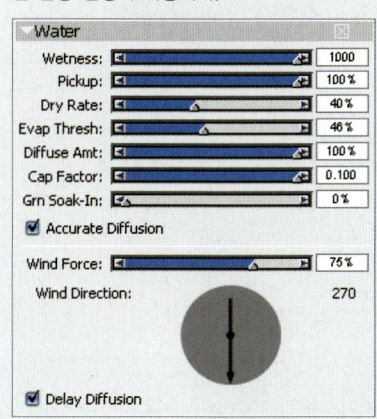

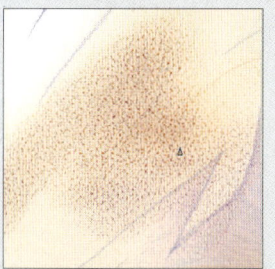

Grainy은 수채화용 캔버스 종이의 질감을 드러나게 하는 성질을 가진다.

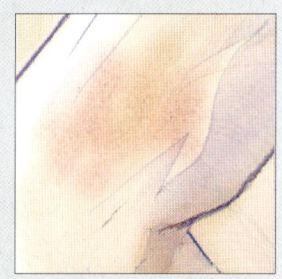

Diffuse은 형식은 다양하나 주로 물감을 퍼뜨려 번지는 성질을 가진다.

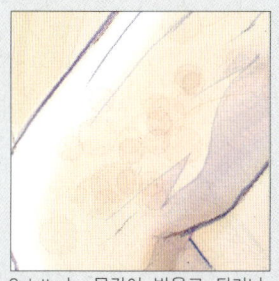

Splatter는 물감이 방울로 튀거나 수분이 방울로 맺혀 멍이 든 효과에 적절하다.

Bristle이나 Camel을 사용하면 번지는 방식을 분류할 수 있고, 붓결의 질감을 드러내거나 더하는데 사용해도 좋다.

필자가 요약한 몇 가지 배리언트 브러시들의 쓰임새를 간단히 정리해 보았다. 더욱 세세한 용도는 Chapter 1 〉 Step3 의 브러시 배리언트 인덱스를 참고한다.

Alias of Anti Picture

완성된 결과물이다.

2008 / Private Work for Tutorial / Painter IX

정준호의 비주얼 일러스트레이션 제작노트

Conclusion
2003 / Private Work / Photoshop 6.0 / 2299*3200 Pixel

The Pierrot
2004 / Private Work / Photoshop 6.0 / 3500*4741 Pixel

The Queen
2003 / Private Work / Photoshop 6.0 / 2299*3200 Pixel

HIGH IMAGINATION SEQUENCE
Original Illustrations Of JUNO JEONG, H.I.S Brand Since 2003.

The Angel
2004 / Private Work / Photoshop 6.0 / 3500*4741 Pixel

The Joker
2004 / Private Work / Photoshop 6.0 / 3500*4741 Pixel

HIGH IMAGINATION SEQUENCE
Original Illustrations Of JUNO JEONG, H.I.S Brand Since 2003.

Rainbow Chase
1999 / MMO GAME 'MAESTRO PROJECT' (C.C.R) / Painter 5 / 7203*3000 Pixel

Doose... Day

2003 / Private Work / Painter 6 / 2147*3000 Pixel

Gift

2009 / Novel 'Annals Of The Western Shore' (Ursular. L. Guin) / Photoshop CS3 / 5000*7000 Pixel

Voices
2009 / Novel 'Annals Of The Western Shore' (Ursular. L. Guin) / Photoshop CS3 / 50000*7000 Pixel

Powers

2009 / Novel 'Annals Of The Western Shore' (Ursular. L. Guin) / Photoshop CS3 / 50000*7000 Pixel

CHAPTER 04

TUTORIAL

STEP
01

Tutorial
Synthesis
투명한 일러스트레이션 컬러링

〈크리스마스 축전〉 일러스트
408
〈Space China〉 일러스트
424

과거 짧은 지면이나 매체를 통해서 작화법을 공개할 때의 큰 아쉬움은, 디지털 작업의 원론적 개념에 대한 내용과 해당 그래픽 툴을 이해하기 위한 제반 지식들에 대하여 세심하게 언급할 수 없었던 점이었다.

따라서 크게 세 장로 구성된 이전 내용들을 바탕으로 기존 작업물들의 튜토리얼 진행을 통하여 종합적인 활용과 정리를 진행하면서 본 서적을 최종 마무리하고자 한다.

이번 장에서는 몇 가지 구별된 작품의 이미지들의 제작 과정을 살펴보면서 사전에 공부했던 내용들을 환기하고, 적절한 참고 사항들을 찾아낼 수 있기를 기대한다.

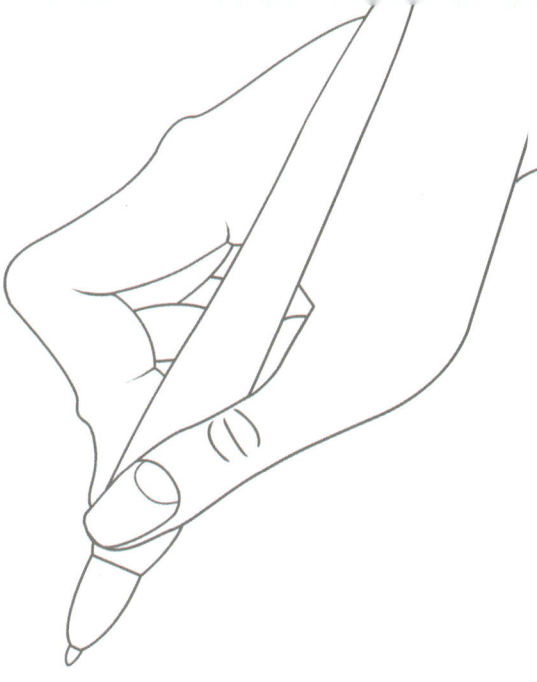

Santafecia
2003 / Private Work / Photoshop 6.0 / 3000*4139 Pixel

〈크리스마스 축전〉 일러스트

최초 소재로 삼을 작업물은 2003년도 겨울에 특별한 목적없이 제작한 크리스마스 축전으로, 그해 〈뉴타입 한국판(대원 CI)〉에도 소개된 바 있는 일러스트다. 이 그림을 소재로 삼은 이유는 비단 페인터에서 투명한 속성 화구를 사용하지 않더라도, 포토샵 브러시의 선명한 스트로크를 적절한 농도로 활용하여 어느 정도는 두텁지 않은 맑은 재료의 느낌을 낼 수 있음을 보여 주기 위해서이다.

농도의 설정은 Opacity와 Flow가 모두 너무 낮거나 높은 것 보다는, 40~60% 정도의 중간 수치가 무난한 듯 하다. 미리 사실 사용자에 따라 기준이 달라질 수 있는 농도의 수치 조절보다는 일반 투명 재료를 다룰 때처럼 '밝은 색상을 겹쳐서 어둡게 만들어 간다' 는 감각을 의식하는 것이 요령이라 할 수 있다.

반대로 어두운 영역을 미리 잡고 밝은 색상을 그 위에 다시 올려서 칠한다거나, 미리 어둠을 강하게 잡고 그 경계를 블랜딩하려는 습관이 활용된다면 결코 맑은 색상에 접근하기 어려울 것이다.

먼저 컬러링에 필요한 스케치를 제작한다.
밑그림 작업은 일반 건습지에 샤프로 스케치한 후 스캔한다.

본 작업물은 2003년 당시 결과물로 Photoshop 6으로 작업하였다.

Alias of Anti Picture

채널을 이용하여 선화를 분리하는 작업을 해 보자.
채널 기능 활용에 있어서는 최근 버전과 인터페이스의 차이가 없으므로 동일하게 참고하면 된다.

먼저, 선화가 있는 레이어를 복사(Ctrl+C)한 후, 채널 제어 창에서 신규 채널을 생성한다. 그림과 같이 검은 신규 알파 채널이 보이게 된다. 사전에 복사가 된 이미지를 신규 채널 레이어 상에 붙여 넣는다(Ctrl+V).

그리고 바로 이미지를 반전(Ctrl+I)한다. 이는 사전에 이해했듯이 채널에서는 밝은 영역을 데이터 값으로 인지하기 때문이다.

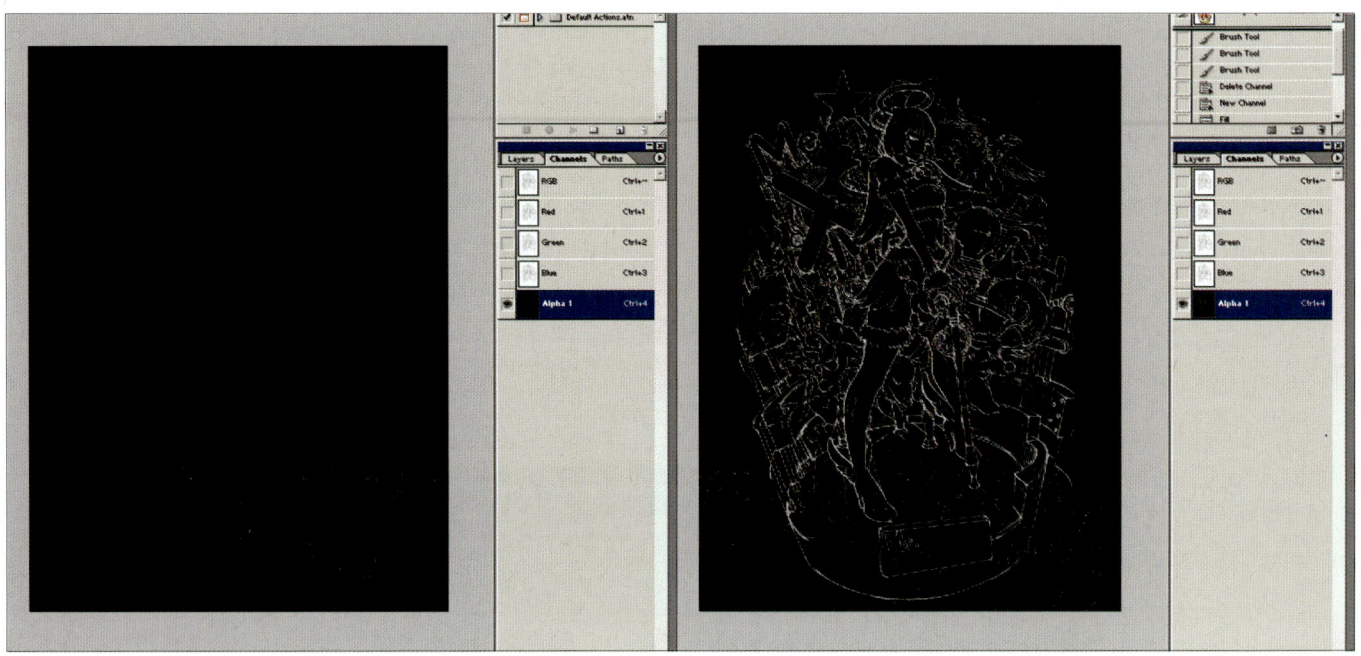

프로그램 상위 명령어의 Select 메뉴에서 Load Selection을 선택하거나, Ctrl 키를 누른 상태에서 해당 채널 레이어를 클릭하게 되면, 반전되어 하얗게 된 '선' 부분만 영역 선택이 된다.

정준호의 비주얼 일러스트레이션 제작노트

다시 일반 레이어 제어 창으로 돌아와서 신규 레이어를 생성시키고 사용자가 원하는 임의의 색상으로 선화를 채워 준다(명령어 Fill).

필자는 어두운 갈색 톤을 지정하여 채웠다. 그리고 원래 선화가 있던 Background 레이어는 전체 영역을 선택하여 지워주거나(명령어 Clear) 원하는 배경 색상으로 채워준다.

선화를 추출하는 작업에 있어서 사전에 스캔받은 원본 이미지에서 불필요한 찌꺼기의 제거, 스케치의 콘트라스트(Contrast)나 스케일 보정 등의 수정 사항을 미리 충분히 완료하는 것이 우선적으로 필요하다.

Alias of Anti Picture

스캔받은 선화를 추출한다.

가장 정석적인 채널을 이용한 방식으로, 선화를 따로 레이어로 분리한다. 선화 추출이 끝났으므로 기초 컬러링에 들어간다.

브러시의 농도 설정은 Opacity 50, Flow 45 정도로 맞췄다.

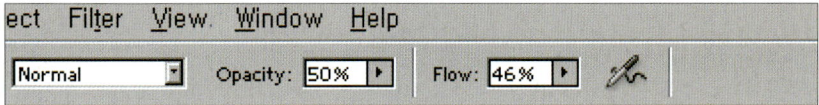

정준호의 비주얼 일러스트레이션 제작노트

413

베이스 톤을 잡기 시작한다. 캐릭터의 의상이 산타 복장으로 정해져 있어 수월하다.

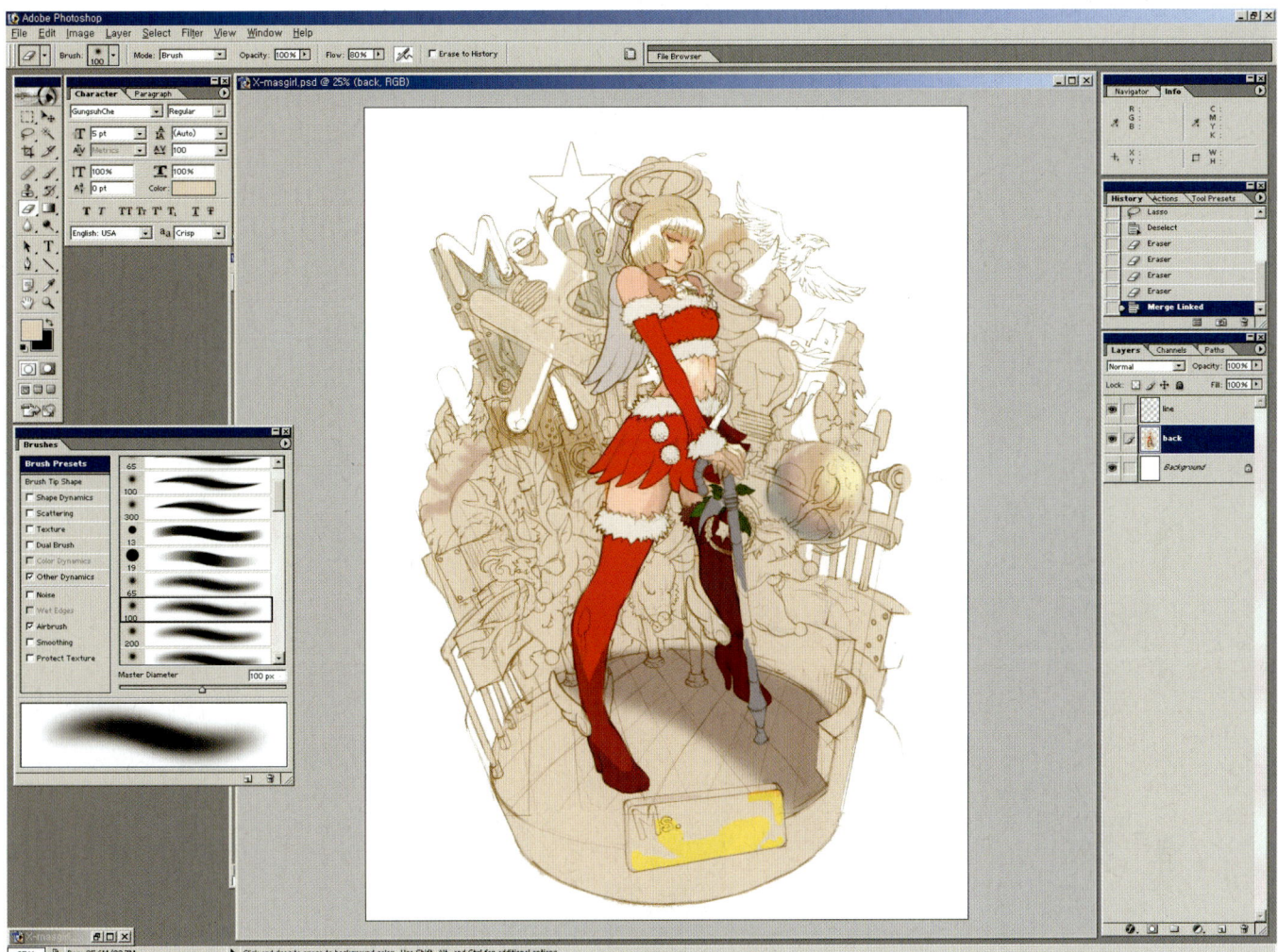

Alias of Anti Picture

전반적으로 따뜻한 색감을 설정할 예정이므로 무난한 난색 톤을 입혀 주었다. 단계적으로 면의 구분이나 기초 광원 설정, 텍스처 계획, 효과 등에 대한 방향을 결정한다.

초안이 잡혔으므로, 이 팔레트를 기초로 본격적인 채색에 들어가기로 한다.

정준호의 비주얼 일러스트레이션 제작노트

이제 묘사를 위해 사용하게 될 브러시들을 살펴본다.

튜토리얼 초반부터 소개했던 연필 선 느낌을 흉내내어 만든 주력 커스텀 브러시로, 여기서는 마치 색연필을 사용하듯 활용한다.

상위의 초크 계열의 커스텀 브러시의 거친 버전이다. 스트로크의 결을 더 거칠게 설정한 브러시로, 간단한 질감 효과의 생성 또는 보강시 사용한다.

넓은 면을 뭉개거나 부드러운 블랜딩을 위해 필요한 에어브러시 형태의 스트로크이다.

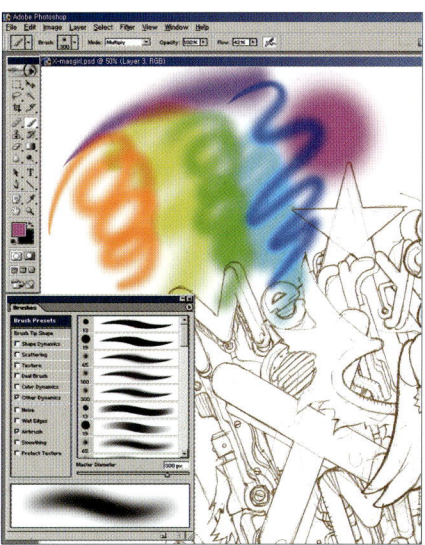

거친 붓이 젖은 느낌의 스트로크로, 혹은 수분으로 인해 캔버스가 거칠게 일어난 효과를 위한 Wet 브러시이다.

그 외 결 끝에 물감이 말라붙은 느낌이 드는 스트로크와 매우 부드러운 캔버스 위에서 솜털처럼 퍼지는 스트로크 등을 추가로 준비하였다.

보다 적극적인 수채화 느낌의 브러시를 얻기 위한 간단한 요령이 있다.
브러시 에디팅 메뉴의 하단에 있는 다양한 속성 지정 명령어 중, Noise나 Wet을 활성화하는 것만으로도 제법 무드있는 효과가 반영되기도 한다.

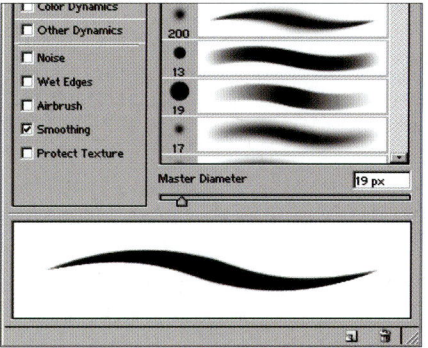

Alias of Anti Picture

이제 디테일을 진행하기 시작한다.

일괄적인 과정을 통해서 묘사의 진행을 보도록 한다.

필자의 경우는 초안 단계에서 색 지정 및 광원의 설정 등을 미리 결정하고 묘사를 시작하기 때문에, 튜토리얼의 대부분이 이 묘사의 진행에서 이루어지므로 주의 깊게 참고하길 바란다.

일괄적으로 칠해진 바탕색 위에 낮은 채도의 보랏빛으로 그림자와 반사광을 동시에 잡으면서 스케치 상의 자잘한 오브젝트들을 서로 구별시켜 나간다.

정준호의 비주얼 일러스트레이션 제작노트

주제 물체인 캐릭터의 피부와 의상에도 음영을 잡아주면서 묘사의 균형을 맞춘다.

Alias of Anti Picture

Tip

텍스처 소스

예전 작업에서 그려두었던 털과 텍스처 소스 목적으로 제작해 둔 텍스처 샘플이다.

머리카락과 좌측 후방의 구름 등에는 거친 브러시를 사용해 질감을 살려주고, 트레이가 되는 스탠드에는 따로 제작한 텍스처를 적용하였다.

텍스처 제작과 활용에 대한 부분은 Chapter 2 〉 Step3에서 다루고 있으니 참고한다.

난색 계열 일색에서 푸른색과 초록색이 가미되면서 색 지정이 좀 더 다채로워지기 시작한 단계이다.

각 부위별 묘사도 한층 더 디테일해지기 시작했다.

Alias of Anti Picture

초도 구상 때 보다 색감이 너무 건조하고 차가워진듯 보여 보정을 가한다. 크리스마스 그림답게 조금 더 따뜻한 느낌이 들도록, 또한 제각각 흩어진 듯한 색상들이 일관성을 가질 수 있도록 했다.

이 때, 톤 보정은 프로그램의 색 보정 기능이 아닌 레이어 블랜딩 속성을 활용한 요령이다. 다음을 참고하도록 한다.

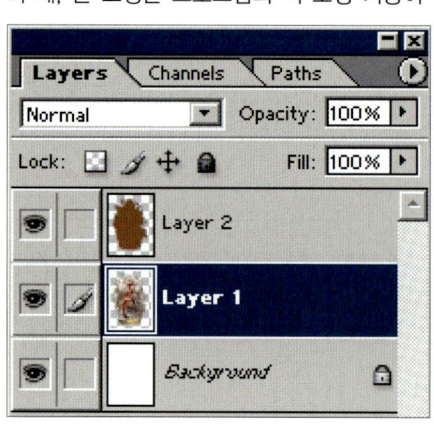

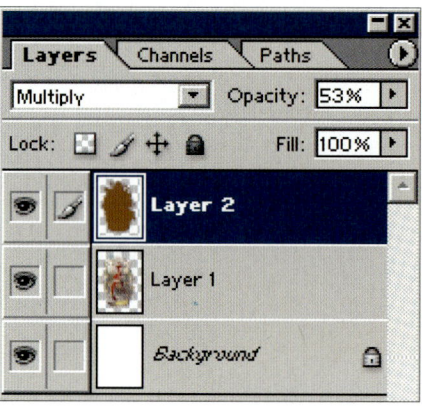

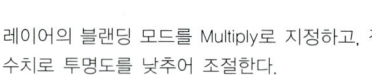

신규로 생성시킨 레이어에 이미지 윤곽과 같이 갈색을 채워 넣는다.

레이어의 블랜딩 모드를 Multiply로 지정하고, 적당한 수치로 투명도를 낮추어 조절한다.

원본(Layer 1)과 같은 레이어를 하나 더 추가하여 블랜딩 모드(Overlay)로 속성 지정을 해주었다.

이렇게 블랜딩 속성이 지정된 상태에서 Hue / Saturation이나 Color Balance 등의 보정을 추가로 적용하여 의도하는 톤이 만들어질 때까지 반복 작업한다.

정준호의 비주얼 일러스트레이션 제작노트

묘사와 효과를 살펴본다.

그림에 사용된 강한 하이라이트나 네온 등의 발광체에 사용된 효과는 Overlay 레이어를 띄우고, 그라데이션이나 에어브러시 등으로 번지는 효과를 만들어준다. Overaly는 속성상 밝아지는 값을 더해주므로 주변색의 명도 뿐 아니라 채도도 연동 상승되어 극적인 발광 연출에 효과적이다.

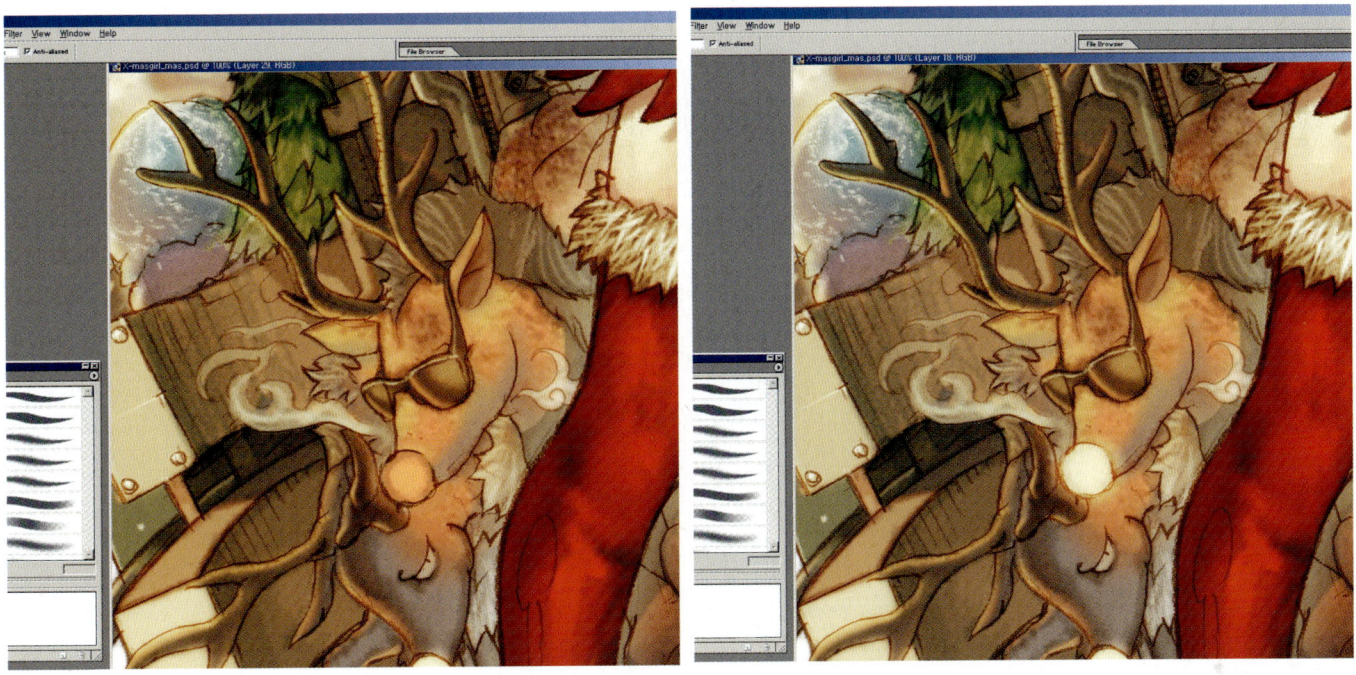

이 외에도 일반적인 명암이나 톤의 추가에 있어서, 다소 거칠게 스트로크를 드러나게 만들고 싶을 때는 일부러 브러시나 레이어에 Overlay 등의 특수한 블랜딩 속성을 터치로 추가하며 효과를 보기도 한다.

Alias of Anti Picture

브러시에 블랜딩 속성 Overlay를 적용시켜 명암 묘사를 추가했다.

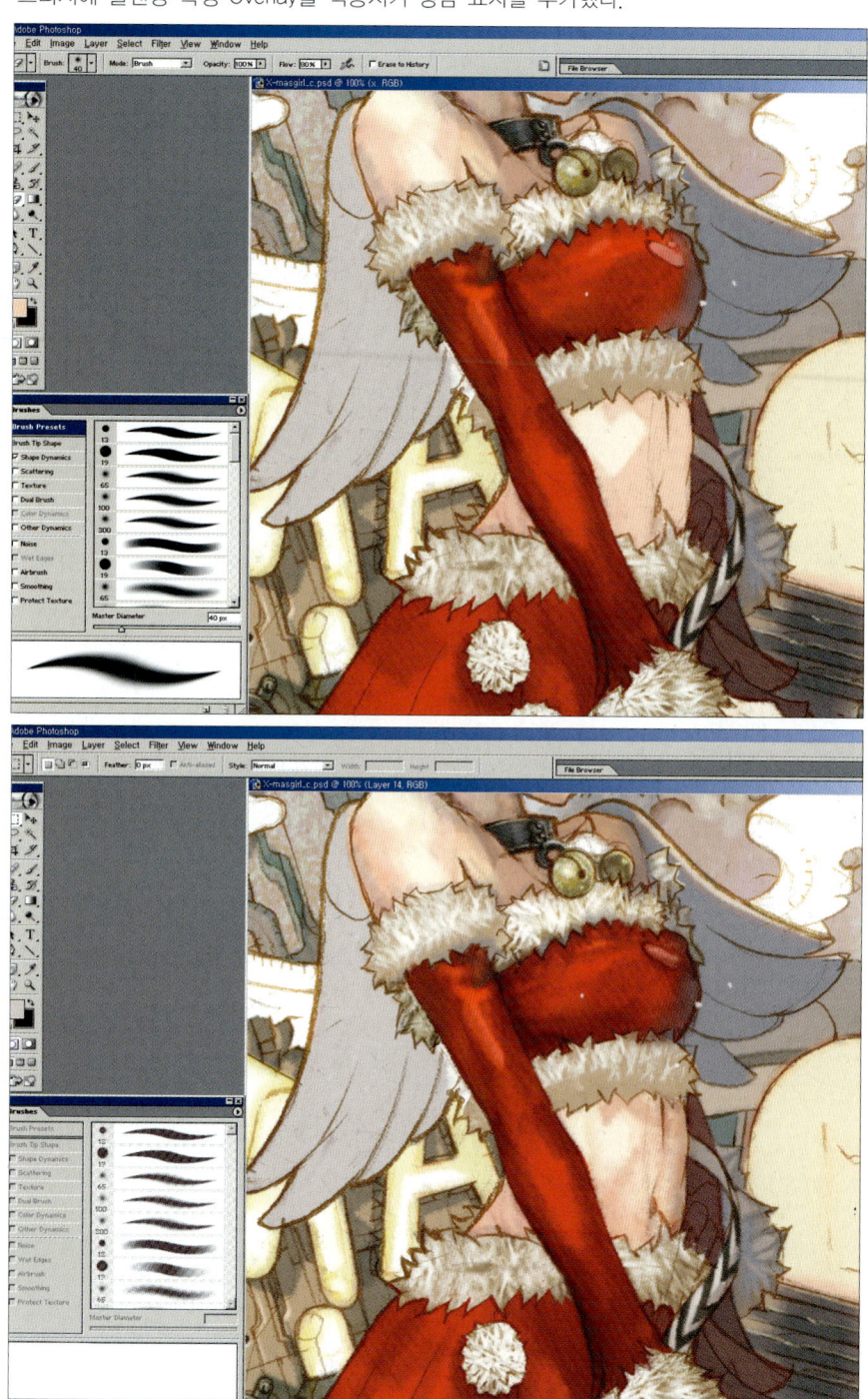

트레이 탭의 문자 처리와 후반 디테일 정리를 거쳐 완성한다.

정준호의 비주얼 일러스트레이션 제작노트

Santafecia
2003 / Private Work / Photoshop 6.0 / 3000*4139 Pixel

〈Space China〉 일러스트

투명한 느낌까지는 아니더라도 재료를 두텁게 사용하지 않고, 얇고 매트하게 펴 바른 느낌의 이미지를 소개한다.

본 작업물은 2003년 일본의 계간지 〈Comickers(엔터브레인)〉를 위해 그린 일러스트다.
근래 필자의 화풍이 두터운 기법을 주류로 하고 있어서 맑은 터치를 사용한 이미지가 적어 부득이 과거의 작업물을 예로 활용하는 것에 대한 양해를 구한다.

연필로 그려진 스케치를 스캔받아 불러들였다. 찌꺼기와 잔선 정리를 끝내고, 이전과 동일한 요령으로 채널을 활용하여 신규 레이어로 선화를 분리한 뒤 적갈색 톤으로 선화를 채워주었다.

색 설정을 하는 단계다.
스케치 단계에서부터 명확한 색 계획을 설정해두지 않았기 때문에 여러 색상을 대입해 보면서 계획을 세운다

Alias of Anti Picture

Tip

색 계획

앞에서도 좋은 컬러링을 위한 계획성과 색상 팔레트 구성의 중요성에 대해 언급했다. 작업에 있어서 스케치를 구상하는 단계부터 색이 같이 떠오르는 경우도 있지만, 어느 때는 아무런 계획이나 목표 없이 좋은 선화를 얻게 되어 작업을 시작하게 되는 경우도 많다.

이런 경우 번거롭더라도 (특히 캐릭터가 주가 되는 작업일 경우 더욱!) 작업 전에 색 배치의 큰 맥락 정도는 미리 결정하고 채색을 시작하기 권한다.
우리가 일반적으로 인지하고 있는 사람의 피부색 하나만 하더라도, 인종에 따라 혹은 조명과 주변 환경에 따라 천차만별의 색상을 가지게 되기 마련이다. 예외 없이 정해진 색이라고 믿는 면부터 무작정 채색을 개시하고, 색을 따라 주변 색을 만들어 가다 보면 결코 좋은 색조의 대비를 끌어낼 수 없다. 또한 색 보정의 늪에서 헤매며 상당한 시간을 낭비하게 되어 결국 작업에 대한 큰 피로로 이어지기도 한다.

이미지의 선화를 얻고 만족할 만한 색조 배치를 결정한 뒤, 본격적인 컬러 작업에 들어갈 수 있는 습관을 들이기를 권한다.

발랄한 이미지를 표현하고 싶다는 초기 의도를 반영하여, 무난하고 세련된 무채색 계열보다 과감하게 붉은 색을 선택하기로 하고 면들의 기초 분할을 시작한다.

이 단계에서는 화구의 형태와는 상관없이 그냥 쓰기 편한 것을 선택하여 큰 면들의 덩어리를 분할하고, 액세서리의 디테일 부분에도 색을 지정하는 정도의 컬러링을 위한 기본 준비 과정들이 이루어진다.

두터운 질감을 지양하고 이미지 자체의 깨끗한 발색을 살리고자 했으므로, 강하고 극단적인 광원 설정은 피하기로 했다. 배경색에는 살색과 흡사한 연분홍빛 색상을 설정하고, 아주 약한 수치로 섞임을 설정하여 얼굴 피부에 질감을 더하기 시작한다.

Tip

Charcoal Large Smear 변형

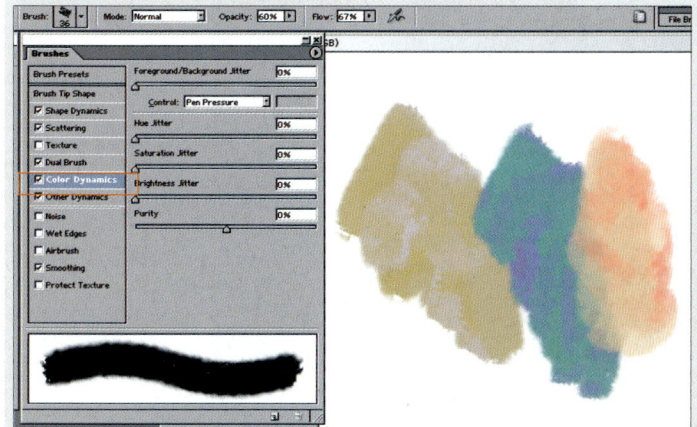

명암을 약하게 잡으면서 색조가 너무 단순해지는 것을 피하고 싶어서 브러시를 준비했다.

포토샵에서 제공되는 기초 브러시에서 그림과 같은 스트로크 모양을 찾아 이름을 확인해보자.

이 브러시는 전경색으로 칠해지는 가운데 설정된 배경색이 섞여나오는 특징을 가지고 있다.

Color Dynamics 제어 옵션을 통해서 사용자가 원하는 정도의 색 섞임을 설정해 준다.

정준호의 비주얼 일러스트레이션 제작노트

깨끗한 묘사를 위해서 선화 자체를 지워나가는 방법도 있지만, 필자는 선화가 있는 레이어 상위에 신규 레이어를 올려서 선화를 덮어가며 선화의 위와 아래, 양쪽에서 묘사를 진행하였다.

맑은 화풍을 위해 수작업에서 살린 부드러운 연필선을 크게 잃지 않도록 주의한다.

Tip

지금과 같이 선화의 위, 아래에 레이어를 생성해서 작업을 진행하는 경우, 부득이하게 레이어의 순서가 섞이거나 특정 부분만 레이어를 통합해서 작업해야 할 필요가 발생할 때가 있다.
앞의 과정에서도 묘사와 동시에 미세하게 캐릭터의 눈, 코, 입이 모두 조금씩 보정되었는데, 이런 경우 Edit 명령어 중 Copy Merged를 활용한다.

Alias of Anti Picture

이제 가죽 텍스처를 만들어 본다.

그림과 같이 붉은 가죽 톤의 색상을 채운 뒤, 에어브러시나 그라데이션 툴 등으로 광택 표현을 위한 그라데이션을 그려 넣는다.

포토샵 기본 브러시 중 Oil Medium Wet Flow를 기초로 Dual Brush를 설정하여 질감을 추가시켜 거친 질감의 커스텀 브러시를 생성했다.

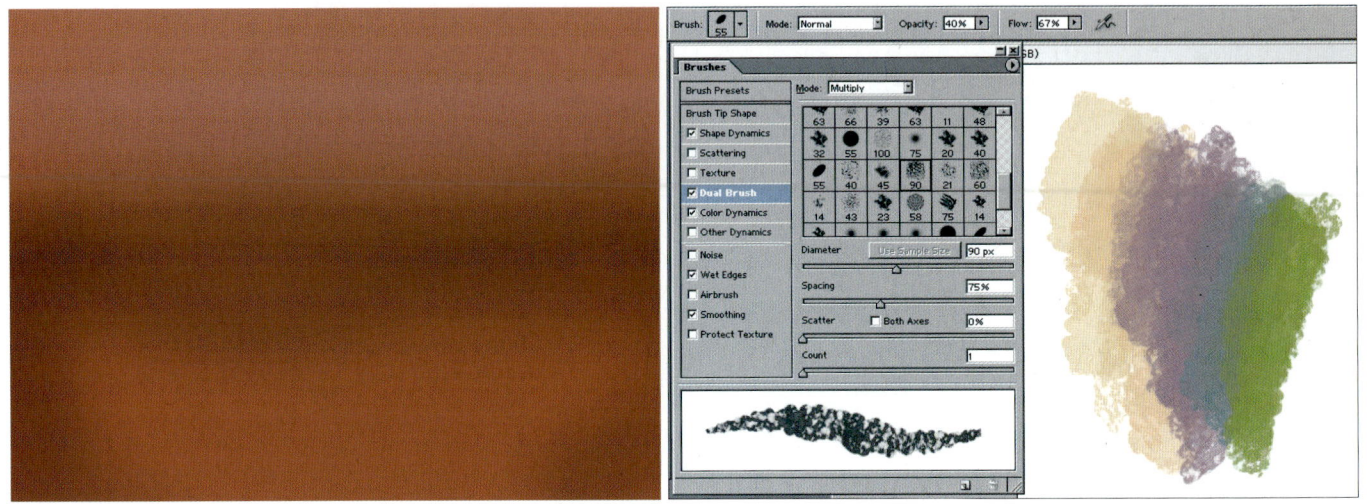

입자가 거친 스트로크의 브러시로 랜덤하게 웨더링을 그려 넣는다. 블랜딩 속성을 Burn으로 적용시키거나, 도구의 번툴(Burn Tool) 등을 활용하면 효과가 좋다.

필터의 noise 〉 addnoise와 pixelate 〉 facet 등으로 제작한다.

어차피 그려서 만들 텍스처를 굳이 따로 그려서 붙여 쓰는 이유는, 소스를 다른 면에도 필요할 때마다 지속적으로 활용할 수 있으며 의도적인 이질감을 유도할 때(콜라주 기법처럼) 용이하기 때문이다.

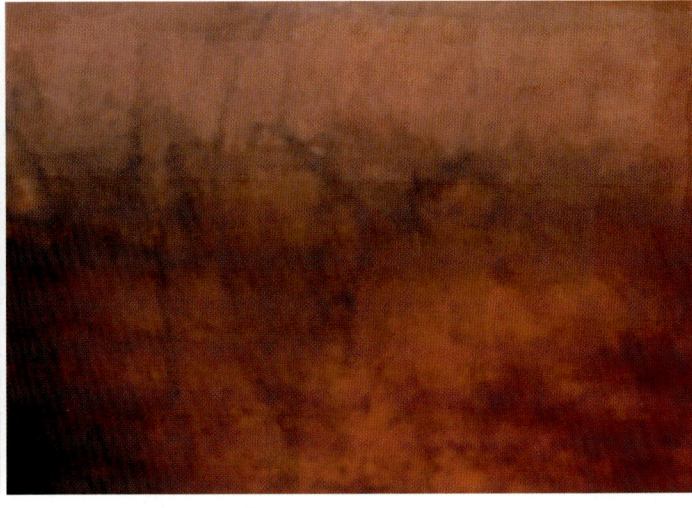

정준호의 비주얼 일러스트레이션 제작노트

앞에서 제작한 가죽 텍스처를 선화 밑에 깔아보았다.

붉은 색조가 너무 강해 Color Balance 색 보정 옵션으로 Cyan과 Blue 계열 색조를 더하고 전반적인 Saturation을 낮추었다.

Tip

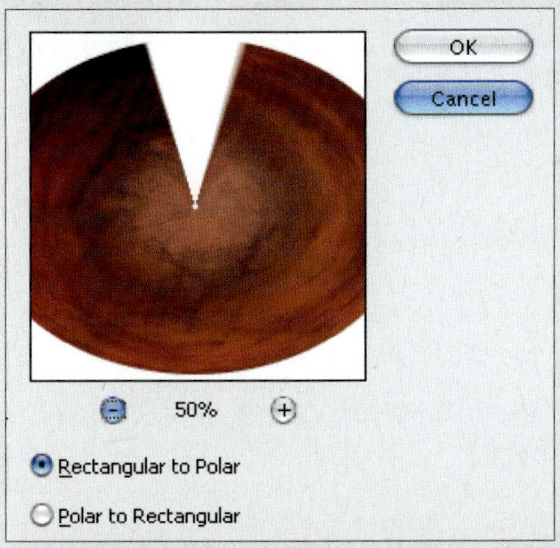

텍스처를 둥근 면에 적용시켜야 할 때는 포토샵 필터의 Distort 〉 Polar Coordinates를 적용시켜 보는 것도 좋은 효과를 볼 수 있다.

Distort 〉 Shear, Pinch, Twirl 등도 상황에 따라 적용할 수 있다.

Shear 적용 결과    Pinch 적용 결과    Twirl 적용 결과

Alias of Anti Picture

텍스처 베이스 위에 스티치와 덧대어진 부분들을 중심으로 양각 처리를 시작한다. Overlay 속성으로 레이어를 띄우고 'ㄱ'자로 접히는 부분 또는 같은 재질이나 분할되어 이어진 부분 등에는 맞히는 빛을 강하게 처리하여 양각을 더욱 두드러지게 강조한다.

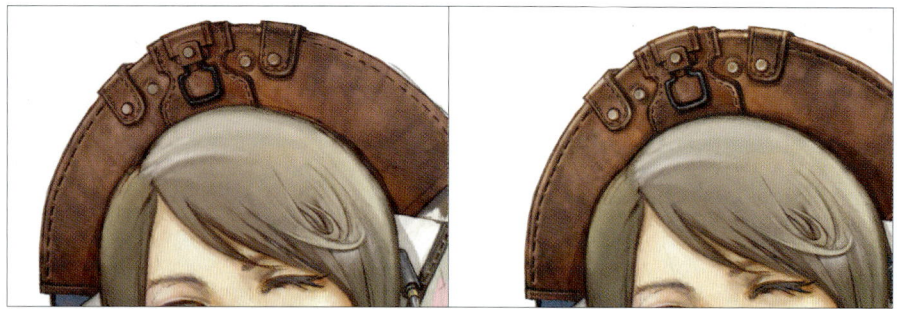

대부분의 묘사 작업이 완료되었으므로 다른 세부들도 살펴보자.

1
2
3

1. 액세서리 디테일 체크
2. 얼굴과 손
3. 모자 부분과 머리에 추가된 소품 〈만두〉

캐릭터의 컬러링이 완료되었다.

스케치 단계에서는 캐릭터 외에는 따로 구상이 없었지만, 그림의 쓰임새에 맞도록 레이아웃을 조금 더 꾸며야 할 필요성이 생겼다.

이제부터는 이 캐릭터 소스를 중심으로 공간 꾸미기 작업을 추가로 진행하겠다.

캐릭터 주변에 일괄적으로 에지(Edge)를 둘러주고 싶다면. 이런 경우 배경과 캐릭터가 분할 작업만 되어 있다면 간단하다.

정준호의 비주얼 일러스트레이션 제작노트

포토샵 메인 메뉴 Select에서 Load Selection으로 해당 이미지가 있는 레이어를 클릭하여 캐릭터 윤곽의 영역을 선택한다.

캐릭터 윤곽의 영역이 선택되었다면 메인 메뉴 Edit 〉 Stroke를 선택하여 영역에 둘러질 선의 두께를 입력한다. 영역을 기준으로 안쪽, 중심, 바깥쪽 중에서 적용 방향을 설정하면 된다.

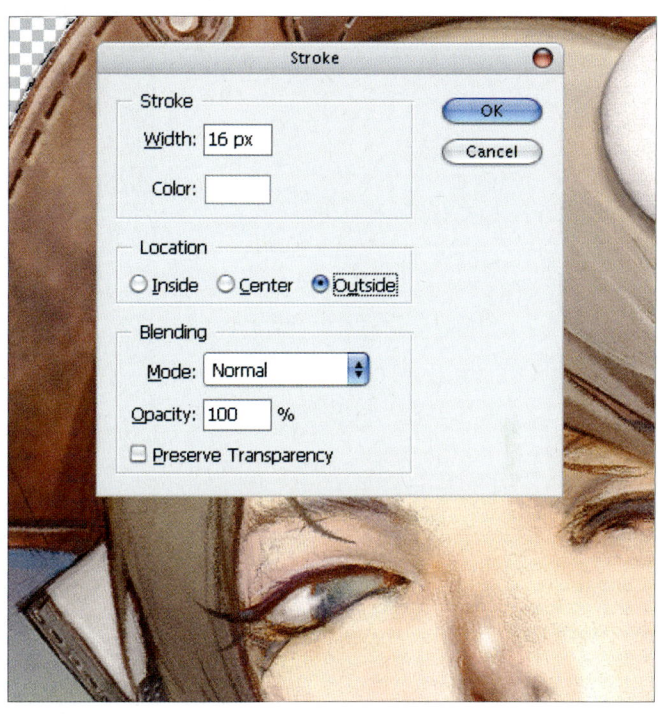

명령을 적용하면 그림과 같이 외곽에 일률적으로 지정된 수치의 두께만큼 외곽선이 생성된다. 그림은 이 과정을 2번 반복하여 안쪽에는 흰색 선, 바깥쪽에는 갈색 선을 적용시켜 얻은 결과이다. 우측의 그림은 대략적인 레이아웃의 컨셉을 러프 설정해 본 스케치다. 본 일러스트의 용도는 짜인 공간에 정해진 배치가 아니라, 전방위적인 유동성을 가져야 했으므로 소스 자체를 오브젝트화 하였다.

Alias of Anti Picture

디자인 구성에 필요한 오브젝트들을 벡터 툴과 영역 선택 후 스트로크 적용 등을 활용하여 반듯한 이미지의 소스로 만든다.

마지막으로 오브젝트 소스들을 구체화하고 색상을 정한다.

정준호의 비주얼 일러스트레이션 제작노트

오브젝트 소스들을 배치시키고 마무리하여 완성한다.

Space China
2003 / Magazine 'Comickers' (Enterbrain Japan) / Photoshop 6.0 / 4000*4500 Pixel

두텁지 않은 채색기법을 적용한 필자의 다른 작업물도 추가로 소개하니, 앞의 작화 튜토리얼과 함께 참고한다.

밝은 색조에서 출발하여 묘사를 위한 스트로크는 절제하며 겹쳐 쌓는다. 불필요한 탁색을 지양하여 투명한 채색을 만들고자 작업했던 다른 결과물이다.

Altair Ensis
2003 / Novel 'S.K.T' (Bookbox) / Photoshop 6.0 / 3000*4206 Pixel

포토샵에 국한된 내용이 아니라 페인터에서도 화구의 운용 방법과 채색 방법의 접근에 따라 고유 속성을 어느 정도 초월하여 무겁지 않은 채색을 만들어 낼 수 있다.

물론, 사용자의 미술적인 역량이나 감각이 적지 않게 반영되는 부분인 만큼 기술적인 부분에만 의지할 수 없게 되는 경우가 많다. 그러므로 주변의 작품을 참고하거나 자신의 회화적 기술에 대한 고민을 함께 해야 할 것이다.

Shoume Bloomberg
2003 / Novel 'S.K.T' (Bookbox) / Photoshop 6.0 / 4533*3233 Pixel

Tutorial
Synthesis
애니메이션 셀 풍의 일러스트레이션

펜 선 작업
438

패스(Path)를 활용한 드로잉
442

〈Carol & Ash〉 일러스트
451

〈War of the MAKAI〉 일러스트
460

애니메이션 작풍의 솔리드 페인팅의 예
474

애니메이션 작업에 사용된 작화
480

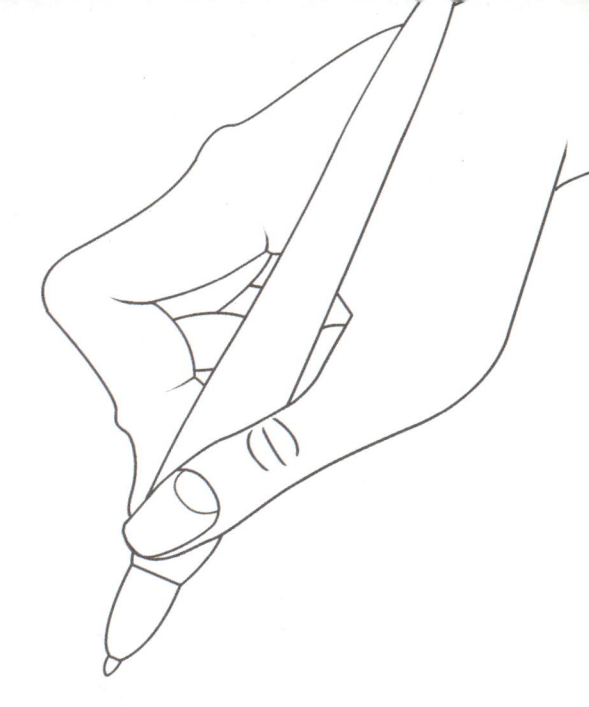

본 장에서는 회화적인 채색이 아닌 선명한 경계면을 이루는 컬러링에 대해서 알아본다.

화풍에 대해 마땅한 용어가 떠오르지 않아 셀(Cells) 스타일, 혹은 벡터(Vector) 그래픽 스타일이라고 표현하려고 한다. 다시 말해 셀 애니메이션이나 플래시 애니메이션의 그래픽처럼 깨끗하게 면 분할과 경계가 나뉘는 컬러링을 말한다.

본 서적은 일러스트레이터 같은 벡터 그래픽 프로그램을 전문적으로 다루는 책이 아니기에 양해를 구하며, 결과적으로 애니메이션 풍 작화를 유도하는 요령을 필자의 튜토리얼을 통해 소개함을 알아주길 바란다.

애니메이션 셀화와 같은 이미지로 접근할 수 있는 방법은 크게 2가지로 구분할 수 있다.

첫 번째는 일반 작업 툴을 사용하되, 작화 단계에서 선화를 정리하고(예를 들면 만화의 펜 선 작업), 포스터컬러로 컬러링을 하듯이 스트로크의 명도 조절 없이 100%의 농도로 색을 칠하는 요령이 있다.

두 번째는 실제로 벡터(Vector) 툴을 사용하여 레스터 형태로 변환시키는 방법이 있다.

펜 선 작업

수작업으로 이루어진 일명 '펜(Pen) 선' 작업에 대해 알아보자.
일반적으로 연필 스케치 작업을 한다. 펜으로 선화 작업을 할 예정이므로, 펜 터치 전용지가 있으면 좋겠지만, 여의치 않다면 너무 얇거나 습기에 약한 용지는 피한다.

정준호의 비주얼 일러스트레이션 제작노트

Tip

수작업 펜화

우선 무엇보다 수작업이던 프로그램을 사용하거나 직접 손으로 그려서 얻은 이미지는, 그 아날로그 특유의 회화적 감성이 반영된다는 장점이 있다. 그러나 인쇄 대상의 사이즈에 맞는 적정 해상도를 고려하여 작업해야 하는 문제가 있다.

가령, 만화원고의 경우는 대상 크기의 기준 해상도가 600dpi(흑백)로 상당히 고해상도를 기준으로 한다.

큰 사이즈가 출력 대상일 경우, 수작업이라면 그만큼 큰 이미지로 원본을 작업해야 하며, 디지털 작업의 경우도 그 정도 크기의 출력물에서 선이 뭉개지지 않고 선명하게 드러날 정도의 고해상도 작업을 해야 한다는 것이다.

예를 들면 A3 이상의 대형 출력물을 대상으로 할 경우, 그 작업의 규모에 맞춰 대단히 정교한 정리가 필요한 만만치 않은 큰 작업이 된다.

그러나 굳이 고해상도 인쇄나 디스플레이 출력이 전제된 작업이 아니거나, 의도적으로 거친 펜 선이나 연필 선을 살리고자 하는 경우에는 큰 스트레스가 되지 않는다.

필자의 경우, 펜 선 작업에 사용하는 도구는 G펜촉과 붓펜으로 해결한다.
붓펜은 수작업 시절부터 어느 용도에나 즐겨 사용하는 화구였고, 펜촉을 사용하는 일은 지금과 같은 특별한 목적 외에는 거의 사용하지 않는다(부분적으로 프로그램에서 해결하기도 한다).

Alias of Anti Picture

약간의 스캐닝 테크닉을 활용하면 상당히 예리하고 깨끗한 선화를 얻을 수 있다.

정준호의 비주얼 일러스트레이션 제작노트

441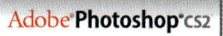

선화 작업이 완료되었다면, 셀 스타일의 채색은 큰 어려움이 없다.

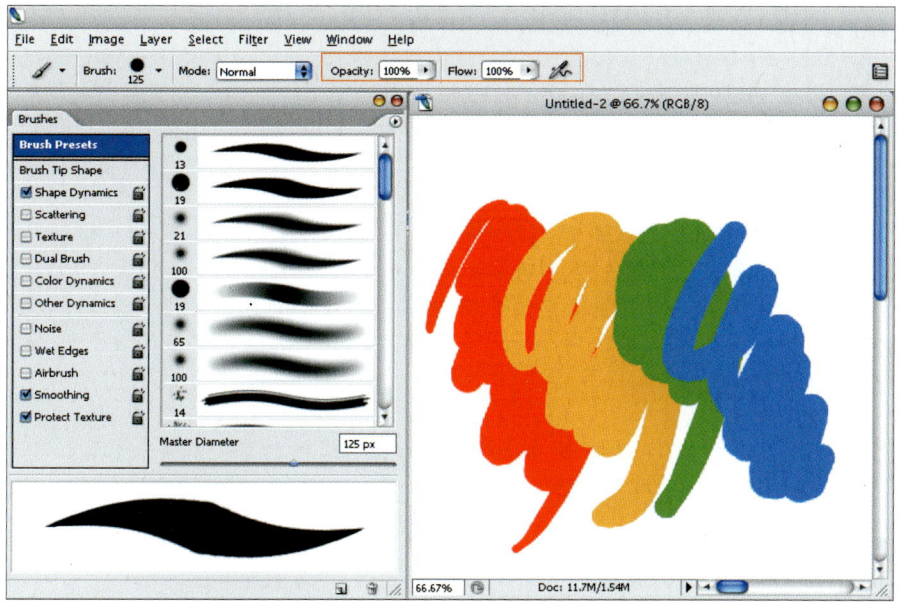

포토샵의 기본 브러시 Hard Round Brush, Opacity와 Flow를 100%로 설정한 스트로크 샘플이다.

페인터에서 의도에 부합하는 화구는 찾기에 따라서 아주 다양해질 수 있지만, 대표적으로 'Pen s' 화구의 배리언트 중 Round Tip Pen 정도를 꼽을 수 있다.

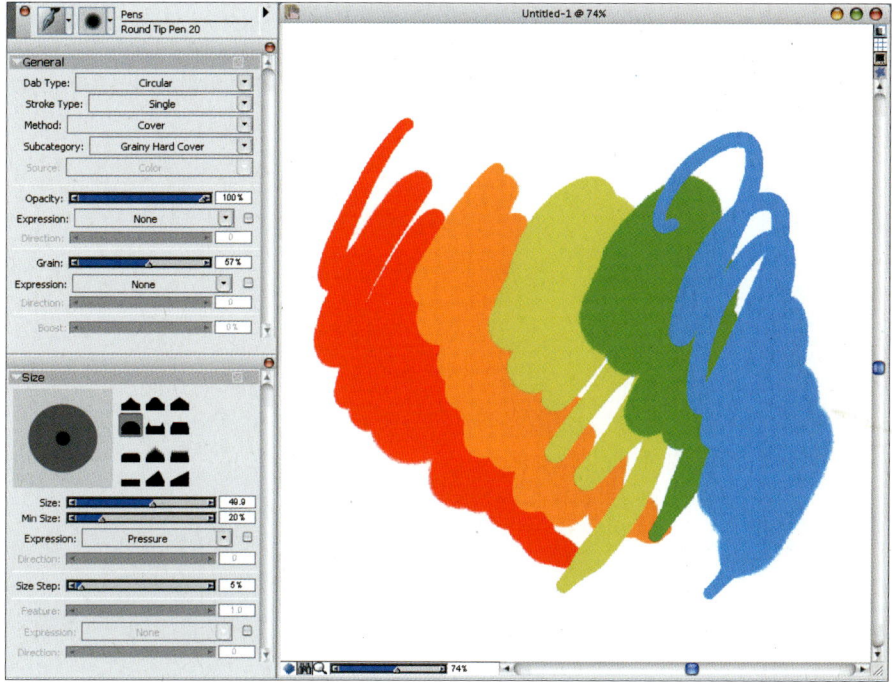

Alias of Anti Picture

패스(Path)를 활용한 드로잉

본 섹션에서 다룰 '패스(Path)'에 대하여 설명한다.
셀 풍의 이미지를 만들 때 화구의 선택이나 특별한 기교가 필요한 부분은 없었다. 그러나 보다 극단적으로 정리된 면이 필요할 때나, 작업의 효율을 위해서 패스를 다루는 방법은 알아 둘 필요가 있다. 어차피 레스터 그래픽의 일러스트를 제작하는 데 있어서 벡터 데이터로 이미지를 생성시킬 필요성이 있다.

예를 들면, CAD나 제도 이미지와 같은 극단적이고 일괄적인 선화를 필요로 할 때는 아무리 공을 들여 깨끗한 선을 만든다 하더라도 패스를 사용한 스트로크처럼 기계적인 선을 얻는 데는 한계가 있다. 혹은 큰 이미지의 작업 시 보다 효율적으로 큰 면들의 영역을 설정하여 색을 일괄적으로 채워주어야 할 때나 패턴 소스 등의 디자인 작업을 손쉽게 해야 할 때도 유용하다. 그리고 무엇보다도 패스를 다루는 방법과 개념을 익혀 두면 팬시 제작이나 출판, 인쇄 매체 관련 디자인 작업 그리고 플래시 등 벡터 기초의 웹용 디자인 툴들을 다룰 때 보다 쉽게 다가갈 수 있는 확장성을 가질 수 있다.

튜토리얼에 앞서, 필자도 셀 풍의 작업을 할 때는 직접 그리는 방법과 패스를 활용하는 방법을 적절히 병행하여 사용하고 있으니 포토샵에서 제공하는 패스를 다루는 방법에 대해 간단히 알아보자(벡터의 개념 설명은 Chapter 1 > Step2의 기초지식 편 참고).

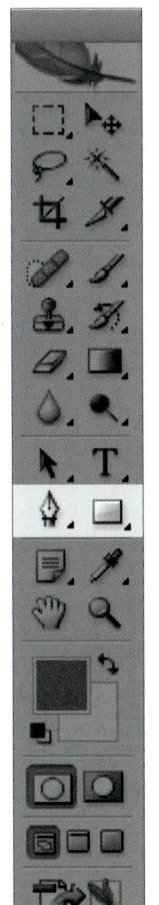

포토샵에서 패스를 사용하는 도구는 '펜 툴(Pen Tool)'과 '벡터 모양 도구(Vector Shape Tool)'이다.
기능적인 부분들에 대해 하나씩 알아보자.

펜 툴을 선택하게 되면 이미지 위에 기준점을 생성할 수 있다. 패스는 기준점과 기준점 사이에 임의의 선으로 연결시키며, 이 연결선들을 '방향 점'과 '방향 선'으로 제어하여 사용자가 원하는 임의의 선이나 도형을 만들 수 있다.

펜 툴을 선택하여 임의 기준점들을 생성시켜보자.
그림에 체크된 부분이 차례로 찍어준 기준점 A와 B다. 두 기준점 사이에는 자동으로 곡선이 생성되었으며, 생성된 기준점에는 그림과 같이 연결선을 제어하기 위한 '방향 점(C)'과 '방향 선(D)'이 같이 생성되어 있다.

기준점을 계속 추가해 보자. 기준점들 사이에 연결 선들이 지속해서 생성된다.

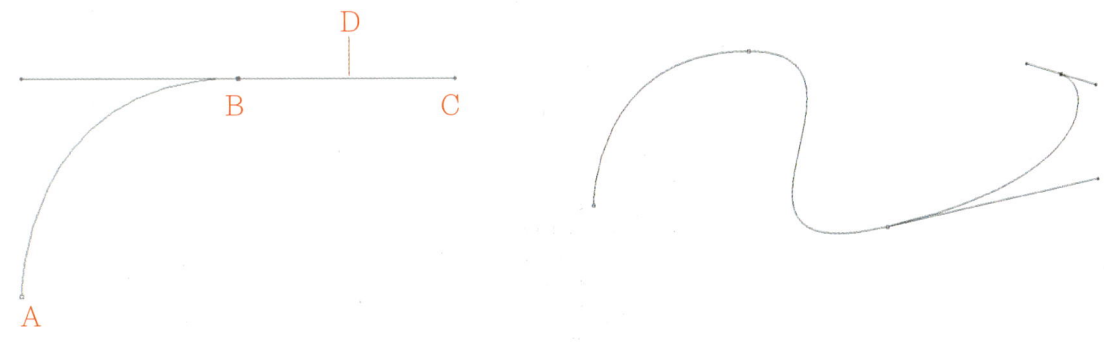

임의로 생성되는 연결선들을 '방향 점'과 '방향 선'들을 컨트롤하여 원하는 모양으로 제어하는 방법에 대해서 알아보자.

정준호의 비주얼 일러스트레이션 제작노트

패스(Path)의 연결선 제어

그림을 참고하며 이해한다.
기준점 사이에 연결되는 곡선(연결선)은 방향 점의 좌표와 방향 선의 길이를 통해 논리적으로 정의할 수 있다.

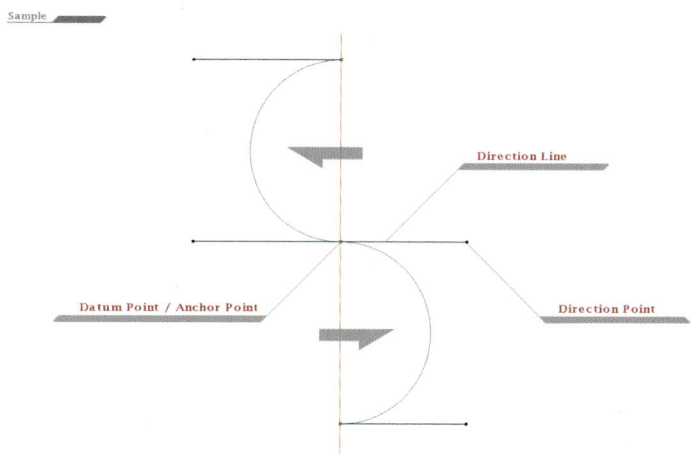

예를 들면, 방향 선을 길게 늘이면 곡률이 큰 곡선을 발생시킬 수 있다.
또한 기준점을 임의로 추가해 나갈 경우, 곡선은 들어오는 방향과 나가는 방향이 교차로 반복되며 생성된다. 그러나 곡선이 같은 방향으로 생성되길 원한다면 원하는 연결선을 Ctrl 키를 누르면서 클릭해 주면 방향을 뒤집을 수 있다.

기준점을 추가하면 연결선은 들어오는 방향과 나가는 방향이 반복되어 결국 'S'자 형태의 곡선이 생성된다. Ctrl 키를 누르면서 연결선의 위치를 옮겨주면, 그림과 같이 방향이 전환된다.

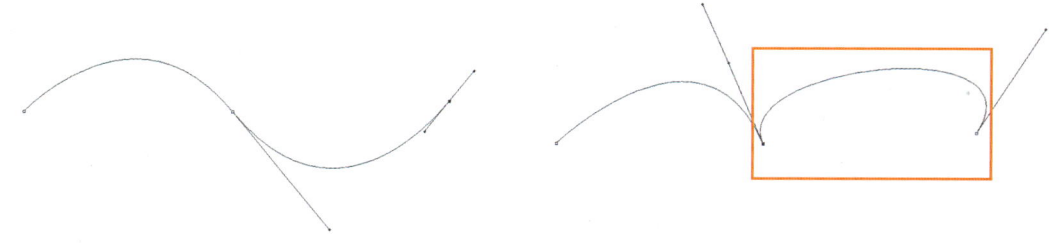

또한 곡선이 부드럽게 연속되지 않고 바로 꺾인 곡선을 생성시키고자 할 때는 만들어진 곡선의 방향을 뒤집는 방법 외에, 애초에 기준점에 생성된 방향 선의 한 축을 제거하여 기존의 방향 기준을 갱신하고 새로 추가하는 방법이 있다.

Alias of Anti Picture

생성된 기준점을 [Alt] 키를 누른 상태에서 클릭하면, 진행 방향의 '방향 점' 축이 제거된다. 축이 제거된 상태에서는 기존 축의 영향을 받지 않고 자유롭게 다음 연결선을 제어할 수 있다.

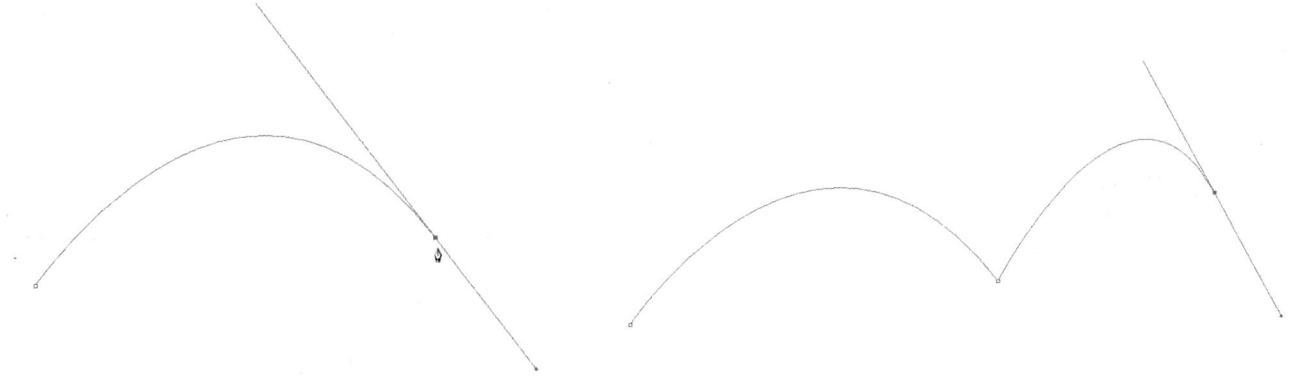

곡선의 생성뿐만 아니라, 직선도 가능하다.
기준점을 추가할 때 클릭을 지속하면서 방향 선을 제어하지 않고 클릭만 유지하면, 기준점 사이에는 직선으로 연결선이 생성된다. [Shift]를 누르면서 클릭하면 수직, 수평, 대각선 등을 생성시킬 수 있다.

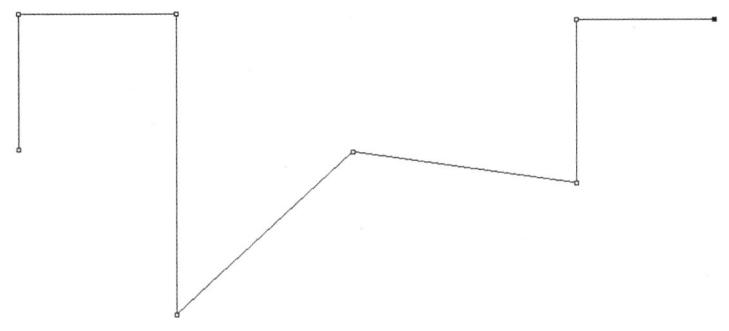

기본 운영을 파악했다면 패스 드로잉을 위한 본 기능들을 알아보자.

펜 툴을 선택할 때 아이콘의 클릭을 지속하고 있으면, 그림과 같은 부가 기능 선택이 나타난다.

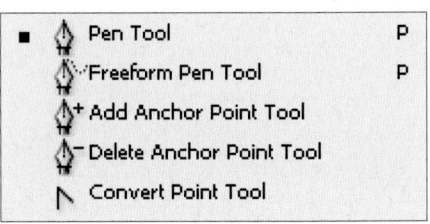

Pen Tool : 기본 패스 드로잉 툴이다.
Freeform Pen Tool : 기준점을 만들어서 제어하는 방식이 아니라, 사용자가 자유 드로잉을 하면 그 궤적을 패스로 만들어준다. 드로잉에 능숙한 사람에게는 유용한 도구다.
Add Anchor Point Tool : 생성되어 있는 연결선 위에 기준점을 추가 생성시켜 부가적인 제어를 가능하게 해 준다.
Delete Anchor Point Tool : 반대로 기존의 기준점을 삭제한다.
Convert Point Tool : 선택한 기준점을 직선과 곡선으로 치환시킨다.

설명만으로는 난해한 부분이 많을 것이고, 또한 알고리즘을 이해하기 전에는 의도대로 모양을 제어하는데 많은 어려움이 있을 것이다. 그러나 조금만 익숙해진다면 아주 신속하고 합리적으로 제어가 가능하므로, 벡터 드로잉에 관심이 있는 사용자라면 초반에 포기하지 말고 반복 작업을 통해서 적응해 나가도록 한다.

실제로 필자 주변에는 패스만으로 스케치를 하는 작가가 있는데, 경이로울 만큼 정교한 그림도 상당한 속도로 소화해낸다.

벡터 이미지 제작을 위한 프로그램 기능 알기

패스를 사용한 기본 드로잉의 감각이 잡혔다면 이제 패스 데이터를 만들기 위한 정식 기능들에 대해 알아보자.

기본 상태에서 패스 드로잉을 시작하면 레이어 제어 창에 자동으로 'Shape Layer'라는 특수 속성의 레이어가 생성된다. 패스 드로잉을 이미지에 반영시키는 메뉴들을 차근차근 살펴보도록 한다.

펜 툴이나 'Vector Shape Tool'처럼 데이터가 생성되는 도구를 선택하게 되면, 프로그램의 메인 메뉴 하단에는 다음과 같은 제어 메뉴들이 나타난다.

먼저 좌측에 위치하고 있는 데이터 생성 방식을 살펴보자.

1. 벡터 소스 작업 방식 선택

모양 레이어(Shape Layers) : 패스 데이터를 생성하면 벡터 마스크를 위한 레이어로 기본 생성되며, 이 특수 레이어에는 지정 색상 및 스타일 등록이 가능하며 언제든지 사용자가 그 정보를 수정할 수 있다.
패스(Path) : 패스 데이터를 위한 레이어가 따로 생성되지 않고, 단지 패스 제어 창에 그 정보가 등록된다. 패스 제어 창의 팔레트에서 사용할 수 있는 메뉴들로 데이터를 활용한다.
색상 채우기(Fill Pixels) : 펜 툴에서는 활성화되지 않으나, 바로 뒤에 소개될 벡터 모양 도구(Vector Shape Tool)에서는 선택이 가능하다. 따로 전용 레이어나 패스 정보가 생성되지 않고 그냥 그려지는 도형의 모양대로 지정한 전경색이 칠해진다.

필자는 고전적인 방법에 익숙해서 데이터 방식을 'Path'로 설정하여 패스 제어 창에서 필요한 적용을 시키는 방법을 사용하고 있으나, 어느 쪽이든 사용자에게 편한 방법대로 찾아서 운용하면 된다.

2. 벡터 소스 작업 도구 선택

툴 바에서 제공하는 기능들의 팝업으로 이해하자.
펜 툴, 자유 드로잉 펜 툴, 벡터 모양 도구 등을 여기에서 바로 선택할 수 있도록 모아 두었다. 벡터 모양 도구에서는 사각형, 모서리가 둥근 사각형, 원, 다각형, 직선 그리고 모양 설정 도구(Custom Shape Tool)가 제공된다.

포토샵에서 기본으로 제공하는 다양한 모양의 벡터 이미지들이다.

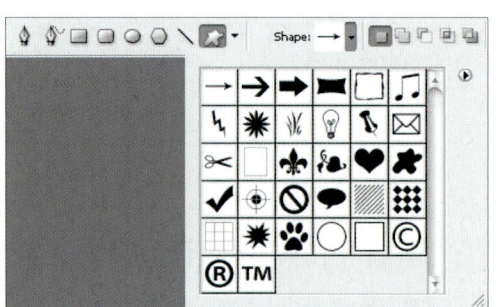

모양 설정 도구를 선택하면 나타나는 Shapes 버튼을 클릭하면 인덱스가 나타난다.

화살표, 하트, 말풍선 등 자주 활용하는 기호들이 제공되고 있으므로 기억해 두었다가 편리하게 사용할 수 있도록 한다.

모양 설정 도구(Custom Shape Tool) 옆의 작은 화살표를 누르면 각 도형들의 형태를 일부 사용자가 설정할 수 있다. 가령 사각형 모서리의 완만함을 수치로 조절하거나, 모양의 크기를 일률적으로 맞춰 놓는 등의 설정 변경 및 변경 사항들이 선택된 모양에 따라 다르게 제공된다.

3. 자동 추가 / 삭제 (Auto Add/Delete)

이 항목을 체크 상태로 두면, 따로 기준점의 추가 / 삭제 도구를 사용하지 않고 패스 드로잉의 연결선을 클릭하여 자동으로 기준점을 생성 / 삭제하는 것이 가능해진다.

4. 벡터 이미지 병합 방식 선택

기존에 작업된 패스에 새로운 패스를 추가, 제거, 겹치는 부분 추출 등의 작업 방식을 지정해 준다.

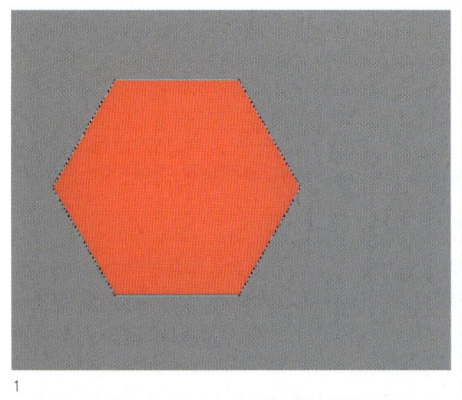
1

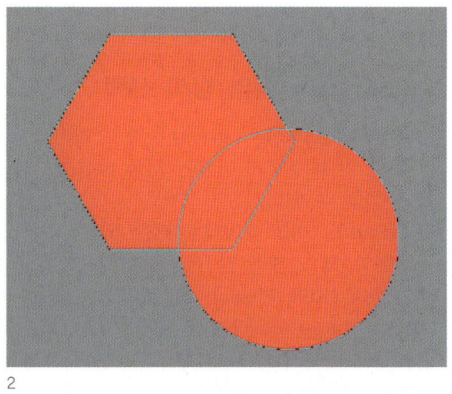
2

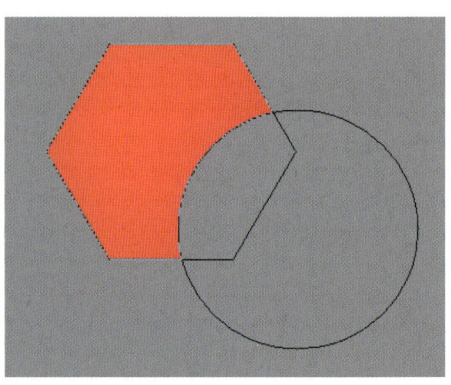
3

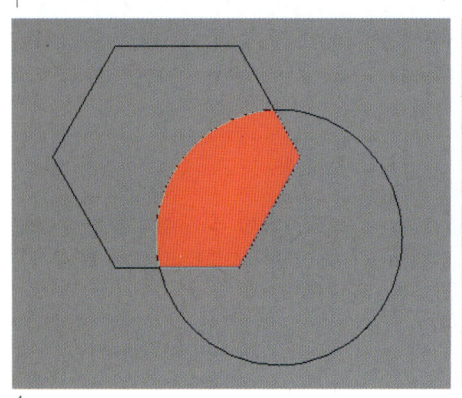
4

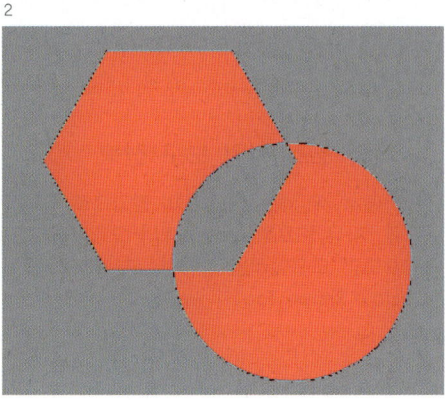
5

1. **Create new shape layer** : 일반적인 벡터 데이터를 생성한다. 벡터 모양 레이어상에 육각형의 도형을 만든다.
2. **Add to shape area (+)** : 기존의 데이터(도형 이미지)에 겹쳐서 더해진다. 기존의 육각형 도형에 원을 추가한 결과다.
3. **Subtract form shape area (-)** : 기존 데이터에서 제거한다. 추가로 생성시킨 데이터 모양으로 삭제된다.
4. **Intersect shape area** : 서로 겹치는 부분만 남긴다. 기존의 육각형과 추가한 원 모양에서 서로 겹치는 부분만을 남겼다.
5. **Exclude overlapping shape areas** : 서로 겹치는 부분만을 제거한다. 이번에는 서로 겹치는 데이터 부분만을 삭제시켰다.

5. 벡터 이미지 스타일 적용 및 색상 적용

마지막으로, 패스 데이터에 스타일(Style)과 색상 정보를 적용하는 메뉴다.
가장 왼쪽의 사슬모양 아이콘은 잠금 기능으로 생각하면 된다. 이 버튼이 눌러져 있지 않으면 패스 데이터에 스타일 적용이나 색상 변경을 명령해도 이미지 상에 나타나지 않는다.
활성시키면 변경 사항들을 바로 확인할 수 있게 된다.

 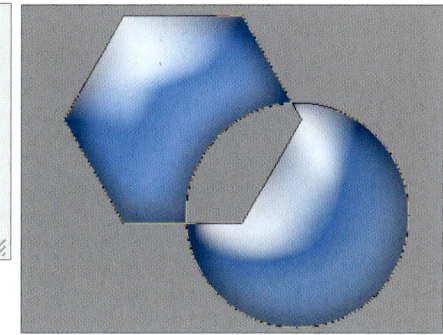

패스 선택 도구(Path Selection Tool)

패스 선택 도구란, 작업된 패스 데이터를 선택하고 복사하거나 영역 수정을 위한 도구다. 패스 선택 도구에는 패스 선택 도구(Path Selection Tool)와 직접 선택 도구(Direct Selection Tool)의 두 가지가 있다.

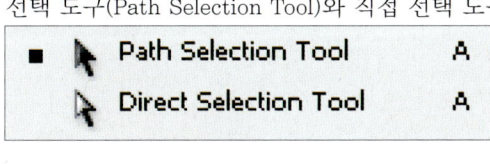

1. 패스 선택 도구(Path Selection Tool)

우선, 패스 선택 도구를 따로 선택하지 않아도 일반 레이어에서의 데이터를 이동시킬 때처럼 Ctrl 키를 누르며 오브젝트를 이동시키면 원하는 위치로 옮길 수 있다. 하지만 패스 선택 도구가 선택된 상태에서 벡터 이미지를 선택하게 되면, 이미지에 사용된 기준점들이 다 마킹되어 보이게 된다. 그러나 이 도구에서 나타난 기준점들에 수정을 할 수는 없다.

벡터 데이터를 전체, 혹은 부분적으로 선택할 수 있으며, 선택된 오브젝트를 Shift 키를 누르고 이동시키면 수직, 수평으로 이동 된다. Alt 키를 누르면서 오브젝트를 클릭하여 드래그하면 데이터가 복사되어 생성된다.

Alias of Anti Picture

2. 직접 선택 도구(Direct Selection Tool)

이 도구는 마킹된 기준점을 사용자가 임의로 하나씩 수정할 수 있도록 직접 선택할 수 있게 한다.

따로 툴 바에서 선택 사항을 지정하여 바꿔주지 않더라도 패스 선택 도구(Path Selection Tool)에서 Ctrl 키를 누른 상태로 수정할 기준점을 클릭하게 되면 알아서 자동으로 직접 선택 도구(Direct Selection Tool로 바뀌게 된다.

패스 선택 도구에서 제공되는 선택 사양 내용들을 살펴보자.

3. 묶음 상자 보기(Show Bounding Box)

이 명령을 체크하면 그림과 같이 벡터 이미지 전체를 기준으로 제어 그리드가 만들어진다. 그리고 이 그리드에서 일반 레스터 이미지를 Transform했을 때와 마찬가지로 벡터 이미지의 종, 횡의 비율이나 회전 그리고 축 왜곡을 시킬 수 있다.

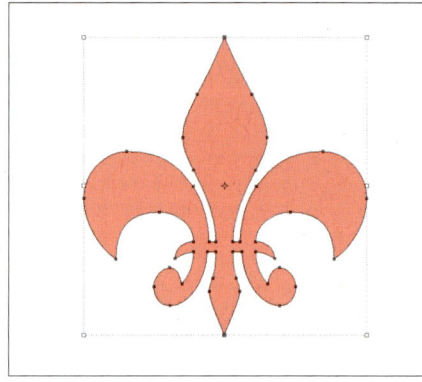 

4. 벡터 이미지 병합 방식 선택

복수의 벡터 이미지를 대상으로 전체를 선택한 뒤, 앞에서의 이미지 병합 방식 선택 때와 동일하게 이미지를 합치거나, 빼거나, 겹치는 부분만 남기거나 삭제하는 병합 방식을 결정해주고 Combine 버튼으로 명령을 수행시키면 된다.

5. 벡터 이미지 정렬 방식 선택

복수의 벡터 개체들을 정렬시키고 싶을 때 사용한다.
좌측 열의 명령들은 2개체 이상의 데이터를 대상으로, 처음 선택된 개체를 기준으로 다른 개체가 종, 횡 혹은 상하좌우의 정렬을 정해준다.
우측 열의 명령들은 3개 이상의 개체를 대상으로, 역시 처음 선택한 개체를 기준으로 간격을 유지하며 수직, 수평으로 축의 안쪽, 중심, 바깥쪽에 일괄 정렬시킨다. 선택된 개체들 중 가장 끝에 위치한 개체들을 기준으로 정렬된다.

여기까지 우리는 펜 툴을 사용해서 벡터 이미지를 드로잉하는 방법으로 시작해서, 벡터 모양 도구의 활용 그리고 벡터 데이터로 이루어진 이미지들을 패스 선택 도구를 이용하여 선택 관리하고 수정하는 요령에 대해 알아보았다.

이제 패스의 운용을 위한 기능 알기의 마지막 과정으로, 만들어진 패스 데이터를 실질적으로 작업에 적용하고 관리할 수 있는 기능들에 대해 알아보겠다.

패스 관리 창(Path Palette)

패스 팔레트에서는 펜 툴이나 벡터 모양 도구 등으로 생성시킨 패스 작업의 정보를 등록하고 관리 및 적용할 수 있다.

작업한 패스의 정보를 저장할 수 있으며, 이 패스 데이터를 선택 영역화하거나, 임의의 브러시 스트로크로 테를 두를 수도 있다. 펜 툴이나 벡터 모양 도구 등 벡터 데이터 작업을 했다면, 패스 팔레트에는 그림과 같이 패스 정보 레이어가 생성된다.

이렇게 생성된 패스 정보를 어떻게 활용하고 관리할 수 있는지 살펴보자.

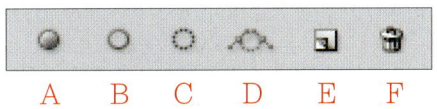

A : 패스 영역 칠하기(Fills Path)

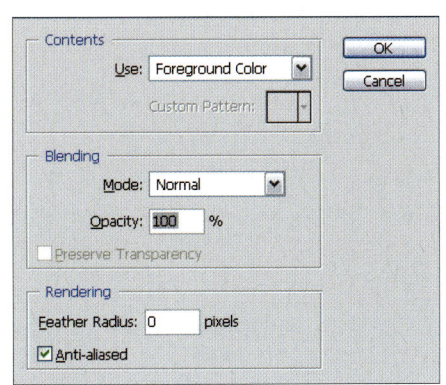

버튼을 클릭하게 되면 기존 설정 값으로 바로 결과가 적용되지만, 팔레트 창 우측 상단의 팝업 메뉴를 통해서 명령하게 되면 그림과 같이 세부 설정 항목들을 제어할 수 있는 윈도우가 나타난다.

이 명령은 말 그대로 작업된 패스 영역 내에 색상을 칠하는 작업으로, 상단의 Contents 섹션에서 내부를 채울 색이나 패턴을 정한다. 그리고 밑의 Blending 섹션에서 블랜딩 모드와 투명도 등을 지정해 줄 수 있으며, Preserve Transparency 항목을 체크하면 대상 패스에서 투명한 부분을 보호하게 된다.

하단의 Rendering에서는 Feather Radius 수치를 통해 선택 영역 경계면의 부드러움을 수치로 조절할 수 있으며, Anti-aliased 항목의 체크를 지정할 수 있다.

B : 브러시 선 스트로크(Stroke Path)

아주 유용한 부분으로, 패스로 작업된 영역 둘레를 사용자가 선택한 브러시로 선을 둘러 줄 수 있다. Tool 항목에서 현재 등록되어 있는 브러시 중 원하는 브러시를 선택하면 된다. 하단의 Simulate Pressure를 체크하면 스트로크에 압력 효과가 적용되어 스트로크의 굵기가 일률적으로 적용되지 않고 점차 얇아지게 된다.

*팝업 명령을 통하지 않고 바로 아이콘 버튼을 눌러 명령을 적용하면, 현재 선택되어 있는 브러시의 스트로크로 반영된다. 앞에서 집중선 소스를 만들 때 사용했던 기능이므로 기억해두자.

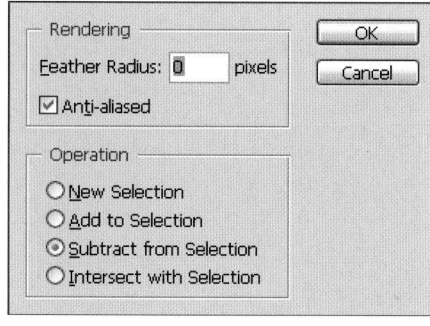

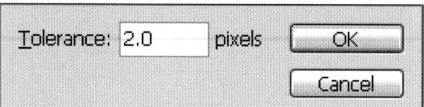

C : 선택 영역화(Make Selection)

작업 패스 레이어를 선택한 상태에서 아이콘 버튼을 클릭하여 바로 명령을 적용시키면 패스로 작업된 영역이 모양대로 선택된다.

마찬가지로 팝업 명령어를 통해서 적용하면 그림과 같은 제어창이 나타난다.
앞에서와 동일하게 Rendering에서 선택 영역 경계면의 부드러움을 수치로 설정하거나, Anti-Aliased의 유무를 선택한다.
Operation 섹션에서는 선택 영역을 확장하거나 축소 또는 중복 선택할 수 있다.

D : 선택 작업의 패스화(Make Work Path)

이 명령은 반대로 래스터 이미지를 벡터화하는 기능이다.
먼저 사용자가 원하는 래스터 이미지에서 원하는 부분을 영역 선택시켜 준 뒤, 패스 관리 팔레트로 돌아와서 이 명령을 선택하면 바로 패스 데이터화되어 등록되는 것을 확인할 수 있다.

팝업 명령을 통하면 그림과 같은 제어창이 나타나는데, Tolerance 수치란 복잡한 래스터 이미지를 단일 색상 정보로 구성된 면들의 집합체인 벡터 이미지로 변화시키면서 발생하는 구성면들의 밀도를 수치로 정해주는 것이다. 구성을 이루는 면들의 단순화 밀도로 보면 된다. 따라서 수치가 낮을수록 밀도는 정교해진다. 사용자가 지정할 수 있는 한계 최소 수치는 0.5다.

E : 신규 패스 생성(Create New Path)

새로운 패스 레이어를 생성한다.

F : 패스 삭제(Delete Path)

패스 레이어를 삭제한다.

이렇게 해서 포토샵에서 제공하는 패스의 기본 활용에 대해서 알아보았다.
패스의 기능을 아는 것보다 필요한 상황에 따라 적절히 활용하는 것이 무엇보다 중요하다.

이제 본격적으로 셀 화풍의 튜토리얼 제작 방법에 대해서 알아보도록 한다.

〈Carol & Ash〉 일러스트

이번 작업에 소개될 일러스트는 2004년경 개인 습작으로 작업했던 것이다.

Alias of Anti Picture

먼저 러프 스케치가 필요하다.

새로 선화 작업에 들어갈 러프 스케치이므로 별다른 보정이나 선화 추출을 할 필요는 없다. 트레이싱(Tracing) 작업에 수월하도록 투명도를 낮추거나 혹은 밝기를 높여서 흐리게 보이도록 한다.

Tip

필자는 언급한 대로 패스 작업 시 따로 모양 레이어(Shape Layer)를 생성시키지 않고 드로잉에 따라 패스 데이터만을 따로 얻는 방식을 선호한다. 이것은 필자의 개인적인 습관이므로, 오히려 모양 레이어에서의 작업보다 비효율적인 방법일 수 있으니 참고하기 바란다.

펜 툴을 사용하여 패스 드로잉을 시작한다.

1. 편의상 스케치 이미지의 얼굴, 코끝 부분을 확대한 부분이다. 코끝에 팬 툴로 첫 번째 기준점을 찍어주었다.
2. 코와 인중 끝 부분에 기준점을 추가, 클릭을 유지한 상태에서 커서를 움직여 원하는 곡선을 잡는다. 곡선이 연속되지 않기를 바라므로, 여기서 [Alt] 키를 클릭한 상태에서 방향 점을 클릭하여 방향 축을 제거한다.
3. 방향 축이 제거되어 연결선의 연계값이 끊어진 상태다.
4. 다시 입술의 끝 부분에 기준점을 추가한다.
5. 요령을 반복하여 코와 입술 사이 부분의 원하는 영역을 드로잉한다.

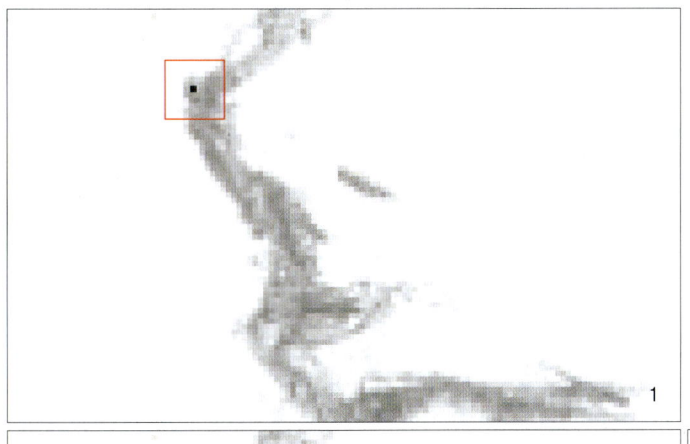

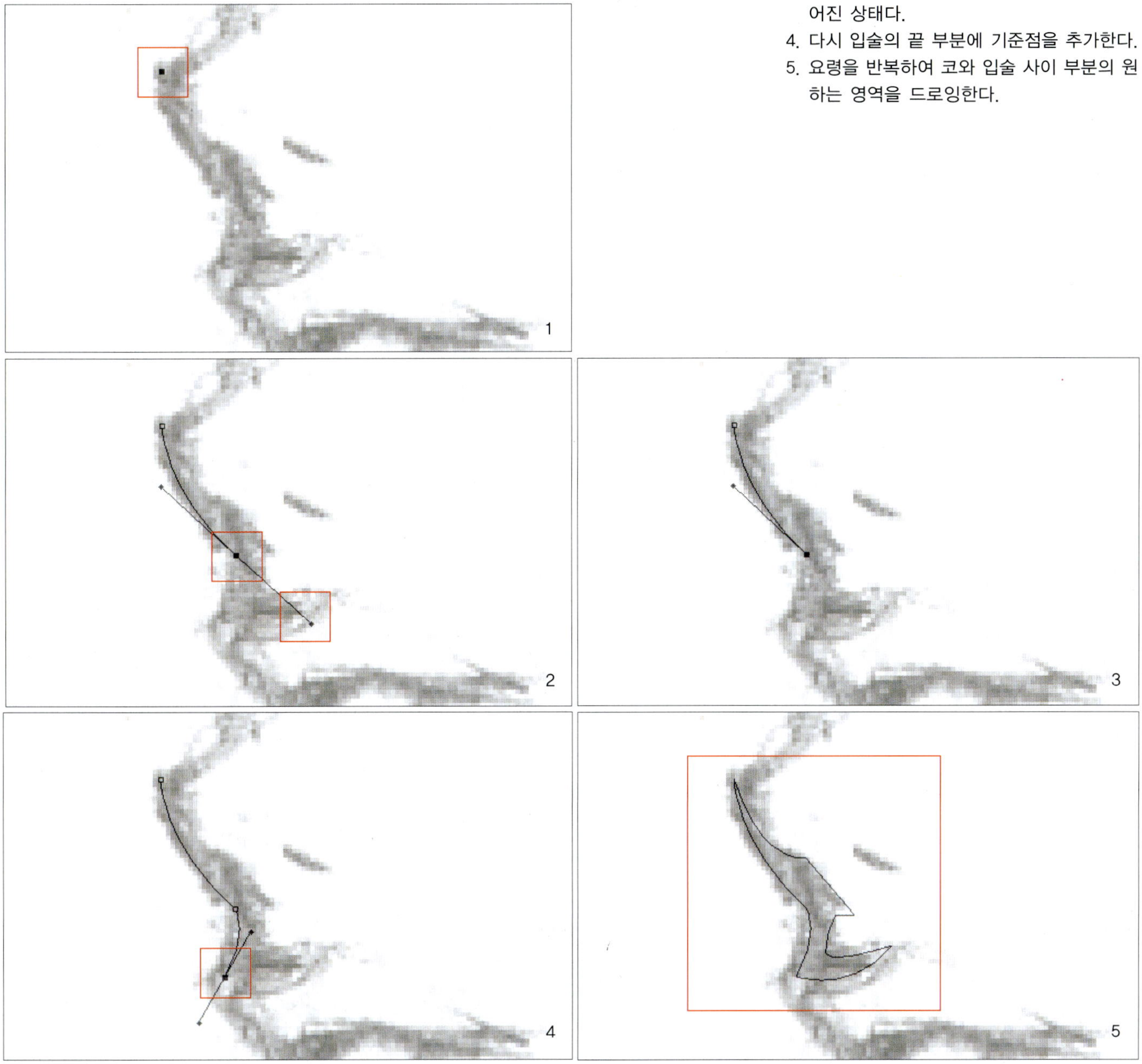

Alias of Anti Picture

패스 탭으로 가서 Work Path를 만들고, 원하는 스타일에 맞도록 Fill로 영역을 채워 표현하거나 Stroke를 활용해본다.

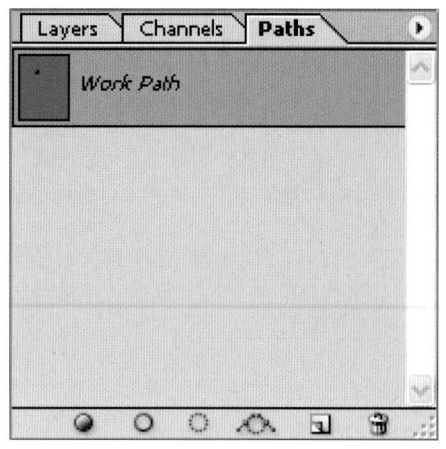
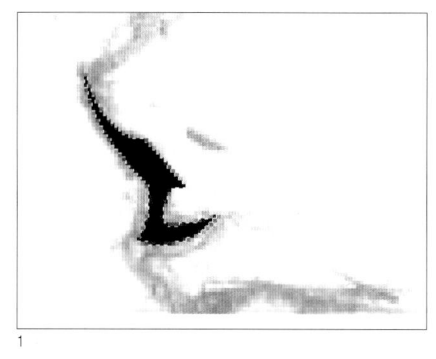
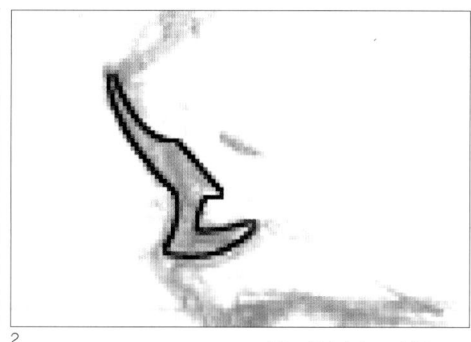

1. 패스 데이터에 Fill 적용
2. 패스 데이터에 Stroke 적용

앞의 과정과 같은 요령을 반복해서 선과 면을 동시에 만들어간다.

정준호의 비주얼 일러스트레이션 제작노트

여성 캐릭터의 전체적인 이미지와 같은 요령으로, 패스 드로잉을 한 남자 캐릭터도 작업하였다.

Alias of Anti Picture

여기서 벡터 데이터는 패스 데이터로 저장되어 있다고 인식하면 된다.

현재 완성된 이미지는 제작 방법에 벡터 방식이 활용되었을 뿐 결국 이미지 자체는 레스터화되어 표시되었음을 주의하도록 한다.

일러스트레이터나 플래시 등의 프로그램에서 동일한 방법으로 패스를 운용하여 보기와 같은 드로잉을 할 수 있다. 포토샵에서 실제 벡터 방식으로 작업을 하고 싶다면, 패스 도구 설정에서 벡터 모양 레이어(Shape Layers)의 속성 상태로 작업하면 된다.

패스를 이용한 선화의 완성 이미지

이제 컬러링을 시작한다.

선화 아래에 새로운 레이어를 만들고, 선화를 만들 때와 다름없이 영역을 드로잉하여 색을 채워준다.

의도 자체는 1970년대 미국 팝아트 코믹스 풍으로 하고 싶다는 생각에 실크 스크린 인쇄나 필름 스크린 톤에서 흔한 패턴들을 시도하려 했다.

셔츠 부분을 일괄적으로 채색한 상태다. 어차피 레스터화된 이미지이므로, 패스 드로잉 데이터를 편한 대로 채색해도 무방하다.

정준호의 비주얼 일러스트레이션 제작노트

채색 면에 패턴을 적용해보았다.
체크 패턴은 일일이 그려주어도 상관없지만, 여기서는 포토샵 필터를 사용하였다. 여기서 언급한 필터들은 포토샵에서 기본으로 제공되는 필터이며, 이 외에도 여러 가지 필터 효과들을 파악하여 적절하게 활용한다면 큰 도움이 될 것이다. 다만, 앞에서 텍스처 사용할 때와 마찬가지로 동기가 없는 남용은 경계해야 하는 것이 좋다.

1

2

3

4

5

1. Filter 〉 texture 〉 patchwork
2. Filter 〉 pixelate 〉 poitillize
3. Filter 〉 artistic 〉 sponge
4. Filter 〉 sketch 〉 torn edges
5. Filter 〉 pixelate 〉 color halftone

Alias of Anti Picture

이런 장르의 작업은 필수적으로 각 영역별로 구분하여 채색 작업이 이루어지게 된다. 따라서 너무 많아진 레이어의 관리를 감당하기 힘들어지기 마련이므로 처음부터 각 부분별로 폴더를 생성시키고 하위 레이어에 작업하여 체계적으로 시작하는 방법을 권한다.

이제 각 구간별로 구분하여 여러 가지 색 배열을 조합해 본다.

색조 배열을 위한 보정 시에는 Ctrl 키를 누른 상태에서 해당 레이어를 클릭하여 영역 선택 기능으로 별도의 마스킹 작업의 수고없이 신속하고 편리하게 다양한 색상을 대입해볼 수 있도록 한다.

정준호의 비주얼 일러스트레이션 제작노트

텍스트를 통해 타이포그라피 효과를 더하고, 이미지를 병렬로 배치하여 마무리하였다.

진행 중에 언급했듯이 애니메이션 셀 풍의 작화나 벡터처럼 날카로운 경계를 가진 이미지를 위해서는 벡터를 활용한 패스 다루기 외에 별다른 기술적인 부분을 전달할 것이 없다. 따라서 패스를 활용하여 벡터 그래픽과 같은 느낌으로 접근한 다른 작품을 소개해 보도록 한다.

Alias of Anti Picture

〈War of the MAKAI〉 일러스트

2008년 〈니폰이치 소프트웨어(Japan)〉에서 〈디스가이아 3〉의 PS3 바탕화면용으로 제작한 일러스트다.

설정이 '어설픈 70년대 풍 액션 히어로'라는 것이어서, 다소 키치한 분위기로 시도해 보고자 했다.

2008 / 〈Disgaya 3〉 (PS3) / NIS (Japan) / Photoshop CS2

다음 그림은 러프 스케치 위에 패스를 사용하여 작업한 선화다.
PS3의 해상도 비율에 맞춰 16 : 9 비율로 구성하고, 인터페이스의 가독성을 고려한 여백을 만들어 주었다.

차량이나 캐릭터 헬멧과 같이 날카롭고 일률적인 스케치를 처리할 때 패스 드로잉은 매우 편리하다.

Alias of Anti Picture

제작사로부터 받은 인물 설정 문서 중 일부

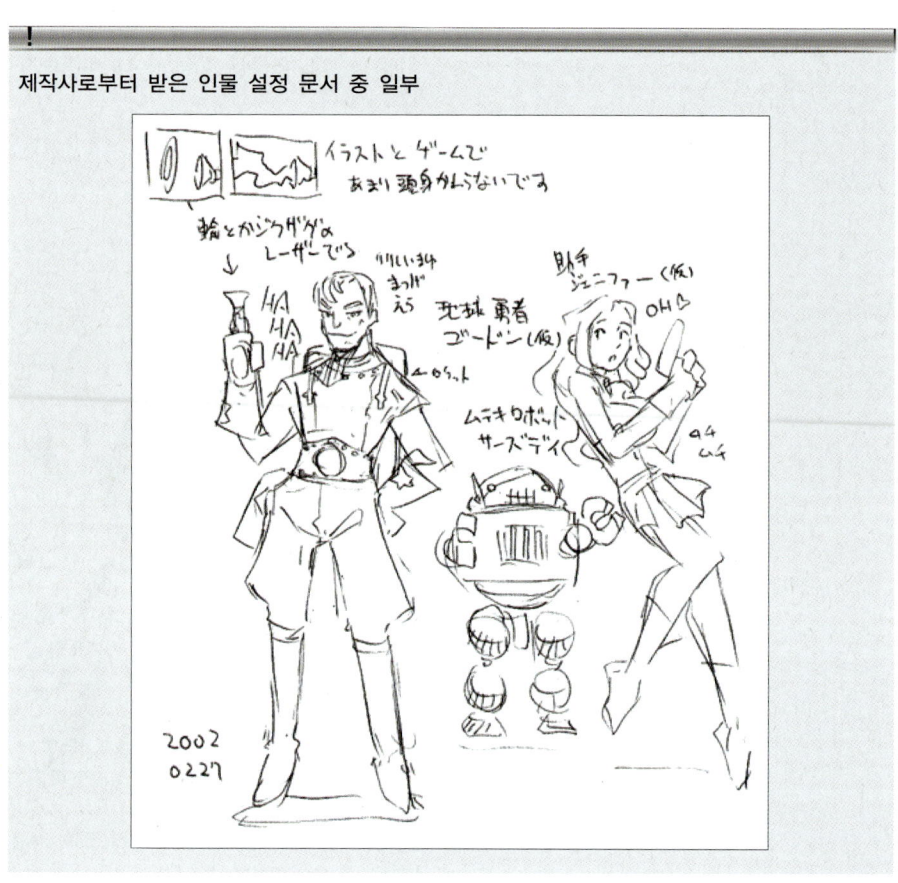

주인공 캐릭터의 얼굴 채색 과정을 통해 묘사의 기초 진행을 보도록 한다.

빛 방향을 설정해 준 상태

정준호의 비주얼 일러스트레이션 제작노트

이마 부분의 명암을 머리카락의 그림자를 고려하여 강하게 주었더니, 마음에 들지 않아서 그라데이션을 추가해 주었다. 중간 톤들도 조금씩 설정에 들어간다.

중간톤과 어느 정도의 디테일이 반영된 상태이다.
디테일은 그림과 같은 면 설정을 기준으로 삼기로 한다.

Tip

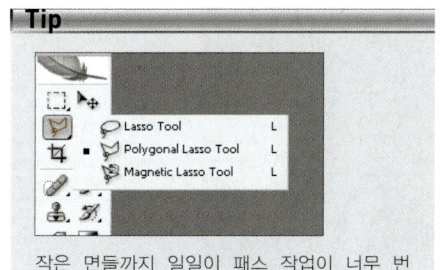

작은 면들까지 일일이 패스 작업이 너무 번거로울 때는 Lasso 툴의 변형 도구 중에 각형 올가미(Polygonal Lasso Tool)를 선택하여 사용한다.
물론 브러시로 충분한 부분은 쉽게 브러시로 처리하는 것이 가장 효율적이지만, 브러시로 얻을 수 없는 예리한 디테일을 필요로 하는 부분의 묘사의 경우에 적절하다.

Alias of Anti Picture

여성 캐릭터의 피부 부분도 기초 색 지정과 묘사를 먼저 진행하였다.

전체적인 색 테마를 잡아주기 위해서 머릿속의 다양한 색들을 남발하여 보았다.
필자의 평소 색감이 매우 한정되어 있기에, 이를 탈피하여 보다 키치(Kitsch)한 컬러 인덱스를 끌어내고자 노력하였다. Overlay 등의 블랜딩 모드를 적극적으로 활용하였다.

정준호의 비주얼 일러스트레이션 제작노트

앞의 과정을 통해서 필요한 색조는 추출하거나 유지하고, 불필요한 색조는 걸러내거나 덮는다.
이 과정이 과감하게 이루어지지 못하면 지나치게 산만해질 수 있으므로 주의한다. 면들을 덩어
리별로 묶어주고, 배경의 우주는 어둠을 일괄적으로 입혀서 물체들을 정리해 준 상태다.

샘플이 될 별들을 그려 준다.
손으로 직접 그리는 편이 덜 차가운 느낌을 주
므로, 번거롭더라도 직접 그려 주었다.
만들어진 별을 좌우 반전이나 스케일 등에 변
화를 주면서, 오른쪽 그림과 같은 베리에이션
을 만들어주었다.

Alias of Anti Picture

우주의 별 모양을 은하수에 사용했다.

타원을 영역 선택한 후 투명도를 30% 정도로 서너 개 겹친다.
이 소스를 분사 효과로 쓸 생각이다. 행성의 반사광이나 전반적인 빛 효과에도 사용하게 된다.

사각형을 격자로 반복시켜 그림과 같은 패턴을 만든다. 그리고 분사 효과에 쓰인 타원 위의 적절한 위치를 찾는다.
위치가 정해졌다면 격자 패턴의 영역을 선택하고 하단의 분사 효과 부분에서 Clear시킨다.

 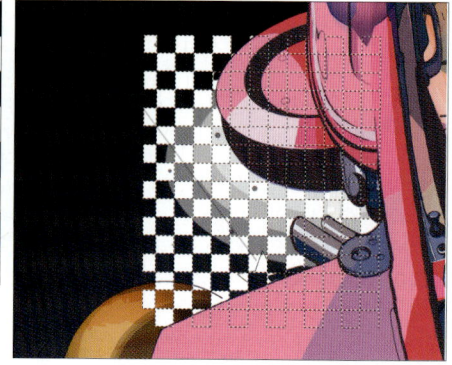

정준호의 비주얼 일러스트레이션 제작노트

효과를 통해 얻은 결과물

우주 배경의 표현이 완성되었다.

Alias of Anti Picture

이제 각 세부의 디테일 작업으로 들어간다.

각 부분의 디테일 작업을 살펴보자.
에어브러시나 페인터 F-X 브러시 등으로 쉽게 만든 불길 느낌에 포토샵 필터 Artistic 〉 Cut out 을 적용시켰다. 그림과 같은 각진 이미지를 얻어서 제트 노즐의 분사 느낌이 나도록 이펙트를 만들어 넣었다.

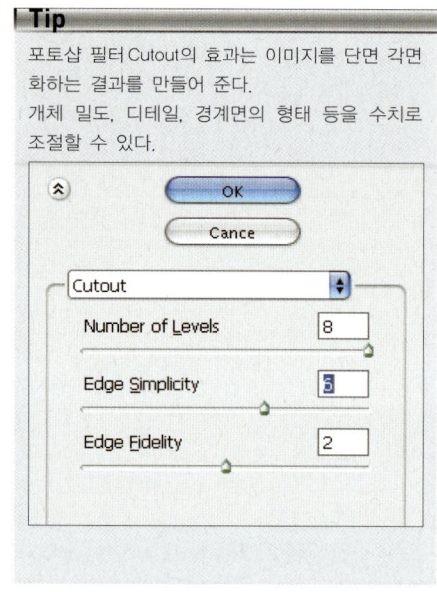

Tip
포토샵 필터 Cutout의 효과는 이미지를 단면 각면 화하는 결과를 만들어 준다.
개체 밀도, 디테일, 경계면의 형태 등을 수치로 조절할 수 있다.

램프와 기관부의 디테일

정준호의 비주얼 일러스트레이션 제작노트

헬멧 등의 반사가 있는 투명 재질 등에는 에어 브러시나 Blur 효과 등을 적극적으로 활용하여 글로우(Glow) 효과를 더한다.

묘사가 끝난 최종 결과 이미지다.

Alias of Anti Picture

War Of The 'MAKAI'
2008 / PSP SLG GAME 'Disgaya 3' (NIS Japan) / Photoshop CS / 6102*3431 Pixel

Lineage2 'Collaboration'
2003 / MMO GAME 'Lineage 2' (NCSOFT) / Photoshop CS / 6304*3654 Pixel

| Santafecia
2003 / Private Work / Photoshop 6.0 / 2874*2874 Pixel

| Santafecia
2002 / Private Work / Photoshop 6.0 / 1548*1548 Pixel

애니메이션 작풍의 솔리드 페인팅의 예

PSP용 소프트웨어 〈Dragoneer's Aria〉의 캐릭터 설정을 위해 작업된 캐릭터 설정화이다. 이 설정화들은 벡터 그래픽 분위기와는 관계없이 애니메이션 셀 작화 느낌으로 작업하였으며, 깨끗하게 정리된 선화 아래 솔리드 페인팅을 하였다.

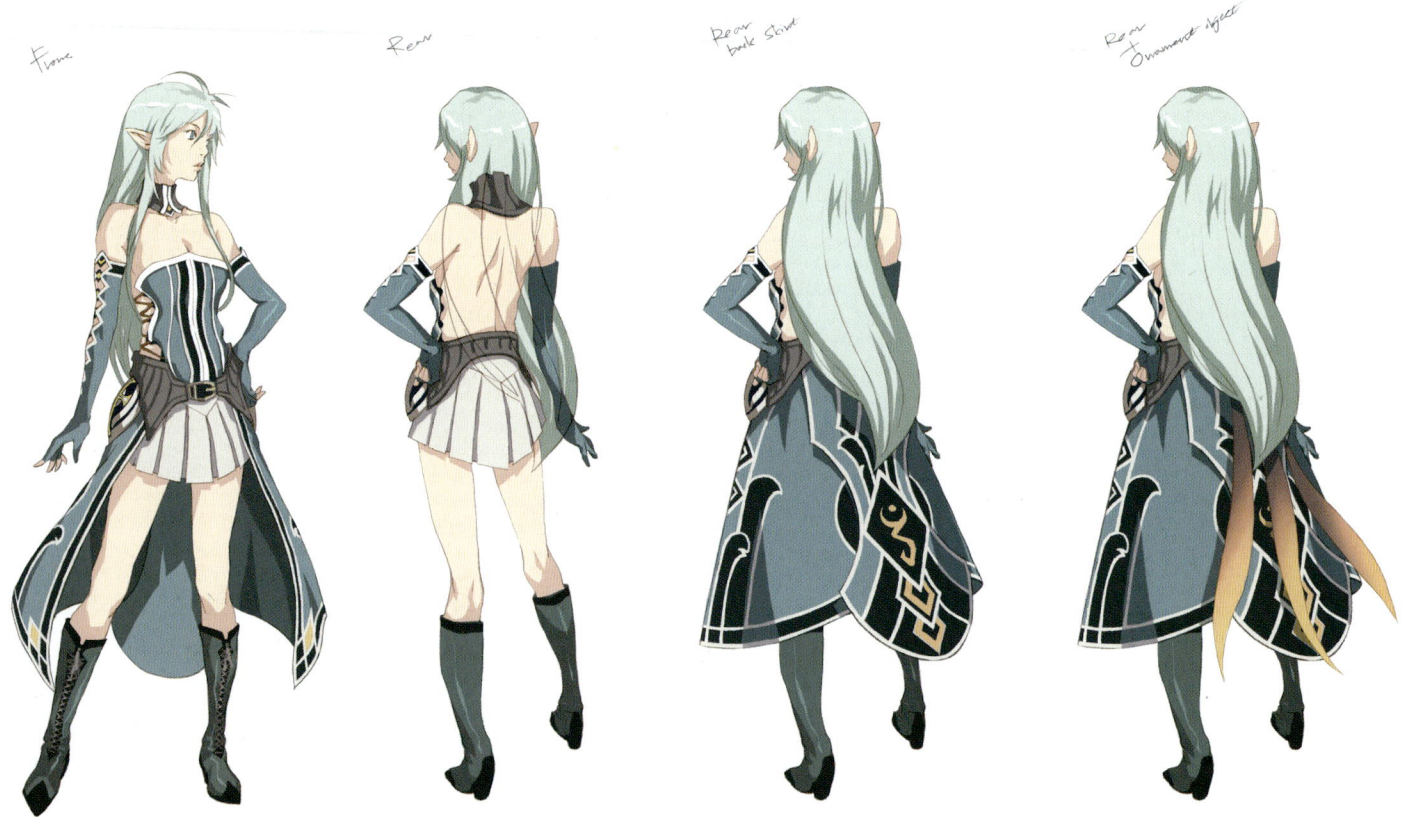

Character Color Setting
2006 / PSP RPG GAME 'Dragoneer's Aria' (NIS Japan) / Photoshop CS

Character Color Setting
2006 / PSP RPG GAME 'Dragoneer's Aria' (NIS Japan) / Photoshop CS

Character Color Setting
2006 / PSP RPG GAME 'Dragoneer's Aria' (NIS Japan) / Photoshop CS

Character Color Setting
2006 / PSP RPG GAME 'Dragoneer's Aria' (NIS Japan) / Photoshop CS

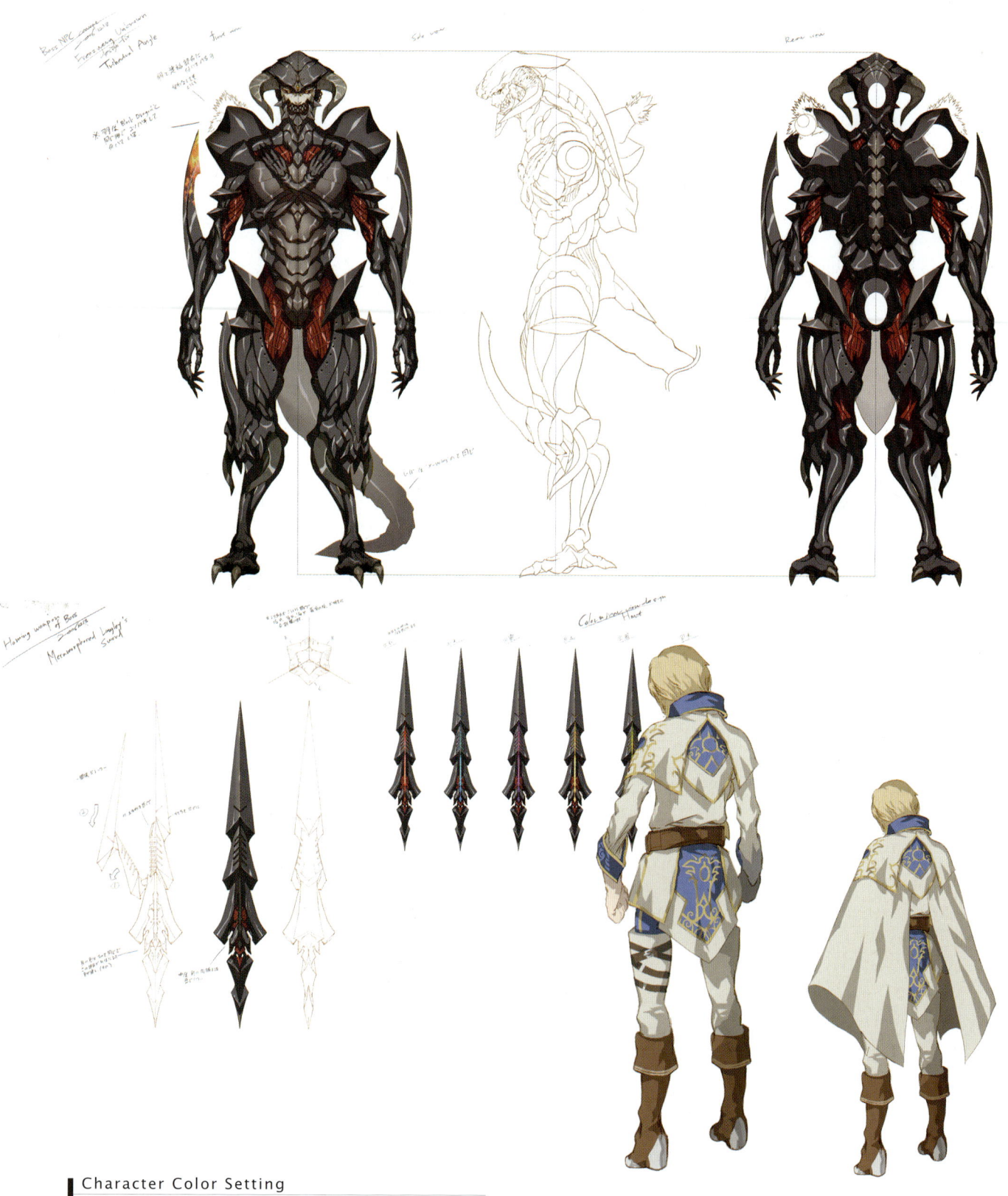

Character Color Setting
2006 / PSP RPG GAME 'Dragoneer's Aria' (NIS Japan) / Photoshop CS

Character Color Setting
2006 / PSP RPG GAME 'Dragoneer's Aria' (NIS Japan) / Photoshop CS

애니메이션 작업에 사용된 작화

필자가 2001년 당시 웹진에 〈EARTHPER-지구인〉이라는 코믹스 단편을 연재할 당시, 애니메이션 작업에 사용된 작화의 일부이다. 안타깝게도 이 만화는 작가의 사정과 당시 웹 코믹스 플랫폼의 한계로 인해 중도하차했다. 애니메이션의 동영상은 프리미어(Premiere)와 애프터 이펙트(After Effect)로 작업되었다.

EARTHPER 'Short Film'
2001 / Web Magazine 'N4' / Photoshop 6.0 / 2620*3500 Pixel

EARTHPER 'Short Film'
2001 / Web Magazine 'N4' / Photoshop 6.0 / 2620*3500 Pixel

STEP
03

Tutorial
Synthesis
두텁고 단단한 느낌의 일러스트레이션

〈Apple Tres〉 일러스트
484

O|번 과정에서는 유성 재료나 혹은 수성이라 하더라도 아크릴 같은 재료에서 나타나는 두터운 컬러링을 다뤄 보도록 한다.

<투명한 느낌의 컬러링>, <애니메이션 셀 풍이나 벡터 풍의 컬러링>, 그리고 <두터운 느낌의 컬러링>으로 나누어 본 주제의 구분은 '정준호'라는 일러스트레이터의 작업물을 통해서 무언가를 얻고자 하는 사람들을 대상으로 했을 때, 어떤 방법이 유효할 수 있을까에 대한 적지 않은 고민을 한 결과로 이해해줬으면 하는 바람이다.

디지털 환경에서의 작업에서 실존 화구들을 언급하는 것은 다소 무의미할 수도 있다.

가령 페인터와 같이 실제 화구와 재료의 특성을 집착에 가까울 정도로 시뮬레이션한 프로그램에서도, 결국 디지털이라는 특성을 이용하여 일부 속성을 바꾸어 버리면 이미 그것은 실제 환경에서는 물리적으로 존재하지 않는(혹은 존재할 수 없는) 것이 되어버리기도 한다.

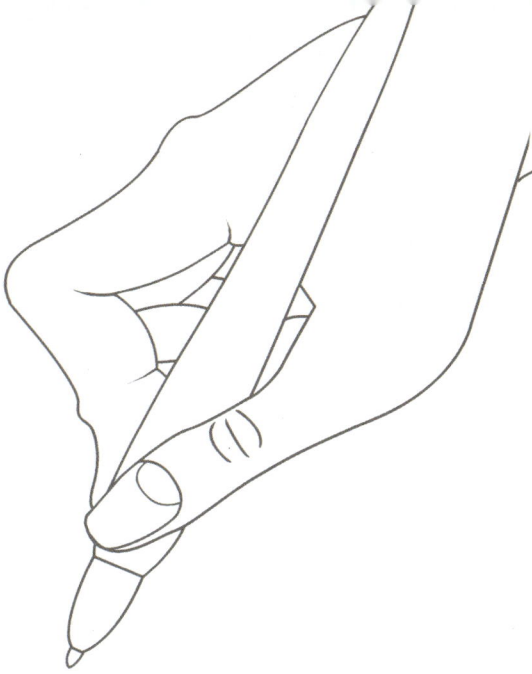

그럼에도 불구하고 본문 전반에 걸쳐 계속해서 실제 화구들을 거론해 온 이유는 다음과 같다.

첫째, 특정 화구의 특성이나 기능의 역할을 글을 통해서 전달하는 데 있어 조금이라도 용이할 수 있을까하는 생각에서였다. 이것은 서문에도 밝혔듯이 포토샵이든 페인터든 실제 화구들의 역할을 모니터 안으로 옮기고자 노력했던 것이 그 시초가 되었고, 현재 그것이 진행되고 있듯이 말이다.

둘째, 그림을 공부하는 분들이 (조금이라도 환경의 여유가 된다면) 되도록 실제 화구를 통해 미술 재료들을 접해 보기를 바라는 마음에서다. 지금 필자는 일러스트레이터라는 직업 외에 개발 관리라는 직책을 병행하는 입장이기에 디지털이든 아날로그든 그림을 그릴 수 있는 시간이 간절하다.

잠깐의 여유라도 주어질 때면 여전히 직접 손으로 그릴 수 있도록 최대한 노력하고 있다. 나아가서는 디지털 작업과 아날로그 작업을 결과물에서 연계시켜 보고픈 욕심을 품고 있다.

실제적인 작업을 통해서 미술의 기본기를 익히고 단련해나가야 한다는 필자의 신념을 전하며 최종 단원을 시작해 본다.

지금 다루어 볼 작품의 화풍은, 2003년 이후 필자의 주력 스타일이기도 하다.

〈Apple Tres〉 일러스트

예제로 다루게 될 작업물은 2008년 〈서울 비주얼 웍스 (Seoul Visual Works)〉의 일러스트 컬렉션 북 〈Apple〉의 표지 일러스트이다.

2008 / 〈Apple Tres〉 《Illustration Magazine》 / Seoul Visual Works / Photoshop CS2, Painter XI

수작업으로 진행된 러프 스케치 작업

스케치를 스캐닝한 이미지다. 스케치 선화를 살리는 컬러링 의도가 아니므로 불필요한 디테일 묘사는 생략하고 큰 윤곽과 레이아웃만을 잡아 주었다. 그리고 알파 채널을 활용하여 스케치 선화를 분리해 주었다.

먼저 배경 톤을 설정한다.

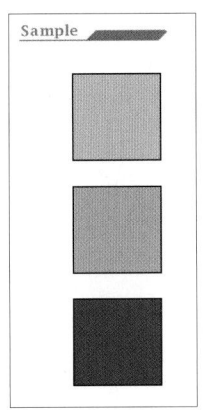

배경 톤의 컬러 인덱스는 그림과 같이 결정하였다.

Alias of Anti Picture

오브젝트들과 캐릭터의 피부 및 의상의 색상 등 큼직큼직한 면들의 색 지정과 배치를 진행한다.

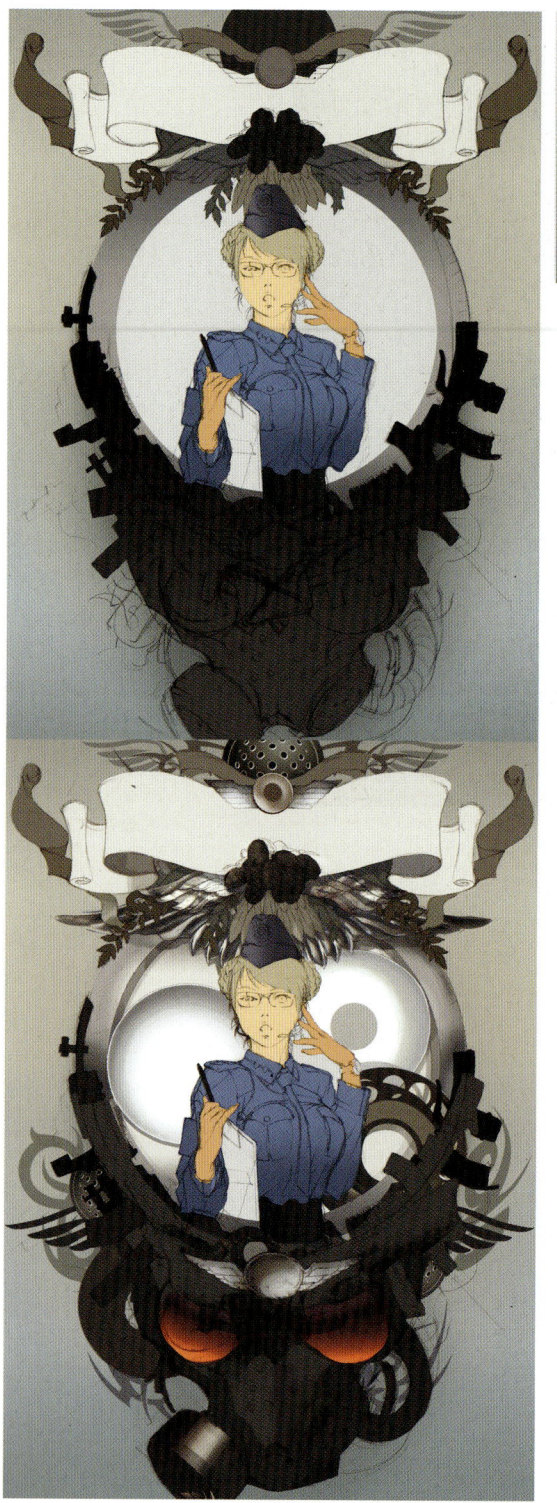

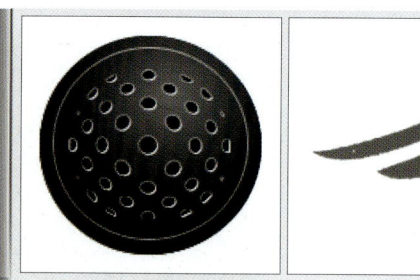 

색조 배치의 포인트 컬러가 되어 줄 방독면의 글라스 부분의 색상을 지정해 주고, 문양이나 오브젝트들을 디자인하여 배경 레이아웃 밀도를 추가하였다. 이 정도면 전체적인 색 설정과 오브젝트 구분이 일단락되었다고 볼 수 있다.

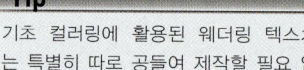

Tip

기초 컬러링에 활용된 웨더링 텍스처는 특별히 따로 공들여 제작할 필요 없이 가벼운 브러시 텍스처로 처리하였다.

포토샵 기본 제공 브러시 중 Chalk_Papper texture 브러시의 스트로크로 거친 질감 표현에 유용하며 특별한 커스텀 요소 없이도 손쉽게 효과를 끌어낼 수 있어서 좋다.

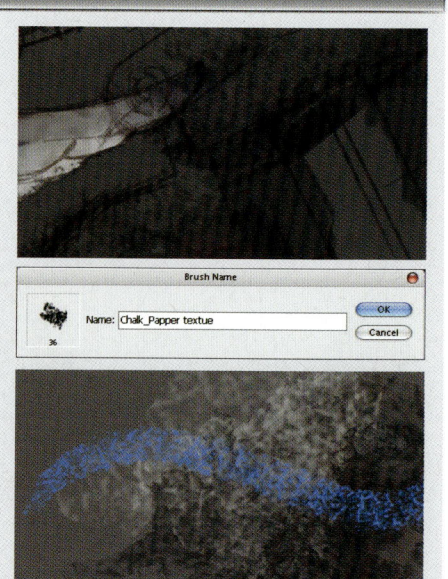

정준호의 비주얼 일러스트레이션 제작노트

이제 캐릭터의 묘사를 구체화하는 과정을 살펴보겠다.

공교롭게도 'Chapter 3'에서 화구별 인물 묘사를 소개할 때 다루었으나 전체 과정에 포함된 부분이니 다시 한번 상기해보자.

기초 스케치 상태와 달라진 부분은 얼굴의 좌우 비대칭에 대한 수정과 그에 따른 핸즈프리 마이크의 위치 등 적지만 적지 않은 부분들에 수정이 가해졌다. 가장 민감한 이목구비에 관련된 부분이기 때문이다.

묘사의 진행, 기초 명암 구분에서 디테일을 쪼개어 주는 방식이다. 앞서 투명한 컬러링과 비교하자면 면에 사용되는 주색들이 채색 방법도 훨씬 솔리드하고 색조의 명도도 어느 정도 가지고 있다고 할 수 있다.

주색을 기준으로 어둠과 밝은 면을 지속적으로 추가하고, 면의 경계를 많이 만들어가면서 더욱 디테일을 끌어낸 상태다. 면을 많이 나눌게 될 때, 주색에 따른 밝음과 어둠 외에도 임의의 반사광을 설정하여 또 다른 가상의 색조를 끌어와 색을 심심하지 않게 만드는 것이 요령이다.

빛이 단조롭고 명암이 단일한 색조인데 면이 많아지면, 그림의 디테일이 상승하는 것이 아니라 오히려 촌스럽게 보일 수도 있다.
필자는 여기에서 청자색(靑紫色) 색조를 설정해 끌어와 반영하였다.

Tip
얼굴에 사용된 색조 구분

좌측부터 가장 밝은 곳에 사용된 색조이다. 그 다음이 채색의 베이스가 된 기본 살색으로 주색 그리고 그 다음이 어둠을 잡는데 활용된 암부의 색조이다.
필자가 언급한 임의의 빛 설정을 만들어 끌어넣은 반사광(혹은 공기 원근 등)으로 선택한 색조가 가장 우측의 청자색 색상이다.

Alias of Anti Picture

캐릭터의 묘사를 끝내려면 아직도 많은 과정이 남았지만, 캐릭터의 마스크 분위기를 확정한 정도에서 만족한다.

Tip
캐릭터에 사용된 컬러 인덱스

좌측부터 헤어 컬러, 피부 톤, 상의 그리고 마지막이 가죽질감에 사용된 색조로 보면 된다.

굳이 컬러 인덱스를 자주 언급하는 이유는, 색조를 선택하고 배치하는 것에 어려움이 큰 작업자에게는 수많은 시행착오를 통한 감각의 수련도 중요하겠지만, 이왕이면 무작위로 감각만을 믿는 방법이 아니라 본인이 만족하는 결과물이나 좋아하는 자료들로부터 색상표를 얻는 훈련을 하는 것도 큰 도움이 될 것이라 생각하기 때문이다.

전체적인 과정의 밸런스를 고려하여, 일단 잠시 단락을 끊고 다시 배경 작업으로 돌아간다.

다시 배경 묘사의 진행을 시작한다.
배경이라 하더라도 그것이 풍경이든 이번 그림 같은 장식물들의 집합이든 묘사해야 할 덩어리들이 많고 심지어 작업 해상도까지 크다면, 계획성 있는 진행 가이드가 도움이 된다.

손 가는 데로 특정한 부분 부분의 묘사를 계획성 없이 하다 보면, 전체적인 성과는 보이지 않으며 결국은 작업자 스스로 지치게 될 수 있다. 또한 그것을 이겨내고 납득할만한 밀도까지 작업을 완수했다 하더라도 소요된 시간 대비 퀄리티는 매우 비능률적인 결과를 초래할 수도 있다.

모든 것에는 합리적 계획아래에서 결코 손해 보는 일은 없는 듯 하다.

이 작품에서도 그 작업 계획을 설정하고 계속 진행해보자.

정준호의 비주얼 일러스트레이션 제작노트

Tip

배경 묘사를 위한 작업 계획

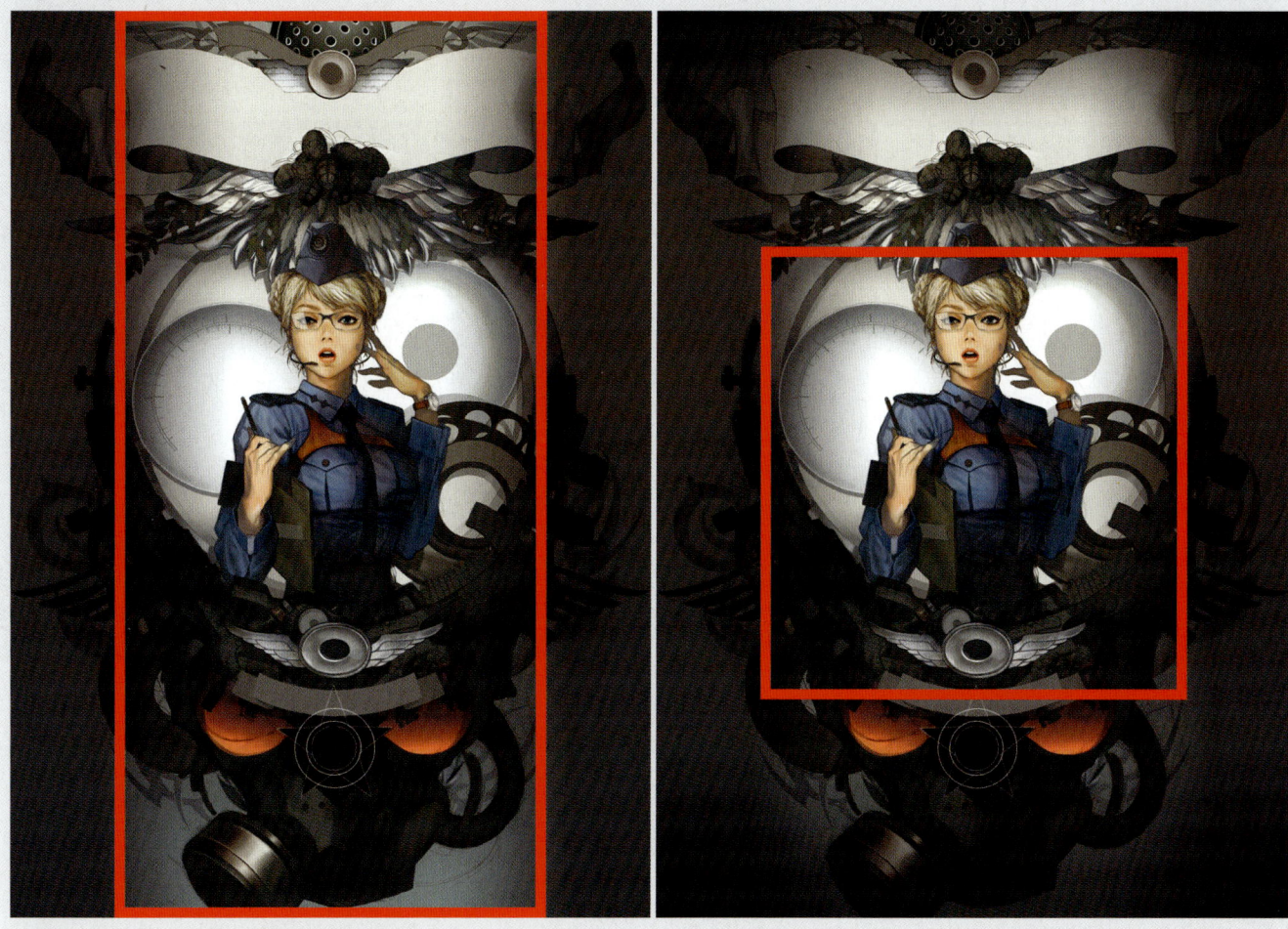

그림의 그리드는 무엇을 의미할까?

이 그림의 전체적인 오브젝트 배열과 캐릭터의 위치를 봤을 때, 그림을 보게 될 감상자의 시야의 가독성을 유추해 본 것이다.

대부분의 영화 포스터나 재킷 이미지 등에서도 마찬가지일 테지만 감상자는 우선 주제 인물의 얼굴을 보게 된다. 그리고 주제 인물의 얼굴부터 몸통으로, 몸통에서 팔 다리의 끝으로 시선이 이어진다. 물론 이 과정은 순식간에 일어나게 되는데, 그 짧은 순간에 그 이미지에 대한 판독이 이루어지게 된다. 사람으로 말하자면 첫인상과 같은 것이다.

배경의 작업 순서도 감상자의 시각을 고려할 필요가 있다. 같은 공간을 다 채워야 하는 상황이라면 감상자의 시야에 가장 잘 띄고, 인지가 높은 공간을 우선 순위로 삼는 것이 당연하다. 그런 의미에서 첫째는 감상자의 시야에서 유실되는 양쪽 외곽 부위의 묘사는 훨씬 나중의 후반 작업이 되어야 한다.

다음으로, 더 좁혀진 시야의 가독 공간을 표시하였다.

결론적으로 캐릭터를 둘러싼 부분의 오브젝트들을 묘사 작업의 최우선 순위로 삼되, 전체적인 레이아웃에 의거하여 먼저 종으로, 그 다음 횡으로 크게 십자 형태의 구간에 따라 묘사를 진행하게 된다.

Alias of Anti Picture

그럼 종의 구간, 캐릭터의 위 아래로 배열된 구성물들의 묘사를 체크해보자.

캐릭터 머리 위쪽의 수류탄 더미와 철제 휘장의 디테일이다. 철제 휘장의 날개부분에 사용된 질감은 Chapter 2 > Step 3의 '텍스쳐 제작 및 활용'에서 다루어진 기법과 거의 유사한 과정으로 제작하고 적용했으니 참고하길 바란다.

캐릭터 바로 하단의 철제 버클이다.
텍스처를 남용하기보다는 양감을 성실히 주어 질감을 끌어내고자 했다. 볼록과 오목을 반복시켜 입체감을 더했다.

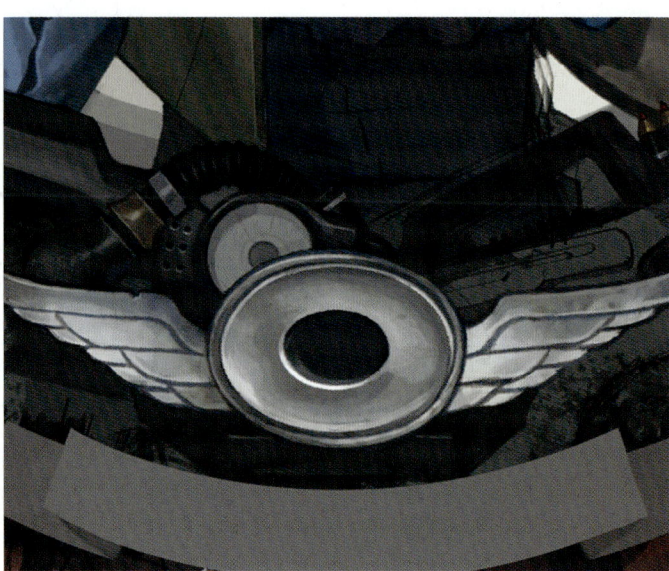

초기에 배치한 철제 박스(?)가 그다지 맘에 들지 않고 뭔가 이 위치에 좀 더 임팩트 있는 소품이 필요하다고 여겨져 별 모양 휘장으로 변경하여 배치하였다.

정준호의 비주얼 일러스트레이션 제작노트

이제부터는 그림의 중단부, 좌측 오브젝트들의 묘사 진행을 살펴보자.

초기 단계로 바탕 채색만 되어 있는 상태이다.

기초적인 명암을 처리하고 특정 물체의 재질과 성질이 구별될 수 있도록 정리한 상태이다.

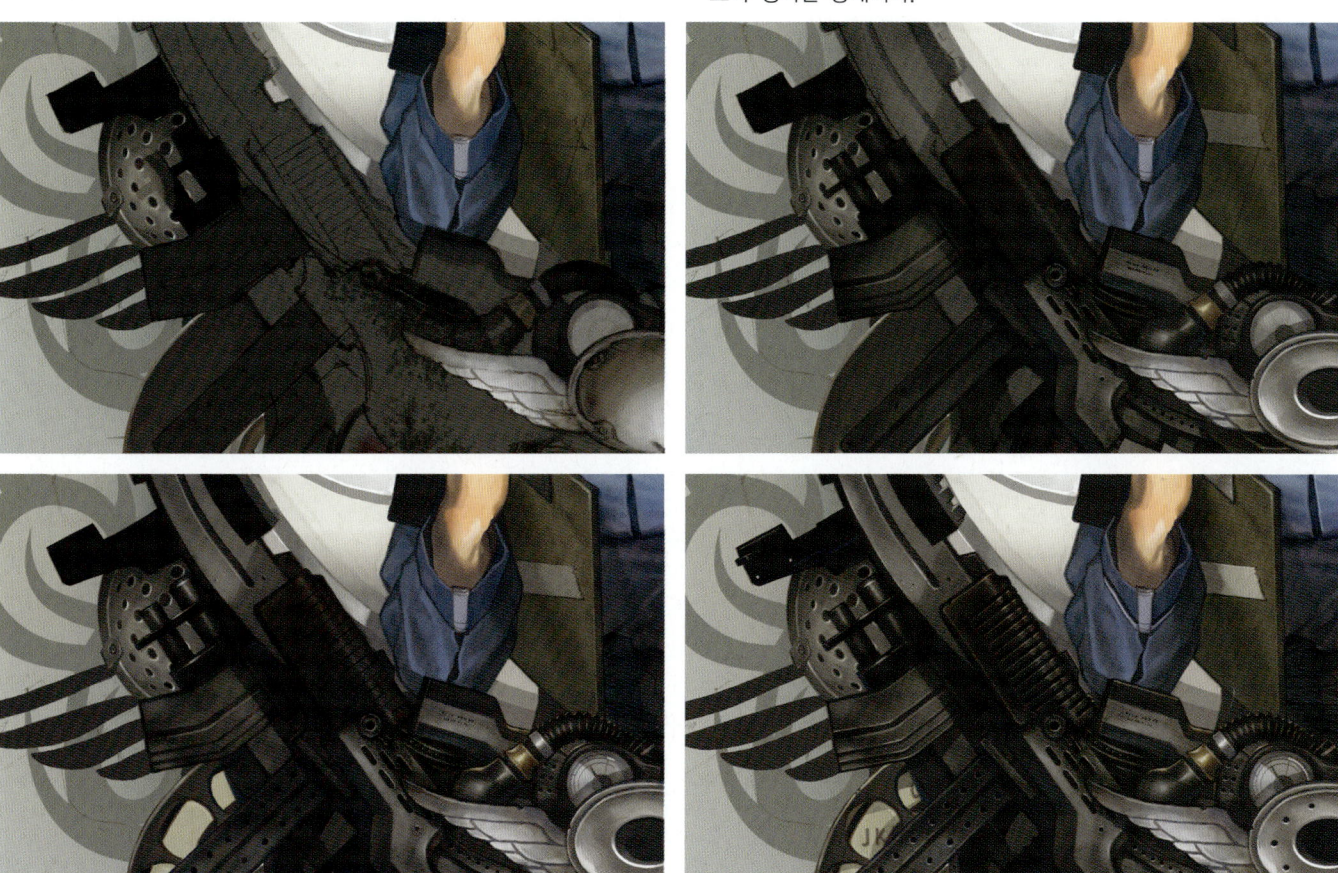

각 분리된 물체들의 표면에 의도적인 굴곡들을 강조시켜 더욱 구별될 수 있도록 하되, 하이라이트 처리나 디테일들을 더 세밀하게 묘사해 나간다.

물체들의 모든 표면 돌기나 분할선 등 볼 수 있는 모든 디테일을 꼼꼼히 마무리한다.

이와 같은 묘사의 심화 단계가 가장 지루한 단계이므로, 인내심을 가지고 이겨내야 한다. 이 과정이야말로 그림의 밀도와 직결되며 그것이 전체적인 퀄리티로 이어지게 된다. 이른바 완결성에 대한 것이다.

Alias of Anti Picture

이번에는 이미지의 중단부, 우측 오브젝트들의 묘사진행을 살펴본다.

마찬가지로 바탕 채색에 웨더링만이 가해진 초기 상태다.

스케치 선과 바탕 채색에 뭉개져 있던 오브젝트들을 명암 잡기를 통해서 서로 구분해주기 시작한다.
개머리판 오브젝트 상단의 탄알들의 디테일을 잡아주었다.

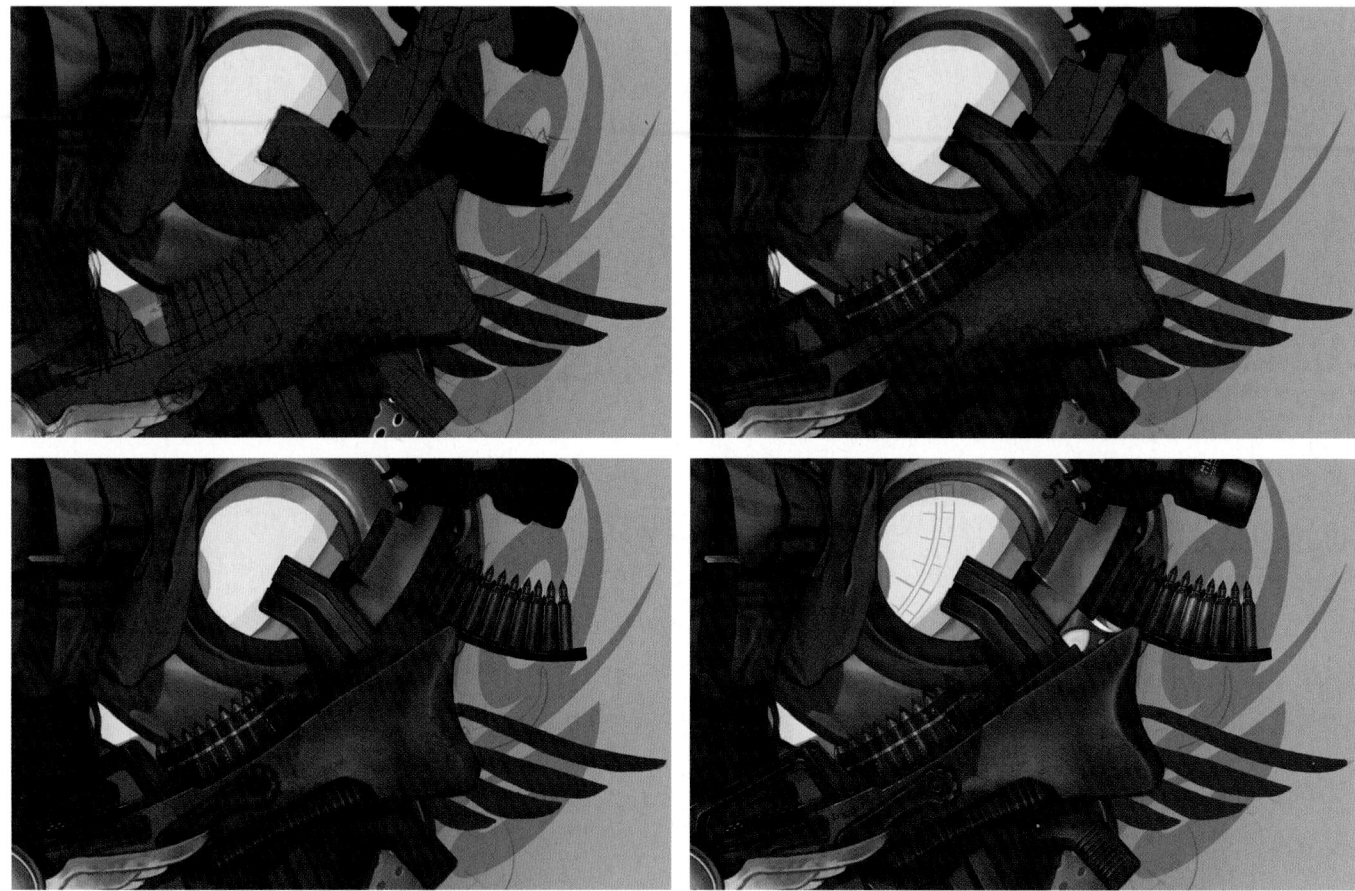

묘사 진행을 계속한다. 계속해서 물체들의 구분을 더욱 명확히 하되, 세부 요소들을 빠뜨리지 않고 구체적으로 정리해 나간다. 우측의 탄 주입대의 탄들도 묘사를 해 주었다.

역시 최종에 가까운 단계로 생각되는 모든 디테일을 묘사한다.

필자가 제시한 대로 전체 이미지의 종, 횡의 동선을 기준으로 묘사의 진행을 살펴보았다. 이 십자 형태 축의 디테일을 기준으로 방사형으로 뻗듯이 외곽 부분의 묘사들도 맞춰 진행하게 된다.

정준호의 비주얼 일러스트레이션 제작노트

Tip

그림의 탄알들처럼 반복적인 묘사가 계속될 때에는 상황에 따라 약간의 편법을 사용한다.

 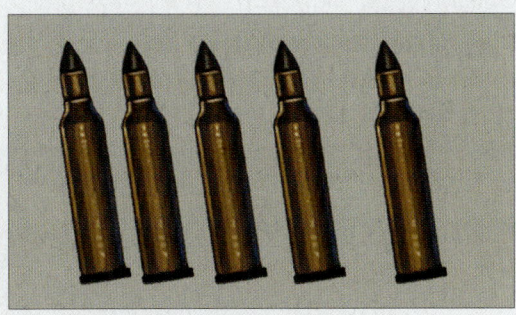

탄알 하나를 그린 후 하나씩 복사한다. 탄약의 디테일이 너무 정교해도 혹은 너무 단순해도 곤란하므로, 일러스트 전체 디테일에 적절한 정도의 밀도로 그리는 것이 중요하다.

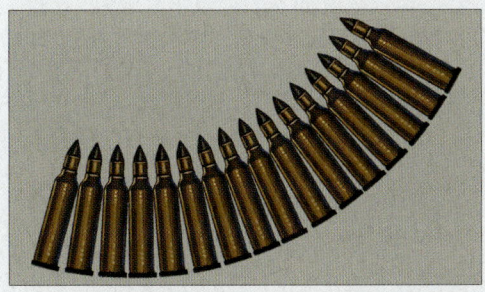

필요한 만큼 복사된 탄알들을 Rotate 등으로 축 회전시켜 적절한 모양으로 배열한다.
똑같은 이미지의 일률적인 반복으로는 설득력이 부족하므로 Overlay나 Multiply 등의 블랜딩을 활용하여 낱개로 모인 탄들의 전체적인 덩어리에 명암을 더한다.

여기에 추가로 하이라이트 처리나 탄 표면의 웨더링 혹은 생산 번호 등을 개별적으로 다르게 그려주면 좀더 효과적이다.

Alias of Anti Picture

또 하나, 이번 일러스트에서 캐릭터 다음으로 감상자의 시각을 유도하는 부분이 있다.

거의 잿빛의 철재들 사이에서 채도 높은 주황색으로 설정된 방독면의 글라스 부분이다. 전체적인 색 대비도 대비지만, 다른 전체 물체들과는 구분되는 유리 재질이라 더욱 그렇다. 특별히 공들여 묘사를 진행해 보았다.

여기서부터는 다른 곳보다 방독면의 글라스 부분의 질감 표현을 위주로 살펴보자.

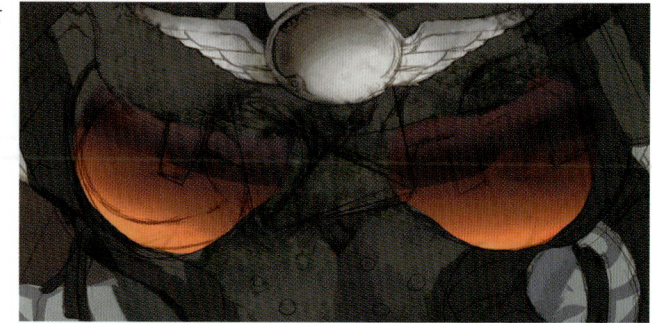

불필요한 스케치 선을 지우고, 유리알 내부가 층 진 느낌을 표현해 주었다.

정밀한 묘사로 접근하는 화풍이 아니라면 어느 정도의 상상력만으로 충분할지 모르겠지만, 더욱 정교하고 실제적인 이미지를 의도한다면 이런 표현은 카메라 렌즈나 고글 렌즈 등의 실제 자료를 충분히 참고하면서 작업하는 것을 추천한다.

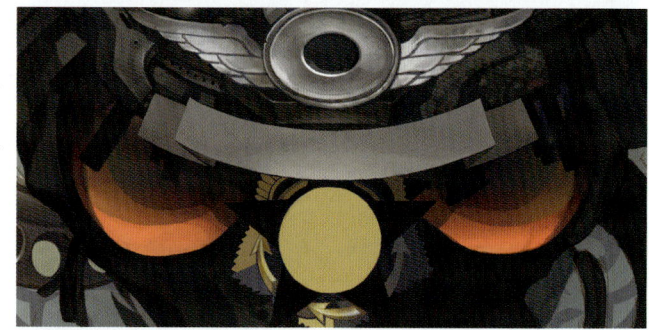

가장 일차적으로 발생할 수 있는 표면 반사를 표현한 단계이다.

우측 렌즈 표면을 보면, 렌즈의 굴곡에 따른 면을 설정했음을 알 수 있다. 좌측은 굴곡보다는 극단적으로 치고 들어오는 빛을 의식해서(광원에 맞춰) 단호하게 잘라 내었다. 여름날 일반 안경의 렌즈 등에서 자주 볼 수 있는 현상이다.

최종적으로 표면의 빛 반사 Reflection을 표현하였다.

일반 레이어나 브러시를 이용하기보다 Overlay나 Dodge 등의 블랜딩 속성을 활용하면 좀 더 효과적으로 느낌을 얻을 수 있다.

빛의 반사를 표현할 때, 그냥 흰색만을 사용하기보다는 빛의 스펙트럼을 상상하여 보라색이나 초록색의 색조를 적절히 활용하면 더욱 풍요로운 색감을 반영시키면서 실사적인 표현을 얻을 수 있다.

원래 스케치 상에 있었던, 즉 초도 구상되었던 인물과 오브젝트의 묘사 진행은 완료되었다.

그러나 막상 최종 단계에 이르고 보니, 방독면 하단의 여백이라던가 상단의 현수막 부분 등이 아직 허전하다.
여기서 여백의 미를 살릴 것인지 좀 더 오브제들을 추가할 것인지를 고민하다가, 결국 여백을 살리기보다는 빼곡한 밀도를 채우는 쪽으로 방향을 잡았다. 어떤 방식으로 표현할 것인지에 대한 체계적인 계획이 다시 필요하다.

첫 번째로 구상해 본 추가 배경 컨셉이다. 그냥 손가는 대로 그렸더니 영락없이 아르누보 비슷한 형태가 나왔다. 좋고 나쁘고를 떠나 밀리터리 컨셉으로 시작한 그림의 정체성에 일관성을 해칠 것 같아 포기했다.[1]

캐릭터를 감싼 원형 물체를 주제로 삼아 원형 측량기나 톱니바퀴 등의 물체들을 연계시켜 시계나 기관의 기믹을 연상해 보았다.

개인적으로는 마음에 들었으나, 좌우 비대칭이라는 부분이 적절하지 않을 것 같았다. 그리고 초기에는 좀 더 국방 홍보물 같은 느낌을 의도하고 있었기에 취소하기로 결정했다.[2]

1

2

Alias of Anti Picture

컨셉이 확정되었으니 추가 작업을 시작하도록 한다.

현수막 뒤쪽의 깨진 슬레이트 모양의 오브젝트이다. 그리고 문장이 그려질 날개를 추가로 작업한다.

컨셉이 확정되었으니 추가 작업을 시작하도록 한다.

현수막 뒤쪽의 깨진 슬레이트 모양의 오브젝트이다. 그리고 문장이 그려질 날개를 추가로 작업한다.

주제 물체의 주변을 더 꾸며줄 수 있는 꾸밈용 패턴도 추가 제작하였다. 배경 전반에 추가될 집중선을 그려 넣었다. 물리적으로는 성립되지 않는 소실이지만, 논리적 퍼스펙티브를 필요로 하는 궤적이 아니므로 문제없다.

이미지의 하단부에 추가될 탄열 오브젝트를 위해 그린 철갑탄 이미지이다. 앞에서 소개했던 것과 같은 요령으로 복사 배열하여 배치시킨다.

벡터 모양 도구를 사용하여 육각형 헥사(Hex) 모양을 만들어 배경으로 입힌다.

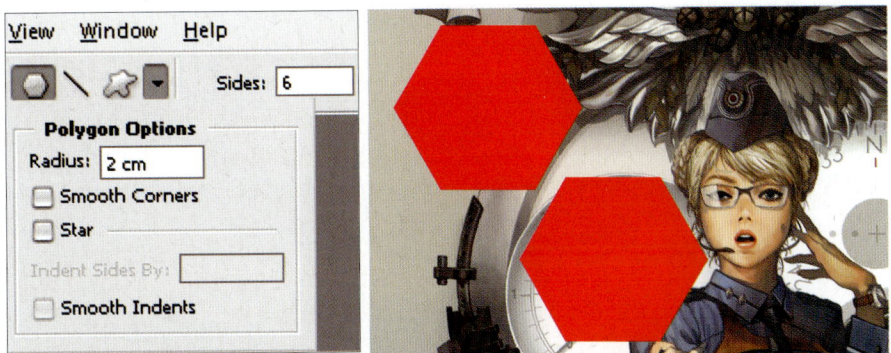

개별적으로 작업된 추가 오브젝트들을 적절하게 배치하고 색을 지정해 준 결과물이다.

Alias of Anti Picture

이제 텍스트 문구를 넣어서 일러스트를 최종 마무리해 보자.

일러스트의 중하단의 띠에 맞춰서 'Republic of Apple' 이라는 문자를 넣어 보았다.

필자가 선택한 폰트는 Lucida Calligraphy 이다. 개인적으로 폰트에 관심이 많아서 많이 모아놓고 있는데, 매번 이미지에 어울리는 적절한 폰트를 고르는 일이 여간 어려운 일이 아니었다.

Create warped text 메뉴를 사용하여, 그림과 같이 띠의 형태에 맞게 왜곡 변형을 적용한다. Arch로 선택하고 구부림(Bend) 설정을 (-)로 조정하여 아래로 휜 형태를 만들어 주었다.

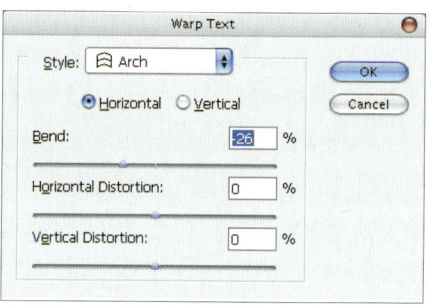

원하는 모양으로 적용되었지만, 띠 부분의 명도가 애매해서 흰색으로 적용된 문자의 가독성이 무딘 느낌이 들어 아쉽다.

레이어 스타일 블랜딩 옵션을 적용하여 문자 바깥 쪽으로 부드럽게 어두운 그림자를 돌려주려고 한다.

정준호의 비주얼 일러스트레이션 제작노트

Layer의 Outer Glow를 적용한다. 혼합 속성(Blending method)을 Multiply로 적용시켜 Glow 효과가 어둡게 반영되도록 한다.
세부 설정 항목에서 효과에 적용될 색상, 번짐의 크기, 부드러움, 밀도 등을 정밀하게 설정해 줄 수 있다.
그 결과, 문자 외곽으로 부드럽게 어둠이 둘러진 효과가 반영되었다.

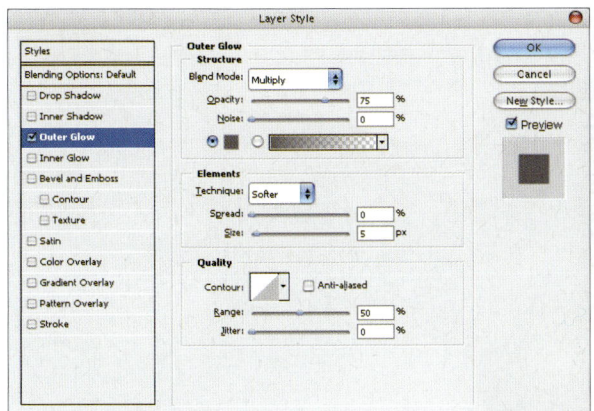 

상단의 큰 현수막 부분에 문자를 넣는다.
이 부분은 용도상 최종적으로 출판사에서 편집을 해야 하기 때문에 확정된 문구가 아닌 폰트의 분위기 제안 정도로 작업했다.

여기서는 Algerian 폰트가 사용되었으며, 이 폰트에 스타일 블랜딩 옵션의 Stroke를 적용하였다. 어두운 글자에 흰 띠를 둘러주고, 그림자를 떨어뜨려 주었다.

이렇게 모든 작업이 완성되었다.

Alias of Anti Picture

Apple Tres
2008 / Magazine 'Apple Tres' Cover (Seoul Visual Works) / Photoshop CS2 / 5602*8000 Pixel

Dimention Zero
2007 / TCG 'Dimention Zero' (Broccoli Japan) / Photoshop CS2 / 6307*6500 Pixel

Mermaid Saga 2

2007 / Fantasy Novel 'Mermaid Saga' Cover (Dai-Won CI) / Photoshop CS2 / 5540*8000 Pixel

JIN KAZAMA
2004 / Arcade Game 'TEKKEN 5' Card Illustration (NAMCO Japan) / Photoshop CS / 3212*5000 Pixel

CHAPTER 05

EXTRA
Equipment for Painting

장비에 대하여	505
Epilogue	510
Index	511

Extra

Equipment for painting
장비에 대해서

수작업 작가들에게 있어 화구 선택의 고민이 있다면, 디지털 작업자들에게 있어서는 기반 장비에 대한 고민이 있다고 할 수 있을 것이다. 필자도 사용 장비에 대한 질문이나 리뷰도 종종 받게 되는데, 이 기회에 본인의 작업 환경을 빌려 가볍게나마 운용 장비에 대해 소개해보겠다.

디스플레이에 대해

PC 환경에서 디지털 작화를 하는 사람에게 있어 장비란 일단 디스플레이와 사양(컴퓨터), 그리고 입력장치(디바이스)로 구분할 수 있겠다. 필자가 직접 사용하고 있는 장비들을 소개하면서 하나씩 살펴보겠다(책을 집필하고 있는 2008년 하반기를 기준).

필자는 총 3대의 작업 PC를 운용하고 있다. 하나는 개인 작업실 나머지 둘은 사무실에서 운용되고 있다.

지금은 대부분 게임 개발이나, 디자인 사무실에서도 LCD 기반의 디스플레이를 통한 작업이 일반화되었으나, 불과 4~5년 전까지만 하더라도 대부분의 디자이너들은 CRT 기반의 디스플레이를 사용하였다.

먼저 본문 Chapter 1의 기초 지식에서 레스터 그래픽이나 화소에 대한 내용이 언급되었듯이 화소(도트) 단위의 정밀한 이미지 분석에 있어서 가장 적합한 방식은 CRT 방식이라 할 수 있다. CRT 화면의 출력 방식은 보편적으로 LCD와 비교하여 문자 가독성, 화면 처리(응답) 속도, 색 표현력 등 해상도 체감에 영향을 끼치는 대부분의 요소에 있어 우월하다고 볼 수 있다. 그래서 정밀한 판독과 밀도를 요하는 디자이너들은 일부 아직도 CRT 모니터를 고수하고 있다.

근래 들어 LCD 패널이 디자이너들에게 일반화된 것은 역시 부피와 운용의 합리성이 큰 이유겠지만 무엇보다도 패널 자체의 꾸준하고 비약적인 기술적 발전에 의해서라고 볼 수 있다. 최대 휘도, 콘트라스트 표현, 시야각 확보 등의 문제점들이 비약적으로 개선되었다.

필자의 경우는 2005년까지는 CRT 모니터를 사용하다가 그 이후 LCD 모니터로 전환하였다.

〈Eizo〉 브랜드와 함께 당대 CRT 최고 사양으로 평가받던 〈Sony〉 트리니트론 FW900 모델이다.

크기 (인치)	24인치
브라운관 방식	FD Trinitron
도트피치	0.23mm (AG)
최대 해상도	2304 x 1440 (80Hz)
권장 해상도	1920 x 1200 (85Hz)
수평 주파수	30 ~ 121 khz
수직 주파수	48 ~ 160 khz
TCO 인증	TCO 90
입력 방식	15pin D-Sub, 5구 BNC

2003년경 필자의 개인 작업실 데스크 전경

〈Apple〉사의 CINEMA DISPLAY 제품

필자의 작업 데스크의 실기 이미지이다.

크기(인치)	54.3×68.8cm(30인치 : 가시 29.7)
화면 방식	TFT Active-Matrix 액정 디스플레이
최대(최적) 해상도	2560 x 1600
픽셀 크기	270cd/㎡
밝기	400:1
명암비	170/170
시야각	16ms
재생 지원 속도	1,670만
입력 방식	DVI

〈APPLE〉 CINEMA HD M9179FE/A(WIDE) 기본 사양.

* CINEMA DISPLAY 30인치는 듀얼 링크를 지원하지 않는 그래픽 카드에서는 연결할 수 없으니 참고하자.

필자가 2006년, LCD 패널로 전환하게 된 계기는 현재 사용하고 있는 Apple의 시네마 디스플레이 제품군이었다. 다른 고성능(즉 고가의) 모델들이 없었던 건 아니었지만 특별히 이 제품을 선택한 것은 완벽한 디지털 방식이라 화질 저하는커녕 오히려 너무 명확한 표현이 거슬릴 정도였다.

그리고 흔히들 패널의 사양만을 가지고 우월을 논할 때가 있는데, 패널이라는 것은 결국 신호를 반영할 뿐이다. 결국 하드웨어 내의 소프트웨어적인 색 구현 능력과 노하우라고 볼 수 있다.

특정 브랜드를 홍보하는 글이 되어서는 안 되겠지만 결론적으로 일러스트레이터나 디자이너들에게 더 적합한 디스플레이는 안타깝게도 아직은 LCD가 원천적으로 CRT를 대체하기는 힘들다고 생각한다(그러나 수요의 문제로 최근 CRT 모니터 제품군들이 대부분 단종되면서 CRT 자체를 구하기가 힘든 상황이 되었다).

정리하면 CRT에 비해 LCD는 시야각, 표시 색상 수, 응답 속도 등 표현력에서 대부분 열등하다(단, Focus, GD 등 화질에 있어서는 LCD가 우월하다). 그러나 풀 디지털 방식의 고 사양의 일부 LCD에서는 그 차이를 커버할 수 있다. 대신 그만큼의 고가의 비용이 소요된다.

필자는 개인적으로 CRT에서 핀 쿠션 교정의 스트레스 때문에 LCD를 선택한 케이스이다. 아무래도 브라운관 방식 특성상 화면 비율과 축 가장자리의 왜곡을 잡아 주어야 하는데, 대형 브라운관으로 갈수록 핀 쿠션 맞추기가 여간 어려운 부분이 아니었다.

LCD 디스플레이 작업의 또 하나의 장점은 화면 비율 왜곡으로부터 조금은 안심할 수 있다는 부분도 있다. 최근 저가의 LCD들이 많이 보급되고 디자이너들에게도 일반화되고 있지만 허와 실을 잘 파악하여 적절한 판단을 하는 것이 권한다.

일러스트 제작에 적합한 사양

이제 사양에 대하여 잠시 알아보자.

필자의 PC 중 사무실에서 운용하는 2대는 용도가 서로 다르다. 하나는 게임 개발 업무용으로 3D 리소스들을 제작, 점검하거나 차세대 쉐이더 기반의 게임들을 플레이하기 위하여 3D 가속 기능과 연산에 중심을 두고 있는 PC가 있으며 이 장비는 일러스트레이션 제작을 위한 사양과는 고려 방향이 다르다. 다른 하나는 작업실에서 운용하는 PC와 다를 것 없이 일러스트레이션 및 2D 리소스 작업을 염두에 두고 맞춘 사양이다.

CPU	코어 2 쿼드 Q9450
RAM	2G
VGA	Geforce 9800 GT

3D 작업으로 운용되는 PC 사양

CPU	코어 2 CPU 6400
RAM	4G
VGA	Geforce 7900 GS

2D 작업으로 운용되는 PC 사양

컴퓨터 사양은 높을수록 좋겠지만 프로그램 구동에 끼치는 영향을 이해해 두면 도움이 될 것이다. 하드웨어를 구성하는 큰 요소를 〈CPU〉, 〈RAM(메모리)〉, 〈VGA(그래픽 카드)〉로 구분했을 때 3D 작업에서라면 모든 요소가 중요하다고 볼 수 있다. 렌더링이라는 부동 소수점 연산을 좌우하는 CPU 성능, 그리고 가속 및 기능 지원을 하는 그래픽 카드가 필수적으로 있어야 하고, 버퍼를 위하여 풍부한 메모리(RAM)가 필요하다.

2D 작업에서 구성 요소들의 우선순위는 어떨까?

우선 포토샵이나 페인터를 사용할 때 우리가 당면하는 가장 큰 불편함은 속도 지연, 즉 딜레이이다. 이는 구동의 무거움과 프로그램의 불안정이다.

2D 작업에서 고사양의 CPU는 일단 듀얼 이상급만 되면 그다지 중요한 부분이 아니라고 감히 말할 수도 있다. 그래픽 카드도 사용자의 디스플레이에 맞는 해상도만 지원한다면 그다지 큰 의미가 없다. 무엇보다도 프로그램을 안정적으로 구동시키는 요소는 RAM(메모리)이라고 볼 수 있겠다. 그리고 RAM에서 부족한 연산은 하드디스크 스크래칭을 하게 되므로 여유로운 하드 공간도 중요하다. 이는 기본적으로 2D 작업에서는 기본적으로 버퍼 자원을 많이 사용하도록 설계되어 있기 때문이다. 버퍼 자원을 필요로 하는 것은 RAM이지만 RAM이 부족할 때는 하드디스크의 버퍼 자원을 이용하도록 설계되어 있다.

RAM은 CPU와 같이 노스 브릿지로 데이터 교환이 이루어지기 때문에 자원 입출력이 빠르나 하드디스크는 사우스 브릿지로 데이터 교환이 이루어지면서 병목 현상이 일어난다. 게다가 하드디스크를 운용하는 IDE 채널 체계가 CPU 명령을 필요로 하기 때문에 CPU 자원도 같이 차지하게 되어 데이터 드랍 현상이 발생하게 되는 것이다. 결국 풍부한 메모리와 하드디스크의 용량 확보가 중요하다는 이야기이다.

2000년대 초반까지만 하더라도 일부 디자이너들에게 대단한 사랑을 받았던 〈매트록스(Matrox)〉라는 그래픽카드 브랜드가 있었다. 당시 매트록스 G400, G800 제품은 디자이너에게는 필수로 여겨질 정도였다. 매트록스의 제품은 특유의 화사하고 안정된 발색으로 많이 사랑받았으나 지금은 3D 기술 지원에 뒤처지면서 시장에서 그 설 자리를 잃어 가버린 듯 하다. 필자도 CRT를 사용하던 2004년쯤까지는 2D 작업에는 매트록스 VGA를 고수했었다.

라데온(Radeon) 계열의 그래픽 카드는 취향에 따라 나뉘지만 마치 난색 필터를 씌운 듯한 강한 발색과 콘트라스트가 일러스트 작업에 적합하지 못하다는 느낌에 많이 접하지 못했다. 라데온을 사용하는 사람들에게 물어보면 최근에도 고유 발색은 일종의 정체성으로 남아 있는 듯하다.

근래 VGA들은 특별한 장치 없이 안정적인 발색을 제공해 주기 때문에 2D 작업에서 VGA 성능으로 우위를 논하는 것은 의미가 없을 듯하다. 다만, 개인적인 취향은 영향이 있을 수 있겠다.

태블릿

일러스트레이션 작업을 위하여 필수적으로 필요한 회화적인 스트로크 구현을 위해서는 전용 입력 장비인 일명 〈태블릿〉이라는 디바이스가 있어야 한다. 정밀한 필압 감지가 되는 디바이스로 펜 마우스와는 엄연히 구분되는 다른 도구이다.

이 태블릿 제품은 현재 〈Wacom〉 사의 제품들이 독점하다시피 유일하다 (1990년대 중반에는 〈에이스캣(Ace Cat)〉이라는 브랜드도 있었는데, 그 특유의 클릭 감각을 선호하는 이들이 따로 있었다. 지금은 시장에서 볼 수 없게 되었다).

Wacom의 태블릿 제품군은 각 플랫폼별, 용도별로 워낙 종류가 많아서 일일이 열거하기 힘들 정도가 되었으나, 그 제품군을 크게 구분하면 입력 감도에 따라 그라파이어(Graphire)군과 인튜오스(Intuous)군으로 나누어 볼 수 있다.

그라파이어가 감도 레벨 512로 초심자에서 준아마추어 대상의 제품이라면, 인튜오스는 레벨 1,024 이상의 전문가를 대상으로 한다 (글을 쓰는 현 시점에서 그라파이어는 시리즈 4세대, 인튜오스는 3세대 라인으로 판매되고 있다).

그라파이어 4 제품   인튜오스 4 제품

최근 Wacom의 태블릿 브랜드는 보다 더 저변화를 꾀하여 뱀부 펀(Bamboo Fun)이나 비스태블릿(Vistablet) 등 일러스트레이터나 전문 디자이너가 아닌 일반 PC 사용자들이 좀 더 친화적으로 다가갈 수 있도록 유도하는 브랜드도 꾸준히 추가되고 있다.

 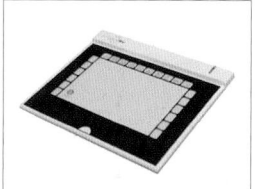

뱀부 펀 제품   비스태블릿 제품

하지만 이 대부분이 장치의 원리는 동일하되 제공하는 어플리케이션의 차이 정도라 본 편에서는 전문가용 라인업인 인튜오스를 기준으로 설명하도록 한다. 필자도 3대의 PC 모두 인튜오스 3을 물려서 사용하고 있다.

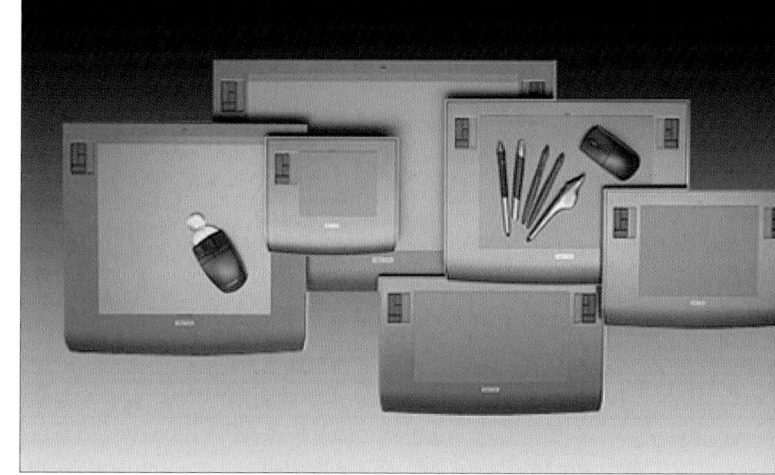

인튜오스 3세대의 사이즈에 따른 다양한 제품군이다.

인튜오스의 제품 스펙은 1,024레벨의 압력 감지와 5,080lip의 해상도로 이전 시리즈인 인튜어스 2의 2배이며, 응답 속도는 200pps이다. 그리고 최근 소프트웨어의 기능 지원에 힘입어 그 성능이 부각되는 Tilt(기울기)는 +, – 60도를 지원한다. 이 Tilt 기능은 마커나 편 브러시(납작한 초크 종류 등), 또는 에어브러시처럼 실제 수작업 도구에서 기울기와 앵글의 각도 조절이 필요한 기법을 디지털상에서도 유사하게 재현해 준다. 또한 복수의 디지타이저 펜을 사용하여 각각의 입력 장치(펜)에 개별적인 설정을 기억시켜 둘 수 있으며, 페인터 같은 정교한 프로그램과 연동한 다양한 화구에 대응하는 에어브러시나 아트 펜 등의 특화된 주변 장비도 있다.

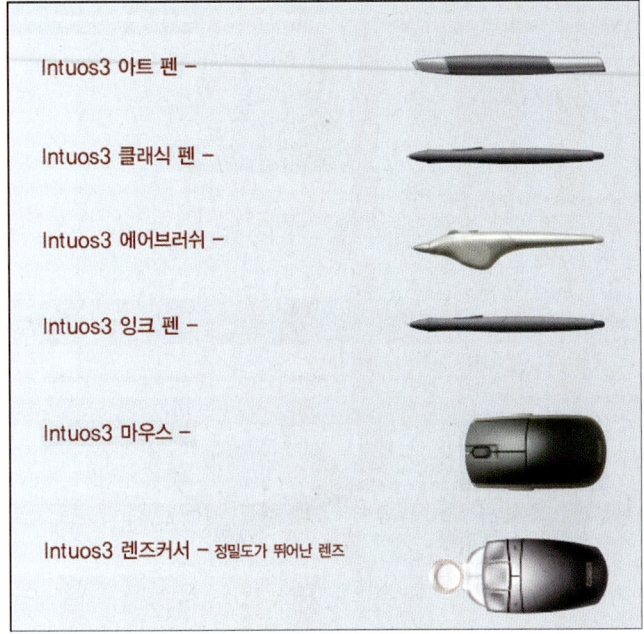

인튜오스 시리즈의 사이즈는 4×6에서 12×19까지 있으며 와이드 비율에 대응하는 크기도 있으니 자신의 환경에 맞는 사이즈를 선택하는 것이 좋다.

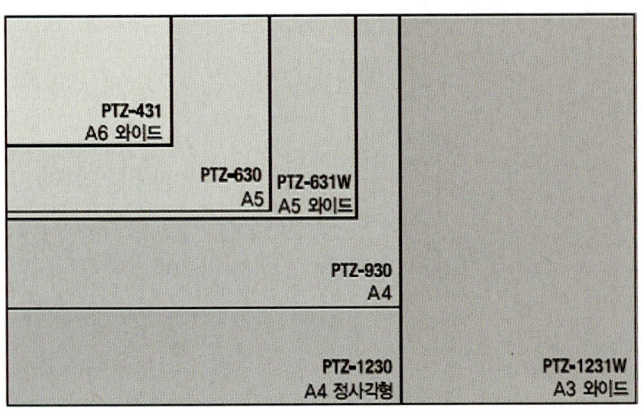

사이즈가 커짐에 따라 기기의 가격도 큰 차이가 나타나지만 무엇보다도 작업자 자신의 사용 목적성을 잘 고려한 판단이 중요하겠다. 과유불급이라고, 필요 이상 큰 사이즈를 욕심내어 구매한다면 그만큼 큰 동선의 움직임이 필요하게 되므로 단시간에 피로를 유발할 수 있고, 스트레스로 인하여 작업 효율에 방해가 될 수도 있을 것이다. 물론 제공되는 전용 인터페이스 세팅을 통하여 시트 내의 실작업 영역은 유저가 임의로 설정할 수는 있지만 그림을 그리는 목적이나, 단지 프로그램의 내비게이션 역할이라면 4×6이나, 6×8 정도로도 충분하다. 단, 고해상도 작업으로 정교한 동적 입력이 요구되는 일러스트레이터의 경우는 전자보다는 후자인 6×8 이상의 크기를 권한다.

그리고 상대적으로 덜 알려져 있고 고가의 상품이라 모르거나 신경 쓰지 않는 이가 많은데, Wacom에서는 〈Cintiq〉라는 액정형 태블릿 제품군도 있다. 이것 역시 혹자는 태블릿 노트북이라고 하는 터치스크린 대응의 노트북 제품과는 다른 도구로 봐야 한다.

현재 시중의 태블릿 노트북 제품들은 그림을 그리기 위한 목적성을 가진 하드웨어가 아니다.
Cintiq는 12WX, 21UX 두 종류이며 각각 12인치와 21인치 크기의 태블릿이다. 본 제품은 PC 하드웨어가 부속된 장비가 아니므로 따로 노트북이나 데스크 탑 PC에 연결해서 사용해야 한다.

필자의 작업실에 비치된 Cintiq 21UX 실기 이미지이다. 한 동안은 재미있게 운용했지만 지금은 방치에 가까운 상태이다.

필자도 장비 욕심이 큰 편이라 유혹을 못 이겨 큰마음을 먹고 21UX를 구입했다. 이 액정 태블릿의 매력이라면 역시 직접 캔버스에 그림을 그리는 기분으로 모니터 위로 펜을 움직여 그린다는 점이겠다.

그러나 이 제품은 간단한 드로잉이나 웹 툰 종류의 단순 작화에는 적합할지 모르겠지만 전투적인 스트로크를 장시간 지속해야 하는 회화적인 일러스트 작업에 있어서는 육체적 피로가 너무 크다는 단점이 있다. 광고지나 프로모션 영상에서처럼 무릎이나 가슴에 얹고 사용하기에는 너무 크고 무거우며, 따로 키보드와 PC가 필요하기 때문에 휴대성 또한 기대하지 않는 것이 좋다. 마침 지인이 〈Cintiq 12WX〉를 가지고 있어 사용해 볼 기회가 있었는데, 12인치는 아담하고 가벼워서 제법 효용성이 있었지만 역시 화면이 너무 작고 답답해서 주 작업용 플랫폼으로는 무리가 있어 보였다.

결론은 아주 흥미로운 제품이지만 아직은 많은 부분이 더 개선되어야 할 제품으로 당장 현혹될 필요는 없다는 것이 필자의 생각이다.

Cintiq 12WX의 실제 이미지.

프린터

마지막으로 여력이 된다면 프린터도 구비하도록 하자. 프린터는 필수 사항이라기보다는 선택 사항에 가깝다고 볼 수 있지만 아무리 대형 디스플레이가 등장하고 이미지 왜곡의 차이가 줄었다고는 하나, 작업의 중간 단락이나 최종 마무리 단계에서는 출력을 통하여 미처 보지 못했던 부분들을 발견할 수 있다. 그리고 출력에 대한 고민과 경험이 실무나 전시 등 실제 인쇄를 하게 될 때에 필요한 기초 감각이나 캘리브레이션 개념들을 만들어 줄 것이다.

최근 잉크젯 프린터는 대부분 1,440dpi 이상의 고성능 인쇄가 가능하고 가격대 또한 저렴한 제품이 많으므로 추천한다. 크롬 코팅 잉크나 전용 특수 잉크를 사용하는 조금 고가의 프린터를 구매할 수 있다면 고급 용지를 사용하여 전문 출력소 못지않은 고급 인쇄물을 개인 작업 공간에서 쉽게 얻을 수도 있다. 그러나 프린터 장비의 가격 뿐 아니라 잉크 소모에 따른 유지비가 더욱 만만치 않을 수 있으므로 경제적 부분도 충분히 고려해야 후회가 없을 것이다.

프린터는 몇몇 메이저 브랜드들이 시장에서 열띤 경쟁을 하고 있으니 인터넷이나 주변 사용자들로부터 충분한 리뷰를 얻어서 선택하는 것이 좋은 방법이다.

필자는 특별한 취향이나 고집이 있는 것은 아니지만 과거 720dpi 저가형 모델부터 최근 모델까지 〈Epson〉의 잉크젯 제품군을 사용해 왔다. 한때 고가의 크레용 토너를 사용하는 컬러 레이저 프린터도 사용해 보았으나 정교한 색조를 밀도 높게 출력하는 용도에서는 만족스러운 결과를 얻지 못했다.

필자가 현재 사용하고 있는 모델은 〈EPSON〉사의 Stylus Photo R2880 이다.

EPILOGUE

결코 쉽게 생각하고 접근했던 것은 아니었지만, 전문적으로 책을 집필하는 분들이 얼마나 대단한 분들인지에 대해서 새삼 실감할 수 있었던 시간이었습니다. 그리고 게임 개발이라는 본연의 업무를 병행하면서 책을 집필한다는 것이 얼마나 어려운 일인지도 뼈저리게 깨닫게 된 큰 경험이었습니다.

평소 말 주변이 그리 뛰어난 편도 아니고 논리적으로 글을 쓰는 것도 익숙치 않아서 탈고의 마지막까지도 안타까움이 많았고, 하고자 했던 기대만큼 미치지 못했기에 더욱 큰 아쉬움이 남습니다.

아무쪼록 부족한 부분이 셀 수 없이 많겠지만 이 책이 작게 나마 교재라는 역할을 했으면 하는 바람을 가져보며 다시 한번 집필 동기와 목적을 전하고자 합니다.

과거에는 그림을 그리기 위한 용도로 다루어진 교재의 수가 너무 적었으며 정보를 접할 수 있는 환경이 많지 않았습니다. 근래에는 인터넷의 커뮤니티나 카페, 블로그 등을 통한 정보의 공유와 검색이 활성화 되었지만 사진 등의 디지털 이미지 보정이나 꾸미기 기법을 위한 내용에 편중되어 있었고 비전문가들 간의 잘못된 공유로 인해 정보의 오점이나 왜곡들을 심심치 않게 볼 수 있었습니다.

따라서 초기에는 본격적으로 일러스트레이션 작업을 위한 프로그램의 교재를 만들고자 시작했으나 '그림도 그릴 수 있는 요령'이 아닌, 그림을 그리기 위한 '툴(Tool)'로서 프로그램을 다뤄보고자 하는 욕심이 더해졌습니다. 그로 인해 포토샵과 페인터의 내용이 교차, 병행되는 구성으로 접근되었기에 때로는 다소 난해한 진행 방식으로 느끼신 분들도 있으실 듯 합니다.

하지만 단지 과정만을 보고 제작기법에 대해 상상을 해야 하는 내용이 아니라, 직접 다루는 방법을 알려줄 수 있도록 디지털 작업을 위한 기초지식과 프로그램의 운용방법에 있어 소홀하지 않으려고 최대한 노력을 했습니다.

아무쪼록 최종 단원까지 마치신 독자 분들께 다시한번 감사의 말씀을 전하며 이 책과의 만남을 통해서 독자 분들의 목표를 효과적으로 이루실 수 있는 도움서가 되었으면 합니다.

정 준 호 드림

Index

A

Acrylics	102
Adjust Color(색상 조절)	14
Adjust Selected Colors	15
Airbrushs	103
apple tres	104
Artist	105
Artists' Oils	106

B

Blenders	107
Brightness / Contrast(명도 / 대비)	19
Brush Tip Shape	19
Brush Tracking	109
BuildUp	112

C

Calligraphy	114
Chalk	115
Charcoal	116
Charcoal Large Smear	117
Color Balance(색상 균형)	19
Color Burn	206
Color Dodge	206
Color Dynamics	20
Colored Pencils	118
Colorize	175
Conte	119
Continuous Time Deposition	120
Curve(커브, 곡선으로 보정)	20
Customize Keys	120

D

Dab	122
Darken	175
Darken	206
Desaturate(무채도)	21
Difference	176
Difference	207
Digital Water Color	123
Digital Watercolor	138
Display Cursors	146
Dissolve	175
Dissolve	206
Distortion	147
DPI	155
Dual Brush	21

E

Erasers	158
Exclusion	207

F

Felt Pens	156
Format	160
F-X	161
F-X 브러시	161

G

Gel	175
Gel Cover	176
Gouache	170
Guide, Grid & Slices	173

H

Hard Light	175
Hard Light	207
Hard Mix	207
HSB	184
Hue	176
Hue	207
Hue / Saturation(색조 / 채도)	21

I

Ignore	176
Image Hose	30
Impasto	188
Impasto	212

L

Lab	239
Lighten	176
Lighten	206
Linear Burn	206
Linear Dodge	206
Linear Light	207
Liquid Ink	240
Load Selection	153
Luminosity	176
Luminosity	207

M

Magic Combine	175
Memory & Image Cache	242
Memory & Scratch	245
Metadata	247
Min Spacing	251
Multiply	251
Multiply	175

O

Oil Pastels	253
Oil Pastels	254
Opacity	334
Other Dynamics	21
Overlay	255
Overlay	175
Overlay	206

P

Palette Knives	255
Pastel	256
Pattern Pens	257
Pencils	258
Pens	290
Photo	324
Pick Up Underlying Color	182
Pin Light	207
Pixel	334
Plug-ins & Scratch Disk	338
Polygonal Lasso Tool	342
Posterize Using Color Set	22
Posterize(포스터화)	23
Preference	351
Pseudocolor	175

Alias of Anti Picture

Index

Q
Quick Mask	373

R
Resolution	377
Reverse-Out	175
RGB/CMYK	382
Rolling	331

S
Saturation	176
Saturation	207
Scattering	23
Scrape	388
Screen	175
Screen	206
Shadow / Highlight(암부/명부)	27
Shadow Map	175
Shape Dynamics	27
Soft Light	175
Soft Light	206
Sponges	392
Stamping	331
Stamping(찍기)+Tilt(기울이기)	421
Sumi-e	428

T
Texture	27
Threshold(고대비)	28
Tinting	426
Transparency & Gamut	442

U
Undo	463
Units & Rulers	468

V
Variations(색상 변경)	29
Vivid Light	207

W
Watercolor	484
Well	488

ㄱ
글레이징 기법	31

ㄴ
노즐패턴	32

ㄷ
단축키	42
디스플레이	505

ㄹ
레벨(Level)	240
레이어	99, 202

ㅁ
면(Surface)	49

ㅂ
반사광	180
배경 묘사	50
벡터	51
브러시 컨트롤 윈도우 (Brush Control)	52
비트맵	53

ㅅ
색계획	54
색계획	55
선화	66
수채화	67
수채화 말리기 / 적시기	68
스캐닝	69
스트로크	71
심플커버브러시	71

ㅇ
이미지 텍스처(Image Teture)	73

ㅈ
주광색	180
주광원	180
지터(Jitter)	84
직선 긋기	86

ㅊ
채널과 마스크	88
출력	90

ㅋ
캔버스 페이퍼	91
컬러 믹스	92
컬러 팔렛트	93
컬러인덱스	94

ㅌ
태블릿	507
투시 눈금자(Perspective Grid)	363

ㅍ
파티클	95
패스	96
페인터	97
포토샵	100
프린터	509
픽셀	101